GENÈSE DE L'ÉTAT ET DU DROIT AU CAMEROUN (1472-1961)

Les racines d'une Nation en construction

COLLECTION « MEMOIRES DU DROIT EN AFRIQUE »
sous la direction des Professeurs
Mamadou BADJI (Université Cheikh Anta Diop, Sénégal)
&
Blaise Alfred NGANDO (Université de Yaoundé 2-Soa, Cameroun)

Blaise Alfred NGANDO

GENÈSE DE L'ÉTAT ET DU DROIT AU CAMEROUN (1472-1961)

Les racines d'une Nation en construction

Avant-Propos
Catherine LECOMTE,
Professeure Emérite,
Doyen honoraire, Université Versailles Saint-Quentin

Préface
Paul-Gérard POUGOUE
Professeur Emérite
Doyen honoraire, Universités de Yaoundé & Dschang
Expert à l'OIT

L'Harmattan

Du même auteur

- *« L'affaire Titus Edzoa »*, Paris, L'Harmattan, 2000
- *La France au Cameroun 1916-1939 Colonialisme ou Mission civilisatrice ?*, Paris, L'Harmattan, 2002
- *Le Prince Mandela, Essai d'introduction politique à la renaissance africaine*, Paris, Maisonneuve & Larose, 2005
- *La présence française au Cameroun 1916-1959 : Colonialisme ou Mission civilisatrice ?*, Thèse de Doctorat en Droit, Presses Universitaires d'Aix-Marseille, Décembre 2008

5-7, rue de l'École-Polytechnique ; 75005 Paris

http://www.librairieharmattan.com

ISBN : 978-2-343-19563-6
EAN : 9782343195636

***A la Princesse Mukala*†**
Par-delà les espaces et les temps, le fil n’est pas coupé.

REMERCIEMENTS

L'auteur tient à exprimer particulièrement sa reconnaissance :

- Au Professeur Antoine Leca qui l'a formé en Histoire du droit à Aix-en-Provence

- Aux Professeurs Paul-Gérard Pougoué et Magloire Ondoa qui ont encouragé son retour au Cameroun et soutenu son intégration à l'Université de Yaoundé 2-Soa

- A ses étudiants de « Théorie et pluralisme juridique » sur qui il fonde l'espoir d'une inflexion épistémologique pour une nouvelle Afrique

- A tous ceux qui ont œuvré à la parution de cette réflexion qu'il mène depuis 20 ans.

« ***Il faut éclairer les lois par l'Histoire*** ».
Montesquieu, *De l'Esprit des lois*, 1748, L.XXXI, chap. 2

« *La palabre n'a pas pour but d'imposer à l'organisation de l'Etat un mode de pensée issue de la société tribale (...). La palabre permet d'amorcer une réflexion sur l'histoire (...). Par la palabre, nous lisons le devenir-sujet de l'Africain au sein de son espace social (...). A travers la palabre il est question de la culture, du devenir, de la reconnaissance, du bien commun et, surtout de l'action (...). L'enjeu de la palabre est de retrouver une véritable théorie de l'agir (...). L'anthropologie de l'agir qu'implique la palabre fait surgir la notion même du ''raconter'' comme élément constitutif des démocraties. La démocratie - comme la palabre – se raconte, elle est un récit et une mise en récit, nœud d'intrigues et ''intrication d'histoires''. Intrication d'histoires sur le juste, le souhaitable, le bien commun, la démocratie ne peut constituer son espace public que si elle se raconte ses histoires sur ses ancrages. Et l'espace public est l'arène où un individu raconte son histoire qui est aussi quelque part l'histoire tragique de chacun. Les télescopages entre ces histoires inscrivent le sujet dans l'espace public comme un être historique. Les démocraties doivent, au risque de devenir des systèmes abstraits, apprendre à se raconter des histoires sur leurs origines, leurs peurs et fantasmes, et leurs ancrages, ce qui implique, comme dans la palabre, qu'on ne peut entrer en société qu'étant ''mêlé'' à une histoire* ».
Jean-Godefroy Bidima,
La palabre une juridiction de la parole, Paris, Michalon, 1997

SOMMAIRE

AVANT PROPOS

Fascinante Afrique ! *Terra incongnita* qu'attisent les passions, les enjeux de la découverte, celle de la volonté expansionniste de puissance, de gains des Européens pour ce continent si « exotique » dont on surévalue peut-être les richesses, et les atouts. N'y a-t-il pas eu tôt une percée religieuse, hygiéniste, « civilisatrice » dans ces contrées où l'habitude ancestrale était de se regrouper en clans et villages autour d'un chef ?

Dans le processus de colonisation, un Bréviaire devait en supplanter un autre. C'est d'abord l'époque de la domination politique, militaire, c'est celle de la mise en place d'une organisation administrative, et de quelques règles de droit privé, sans écarter le droit local, reflet des mentalités.

Puis ... vient le temps des Indépendances, de l'accession du Cameroun au statut d'Etat. Pour affirmer, ancrer cette nouvelle identité culturelle et nationale, rien de tel que de fonder un corpus juridique fort : le droit est matrice de l'autorité et de la société. Une nouvelle civilisation en supplantant une autre, les mentalités avaient été « gagnées » à d'autres principes à l'instar des modèles, jadis en Europe, en France, bousculés par la « philosophie des lumières ». Mais il ne convenait pas de plaquer *ex nihilo*, des règlements, des ordonnances, des codes : et voici le grand intérêt de l'ouvrage du Professeur Blaise Alfred NGANDO. Quel droit reconnu, accepté, peut s'imposer face – ou aux dépens – de coutumes ancestrales, rivales de monuments législatifs, vestiges des colonisations britannique, allemande et française. Aux fins connaisseurs des constructions historiques des systèmes juridiques européens, de la « Mère patrie », de distinguer droit et usages, loi et équité, d'inscrire leur droit dans le nouveau paysage politico-social.

L'Afrique noire – et ici le Cameroun – sont bien des terres de l'anthropologie juridique. Les virtuoses de l'histoire du droit (notamment France – Afrique) savent que les oppositions loi - coutume, tradition - modernité, sont devenus obsolètes et qu'est venu le temps, au même titre qu'en France au XIXe siècle, le code civil s'était imposé comme un être de terroir qui avait puisé sa sève dans des siècles de pensées et qui y avait fructifié.

Le Profeseur NGANDO est à la recherche de ce mouvement, tout en distinguant, droit et mœurs, loi et équité, tradition et progrès.

Au Cameroun, tout est réuni pour approfondir une belle réflexion : des coutumes et usages, une common law implantée, un droit français pénétré de droit romain, des ordonnances royales et de la volonté napoléonienne. Il ne convenait pas d'édifier aux heures de l'indépendance politique une construction juridique pour l'immédiat, mais de l'inscrire dans le marbre afin d'assurer la sécurité juridique, l'ordre social et politique.

L'anthropologue, historien du droit, avait en mémoire le relatif échec des essais d'introduction des lois françaises à l'époque révolutionnaire, en Italie, Belgique, en République batave et helvétique !

A une tentative similaire, audacieuse, fut privilégiée au Cameroun la recherche inachevée de la stabilité par la conciliation des normes, et le respect des particularités coutumières et législatives. Voici une illustration d'un ordre social acquis de *Jure,* mais où la loi européenne ne peut anéantir le passé. Au Cameroun, et on le lit au cours du livre du Professeur NGANDO, la construction de l'Etat de droit est exaltante. Le droit reconnu, posé, le droit coutumier, sont les vigiles et les témoins de la formation de l'Etat et de la Nation. Le système juridique est le miroir des cultures d'hier, il est façonné pour l'avenir. Il est né de la diversité, la rencontre de l'esprit et de la main, reflet des composantes d'un peuple et ses convictions.

L'imagination créatrice qui participe à son évolution est fortifiée par une démarche qui de la compilation aboutit à la consécration, à la construction méthodologique de règles qui confèrent légitimité et puissance.

La réflexion du Professeur NGANDO est dans la continuité d'études nées du croisement des pensées juridiques des civilisations européennes et celles qui animent les juristes africains : les uns et les autres lors des rencontres scientifiques confrontent leurs talents et ont l'honneur de participer ensemble à l'éclosion de nouveaux travaux de jeunes historiens du droit qui, tel le Professeur NGANDO, par leurs réflexions, leurs sciences, ont le souci légitime de confronter idées et cultures pour proposer de belles pages, remarquables illustrations des liens juridiques et de civilisation qui transcendent des rivalités diverses. Viendra sans doute un nouvel art, celui de la codification du pluralisme.

Catherine LECOMTE,
Professeure Emérite,
Doyen honoraire, Université Versailles Saint-Quentin

PRÉFACE

L'histoire permet à la fois de sonder le passé, de raisonner le présent et d'entrevoir l'avenir. C'est une tâche redoutable. En essayant de fixer l'essentiel des solutions dégagées et de mettre en évidence d'éventuelles conquêtes nouvelles, les lacunes et les faiblesses de l'entreprise apparaissent d'autant mieux. Mais c'est là que réside la chance d'anticiper l'avenir. En ce sens, l'histoire est véritablement la science du « politique » au sens noble du terme. L'on saisit du coup la part considérable du présent ouvrage qui, en scrutant méticuleusement la genèse de l'Etat et du droit au Cameroun, laisse entrevoir les pistes à explorer si l'on ne veut pas que la nation en construction s'effondre prématurément. L'heure est donc à une grande œuvre réformatrice qui ne saurait laisser personne indifférente. C'est pourquoi, cette œuvre du Professeur Blaise Alfred NGANDO fera date.

Dès le départ, l'auteur frappe l'esprit par son approche. A la méthode historique, il allie les démarches anthropologique et philosophique. Le point de départ est l'espace camerounais traditionnel. L'historien y trouve de véritables sociétés politiques et du droit ; on y décèle bien les matériaux qui caractérisent le droit : famille, propriété, héritage, contrat, délit, juge, procédure et autorité du pouvoir. L'anthropologue affine la recherche sur le fondement du droit qui est magico-religieux, car, sous cet angle, comme l'a relevé Norbert Rouland, « le droit est moins un objet aux contours immuables qu'une façon de penser les rapports sociaux ». Le philosophe du droit précise qu'en tout état de cause, il s'agit bien du droit car il poursuit l'idéal de justice qui donne son unité et son universalité à ce dernier.

L'ère coloniale est une épreuve particulière. C'est un véritable choc de cultures. En dépit des résistances ancestrales, le modèle occidental entend s'imposer comme la raison écrite et façonne subtilement un Etat souverain de type occidental. L'auteur y voit les racines profondes des conflits actuels et futurs.

Au-delà de l'analyse, le professeur NGANDO déroule une réflexion féconde sur la spécificité de la société camerounaise, sur la production du droit et sur la nécessaire recherche, dans la construction nationale, de l'équilibre entre les diverses forces sociales.

Le résultat majeur sur lequel l'auteur attire la plus grande attention est le pluralisme de la société camerounaise en dépit d'un Etat souverain de type occidental. Le pluralisme ne se limite pas à l'héritage des tutelles de la Grande Bretagne et de la France ; il traduit les nuances culturelles mises en exergue par les anthropologues. Dès lors, l'Etat hypercentralisé de type jacobin est très éloigné des subtilités et des diversités de la société ; partant, il ne saurait être le modèle idéal de gouvernement, ni le producteur exclusif du droit. S'agissant précisément de ce dernier, le système hérité du modèle occidental ne peut être l'unique source de régulation des rapports sociaux. En effet, la critique historico-anthropologique montre combien le droit, pour être accepté et effectif, doit être adapté aux réalités de la société qu'il prétend réguler ; surtout, elle permet de comprendre la complexité des rapports sociaux et la place, à côté du droit, d'autres modes de régulation plus adaptés aux réalités sociales de telle ou telle société. La conviction est qu'il faut éclairer les réformes par l'histoire et l'anthropologie ; de telles réformes sont, seules, susceptibles de féconder le ressenti national.

Le professeur NGANDO en tire deux grandes idées qui me paraissent d'une grande justesse et que j'aimerai partager avec vous. La première est que la forme de l'Etat et le droit sont au cœur du débat sur la construction nationale. La seconde est que l'histoire éclaire à la fois sur la forme de l'Etat nécessairement décentralisé, sur le dialogue des sources du droit forcément pluriel, sur les héros et les mythes fondateurs de la nation.

Paul-Gérard POUGOUE
Agrégé des Facultés de Droit
Professeur émérite
Doyen honoraire de la Faculté de Droit et des Sciences Économiques de l'ancienne Université de Yaoundé
Doyen honoraire Faculté des Sciences Juridiques et Politiques de l'université de Dschang
Membre de la Commission d'Experts pour l'Application des Conventions et Recommandations de l'OIT

INTRODUCTION

POUR UN ANCRAGE HISTORICO-ANTHROPOLOGIQUE DE L'ETAT ET DU DROIT AU CAMEROUN

Le 1er janvier 1960, le « Cameroun français »[1] proclamait son Indépendance et était rejoint, le 1er octobre 1961, par la partie sud du « Cameroun britannique » jusqu'alors rattachée au Nigéria, devenant une « République fédérale »[2]. À l'issue du Référendum du 20 mai 1972, la « République fédérale » du Cameroun était rebaptisée « République unie » avant de prendre l'appellation « République du Cameroun » par la loi n°84-1 du 4 février 1984. L'ancienne colonie allemande (1884-1914) retrouvait ainsi son unité perdue dans le contexte de la *Grande Guerre* (1914-1918) lorsque les troupes alliées, notamment françaises et britanniques, l'occupèrent, se la partagèrent[3], avant qu'elle ne fut mise sous mandat (1922-1946) puis sous tutelle (1946-1960/1961) internationale. La configuration actuelle du

---

[1] Cf. Ngando (Blaise Alfred), *La présence française au Cameroun 1916-1959 : Colonialisme ou Mission civilisatrice ?*, Thèse de Doctorat en Droit, Presses Universitaires d'Aix-Marseille, Décembre 2008. Du même auteur, *La France au Cameroun 1916-1939 Colonialisme ou Mission civilisatrice ?*, Paris, L'Harmattan, 2002. « Regard sur le sens de la présence coloniale française au Cameroun en matières juridiques», dans *Rio dos Camaroes* (Revue camerounaise d'histoire et des traditions), Paris, L'Harmattan, Juin 2010. « La présence française au Cameroun 1916-1959. L'analyse d'un juriste camerounais », dans *Présences françaises outre-mer (XVIe – XXIe siècles),* tome 1, Histoire : périodes et continents (sous la Direction de Philippe Bonnichon, Pierre Gény et Jean Nemo de l'Académie des Sciences d'outre –Mer), Paris, Karthala, 2012, pp. 813-821.

[2] Le 11 février 1961, le plébiscite sous contrôle des Nations unies a donné dans le Nord 145 296 voix contre et 97 659 voix pour le rattachement au Cameroun, alors que le Sud a voté massivement pour l'unification. Le Sud devient alors, le 1er octobre 1961, le Cameroun-Occidental. L'ONU (Organisation des Nations Unies) organise un plébiscite au Cameroun placé sous tutelle britannique. La partie septentrionale de ce territoire se prononce en faveur d'un rattachement au Nigéria, mais la partie méridionale -aujourd'hui dénommée Cameroun-Occidental – demande son rattachement à la République du Cameroun. Cf. Ondoa (Magloire), *Traité de Droit constitutionnel et institutions politiques du Cameroun*, 5 tomes, Yaoundé, Les Editions Le Kilimandjaro, 2018.

[3] Dès le 6 mars 1916, le partage du Cameroun est effectué. Les Anglais reçoivent 85 000 kilomètres carrés sur la frontière du Nigeria, alors que le reste, 425 000 kilomètres carrés et 2 225 000 habitants sont attribués à la France.

Cameroun[4] est donc le résultat d'une histoire coloniale complexe, riche de la succession et de la combinaison d'influences allemande (1884-1914), française (1916-1960) et britannique (1916-1961)[5].

Depuis son accession à la souveraineté internationale[6], l'Etat du Cameroun produit ses propres normes et est garant de leur application[7]. La vie sociale de ce pays est encadrée par un ensemble de règles et de procédures communément appelées « Droit »[8]. De la

---

[4] Logé au fond du golfe de Guinée, le Cameroun actuel se situe à la jonction des régions occidentale, centrale et sahélienne du continent africain. Il s'étend du lac Tchad au deuxième parallèle de latitude nord, sur une superficie de 475 442 km^2. Ouvert sur la mer par la baie de Biafra, son territoire offre une des successions de milieux, de climats de paysages parmi les plus variés d'Afrique. Forêt équatoriale vierge ou d'altitude, au sud, et de savanes de moins en moins piquetées d'arbres au fur et à mesure qu'on monte vers le nord et le lac Tchad

[5] Cf. Cornevin (Robert), « Le Cameroun en mutation – Un Triple héritage : allemand, anglais et français », dans *Le Monde diplomatique*, Avril 1985, pp. 22-23.

[6] Cf. Ndam Njoya (Adamou), *Le Cameroun dans les relations internationales*, Paris, L.G.D.J., 1976. Lire aussi, *Le Cameroun et le droit international. Colloque des cinquantenaires de l'indépendance et de la réunification du Cameroun*, (Sous la direction de Jean-Louis Atangana Amougou), Ngaoundéré, 2-3 mai 2013, Paris, Pedone, 2015.

[7] Cf. Tchakoua (Jean-Marie), *Introduction générale au Droit camerounais*, Paris, L'Harmattan, 2017.

[8] « Le Droit avec un "D" majuscule renvoie à ce que l'on appelle le Droit objectif, par opposition aux droits subjectifs que l'on écrit avec un "d" minuscule. Le Droit objectif vise le système juridique dans son ensemble, tandis qu'un droit subjectif est une prérogative individuelle accordée aux personnes par le Droit » [Cf. Fabre-Magnan (Muriel), *Introduction au Droit*, Paris, Puf, Collection Que sais-je?, 2010, p. 5]. Pour Jacques Vanderlinden, « le recours à la majuscule dans l'écriture du mot droit est révélateur de l'impensé du positiviste » [« Les droits africains entre positivisme et pluralisme », dans *Bulletin des séances de l'Académie royale des sciences d'outre-mer*, 2000, pp. 279-292. Texte repris et publié par le même auteur, dans *Les pluralismes juridiques*, Bruxelles, Editions Bruylant, 2013, pp. 173-190]. En effet, d'après lui (Ibid.), le « Droit » (avec majuscule) est dit « positif », c'est-à-dire « *unique* (il n'y en a qu'un dans le ressort qui est le sien), *étatique* (ce ressort est celui de l'Etat, seul producteur de droit), formé de règles *abstraites* (elles sont souvent formulées au départ de concepts construits dans le cerveau des juristes) tendant à l'*objectivité* (ce qui découle en partie du caractère précédent) dans une *hiérarchie* (dont le respect est garanti par divers mécanismes de contrôle) dominée par la loi (à l'origine elle seule est source du droit et si un rôle est reconnu à la coutume il est quantitativement et qualitativement réduit) dont les *procédés déductifs* (du général au particulier) permettent de dégager la manière de résoudre les cas concrets ». C'est dire que le mot « Droit » (avec majuscule) renvoie à un système cohérent des normes organisant le vivre ensemble dans une société notamment de type étatique. Il est donc distinct d'autres sphères telles que la morale, le religieux, etc. Ainsi conçu dans la pensée occidentale, ce « Droit », de par sa

conception jusqu'à la mort, le droit régit, en principe, tous les épisodes de la vie humaine, toutes les manifestations de la vie des Camerounais des plus intimes aux plus publiques. « Dès la naissance, écrit Michel Troper, il faut déclarer l'enfant, et le nom qu'il portera lui est attribué conformément à certaines règles. D'autres règles ordonneront qu'on l'inscrive à l'école. Quand nous achetons le moindre objet, c'est en application d'un contrat. Nous nous marions, nous travaillons, nous nous soignons selon le droit »[9].

Mais, au Cameroun ou ailleurs, sommes-nous unanimes pour définir le droit[10], cette forme qui a envahi notre modernité dont il est rapidement devenu un élément irremplaçable ? Que sait un étudiant qui entre à l'université, sur cette discipline qu'est le droit ? Ce que lui a dit éventuellement son enseignant de philosophie en terminale … Ce qu'il en voit sans doute sous l'angle de la réglementation, dans ses parcours quotidiens et des interdits qui le jalonnent … Ce qu'il perçoit à l'occasion d'événements familiaux, qui le confrontent aux réalités du droit: partage d'une succession, divorce des parents ... Ce qu'il en a peut-être compris, s'il est curieux, à la lecture de l'actualité et des pages des journaux consacrés à l'activité législative des députés et sénateurs, ou à l'activité judiciaire des tribunaux. Et cet étudiant de première année, accueilli dans son premier amphithéâtre, s'entend dire qu'on va lui expliquer ce qu'est le droit. Or, voici curieusement que tous les ouvrages qui entreprennent de le lui expliquer commencent par mettre l'accent sur la difficulté de définir le droit et le caractère périlleux de l'exercice **(I)**.

L'on sait que le droit est une forme de réaction face aux besoins de justice d'une société. Mais alors ... Est-ce un art ? Est-ce une science ? Est-ce une technique ? Comment parvenir à une définition commune du droit romain classique, du droit musulman, du droit

---

typographie (avec majuscule), véhicule des relents ethnocentriques d'un droit majeur voire unique. Or, les anthropologues considèrent que le droit tel que conçu dans la tradition occidentale n'est qu'une manifestation d'un phénomène plus général, le « Droit » (avec majuscule) inhérent à toutes les civilisations. Dans le présent ouvrage, le mot "droit" sera écrit en minuscule (sauf quand la majuscule s'impose dans les citations ou dans les titres) qu'il s'agisse de l'organisation des systèmes juridiques (étatiques et non étatiques) ou des droits subjectifs.

[9] Troper (Michel), *La philosophie du droit,* Paris, PUF, Que sais-je?, 2003, p. 3.

[10] Cf. Hart (Herbert), *Le concept de droit*, Bruxelles, Publications des Facultés universitaires Saint-Louis, 1976. Commaille (Jacques), *A quoi nous sert le droit?*, Paris, Gallimard, 2015. Terré (François), *Le Droit*, Paris, Flammarion, 1999. Jestaz (Philippe), *Le droit*, Paris, Dalloz, 2012.

chinois, du droit africain, bref des diverses traditions juridiques[11] ? La prétention du droit à déterminer les critères de ce qui est juridique et de ce qui ne l'est pas, est-elle réaliste pour rendre compte de la complexité des phénomènes juridiques à travers l'histoire ? Savons-nous, par exemple, jusqu'à quel point l'homme a utilisé le langage gestuel pour les exigences du droit ? De même, savons-nous, combien de temps il s'est écoulé entre la naissance du langage articulé et son utilisation à des fins juridiques ?[12] Devant l'existence d'autres normativités, le droit tel que issu de la théorie classique, peut-il se suffire à lui-même pour rendre compte de la pluralité des phénomènes de régulation sociale dans le monde? Le Professeur Jacques Vanderlinden[13], Juriste-Anthropologue belge, raconte comment sa conception du droit fut bouleversée à la découverte, dans le nord-est du Congo, du paysan *zande* qui vivait alors sous quatre ordres de mécanismes normatifs en compétition l'un par rapport à l'autre : l'ordre colonial belge, l'ordre du droit canon, l'ordre du droit *zande* originel adapté aux circonstances matérielles de la colonisation, et enfin l'ordre dit coutumier, soit l'ordre *zande* originel adapté aux cadres juridiques imposés par le colonisateur.

Comment alors, dans un environnement aussi pluraliste que celui du Cameroun et de l'Afrique, ne pas convoquer l'histoire et

---

[11] Comme le souligne Wanda Capeler, « la modernisation des pays non occidentaux a été réalisée sur les gravats des cultures juridiques non occidentales, japonaise, africaines, islamique, chinoise, bouddhique, océaniques (…). Ces cultures juridiques rescapées donnent lieu à des dépouilles parfois étonnantes de droits non officiels, informels, contaminés et contaminant des droits imposés ». « Est-on capable, poursuit-il, de repenser véritablement l'universalisation juridique et l'unification techno-scientifique du monde pour trouver la richesse ''d'altérités radicales'' qui existent parmi les différentes cultures juridiques ? ». Cf. Capeller (Wanda), « Droits infligés et ''chantiers de survivances'' : De quel lieu parle-t-on ? », dans *Une introduction aux cultures juridiques non occidentales* – Autour de Masaji Chiba (sous la direction de Wanda Capeller / Takanori Kitamura), Bruxelles, Bruylant, 1998, p. 17.

[12] Cf. Sacco (Rodolfo), *Le droit africain – anthropologie et droit positif*, Paris, Dalloz, 2009, p. 30. « Le langage articulé a peut-être été précédé par un développement croissant et par un enrichissement surprenant du langage gestuel qui partout – et de façon marquée chez certains peuples – complètent encore aujourd'hui le langage phonétique » (Ibid.).

[13] Vanderlinden (Jacques), « Trente ans de longue marche sur la voie du pluralisme juridique », dans *Les pluralismes juridiques,* Cahiers d'anthropologie du droit 2003, Laboratoire d'anthropologie juridique de Paris, Paris, Khartala, 2003, p. 24. Du même auteur, *Les pluralismes juridiques*, Bruxelles, Brylant, 2013.

l'anthropologie pour opérer un « décentrement » épistémologique[14], une prise de conscience des limites du modèle eurocentrique du droit, qui ne peut servir de grille d'interprétation de systèmes où la normativité - parfois non verbalisée, parfois porteuse du surnaturel - repose sur des structures sociales et culturelles profondes et n'est nécessairement pas saisissable par le biais des catégories usuelles en Occident ? **(II).**

La réflexion s'impose donc sur la nécessité de contextualiser le droit pour rendre compte à la fois de sa pluralité et de son unité **(III)**, car d'un espace à un autre, d'une période à une autre, les matériaux avec lesquels est construit le droit restent les mêmes : famille, propriété, héritage, contrat, délit, juge, procédure et surtout l'autorité du pouvoir.

I. Le droit, une discipline rebelle à la définition

Dans son ouvrage consacré aux « Théories du droit et pensée juridique contemporaine »[15], le Juge belge Paul Martens rapporte que « quand, dans l'Antiquité, les Grecs furent lassés de mourir dans les guerres du Péloponnèse, ils comprirent que le moyen, pour l'homme, d'échapper à l'angoisse de la mort n'était pas de la donner violemment aux autres, mais de penser beaucoup à sa propre mort, de l'apprivoiser, de lui enlever sa pompe funèbre, de l'assagir, de se faire ami de la sagesse ». D'après lui, « le Droit est né d'un identique projet de diversion. Il a l'ambition de réduire la violence, de la styliser, de lui ôter sa dramatisation, en lui offrant sa dramaturgie. Ses concepts, ses normes, sa procédure surtout sont une sophistication de l'affrontement »[16]. En effet, le droit tend, depuis qu'il existe, à réduire la distance entre la passion et la raison. Hegel, dans « La philosophie de l'histoire »[17], observe que les hommes ont inventé le droit pour se protéger de leur propre folie.

C'est à Rome, dans l'antiquité occidentale, que le travail d'ordonnancement fut très tôt réservé, et de façon rigoureuse, à un groupe de spécialistes. Ce travail se transforma en une technologie

---

[14] Cf. Younes (Carole), « Le pluralisme juridique : penser l'homme pour penser le droit », dans *Les pluralismes juridiques,* Cahiers d'anthropologie du droit 2003, Laboratoire d'anthropologie juridique de Paris, Paris, Khartala, 2003, pp. 35-50.

[15] Cf. Martens (Paul), *Théories du droit et pensée juridique contemporaine,* Bruxelles, Editions Larcier, 2003.

[16] Ibid., p. 7.

[17] Hegel, *La Philosophie de l'histoire*, Nouvelle édition, sous la direction de Myriam Bienenstock. Paris, LGF, Collection : La Pochothèque, 2009.

sociale au statut fort, qui pour la première fois et pour toujours, allait isoler la fonction juridique et ses experts, les « juristes », pour en permettre une identification autonome, nette et définitive. Ainsi, dans la culture européenne, Rome a inventé le droit ![18] En effet, le droit romain constitue un élément dont l'importance n'a jamais été mise en doute en Occident. Redécouvert au XIIe siècle avec l'« Ecole de Bologne », commenté et interprété ensuite par les glossateurs du Moyen âge, repris au moment de la *Renaissance* avec de nouvelles méthodes, il s'est fait modèle ou objet de savoir et a imprimé sa marque sur le droit médiéval comme sur les droits contemporains[19]. De cet héritage, le droit se présente comme un objet à part et se reconnaît au déploiement de dispositifs dotés d'une rationalité spécifique et puissante. Toujours est-il que sa définition continue d'embarrasser les plus grands spécialistes.

Il y a quelques années, la « Revue française de Théorie juridique »[20] s'est essayé de définir le droit en contactant 47 Professeurs qui ont chacun donné une définition différente[21]. Le Doyen Georges Vedel[22] avouait lui-même son embarras devant la question :

« Voilà des semaines et même des mois que je ''sèche'' laborieusement sur la question, pourtant si apparemment innocente (...) : "Qu'est-ce que le droit? Cet état, déjà peu glorieux, s'aggrave d'un sentiment de honte; j'ai entendu ma première leçon de droit voici plus de soixante ans; j'ai donné mon premier cours en chaire voilà plus de cinquante. Je n'ai cessé de faire le métier de juriste tour à tour et

---

[18] Cf. Ducos (Michèle), *Rome et le droit*, Paris, Librairie Générale Française, 1996. Schiavone (Aldo), *IUS L'invention du droit en Occident*, Paris, Belin, 2005. Bretone (Mario), *Histoire du droit romain*, Paris, Editions Delga, 2016. Savigny, *Traité de droit romain*, Paris, Editions, Panthéon-Assas, 2002.

[19] Cf. Leca (Antoine), *La genèse du droit (Essai d'introduction historique au droit)*, Presses universitaires d'Aix-Marseille, 1998. Du même auteur, *La fabrique du droit français, Naissance, précellence et décadence d'un système juridique*, Presses universitaires d'Aix-Marseille, 2007. *Le Code était presque parfait, introduction historique au droit,* Paris, LexisNexis, 2013.

[20] N° 10-11, « *définir le droit* », novembre 1989 et juin 1990.

[21] Norbert Rouland (*Introduction historique au droit*, Paris, PUF, 1998, pp. 19-20) renseigne à ce sujet que « l'idée de la rédaction était de demander à une cinquantaine d'auteurs de donner en quelques pages leur conception du droit. Ensuite, un travail de synthèse aurait dégagé quelques grandes options, à défaut de parvenir à une solution unique. Leurs contributions furent réunies, mais l'objectif ne put être atteint en raison de la trop grande diversité des définitions données ».

[22] Georges Vedel, *Indéfinissable mais présent*, « Droits », n°11, 1990, p.67

simultanément comme avocat, comme professeur, comme auteur, comme conseil et même comme juge. Et me voilà déconcerté tel un étudiant de première année remettant copie blanche, faute d'avoir pu rassembler les bribes de réponse qui font échapper au zéro ».

Pour le Doyen Jean Carbonnier[23], « il y a plus d'une définition dans la maison du droit ». Cela dit, les juristes définissent généralement le droit en tant que phénomène juridique, en définissant la règle de droit. Celle-ci est une règle sociale, établie par l'autorité publique, permanente et générale dans son application, et dont l'inobservation est sanctionnée par la force. L'idée de droit[24] est ici indissociable de celle de la règle qui a un caractère social, obligatoire, étatique, permanent, général, impersonnel et sanctionnable. Cette conception implique l'existence d'une autorité politique souveraine à laquelle, dans une société politique organisée, le peuple a coutume d'obéir sous peine de sanctions. John Austin[25], dans sa « théorie analytique du droit », définit le droit comme une règle énoncée par un être intelligent à l'intention d'un être intelligent sur lequel il exerce son autorité[26]. Hans Kelsen[27], le célèbre juriste autrichien (naturalisé Américain), souligne qu' « on n'inclut pas comme élément de la définition du droit le caractère moral de son contenu »[28]. Il soutient que le juriste doit rester résolument neutre, qu'il n'a qu'à s'occuper

---

[23] Carbonnier (Jean), « Droits », n°11, 1990, pp. 5-6. Lire aussi, Carbonnier (Jean), *Flexible droit*, Paris LGDJ, 8e édition, 1995.

[24] Cf. Aubert (Jean-Luc), *Introduction au droit et thèmes fondamentaux du droit civil*, Paris, Armand Colin, 10e édition, 2004. Du même auteur, *Introduction du droit*, Paris, PUF, que sais-je ?, 1979

[25] Cf. Austin (John), *Lectures on Jurisprudence or The Philosophy of Positive Law*, Londres, John Murray, Albemarle Street, 1885, 2 vol. J. Austin, The Province of Jurisprudence Determined, Explications préliminaires, Indianapolis/Cambridge, Hackett Publishing Company, 1954.

[26] Dans le contexte anglais, John Austin intègre la *Common law*, bien que d'origine judiciaire, dans le droit positif, au motif qu'elle émane directement de l'autorité souveraine qui a délégué son pouvoir créateur aux juges.

[27] Hans Kelsen (1881-1973) est l'un des plus grands théoriciens du droit contemporain, auteur du célèbre ouvrage « *Théorie pure du droit* » (Traduction de la deuxième édition par Ch. Eisenmann, Dalloz, collection « philosophie du droit », 1962. Lire également au sujet cet auteur, *Dictionnaire des grandes œuvres juridiques* (sous la direction de Olivier Cayla & Jean-Louis Halperin), Paris, Dalloz, 2010, pp. 320-332. Malaurie (Philippe), *Anthologie de la pensée juridique*, 2e édition, Paris, Editions Cujas, 2001, pp. 293-297.

[28] Chantre du normativisme, ce juriste a milité sa vie durant pour une science authentique du droit fondée sur des règles posées exclusivement par l'Etat et dépouillée de toute considération morale.

des normes existantes. Pour dire ce qu'est le droit, « il suffit d'examiner le produit de ses sources, toujours organisées hiérarchiquement, depuis la norme fondamentale, en passant par la constitution, la loi, et ainsi de suite jusqu'aux plus modestes des actes juridiques infra-législatifs »[29]. Pour lui, « une science authentique du droit doit éviter tout syncrétisme »[30] avec d'autres disciplines comme la philosophie, la politique, l'histoire, la sociologie et l'anthropologie[31]. Produit de l' « Ecole de Vienne », cette construction doctrinale[32] fondée sur l'autorité légitime d'un Etat centralisé s'est mondialisée, gagnant l'adhésion d'un grand nombre de juristes à travers le monde. Ainsi, pour les juristes de cette tendance, c'est le droit lui-même qui détermine les critères de ce qui est juridique et de ce qui ne l'est pas. Il suffit donc pour la plupart de nos besoins pratiques, de connaître ces critères, contenus dans ces règles. Cependant, une telle connaissance ne nous informe en rien sur la nature du droit. Nous ne savons ni pourquoi ces règles ont été adoptées, ni si ces règles sont réellement obligatoires, et si elles le sont, pourquoi elles le sont: est-ce parce qu'elles sont justes, parce qu'elles émanent du pouvoir politique, ou parce qu'elles sont assorties de sanctions en cas d'infraction? Comment savoir si les règles qui définissent ce qui est juridique sont bien elles-mêmes juridiques, si elles sont du droit ou autre chose ? Cette question n'est pas elle-même juridique, mais philosophique.

Or, l'homme pensant, incurablement assoiffé de justifications, a toujours éprouvé le besoin de remplir par des théories le parcours qui va de la vie au droit, de lui trouver une légitimité. L'on recense ainsi deux grandes tendances de théoriciens du droit : Les premiers,

---

[29] Rouland (Norbert), *Aux Confins du droit*, Paris, Editions Odile Jacob, 1991, p. 297.

[30] Ibid.

[31] ''La théorie pure du droit'' « se propose uniquement et exclusivement de connaître son objet, c'est-à-dire d'établir ce qu'est le droit et comment il est. Elle n'essaie en aucune façon de dire comment le droit devrait ou doit être fait. D'un mot, elle entend être science du droit, elle n'entend pas être politique juridique. Pourquoi se dénomme-t-elle elle-même une théorie ''pure'' du droit ? C'est pour marquer qu'elle souhaiterait simplement assurer une connaissance du droit, du seul droit, en excluant de cette connaissance tout ce qui ne se rattache pas à l'exacte notion de cet objet. En d'autres termes, elle veut débarrasser la science du droit de tous les éléments qui lui sont étrangers ». Cité, Malaurie (Philippe), *Anthologie de la pensée juridique*, op.cit., p. 294.

[32] Cf. Prevault (J.), *La doctrine juridique de Kelsen*, Lyon, 1965.

jusnaturalistes[33], encore appelé courant idéaliste[34], correspondent à la démarche la plus ancienne et la plus philosophique de la philosophie du droit. Ce courant voit dans le droit, une œuvre de l'esprit et de la raison. Les réponses données par ce courant à l'interrogation exprimée par l'homme sur le droit correspondent historiquement à la phase de fondation et de développement de la philosophie du droit. Il s'agit pour ce courant de situer l'homme et le droit par rapport à la raison et à la nature, et d'en dégager les lois. Dans l'histoire des idées, cette doctrine a pris une multitude de forme de l'Antiquité gréco-latine jusqu'à l'époque contemporaine. Les seconds, positivistes[35], correspondent à une réaction antirationaliste et anti naturaliste. Ils referment le droit sur lui-même. Ce positivisme, dans sa déclinaison

---

[33] Cf. Sériaux (Alain), *Le droit naturel*, Paris, PUF, Que sais-je ?, 1994. Lire aussi, Simon (Patrick), *Le droit naturel – ses amis et ses ennemis,* Paris, François-Xavier de Guibert, 2005. Strauss (Leo), *Droit naturel et son histoire*, Paris, Plon, 1954.

[34]« [Les idéalistes] conscients de ce que le droit n'est jamais qu'une réduction normative de la vie, voudraient réinjecter à celui-là un peu de la chaleur de celle-ci, frotter le concept refroidi de la légalité à d'autres approches des choses humaines qui ont encore gardé les démesures de leur température initiale: la poésie, la tragédie, l'histoire, les symboles, - les mystères, tout ce qui permet de craquer le vernis du positivisme pour retrouver, derrière la dogmatique du droit, la ferveur enivrante d'une sagesse appelée aussi justice (…). Ils nous invitent à nous souvenir que le droit n'est qu'une pétrification de la vie et qu'il doit perpétuellement replonger dans la lave des existences réelles et des drames de l'histoire pour vérifier si les règles qu'il exprime sont encore adéquates aux comportements qu'il ordonne. Ils écrivent de grands livres, qui effacent les frontières que les découpages académiques ont placé autour des différentes branches du savoir. Ils trempent le droit dans l'histoire (Gauchet), la liturgie (Kantorowicz), la sociologie (Carbonnier), la psychanalyse (Legendre) et ils nous restituent les mystères qui unissent ce que les professeurs s'acharnent à diviser. Ils ravivent le vieux rêve, caressé par quelques juristes (Vico, Grimm), mais oublié par presque tous, d'une origine commune de la poésie et du droit. Ce sont les Shakespeare de la théorie juridique ». Martens (Paul), *Théories du droit et pensée juridique contemporaine,* op.cit., p.10.

[35] « [Les positivistes] jaloux de ce qui fait le bonheur des scientifiques, essaient de trouver l'idée épurée, l'équation primale, le diamant foncier qui contient, épuise et délimite le concept de droit. Ils écrivent des livres, beaux et arides, qui nous fascinent par leur capacité de donner au bouillonnement des désirs des hommes la beauté inhumaine des théorèmes (…). Ils écrivent des livres, beaux et arides, qui nous fascinent par leur capacité de donner au bouillonnement des désirs des hommes la beauté inhumaine des théorèmes. Ce sont les Bach de la théorie du droit ». Cf. Martens (Paul), *Théories du droit et pensée juridique contemporaine,* Ibid.

formaliste, comporte plusieurs variantes[36]: il revêt une forme soit légaliste et étatiste, soit analytique, soit normativiste, soit logique. Pour eux, il existe un droit positif, formé de l'ensemble des règles de droit en vigueur dans un pays à un moment donné : le droit tout entier s'identifie à ces règles, et il n'y a pas à aller au-delà pour pénétrer le phénomène juridique[37]. Ils fondent donc le droit sur les données

---

[36] Cf. Oppetit (Bruno), *Philosophie du droit*, 1ère édition, Paris, Dalloz, 1999, pp. 57-70.

[37] Au sein du positivisme juridique, d'autres auteurs se sont démarqués pour promouvoir une approche sociologique, en recherchant l'enracinement ou l'application des règles juridiques dans la réalité sociale. Il s'agit d'un positivisme ouvert sur le fait qui considère que c'est dans le milieu social qu'il convient soit de découvrir les règles de droit (les usages, les coutumes), soit de puiser les sources d'inspiration du législateur, soit de vérifier l'effectivité de l'application du droit formel et par là même son adéquation aux besoins de la société. Les tenants du courant de la pensée sociologique, pensent que le droit n'est que le produit de la société. Toute autre considération idéaliste liée à sa finalité telle la référence au droit naturel, à la justice ou à la raison, ne constitue qu'un épiphénomène, le reflet du phénomène juridique. Dans la même mouvance sociologique, prit naissance aux Etats-Unis, au début du XXe siècle, un mouvement intellectuel de révolte contre le formalisme et qui proclama la nécessité, en tous domaines d'une culture qui adhérât à la réalité concrète et à la véritable vie de la société. Ce mouvement eut un profond retentissement sur la pensée juridique américaine qui s'est d'abord exprimé dans l'école de la *Sociological jurisprudence* (Oliver Holmes, *The Common law, 1881*. Du même auteur, *The Parth of the law*, 1897). Ce courant de pensée s'est essentiellement efforcé de rattacher le droit aux phénomènes sociaux en soulignant l'incidence des lois et des décisions de justice sur le milieu social, la nécessité d'obtenir l'adhésion de l'opinion pour s'assurer de l'effectivité du droit et de l'importance de la prise en compte des transformations sociales dans l'élaboration des règles juridiques. A ce premier courant, se rattache le « *legal realism* » (réalisme juridique) qui conduit à des développements extrêmes, en ce sens qu'il nie la certitude du droit et la prévisibilité des décisions des juges : celles-ci sont le fruit d'intuitions et non de raisonnement. Empiriste et anticonceptualiste, le « *legal realism* » considère que le droit se réduit à des techniques de prévision du comportement des juges dans une société elle-même très mobile. La tendance réaliste de la pensée juridique américaine a aussi engendré le mouvement de l'analyse économique du droit (« *Law ans Economics* ») qui a prit naissance à l'Université de Chicago, avant de gagner toutes les « *laws schools* » aux Etats-Unis dans les années 70 (R. Posner, *Economic Analysis of law*, 1972). Cette doctrine fournit au juriste une méthode qui procède d'une vision dynamique du droit, qui procure un cadre et une grille d'analyse pour évaluer les conséquences pratiques et le coût économique de l'application concrète des règles de droit. Elle vise aussi à provoquer les changements législatifs qui rendraient nécessaire l'inadéquation de la règle à ses objectifs. Traditionnellement très éloignée des doctrines européennes, la pensée juridique américaine va néanmoins évoluer dans le sens d'une réhabilitation de la réflexion philosophique sur les rapports entre le droit et la justice, à travers les

extérieures à la raison, ils rejettent l'abstraction et l'idéalisme, ils contestent l'universalité et la pertinence de l'idée de justice comme fondement du droit. Ils postulent à la séparation de la philosophie et du droit, du réel et de la métaphysique, des faits et de la morale. L'erreur des juristes positivistes est d'avoir pensé que le contenu des règles n'a d'importance que pour le droit existant, mais que le contenant seul est digne d'une systématisation doctrinale. L'erreur de leurs adversaires est de mépriser la technique pour s'en tenir, superbement aux « grands principes », aux valeurs. Au-delà de ces deux grands courants, une multitude de doctrines se sont développées dans l'histoire de la pensée juridique[38], rendant impossible une définition consensuelle sur les fondements philosophiques du droit.

---

courants de pensée souvent très opposés quant au rôle de la société globale, de l'état et du droit, mais qui ont en commun, de renouer avec les grandes écoles de pensée européennes et les concepts qu'elles ont mis en œuvre, tout en les transposant aux réalités américaines (John Rawls, *A Theory of justice*, 1971, Trad. Fr. C. Audard, Seuil, 1987. *Individu et justice sociale- Autour de John Rawls*, Paris, Editions du Seuil, 1988. Lire aussi, Ronald Dworkin, *Law's Empire* (1986), Trad. Fr, PUF, 1994.). Ce renouvellement de la pensée juridique américaine coïncide avec les efforts de syncrétisme (Georges Ripert, *La règle morale dans les obligations civiles*, Paris, LGDJ, 4e édition, 1949. Maurice Hauriou, « *Aux sources du droit. Le pouvoir, l'ordre et la liberté* », Cahiers de la nouvelle journée, Paris, Bloud &Gay, 1933. François Gény, *Science et technique en droit privé positif*, 4 volumes, Paris, Sirey, 1914-1927. Du même auteur, *Méthode d'interprétation et sources en droit privé positif*, 2 volumes, 1ère édition, 1899) opérés en Europe par un certain nombre de tendances doctrinales pour tenter de maîtriser une réalité juridico-sociale de plus en plus complexe et insaisissable, et pour échapper à la perpétuelle alternative de l'idéalisme et du positivisme. Certains auteurs récusent purement et simplement les deux courants en estimant qu'ils sont dépassés et inadéquat au phénomène juridique dans son existence réelle. D'autres estiment que chacun des courants trouve sa place dans l'élaboration du droit, et ils en proposent un savant mixage selon les proportions variables et au gré des tempéraments. D'autres encore sans se soucier de ces grandes écoles anciennes, développent une conception du droit qui se veut une approche originale de la modernité (Jacqueline Russ, *La pensée éthique contemporaine*, Paris, PUF, Que sais-je ?, 1994. Jürgen Habermas, *Ecrits politiques, culture, droit, histoire*, Paris, Flammarion, 1999).

[38] Cf. Michel (Villey), *La formation de la pensée juridique moderne*, Paris, PUF, 2003. Billier (Jean-Cassien) & Maryoli (Aglaé), *Histoire de la philosophie du droit*, Paris, Armand Colin, 2001. Lire aussi, Fasso (guido), *Histoire de la philosophie du droit XIXe et XXe siècles*, Paris, LGDJ, 1976. Henri (Batiffol), *La philosophie du droit*, Paris, PUF, que sais-je ?, 1960.

II. Les limites épistémologiques du modèle euro-centrique du droit

En Occident, le droit est garanti par l'Etat, voire créé par lui. Sans Etat, il n'y a pas de droit. Comme ailleurs dans les traditions hébraïques et islamiques, le droit occidental s'est longtemps appuyé sur la loi divine. La séparation du spirituel et du temporel a eu pour conséquence en Occident l'accaparement exclusif de la production du droit par l'Etat. Après la disparition du sacré de sa scène juridique, l'Etat occidental « s'approprie le modèle du Dieu unique et tout puissant »[39], gouvernant le monde par des normes imposées de l'extérieur par sa puissance créatrice qu'elle formalise par la voie législative ou jurisprudentielle[40]. Il s'agit d'un droit « impératif », « sanctionné », « imposé » par le commandement du souverain qui détient le monopole de la violence légitime en cas de non respect des normes édictées. Ici, le juriste, incontournable dans l'élaboration et l'interprétation des règles de droit, a eu du mal à se persuader que les mécanismes destinés à régler un conflit vont bien au-delà de la présence de l'Etat[41]. Il est conditionné par l'idée qu'il ne peut exister de droit sans autorité politique souveraine, que sans législateur et sans lois, la société ne pourrait s'inspirer d'aucune norme pour résoudre ses conflits[42]. Il feint d'ignorer que cette idée d'un pouvoir législatif

---

[39] Rouland (Norbert), *Aux Confins du droit*, op.cit., p. 57.

[40] Cf. Vanderlinden (Jacques), « Les droits africains entre positivisme et pluralisme », dans *Bulletin des séances de l'Académie royale des sciences d'outre-mer*, 2000, pp. 279-292. Texte repris et publié par le même auteur, dans *Les pluralismes juridiques*, op.cit., p. 173-190.

[41] Cf. Cohen-Tanugi (Laurent), *Le droit sans l'Etat*, Paris, 2e édition « Quadrige », 2007. Gambaro (Antonio), Sacco (Rodolfo) & Vogel (Louis), *Le droit de l'occident et d'ailleurs*, Paris, LGDJ, 2011. Eberhard (Christoph), *Le droit au miroir des cultures. Pour une autre mondialisation*, Paris, L.G.D.J, 2010. Halpérin (Jean-Louis), *Profils des mondialisations du droit,* Paris, Dalloz, 2009.

[42] « La majeure partie de l'humanité, soutient Norbert Rouland (*Aux Confins du droit*, op.cit., p. 33) ne partage pas la vision occidentale du droit et de la sanction. Le recours aux avocats et aux juges pour régler un conflit est aussi naturel pour un Américain qu'il paraît incongru à un Chinois. Le musulman accole le droit à la religion avec autant de résolution que l'Occidental l'en a écarté ». Dans le même sens, Rodolfo Sacco (*Le droit africain – anthropologie et droit positif*, op.cit., p. 15) observe : « La télévision met à la portée de chacun de nous, occasionnellement, des documentaires où l'on voit, des hommes « primitifs », dotés d'une culture moins complexe que la nôtre, qui ignorent l'écriture et qui vivent de chasse et récolte. Parmi eux, il n'y a ni juge, professionnel ou non, ni porteurs d'armes à temps pleins (policier ou soldat, ni personne qui décrète ou lève l'impôt ; de même, on ne trouve pas une vraie division du travail. Dans ces sociétés un conflit peut éclater et celles-

« indispensable » existe « depuis peu, dans un nombre limité de sociétés »[43]. Ne sait-il pas que toutes les sociétés humaines n'attribuent pas le même rôle au droit[44], que ce rôle tient davantage à leur rapport au monde[45], et que même dans beaucoup de langues, il

---

ci, aussi simples soient-elles, disposent de moyens pour le régler ». Lire aussi à ce sujet, Verdier (Raymond), Kalnoky (Nathalie) & Kerneis (Soazick), *Les justices de l'invisible*, Paris, L'Harmattan, 2013.

[43] Sacco (Rodolfo), *Anthropologie juridique - Apport à une macro-histoire du droit*, Paris, Dalloz, 2008, p. 67. En effet, les hommes ont longtemps rejeté l'idée d'un législateur. En Occident même, avant 1800, « le législateur est un personnage dont la fonction ne va pas au-delà du travail de compilation et de rationalisation ou d'un travail intermittent et occasionnel » note Sacco (Ibid., chapitre 5, « Les grandes époques du droit », pp. 67-97) qui développe à ce sujet : « Le pouvoir législatif total n'existait pas dans la Rome antique. Les Romains offraient comme exemple d'œuvre législative importante la rédaction des ''XII tables''. Mais les douze tables, si elles résolvaient des problèmes particuliers, ne touchaient pas au grand corps des règles non sculptées et non écrites, connues et intouchables bien que mémorisées. De temps en temps, les Romains faisaient une loi. A l'intérieur de ces mêmes limites, tous les systèmes juridiques de sociétés ayant un pouvoir centralisé (y compris les systèmes islamiques) connaissent le ''pouvoir législatif'' destiné à amender, intégrer, pourvoir, aider, rationnaliser. Les Romains n'avaient pas un pouvoir législatif global et absolu. La situation resta inchangée sous Justinien qui prit soin de souligner que, avec son Corpus iuris, il avait voulu recueillir les interprétations les plus respectées et les lois en vigueur et, le cas échéant, il les avait amendées et rationalisées.(…). Au Moyen âge (…), la norme sacrée et la norme spontanée sont incompatibles, l'une et l'autre, avec l'idée d'un législateur impératif et étatique de type jacobin. La méfiance envers le législateur est une donnée constante dans l'histoire du droit anglais (…). Le législateur est considéré comme un organe de pouvoir capable d'actes imprévisibles et arbitraires, apte à nuire. Il est donc préférable qu'il reste inopérant. (…). En Chine, là aussi (…), jusqu'aux révolutions du XXe siècle, la loi n'est pas admirée. On conseille à l'Empereur de ne pas légiférer. La loi est considérée comme une indication qui s'adresse au Mandarin. La situation dans le Japon traditionnel n'est pas différente ». Lire aussi, Gaudemet (Jean), *Les naissances du droit*, 3e édition, Paris, Montchrestien, 2001. Denoix de Saint Marc (Renaud), *Histoire de la loi*, Paris, Editions Privat, 2008.

[44] « On peut mettre dans une trop grande besace des phénomènes que nous qualifions sans difficulté de juridiques parce qu'ils correspondent à notre idée du droit (obligation de réparer un préjudice quelconque, paiement d'une pension alimentaire, action en recherche de paternité), et d'autres qu'il nous paraît exclure, alors que bien des sociétés les y incorporent (obligation de rendre un culte aux ancêtres, de recourir à la vengeance sanglante, etc.) ». Cf. Rouland (Norbert), *Aux Confins du droit*, op.cit., p. 36.

[45] « (…) S'il y a un très commun entre toutes les sociétés, c'est bien que chacune construit son propre univers mental, porteurs de modèles fondamentaux et dispensateur de sens, que révèlent à la fois la vision du monde visible et invisible de chacun de ses membres, sa vision des peuples, de sa société, des groupes auxquels il

n'existe pas d'équivalent exact du terme « droit »[46]? « Comment faire comprendre à un Béti du sud-Cameroun qu'il y a une distinction entre des termes au sens juridique précis comme : contrat, entente, protocole, traité, conconcordat et pacte, quand dans sa langue, tous ces termes sont subsumés sous la notion unique de *oyoli* ? (…) Dans le procès pénal occidental, les débats se concentrent sur des points de procédure en désertant le fond du dossier. Comment un villageois africain comprendra qu'on casse un arrêt pour ''vice de forme'' ? Alors que le droit distingue au moins cinq étapes dans l'introduction d'une requête en justice – la demande, la prétention, l'allégation, la preuve et la justification juridiques – comment un Bantou pourra-t-il distinguer la prétention (ce que le plaideur demande) de l'allégation (énoncé d'un fait qui fonde la prétention) quand, dans sa justice traditionnelle, les deux démarches sont presque identiques ?»[47].

Pendant longtemps, l'Occidental n'a pas ressenti le besoin de fusionner avec toute l'histoire et la préhistoire du droit. Il connaît et admire le droit romain[48]. Il réfléchit épisodiquement sur le droit des

---

appartient ou avec lesquels il est en rapport et sa vision de lui-même. Chaque vision partielle renvoie aux autres et les éclaire. Mais celle qu'une société a du monde et d'elle même explique plus particulièrement les comportements juridiques individuels et fondamentalement les limites de la juridicité ». Cf. Alliot (Michel), « Anthropologie et juristique, sur les condition de l'élaboration d'une science du droit », dans *Bulletin de liaison du Laboratoire d'anthropologie juridique de Paris,* n°6, pp. 83-117, 1983. Republié en 2003 dans *Le droit et le service public au miroir de l'anthropologie*, textes choisis et édités par Camille Kuyu (Paris, Karthala). Cité, Rude-Antoine (Edwige) & Chrétien-Vernicos (Geneviève), *Anthropologies et Droits - Etat des savoirs et orientations contemporaines*, Paris, Dalloz, 2009, p. 114.

[46] « De nombreuses langues vernaculaires (qu'on appelle dialectes) n'ont pas de vrai lexique juridique. L'occitan, le franco-provinçal, le corse disposent de termes appropriés pour indiquer certains concepts juridiques présents dans la vie quotidienne (père, fils, mort) mais n'ont aucun terme pour exprimer les idées d'imputabilité, constitut, possessoire, supplétif, extradition, titre à ordre et ainsi de suite ». Cf. Sacco (Rodolfo), *Anthropologie juridique - Apport à une macro-histoire du droit*, op.cit., p. 74. Lire aussi, Rouland (Norbert), *Introduction historique au droit*, Paris., PUF, 1998, p. 20. Mabcuso (Salvatore), « Langues et droits en Afrique », dans *Le droit au pluriel – Mélanges en hommage au Doyen Stanislas Meloné*, sous la direction de Jeanne Claire Mebu Nchimi, Yaoundé, Presses Universitaires d'Afrique, 2018, pp. 123-135.

[47] Bidima (Jean Godefroy), *La palabre une juridiction de la parole*, Paris, Michalon, 1997, pp.27-28.

[48] « Parfois, l'admiration, pour le droit romain amène les juristes à surestimer la perfection de ses solutions. Mais le plus grand mérite des Romains ne réside pas dans les solutions juridiques qu'ils ont élaborées, il réside dans l'édification d'un appareil conceptuel, c'est-à-dire d'une science, d'un vocabulaire, d'un système

cités grecques[49], et dans une certaine mesure, fait des recherches sur les grands Empires d'Egypte et de Mésopotamie[50]. Mais il fait rarement d'effort pour tenter de « comprendre l'alternance et la complexité des structures du droit à travers les différentes expériences qui se sont succédées dans le temps ou qui ont été concomitantes »[51]. Sa conception du droit n'est édifiée qu'en fonction de quelques uns seulement des ordres juridiques passées ou présents, considérés comme étant les plus évolués, à l'instar du droit romain. Tous les autres systèmes juridiques sont tenus pour des ébauches grossières dont les traits spécifiques sont négligés, mis de côté, comme des éléments en quelque sorte « préjuridiques »[52]. Aujourd'hui, la Chine, le Japon, l'Afrique utilisent des professionnels du droit; mais ces juristes se forment dans les facultés conçues selon le modèle européen et ne s'intéressent qu'aux secteurs du système qui ont été pénétrés par le modèle occidental. On peut formuler des questions intéressantes dans ce domaine : qui, dans la Chine ou dans le Japon traditionnel, accomplissait les tâches que nos sociétés modernes confient au juriste ? Ces pays n'avaient pas de juristes. La Grèce non plus et les grandes civilisations de l'ère du bronze (celle de l'Egypte, de Mésopotamie) ne nous ont pas transmis de noms de juristes. L'Afrique d'avant les contacts avec Rome, l'Islam et avec l'Europe n'avait pas de juristes. Pourtant, ces civilisations avaient un droit florissant : le droit peut en effet, vivre et se développer sans juriste, c'est-à-dire sans disposer d'un appareil de savoir élaboré de façon critique. C'est dire que, jusqu'à deux mille ans avant notre époque, le droit, bien qu'existant de façon efficace, s'est passé de législateurs et de juristes. La connaissance

---

d'argumentations juridiques qui peut être passé au crible de la critique, le tout étant confié à des spécialistes disposés à exercer une profession juridique et à transmettre par le biais de l'enseignement leur propre savoir ». Cf. Sacco (Rodolfo), *Anthropologie juridique - Apport à une macro-histoire du droit*, op.cit., p. 74.

[49] Cf. Gaudemet (Jean), *Les institutions de l'Antiquité*, Paris, Montchrestien, 7e édition, 2002. Du même auteur, *Les naissances du droit*, op.cit.

[50] Ibid.

[51] Sacco (Rodolfo), *Le droit africain – anthropologie et droit positif*, op.cit., p. 4. A ce sujet, Sacco note la parution en 1959 dans « Mélanges Henry Lévy-Bruhl (Sirey, 1959, p.351 s.) d'une contribution de J. Dauvillier intitulée « Problèmes juridiques de l'époque paléothique ». Il signale sa propre contribution, « Le droit muet » (Rev. Trim. Dr. civ. 1995. 795 s.). Lire aussi, l'ouvrage du Doyen Bernard Durand (*Histoire comparative des institutions*, NEA, 1983) qui croise l'histoire des institutions de l'Afrique, du Monde arabe et de l'Europe.

[52] Cf. Virally (Michel), *La pensée juridique*, Paris, Editions Panthéon Assas, LGDJ, 2010, p. XXXIII.

d'expériences juridiques différentes du modèle occidental est absolument nécessaire pour qui veut se rapprocher intellectuellement des mondes d'ailleurs, et plus particulièrement du monde africain. Ainsi, devant la variété des cultures juridiques[53], l'approche positiviste du droit devient fatalement irréaliste pour incarner une épistémologie universelle du phénomène juridique intégrant de façon globale l'homme[54] dans son rapport au droit, des origines à nos jours, ceci quel que soit son lieu de vie dans le monde.

III. A la recherche d'une définition pluraliste et unitaire du phénomène juridique : le droit saisi par la science de l'homme et l'histoire comparée des civilisations

A. L'ethnocentrisme occidental et la négation de l'autre

Montaigne écrivait que « Chacun appelle barbarie ce qui n'est pas de son usage »[55] pour dire que toute société a toujours une certaine appréciation positive d'elle-même, de ses pratiques, de ses coutumes et de ses institutions. Toute civilisation trouve en effet « normal » ce qu'elle fait et « bizarre » ce que fait la voisine. C'est ce que traduit bien Astérix lorsqu'il répète : « Ils sont fous ces Romains !»[56]. « L'autre », pour l'Occidental, a successivement été au cours de l'histoire le « barbare », l' « infidèle », le « sauvage » ou le « primitif »[57]. Déjà, dès l'Antiquité, Grecs et Romains appellent « barbares » ceux qui ne parlent pas leur langue. Le mot « civilisé » traduit alors le statut d'homme libre et l'appartenance à la communauté politique. A Athènes, les femmes, les étrangers, les métèques et les esclaves sont exclus de la citoyenneté. Les naturalisations sont par conséquent rares et l'octroi du droit de cité chichement compté. Le citoyen est celui qui, par son hérédité, sa fortune ou son mérite, participe aux décisions de la cité et aux débats de l'agora. Lorsque Aristote affirme que « l'homme est par nature un animal politique »[58], le Stagirite insiste sur le fait que l'homme ne réalise pleinement son humanité que par sa participation à la vie dans

---

[53] Cf. Eberhard (Christoph), *Le droit au miroir des cultures. Pour une autre mondialisation*, op.cit. *Le juge et le dialogue des cultures juridiques*, (sous la direction de Ghislain Otis), Paris, Karthala, 2013.

[54] Cf. Younes (Carole), « Le pluralisme juridique : penser l'homme pour penser le droit », dans *Les pluralismes juridiques,* op.cit., pp. 35-50.

[55] Cité, dans « *Comprendre l'autre. Les textes fondamentaux* », Le point Mai-Juin 2011, pp. 28-29.

[56] Cité, Ibid. p.7.

[57] Ibid. pp. 13-15

[58] Cf. Aristote, *La Politique*, I, 2, 1253 a.

la cité. Celui « qui est dans l'incapacité d'être membre d'une communauté, ou qui n'en éprouve nullement le besoin parce qu'il se suffit à lui-même, ne fait en rien partie d'une cité et par conséquent est ou une brute ou un dieu »[59]. Chez les Grecs, « la citoyenneté n'est possible que là où il existe un espace public, là où les hommes se rencontrent directement, là où la parole est action »[60]. Reflet de ce modèle politique, Athènes s'est voulue l'« Ecole de la Grèce »[61] chargée de conduire les territoires colonisés vers la « vraie vie », la démocratie. A Rome, la cité ne correspond pas à une entité territoriale mais à une « société de droit »[62]. La citoyenneté y est définie en termes juridiques : elle est conçue comme un faisceau de droits dont l'attribution et la force varient selon la personne. Il s'agit de prérogatives civiles et personnelles auxquelles peuvent accéder les étrangers, car, pour les Romains, la citoyenneté a une vocation universelle. D'où l'extension, dès les premières conquêtes, d'une communauté juridique à des peuples autonomes. Avec l'Edit de Caracalla (212), Rome constitue pour l'Antiquité le modèle de l'assimilation. Ainsi dès l'époque antique, l'idée de « civiliser » est associée à un jugement de valeur qui qualifie favorablement les « modèles » athénien et surtout romain.

Au Moyen âge, ceux (Arabes, Turcs, etc.) qui ne sont pas « dans la vraie foi » (chrétienne), sont qualifiés d'« infidèles »[63]. Avec la découverte de l'Amérique, apparaît une autre partie de l'humanité qui ne connaissait pas la révélation chrétienne. Les Indiens sont baptisés « sauvages ». « C'est la grande gloire et l'honneur de nos rois et des Espagnols, écrit Gomara dans son ''histoire générale des Indiens'', d'avoir fait accepter aux indiens un seul Dieu, une seule foi et un seul baptême et leur avoir enlevé l'idolâtrie, les sacrifices humains, le cannibalisme, la sodomie et encore d'autres grands et méchants péchés, que notre bon Dieu déteste et qu'il punit. De même on leur a enlevé la polygamie, vieille coutume et plaisir de tous ces hommes sensuels ; on leur a montré l'alphabet sans lequel les hommes sont des

---

[59] Ibid., 1253 a, 25.

[60] Cf. Collin (Denis), « Qu'est-ce qu'un citoyen » ?, dans *Grand dictionnaire de la philosophie* (sous la direction de Michel Blay), Paris, Larousse-CNRS Editions, 2003, p. 136.

[61] L'expression est de Périclès qui fait l'éloge du modèle athénien. Cité, Lescuyer (Georges), *Histoire des idées politiques*, 14e édition, Paris, Dalloz, p. 43.

[62] Cf. Gaudemet (Jean), *Les institutions de l'Antiquité*, op.cit., p. 180.

[63] « Comprendre l'autre. Les textes fondamentaux », *Le point* Mai-Juin 2011, op.cit.

animaux et l'emploi du fer qui est tellement nécessaire à l'homme. On leur a également montré plusieurs bonnes habitudes, arts, mœurs policées pour pouvoir mieux vivre. Tout cela – et même chacune de ces choses – vaut plus que des plumes, les perles, l'or qu'on leur a pris, d'autant qu'ils ne se servaient pas de ces métaux comme monnaie »[64]. A la même époque, Oviedo écrit en 1555 dans son « Histoire des Indes » : « les gens de ce pays, de leur naturel, sont si oiseux, vicieux, de peu de travail, mélancoliques, couards, sales, de mauvaise condition, menteurs, de molle constance et fermeté. (…) Notre Seigneur a permis, pour les grands, abominables péchés de ces gens sauvages, rustiques et bestiaux, qu'ils fussent jetés et bannis de la surface de la terre »[65]. Des avis de ce genre sont innombrables sur les Indiens, et Cornélius de Pauw ajoutera sa couche dans son ouvrage publié en 1774 : « L'insensibilité est en eux un vice de leur constitution altérée ; ils sont d'une paresse impardonnable, n'inventent rien, n'entreprennent rien, et n'entendent point la sphère de leur conception au-delà de ce qu'ils voient : pusillanimes, poltrons, énervés, sans noblesse dans l'esprit, le découragement et le défaut absolu de ce qui constitue l'animal raisonnable, les rendent inutiles à eux-mêmes et à la société »[66].

Ces Indiens seront appelés « primitifs » dès le XIXe siècle, contexte où se développe des doctrines sur l'inégalité des races humaines[67] absolument inconnues dans l'Antiquité[68]. Un siècle plus tôt, les philosophes des « Lumières », tout en s'élevant contre

---

[64] Cité, Laplantine (François), *L'anthropologie*, Paris, Editions Payot et rivages, 1995, p.37.

[65] Ibid.

[66] Ibid., p.39

[67] Cf. Coquery-Vidrovitch (Catherine), « Le postulat de la supériorité et de l'infériorité noire », dans *Le livre noir du Colonialisme* (sous la direction de Marc Ferro), Paris, Robert Laffont, 2003.

[68] Le Professeur Norbert Rouland l'explique dans *Soleils Barbares* (Paris, Actes sud, 1987, p. 416) : « Même si ce point de vue est très différent des préjugés que beaucoup à notre époque, continuent à éprouver vis-à-vis des ''hommes de couleur'', il est remarquable de constater que dans l'Antiquité, les Romains ne le partageaient point. On ne trouve dans la littérature antique pratiquement pas de trace de ce que nous nommons le racisme, attitude née à l'époque moderne. Pour les Anciens, les véritable clivage passait entre les ''civilisés'', c'est-à-dire les peuples qui, quelles que soient leur couleur ou leur origine, avaient adopté leur mode de vie, et les Barbares dont, comme on le sait, beaucoup avaient la peau blanche ». Lire aussi, Delacampagne (Christian), *Une histoire du racisme : des origines à nos jours*, Paris, Librairie Générale Française - France Culture, 2000.

l'esclavage des Noirs[69], ont jeté les semences du « racisme scientifique » avec leur volonté de découvrir les « lois naturelles » régissant l'Univers. Voltaire écrit que « la race des nègres est une espèce d'hommes différente [des Blancs], comme la race des épagneuls l'est des lévriers »[70]. Il souligne sans états d'âme la prééminence des Blancs, « hommes qui [lui] paraissent supérieurs aux nègres, comme ces nègres le sont aux singes et comme les singes le sont aux huîtres »[71]. Hegel soutient dans son fameux ouvrage « La raison dans l'histoire » (1830), que « ce que nous comprenons en somme sous le nom Afrique, c'est un monde anhistorique non développé, entièrement prisonnier de l'esprit naturel et dont la place se trouve encore au seuil de l'histoire universelle ». Cette hiérarchisation se perpétue dans l' « Essai sur l'inégalité des races humaines » (1854) de Gobineau qui voit dans la « race jaune » une populace et une petite bourgeoisie » tandis que les « Blancs, « race de princes », agissent pour l'honneur[72]. Alors que les monogénistes clament qu'il n'y a qu'une seule espèce humaine, les polygénistes soutiennent qu'il existe plusieurs espèces humaines invariables, chacune pourvue dès l'origine d'une substance germinative différente

---

[69] L'*Encyclopédie* ne mâche pas ses mots : « on tâche de justifier ce que ce commerce [la traite des Noirs] a d'odieux et de contraire au droit naturel en disant que ces esclaves trouvent ordinairement le salut de leur âme dans la perte de leur liberté ». Cf. Article « Nègre », dans *Encyclopédie ou dictionnaire raisonné des sciences, arts et des métiers*, publiée par Denis Diderot et Jean d'Alembert (1751-1772).

[70] Dans l' « *Essai sur les mœurs* » (1756). Cité, Jouanna (Arlette), « Race », dans *Dictionnaire de l'Ancien Régime* (sous la direction de Lucien Bély), Paris, PUF, 2003, p. 1047.

[71] Cf. Poliakov (L.), *Histoire de l'antisémitisme,* Tome *2,* Paris, Calmann-Lévy, coll. Points, 1991, p. 55. Dans le même esprit, le philosophe Emmanuel Kant (*Observations sur le sentiment du beau et du sublime*, 1764, 2e édition, Paris, J. Vrin, 1980) établit une hiérarchie de la perception du beau et du sublime : les Germains se trouveraient au sommet de la pyramide devant les Anglais et les Français, tandis que les Noirs se situent en queue de classement. En 1802, il écrit que si tous les hommes sont issus d' « une seule et même souche » force est de constater que « l'humanité atteint sa plus grande perfection avec la race des Blancs...Les Indiens ont déjà moins de talent...les Nègres sont situés bien plus bas ». [Cf. Kant (Emmanuel), *Physische geographie* (géographie physique), édition bilingue, Paris, Aubier, 1999]. L'*Encyclopédie* de Diderot (op. cit.) note que « Les Nègres de Guinée sont pour la plupart enclins au libertinage, à la vengeance, au vol et au mensonge ».

[72] Cf. Gobineau (Arthur), *Essai sur l'inégalité des Races humaines, 1854,* Chap. XVI, 1. 1

qui véhicule les propriétés raciales spécifiques, aussi bien biologiques que mentales et culturelles. Avec la théorie darwinienne (1859)[73] de l'évolutionnisme, les « races inférieures » sont « scientifiquement » considérées comme « moins évoluées », comme ignorant le droit. L'Europe, dans sa charité chrétienne, se devait donc d'amener à la civilisation, c'est-à-dire à un état d'évolution digne d'humanité les peuples jugés alors « sauvages, cruels, ignorants et perfides ». La « mission civilisatrice »[74] apparaît dès lors comme la manifestation de l'humanisme des « races supérieures » vis-à-vis des « races inférieures ». L'expansion outre-mer s'impose comme le moyen par excellence d'étendre, à tous et partout, les bénéfices de la science, de la raison et du progrès afin de bâtir un « monde civilisé ». En d'autres termes, l'évolution de l'Afrique ou de l'Asie ne se fera que grâce à l'influence occidentale. Un processus d'acculturation s'amorce ainsi dès la période coloniale. Les pays conquis s'ouvrent aux droits européens. Paradoxalement, c'est dans le même contexte colonial que prospère l'anthropologie.

---

[73] Cf. Darwin (Charles), *The Origin of Species by Means of Natural Selection ; or the preservation of favoured races in the struggle for life and the descent of man and selection in relation to sex,* Londres, Murray, 1859 (éd. Moderne : *La Filiation de l'homme et la sélection liée au sexe*, Paris, ICDI, Syllepse, 2000).

[74] Cette notion qui apparaît dans le débat colonial de la fin du XIXe siècle renvoie, *a priori*, à une conception humaniste du droit illustrée par des courants d'idées les plus divers depuis l'Antiquité [Cf. Gaudemet (Jean), *Les naissances du droit*, op.cit.]. Malgré l'apport des philosophes grecs, des pères de l'Eglise et de la philosophie des *Lumières*, l'idée de relier le droit, la morale et la justice a été profondément marquée par l'influence du droit romain [Cf. Durand (Bernard), Chêne (Christian) & Leca (Antoine), *Introduction historique au droit*, Paris, Montchrestien, 2004, pp. 107-118]. Aussi, le poète-Président sénégalais, Léopold Sédar Senghor, déclarait-il dans un discours prononcé le 14 janvier 1980 en Italie : « Rome, en édifiant une solide unité politique après avoir conquis la Méditerranée, en conférant à tous les hommes libres la citoyenneté romaine, a été le premier Etat à concevoir l'idée nationale par-delà les races, les religions, les continents. Elle a su traiter les peuples vaincus en associés, en alliés, en leur accordant le droit de cité. Cette politique d'assimilation a, jusqu'aujourd'hui, fait, de la langue latine et du droit romain, des instruments efficaces de la mission civilisatrice » [Cf. Discours prononcé le 14 janvier 1980, à Rome, au cours de la cérémonie organisée par le Maire de la capitale italienne pour la remise à Léopold Sédar Senghor du titre de "citoyen romain", en la présence du Président de la République, M. Sandro Pertini, du corps diplomatique et de très nombreux invités. http ://www.lingue.unibo.it/ francofone/senghor1.htm].

B. Naissance et évolution de l'anthropologie juridique : vers la reconnaissance des systèmes juridiques non occidentaux

En réalité, la genèse de la réflexion anthropologique est contemporaine de la découverte, au XVIe siècle, des espaces jusqu'alors inconnus. A l'époque, la grande question qui naît de cette confrontation visuelle avec l'altérité est de savoir si les autochtones que l'on vient de découvrir appartiennent à l'humanité[75]. Après la parenthèse du XVIIe et surtout du XVIIIe siècle, où le discours sur l'homme s'organise, la question ne sera résolue qu'à compter du XIXe siècle, époque où naît l'anthropologie juridique moderne, ceci en plein triomphe technologique et culturel de l'Occident. L'évolutionnisme domine alors les idées communes et les sciences sociales : Les

[75] Deux idéologies concurrentes s'esquissent, l'une étant le symétrique inversé de l'autre. Cette controverse est publiquement portée en Espagne durant plusieurs mois de l'année 1150 par le juriste Sepulveda et par le dominicain Las Casas au sujet des Indiens d'Amérique. Le premier soutient: « Ceux qui devancent les autres par la prudence et par la raison, même s'ils ne l'emportent pas par la force physique, ceux-là sont, par nature même les seigneurs ; par contre, les paresseux, les esprits lents, même s'ils ont des forces physiques pour accomplir toutes les tâches nécessaires, sont par nature des serfs. Et cela est juste et utile qu'ils soient serfs, et nous le voyons sanctionné par la loi divine elle-même. Telles sont les nations barbares et inhumaines, étrangères à la vie civile et aux mœurs paisibles. Et il sera toujours juste et conforme au droit naturel que ces gens soient soumis et à l'empire de princes, et de nations plus cultivés et humains, de façon que, grâce à la vertu de ces dernières, et à la prudence de de leurs lois. Ils abandonnent la barbarie et se conforment à une vie plus humaine et au culte de la vertu. Et s'ils refusent cet empire, on eut leur imposer par le moyen des armes, et cette guerre sera juste, ainsi que le déclare le droit naturel ...en conclusion, il est juste, normal et conforme à la loi naturelle que les hommes probes, intelligents, vertueux et humains dominent tous ceux qui n'ont pas ces vertus ». Le second réplique : « A ceux qui prétendent que les Indiens sont des barbares, nous répondons que ces gens ont des villages, des bourgs, des cités, des rois, des seigneurs, et un ordre politique qui en certains royaumes, est meilleur que le nôtre (...). Ces peuples égalaient ou même surpassaient beaucoup de nations du monde réputées pour policées et raisonnables et n'éteint pas inférieures à aucune. Ainsi ils égalaient les Grecs et les Romains, et même, en certaines de leurs coutumes, ils les dépassaient. Ils dépassaient aussi l'Angleterre, la France et certaines de nos régions d'Espagne. (...) Car la plupart de ces nations du monde, sinon toutes, furent bien plus perverties, irrationnelles et dépravées, et firent montre de beaucoup moins de prudence et de sagacité dans leur façon de se gouverner et d'exercer les vertus morales. Nous-mêmes, nous fûmes pire, du temps de nos ancêtres et sur toute l'étendue de notre Espagne, par la barbarie de notre mode de vie et la dépravation de nos coutumes ». Cité, Laplantine (François), *L'anthropologie*, op.cit., pp.34-35.

Européens qui étendent leurs puissances coloniales en Afrique et en Asie, croient au progrès, à la civilisation dont ils estiment que l'Occident représente le stade le plus avancé. Dans ce contexte, les premiers anthropologues du droit, postulent que toutes les sociétés sont soumises à des lois d'évolution plus ou moins rigides, qui conduisent de l'oral à l'écrit, de la propriété collective à la propriété privée, de la famille large à la famille nucléaire, de la vengeance privée à la peine publique, du statut au contrat, bref de la sauvagerie à la civilisation. L'Anglais Henry Summer-Maine est le précurseur de cette tendance. En 1861, il publie « Ancient law », un ouvrage qui a un très grand retentissement en Europe. Il essaie de prouver l'existence d'un peuple indo-européen en comparant l'histoire du droit indien à celle des droits des peuples européens. Il cherche ainsi dans les droits indien, irlandais et germanique les traces de leur filiation commune. Il voit dans les civilisations orientales une image du passé de l'Occident. Il en tire des leçons générales sur l'évolution générale du droit : les sociétés « passent d'un stade archaïque, dépourvu de droit, à un état tribal, qui voit sa naissance. Puis la notion d'appartenance territoriale apparaît, le droit se perfectionne avec les premières codifications »[76]. Pour lui, la plupart des sociétés ne gravissent pas les degrés de l'évolution. Beaucoup, comme l'Inde, demeurent stationnaires, arrivés à un certain stade. Une minorité comme les Européens connaissent la civilisation. En cette même année 1861, le Suisse Allemand Johann Jakob Bachofen publie « Das Mutterrecht », ouvrage innovant dans lequel, sur le plan méthodologique, il s'évade des documents strictement juridiques pour rechercher les manifestations du droit dans la mythologie et les œuvres d'art. Pour lui, le droit de la famille passe par trois étapes : la promiscuité primitive, le matriarcat et le patriarcat. Il entend ainsi prouver l'antériorité du matriarcat sur le patriarcat.

Par la suite et jusqu'à la fin du XIXe siècle, l'anthropologie juridique est dominée par les auteurs allemands. En 1878, paraît le premier numéro de la « Revue de droit comparé » dirigé par Josef Kohler qui publiera les premières études sur les droits africains, jusqu'alors délaissées en raison de la fascination pour l'Asie. En 1893, Hermann Post publie « Ethnologische Jurisprudenz », œuvre dans laquelle il entreprend d'étudier et d'ordonner, suivant les principes d'un évolutionnisme rigide, toutes les institutions juridiques de toutes

[76] Rouland (Norbert), *Aux Confins du droit*, op.cit., p. 61.

les sociétés connues. Les auteurs italiens s'efforcent de parvenir à une meilleure connaissance de l'ancien droit romain en utilisant les données fournies par les ethnographes des sociétés traditionnelles, également sollicitées pour tenter de décrire l'apparition du droit à l'époque préhistorique. En France, Emile Durkheim, dans « De la division du travail social », cherche à comprendre comment les sociétés passent de la primitivité à la modernité.

Mais déjà, dès cette fin du XIXe siècle, s'élèvent les premières critiques. Franz Boas (1858-1942), spécialiste des Inuits et Indiens d'Amérique du Nord, s'inscrit en faux contre l'universalisme évolutionniste. Pour lui, les sociétés sont plus marquées par la diversité que par les similitudes. Il dénonce les « anthropologues du fauteuil » et les lacunes de leurs grandes fresques historiques, leur préférant des monographies réalisées à partir de l'observation concrète des sociétés. Quelques décennies plus tard, Richard Thurnwald (1869-1954) qui séjourne de 1906 à 1915 en Micronésie et en Mélanésie, puis en nouvelle Guinée, soutiendra que les différences entre sociétés traditionnelles et modernes sont telles qu'une théorie commune de leurs droits paraît difficile. Dès 1911, Graebner de l'école diffusionniste met l'accent sur les phénomènes de contacts provenant de l'entrecroisement de grands cercles culturels dont l'aire d'application voit ses limites se modifier. Les grandes cultures, nées dans un lieu géographique précis, étendent ainsi leurs influences au gré de processus dont l'histoire n'est pas absente, mais qui ne présentent pas la rigidité et la régularité de l'évolutionnisme unilinéaire. Schmidt et Trimborn suivront Graebner quelques années plus tard en s'accordant sur un certain nombre de points : rejet de lois universelles de l'Histoire s'appliquant au développement juridique ; accent mis sur la diversité des systèmes juridiques plus que sur leur unité ; insistance sur le plan méthodologique, sur la constitution de monographies rigoureuses plutôt que sur de grandes synthèses.

Dès le début du XXe siècle, l'enquête sur le terrain devient le stade essentiel de la connaissance anthropologique. En rapprochant la source d'information de l'observateur, l'interprétation scientifique est plus fidèle et rigoureuse. Progressivement, les anthropologues insistent de moins en moins sur la supériorité des cultures occidentales, remettent en question la notion de progrès, montrant qu'elle fut définie selon les critères qui avantageaient les Européens. De plus, dans un contexte marqué par l'effondrement de l'Empire colonial allemand et par la montée du nazisme, on assiste à l'effacement de la domination de l'école allemande d'anthropologie juridique. Les auteurs d'origine anglo-saxonne ou formés dans ce climat intellectuel montent en puissance. C'est le cas de l'emblématique Bronislaw Malinowski, partisan de l'empirisme de terrain, qui effectue trois longs séjours dont l'un à l'île de Mailu (1915) et deux autres dans les îles Trobriand (1915-1918), à la suite desquels il publie « Les argonautes du Pacifique occidental » (1922), l'une de ses œuvres les plus connues. Théoricien du fonctionnalisme, il soutient qu'une société doit être étudiée comme une totalité, c'est-à-dire telle qu'elle fonctionne au moment même où on l'observe. Malinowski considère que la cause de l'état présent d'une société ne réside pas comme le soutiennent les évolutionnistes dans son stade de développement antérieur, mais dans l'agencement interne des différents éléments qui constituent son système social, et qui accomplissent différentes sortes de fonctions, répondant à la satisfaction de besoins qui sont fondamentalement les mêmes dans toute société. Il tranche ainsi avec l'analyse normative dominante dans les sciences juridiques et qui avait curieusement tendance à localiser le droit uniquement dans les sociétés occidentales. Avec lui, la méthode fonctionnaliste refuse de lier le droit à l'existence d'une sanction émanant d'un pouvoir central, en l'occurrence l'Etat. Il s'intéresse davantage au cheminement du processus juridique au sein de la société qu'au travail d'abstraction privilégiée dans la théorie classique qui conduit à la formulation des normes ou des règles juridiques. L'analyse processuelle qu'il promeut devient alors progressivement dominante dans l'anthropologie juridique, avec l'inconvénient de réduire le droit aux conflits. Pour réconcilier les analyses normatives et processuelles, le pluralisme juridique viendra insister sur le fait que le droit est un phénomène multiple et hétérogène, au sens où, sur un territoire donné, à un même moment, peuvent coexister plusieurs ordres juridiques distincts plus ou moins dépendants les uns des autres, et éventuellement concurrents. Ainsi, ce courant doctrinal considère qu'à la pluralité des groupes sociaux correspondent des systèmes juridiques multiples agencés suivant des rapports de collaboration, de coexistence, de compétition ou de négation, l'individu étant l'agent central qui se détermine en fonction de ses appartenances multiples à ces réseaux.

Une telle approche a permis à l'anthropologie juridique d'opérer sa mue dans sa connaissance des mondes d'ailleurs, passant de l'ethnologie juridique qui était consacrée à l'étude des droits exotiques, à un discours savant sur l'homme dans sa plus grande généralité, dans sa diversité historique et géographique, dans tous ses états, à toutes les époques, dans toutes les latitudes et dans toutes les sociétés. Qu'il s'agisse de l'homme traditionnel ou moderne, de l'homme occidental ou non occidental, l'anthropologie juridique postule vers le dépassement de l'ethnocentrisme juridique et la recherche des lois universelles de fonctionnement des sociétés humaines même si elles sont réalisées de façon diverse par chacune d'entre elles. Seule l'anthropologie juridique permet de croiser les visions du monde sur les mêmes matériaux (pouvoir, famille, propriété, héritage, contrat, délit, juge, procédure, etc.) avec lesquels est construit le droit dans toutes les sociétés humaines[77]. Et c'est en cela, comme le souligne Norbert Rouland, qu'elle pourrait « contribuer de façon décisive à faire du droit une science »[78]. Sans nécessairement viser l'uniformité[79] des systèmes juridiques[80],

---

[77] Cf. *La quête anthropologique du droit, autour de la démarche d'Etienne Le Roy*, (Sous la direction de Christophe Eberhard et Geneviève Vernicos), Paris, Karthala, 2006. Supiot (Alain), *Homos juridicus - Essai sur la fonction anthropologique du droit,* Paris, éditions du seuil, 2005. Vanderlinden (Jacques), *Anthropologie juridique*, Paris, Dalloz, 1996. Rouland (Norbert), *L'anthropologie juridique*, Paris, PUF, Collection que sais-je ?, 1990. Eberhard (Christoph), *Le droit au miroir des cultures. Pour une autre mondialisation*, op.cit.

[78] Norbert (Rouland), *L'anthropologie juridique*, op.cit., p. 125. Lire aussi, Ngando (Blaise Alfred), *L'anthropologie juridique serait-elle la vraie science universelle du droit ?,* dans « Le droit au pluriel – Mélanges en hommage au Doyen Stanislas Meloné », sous la direction de Jeanne Claire Mebu Nchimi, Yaoundé, Presses Universitaires d'Afrique, 2018, pp. 231-248.

[79] « Les sociétés traditionnelles mettent tout en œuvre pour empêcher l'uniformité du droit, qui doit maintenir les particularismes des groupes (…). Les sociétés traditionnelles se conçoivent comme des assemblages de groupes (familiaux, résidentiels, religieux, d'âge, etc.). Nous avons tendance à confondre unité et uniformité. Or, dans les sociétés traditionnelles, les rapports entre ces différents groupes tendent moins à l'opposition qu'à la complémentarité. Le droit n'est donc uniforme par imperfection, mais parce qu'il sert cette vision de la société ». Cf. Rouland (Norbert), *L'anthropologie juridique*, op.cit., p.54.

[80] De ce point de vue, l'anthropologie juridique se distingue du droit comparé que tout semblait *a priori* rapprocher : « intérêt pour les droits différents de lui de l'observateur ; démarche comparative fondamentale en anthropologie ». En effet, « les deux disciplines diffèrent par leurs objets, méthode et finalité. Alors que l'anthropologie juridique s'est développée à partir de l'expérience des peuples orientaux, puis africains et amérindiens, le droit comparé s'est focalisé d'une manière qu'il faut bien qualifier d'ethnocentriste sur la distinction entre systèmes romanistes et de Common-Law, n'accordant qu'une place résiduelle aux droits non occidentaux. De plus, les comparatistes ont trop souvent cédé à la facilité de la

l'anthropologie juridique assure tout au moins leur mise en complémentarité[81], en les considérant comme une source d'enrichissement culturel, en confiant le droit à l'homme (et non l'inverse), en pensant conjointement les droits de toutes les sociétés, en essayant de « découvrir les mécanismes généraux qui procèdent à l'élaboration des milliers de droits »[82] depuis l'origine du monde et dont la trace est parvenue jusqu'à l'homme contemporain.

C. L'histoire du droit et la logique diachronique des systèmes juridiques

C'est à la croisée des XIXe et XXe siècles que se situent les œuvres fondatrices de l'anthropologie juridique dont le caractère historique est très marqué. Force est en effet de remarquer que les précurseurs (Sr Henry Summer-Maine et Johann Jakob Bachofen) de l'anthropologie juridique sont des historiens du droit et romanistes. « A l'époque, écrit Norbert Rouland, l'Orient est à la mode : les droits non occidentaux auxquels ils prêtent attention sont surtout ceux de l'Inde et de l'Asie. L'Afrique noire n'entre en scène que plus tardivement (…) »[83]. L'optique est alors nettement historique, car il s'agit de faire l'histoire de tous les systèmes juridiques dont la logique se situe dans la diachronie, en raison des principes évolutionnistes qui les inspirent. Ainsi pour Jacques Vanderlinden, « les historiens du droit et les romanistes dont la carrière débouche sur l'anthropologie juridique partent fréquemment d'une interrogation sur la nature de ce qu'il est convenu d'appeler l'ancien ou le très ancien droit. Ils se satisfont aussi mal d'un droit qui commencerait avec les « Douze Tables » romaines ou les premières chartes du haut moyen âge que des théories évolutionnistes et s'interrogent sur la manière dont il leur serait possible d'appréhender une réalité pré-, ou, au moins, protohistorique au sujet de laquelle les témoignages écrits directs font défaut. Ils appartiennent aussi à des générations pour lesquelles l'ethno-histoire n'existait pas au moment de leur initiation au monde de l'anthropologie»[84]. Pas étonnant alors que l'histoire du droit et l'anthropologie juridique soient restées pendant longtemps étroitement

juxtaposition des éléments techniques d'entités juridiques censées jouir d'une existence autonome. Enfin, certains d'entre eux voient dans l'unification des droits le but ultime de leur discipline ». Cf. Ibid., pp. 8-9.

[81] Ibid., p. 9.

[82] Ibid., p.125.

[83] Ibid., pp. 9-10.

[84] Vanderlinden (Jacques), *Anthropologie juridique*, op.cit., pp.39-40.

liées, notamment au concours français d'agrégation. Ainsi de nombreux anthropologues du droit sont passés par l'histoire du droit dans leur parcours. Déjà, Henri Lévy-Brühl, le père de l'ethnologie française était un romaniste et historien du droit. Certes, il publia relativement peu de textes consacrés aux « droits exotiques », mais c'est lui qui qui favorisa l'enseignement du droit africain et qui sut choisir les disciples qui allaient contribuer au développement de l'histoire du droit en France : Qu'il s'agisse de Michel Alliot (fondateur en 1965 du « Laboratoire d'Anthropologie juridique de Paris »), d'Etienne Leroy son successeur, ou encore de Raymond Verdier qui créa en 1977 à l'université de Paris 10 Nanterre, le Centre « droit et cultures » et, en 1981, une revue d'ethnologie juridique du même nom. En Belgique, l'historien du droit Jacques Vanderlinden a suivi un chemin quasi identique vers l'anthropologie juridique[85].

C'est que dans leur souci de relier les systèmes juridiques du passé à ceux du présent, les historiens du droit des systèmes de droit écrit se sont sentis obligés de saisir la « tradition orale »[86] (base de l'ethno-histoire) des peuples d'ailleurs (orientaux, africains, amérindiens, océaniens) pour essayer de mieux comprendre l'évolution du droit et des institutions de leurs propres sociétés.Ainsi,

---

[85] Il raconte lui-même dans un texte fort intéressant sa « longue marche sur la voie du pluralisme juridique » : « Je ne suis pas tombé, se souvient-il, dans le pluralisme juridique comme Obélix dans la potion magique. A 21 ans, alors que je venais de franchir la deuxième année d'un cursus de cinq ans qui devait me mener au titre de base octroyé à l'époque en Belgique à ceux qui terminaient leurs études de droit, je me suis débattu pour ne pas me noyer dans une potion concoctée par un Maître exceptionnel, René Deckers. Il m'a convaincu, alors que le diplôme final était encore loin, de me pencher sur l'histoire de la codification à travers le monde. En sortira bien plus tard, une thèse dont je ne rougis pas encore, même si je la concevrais aujourd'hui de manière fort différente : Le concept de code en Europe occidentale du XIIIe au XIXe siècle – Essai de définition (1967). Ce fut mon apprentissage à la double dimension – espace et temps – du droit et malgré un fil commun – l'essai final de définition – la naissance d'une conviction : perçu dans sa double dimension – essentiellement comparative – le droit n'est jamais, comme la femme que j'aime et qui m'aime, ni tout à fait le même ni tout à fait un autre. Je crois volontiers que le pluralisme était déjà en germe en moi à ce moment-là. Un vilain défaut y était en tout cas bien présent : la curiosité qui, elle, allait me conduire à butiner les fleurs du droit, inlassablement jusqu'à ce jour ». Cf. Vanderlinden (Jacques), « Trente ans de longue marche sur la voie du pluralisme juridique », dans *Les pluralismes juridiques*, Cahiers d'anthropologie du droit, op.cit., p. 21.

[86] G. Murdock, l'un des « papes » de l'anthropologie culturelle américaine, disait de la "tradition orale" qu'il est « le seul type d'information historique qui soit en fait sans valeur ».

les sociétés dites « sauvages » représenteraient le stade de développement originel par lequel seraient passées les sociétés occidentales, de même que les plus « simples » de ces sociétés « primitives » seraient une image des sociétés préhistoriques. C'est dans cette même optique qu'Henry Summer-Maine voit dans les civilisations orientales une image du passé de l'Occident. Des auteurs italiens (G. d'Aguanno, P.Bonfante, G. Mazzarella) s'efforcent de parvenir à une meilleure connaissance de l'ancien droit romain en utilisant les données fournies par les ethnographes des sociétés traditionnelles, également sollicitées pour tenter de décrire l'apparition du droit à l'époque préhistorique. Émile Durkheim[87] cherche à comprendre comment les sociétés passent de la primitivité à la modernité. « Ce faisant, note Jacques Vanderlinden, nous sommes peut-être inconsciemment, dans l'impensé de notre démarche, des évolutionnistes. En effet, quelle raison avons-nous de croire que l'état actuel du droit et des institutions de ces peuples ait un quelconque rapport avec l'histoire du nôtre ? Notre observation des sociétés africaines, amérindiennes, asiatiques, ou océaniennes n'est-elle pas, en fait, conditionnée par ce que nous savons de notre passé ? Les questions que nous nous posons à son sujet ne constituent-elles pas un prisme déformant qui nous fait retrouver dans ces sociétés ce que nous voulons y trouver et ignorer ce qui leur est propre ? »[88]. La traduction juridique de cet évolutionnisme[89] qui ferait passer toutes les sociétés par les phases identiques repose sur un certain nombre de postulats : « Sur le plan politique, l'évolution dirigerait les systèmes non centralisés vers les formes de pouvoir de plus en plus spécifiées et étatisées. Sur le plan juridique, elle conduirait à dégager le droit de la morale et de la religion (…) ; à transférer progressivement sa genèse du groupe social (coutume) à l'Etat (loi) ; et à l'émergence d'un appareil spécialisé de sanctions à partir de formes « primitives » où les conflits sont réglés par les parties elles-mêmes (vengeance), alors que dans les sociétés civilisées, leur solution dépend de l'intervention toujours plus déterminante d'un tiers (médiateur, conciliateur, arbitre, juge) dont les pouvoirs croissent de pair avec la qualité de représentant de la société »[90].

---

[87] Cf. Durkheim (Emile), *De la division du travail*, 1893.
[88] Vanderlinden (Jacques), *Anthropologie juridique*, op.cit., p. 40.
[89] Qui se décline en deux versions (évolutionnisme unilinéaire et néo-évolutionnisme)
[90] Rouland (Norbert), *L'anthropologie juridique*, op.cit., p. 15.

Cette tendance unilinéaire de l'évolutionnisme qui considère les sociétés humaines comme un ensemble cohérent unitaire, soumis à des lois de transformation globales et générales, a longtemps inspiré l'enseignement du droit en France. Ceci apparaît nettement dans les présentations historiques qui sont faites d'institutions comme la famille, le contrat, la propriété et la vengeance. Ainsi en droit familial, « la thèse communément admise par les juristes est que l'évolution a conduit les sociétés humaines de la famille large (englobant toutes les personnes descendant d'un auteur commun, unies par un lien de parenté et par la communauté de sang dans les limites fixées par le droit, et comprenant les collatéraux et cousins éloignés, et certains alliés) à la famille nucléaire (limitée aux époux et à leurs descendants, voire à leurs enfants mineurs) »[91]. En droit des obligations, « l'évolution se traduit par le passage du statut au contrat, caractéristique des sociétés modernes, alors que dans les sociétés traditionnelles, ce ne serait pas l'accord des volontés individuelles mais le statut d'une personne au sein de la société qui engendrerait ses obligations, privilèges et responsabilités »[92]. En ce qui concerne la propriété, elle aurait été collective à l'origine : « les biens appartiennent au clan, à la tribu. La propriété, droit individuel, a dû apparaître d'abord quant aux objets mobiliers : vêtements, puis instruments de travail. Les immeubles consacrés au logement furent assez rapidement l'objet d'une appropriation, au moins familiale. Mais la terre demeura longtemps propriété du clan. Elle fut, à l'origine, cultivée en commun pour le compte de tous. Puis la culture et la jouissance devinrent l'objet d'une division temporaire entre les familles ; chacun se vit attribuer une parcelle qu'elle devait cultiver pour sa subsistance ; la propriété restant commune, l'attribution variait chaque année ; peu à peu l'usage s'établit de ne pas modifier la répartition pendant un certain laps de temps (...). Enfin, l'attribution de jouissance devint perpétuelle. Ainsi, la propriété elle-même des fonds se trouva divisée entre les familles, plus tard entre les individus ; la propriété familiale était, d'ailleurs, parfois propriété individuelle : lorsqu'un chef de famille avait seul la propriété des biens du groupe. Propriété collective du clan, propriété familiale, propriété individuelle. Telles furent les étapes »[93]. En matière pénale, « les sociétés a-étatiques recourent à la réaction primitive de la

[91] Ibid., p.21
[92] Ibid., p.23
[93] Ibid., p.25.

vengeance sans frein ; à un stade supérieur marqué par l'apparition du législateur et d'un système judiciaire naît la règle du talion, première limitation de la vengeance ; dans une troisième phase, le talion devient rachetable par le versement de compositions volontaires, puis légales ; enfin, dans les sociétés les plus civilisées, l'Etat se charge à titre exclusif de la répression et met en œuvre le système des peines publiques, prononcées et exécutées au nom de la société »[94].

Cependant, cette tendance unilinéaire de l'évolutionnisme, si longtemps prisée chez les juristes (qui se sont tenus relativement à l'écart de l'évolution des sciences sociales) « pêche par le simplisme de ses analyses en ce sens qu'il situe dans la durée une diversité des institutions juridiques qui est en fait beaucoup plus dépendante de leur localisation dans la structure sociologique des sociétés considérées ». Aussi, dans les années quarante, un néo-évolutionnisme mettant l'accent sur le concept d'évolution « multilinéaire » s'est-il développé en Amérique du nord avec des auteurs comme L.A. White ou Steward. Ceux-ci pensent qu'il existe bien des régularités dans le changement culturel des sociétés très diverses dans le temps et l'espace. Mais ces régularités s'inscrivent dans des processus plus souples et plus complexes. Autrement dit, « chaque société change à son propre rythme ; elle fait évoluer divers éléments de son système culturel – dont le droit- à des degrés différents et suivant des rythmes divers »[95]. En matière juridique, E. Adamson-Hoebel, un des meilleurs représentants de ce courant, publie en 1954 un classique de l'anthropologie juridique (« The Law of Primitive Man ») dans lequel il développe sa conception du sens général de l'évolution du droit (« Trend of Law ») que résume Norbert Rouland[96] : « il ya bien globalement, transition du simple au complexe, même si ce passage s'effectue de façon non uniforme, suivant des itinéraires divers. Toute société n'a pas nécessairement à traverser tous les stades d'évolution, des intervalles régressifs peuvent être insérés dans la marche vers la complexification. Mais le sens général de l'évolution se place sous le signe de l'accroissement des normes juridiques et des procédures contentieuses de règlement des conflits, sans pour autant que les sociétés de droit minimal puissent être qualifiées d'inférieures aux autres ». C'est dire que les théories néo-évolutionnistes semblent scientifiquement plus rassurantes pour rendre compte de la relativité

---

[94] Ibid., p. 27

[95] Ibid., p. 19.

[96] Ibid., pp.19-20.

des phénomènes juridiques, point sur lequel l'histoire rejoint l'anthropologie dans la formulation d'une théorie unitaire du droit.

D. L'apport de l'anthropologie et de l'histoire dans la formulation d'une théorie unitaire du droit : la relativité des phénomènes juridiques dans l'espace et dans le temps

En effet, le droit varie selon les sociétés, les cultures et les époques. Il n'est pas une donnée immuable. Il change selon les temps et les espaces. Les conceptions du droit se heurtent sur le rôle qui lui est dévolu dans telle ou telle société, à telle ou telle époque. Même là où la conception du droit est identique, les techniques s'affrontent. Cette variation du droit préserve le juriste d'ériger le droit qu'il connaît en modèle absolu. En matière familiale, les juristes occidentaux ont eu tendance à affirmer que la famille conjugale est un phénomène universel. Or, dans certains cas extrêmes (Nayar de la côte du Malabar ; Chine maoïste) cette conception de la famille peut disparaître. Dans d'autres cas, elle affirme son existence avec plus ou moins de force : vigoureuse dans certaines sociétés, son rôle est restreint dans d'autres (Masaï, Chagga, Bororo, Muria). Dans les années soixante-dix, l'émergence des communautés néo-rurales nées des idéologies de Mai 68 en France traduisent un désir d'effacement de la famille nucléaire. Une constance cependant dans la plupart des sociétés : « la famille est issue du mariage, union définitive ou temporaire, socialement et juridiquement reconnue entre deux individus et les groupes auxquels ils appartiennent, soumise à la prohibition de l'inceste (…) qui permet aux différents groupes sociaux de communiquer entre eux par l'échange de conjoints. Pratiquement toutes les sociétés distinguent en effet le mariage de l'union de fait et valorisent le premier état. En général, le mariage a une fonction procréative (…). D'autre part, la famille inclut, au minimum, le mari, l'épouse et leurs enfants mineurs, auxquels sont éventuellement agrégés d'autres parents ; de plus, les membres de la famille forment un ensemble dont la cohérence repose sur des liens juridiques, économiques, affectifs et sexuels. A partir de ces invariants, la famille –nucléaire ou large – peut revêtir de multiples formes, signe le plus évident de l'importance que lui attribuent toutes les sociétés»[97]. En droit des obligations, les relations statutaires et contractuelles ne sont pas nécessairement exclusives les unes des autres. Toute société est à la fois contractuelle et statutaire, mais à des degrés différents.

---

[97] Ibid., pp. 22-23.

L'importance d'une catégorie de liens sur l'autre n'est pas principalement déterminée par la succession diachronique. Les relations de type contractuel sont davantage valorisées dans les sociétés libérales où le droit a tendance à privilégier l'individu par rapport aux groupes. Les relations de type statutaire sont, en revanche, valorisées dans les sociétés communautaristes[98] (cas des sociétés traditionnelles, notamment négro-africaines) et collectivistes (Dictatures communistes). Toutefois, même dans les sociétés traditionnelles, les relations contractuelles existent jusqu'à un certain degré. En droit des biens, il n'y a pas nécessairement substitution des droits de l'individu à ceux du groupe, mais davantage coexistence entre les deux.En Afrique noire par exemple, « les terres sont possédées et contrôlées par les groupes (lignages, villages, etc.) représentés par leurs aînés ou leurs conseils, mais les individus y ont accès et peuvent les utiliser, suivant des modalités diverses (qui rappellent la saisine médiévale), et dépendent de leur situation dans les groupes en question. La reconnaissance du droit sur la terre est fonction de la mise en production et n'existe que tant que dure la mise en valeur. Autrement dit, lorsqu'un droit d'exploitation n'est pas exercé pendant un certain délai, il échappe à son titulaire. Quant au caractère « inaliénable » de la propriété foncière traditionnelle, il faut le nuancer : en effet, comme l'a démontré Raymond Verdier, on doit distinguer selon que l'opération de transfert ou de mise en gage de la terre est externe ou interne au groupe. « A l'extérieur du groupe (exo-aliénation) s'applique le principe d'exo-intransmissibilité : on peut prêter ou louer la terre à des étrangers au lignage, mais non la céder à titre définitif. A l'intérieur du groupe (endo-aliénation), la circulation de la terre est à l'inverse possible »[99]. En droit pénal, des études dirigées par Raymond Verdier[100] ont remis en cause les certitudes évolutionnistes des juristes européens de la première moitié du XXe siècle (Fliniaux, G.Vidal, H. Donnedieu de Vabres, H. Decugis, R. Charles, R. R. Cherry, G. W. Kirchney) pour qui la vengeance posséderait deux caractères négatifs que sont la sauvagerie et l'archaïsme. Au contraire, pour Verdier, la vengeance obéit dans les

---

[98] Dans ces sociétés, « on observe que la liberté contractuelle connaît des limites fermes : les individus sont subordonnés aux groupes auxquels ils appartiennent ; plus une chose est considérée comme essentielle à la vie du groupe, moins les individus disposent de droits sur elle ». Ibid., p. 24.

[99] Ibid., p.27.

[100] Cf. *La vengeance*, Dir. R. Verdier, 4 t., Paris, Cjas, 1981-1984.

sociétés traditionnelles à une réglementation minutieuse[101]. De plus, « des données ethnographiques et historiques convergent pour montrer que vengeance, composition et peines publiques, ne se succèdent pas chronologiquement, mais existent simultanément dans nombre de sociétés traditionnelles »[102].

Ainsi, à travers ces divers domaines du droit, on constate que « les sociétés traditionnelles ne sont nullement primitives, archaïques ou infantiles : Bien avant les sociétés modernes, elles avaient déjà inventé la famille conjugale, le contrat et la peine en usant de façon alternative avec la famille large, le statut et la vengeance »[103]. « La cosmogonie des Dogons n'a rien à envier à celle des Grecs ; les Aborigènes d'Australie ont élaboré des systèmes parentaux d'une complexité telle que nous devons utiliser les ordinateurs pour en saisir toutes les potentialités ; l'organisation politique des Maya était très en avance sur celle des Etats européens qui les colonisèrent. Bien d'autres sociétés ont mis en oeuvre des conceptions d'un droit moins orienté vers la répression que la prévention et la conciliation, notion que nous explorons aujourd'hui »[104]. Les sociétés traditionnelles ne paraissent sous-développées que mesurées à l'aide des critères choisis par le monde occidental[105]. La plupart de ces sociétés n'ont pas valorisé les rapports économiques, mais ont davantage préféré spéculer sur l'organisation sociale, en recherchant les voies de la

---

[101] « Tout d'abord, un principe quasi universel, la règle de la distance sociale, limite globalement le recours à la vengeance. Celle-ci ne peut s'exercer entre membres d'un même groupe, afin d'éviter l'effondrement sur elles-mêmes de ces unités constitutives de la société. Les conflits sont alors réglés de façon pacifique : combats rituels, sacrifices, conciliation, etc. En revanche, elle peut servir à vider des querelles intervenant entre des groupes distincts, mais elle doit s'exercer suivant des procédures précises visant à éviter tout débordement : les temps et lieux de la vengeance sont limités, il existe un ordre des vengeurs et ceux contre lesquels la vengeance est susceptible d'être dirigée, qui tient en général compte à la fois des niveaux sociaux et des degrés de parenté propres aux protagonistes ». Ibid. p., 28.

[102] Ibid., p. 28. Ainsi les sociétés Inuit pratiquaient elles les combats rituels, la vengeance, mais connaissaient également la peine (bannissement ou peine capitale, appliqués aux sorciers et aux meurtriers récidivistes). Lire à ce sujet, Norbert Rouland, « Les modes juridiques de solutions des conflits chez les Inuits », dans *Etudes Inuit*, numéro spécial, vol. 3 (1979), 170 p.

[103] Rouland (Norbert), *L'anthropologie juridique*, op.cit., p. 30.

[104] Ibid., p. 4.

[105] Cf. Ngando (Blaise Alfred), « La ''charte'' de Kurukan Fuga de 1236 ou la Constitution de l'Empire Manding : acte authentique ou légende ? », dans le *Gnomon » - Revue Internationale d'histoire du Notariat*, n°192, juillet-septembre 2017

transcendance que les occidentaux ont le plus grand mal à atteindre. L'histoire du droit et l'anthropologie juridique se rejoignent donc au même titre que le droit comparé pour révéler la relativité des phénomènes juridiques qui structurent la vie des hommes à travers le monde, et ce depuis l'origine des temps.

E. La quête anthropologique et historique d'une théorie du droit camerounais en vue de l'unité nationale

Dans « L'Esprit des lois », Montesquieu écrit qu' « il faut éclairer les lois par l'histoire »[106]. C'est dire que l'histoire du droit est aussi ancienne que l'histoire des sociétés politiques. Le mot « histoire » dérive du grec « *historia* » qui signifie recherche. L'histoire est donc « la connaissance et la compréhension du passé »[107]. Par conséquent, « l'histoire du droit est la connaissance et la compréhension du passé du droit »[108]. Certes, l'approche historique s'intéresse aux normes et aux institutions qui ne sont plus en vigueur, mais elle est parallèle et complémentaire à l'étude du droit contemporain. « Le droit, et c'est en cela qu'il constitue une science, ne consiste pas seulement dans l'exégèse des textes et dans la dialectique juridique. Il consiste surtout à dégager la nature intime et les principes des institutions publiques et privées et, partant de là, à en construire le système harmonique et complet. Or, pour dégager la nature intime et les principes des institutions, il existe deux méthodes également nécessaires. L'une, aussi vieille que le droit lui-même, procède par l'analyse abstraite et par la déduction ; c'est la méthode dogmatique. L'autre est une méthode d'observation : elle procède par l'histoire du droit et par le droit comparé ; elle est appelée à renouveler toutes les sciences juridiques »[109]. L'histoire est donc indispensable au droit non seulement parce qu'elle retrace la naissance et le développement des solutions, mais aussi parce que ce faisant, elle contribue à replacer les solutions juridiques dans un cadre plus général, dans leur rapport avec la culture ambiante de la société[110]. Quant à l'anthropologie, elle se comprend comme étant « un discours

---

[106] Montesquieu, *De l'Esprit des lois*, 1748, L.XXXI, chap. 2

[107] Barraud (Boris), *La recherche juridique, Sciences et pensées du droit,* Paris, L'Harmattan, 2016, p. 82.

[108] Ibid.

[109] Rapport présenté au Conseil supérieur de l'Instruction publique, le 23 juillet 1896, sur un projet d'arrêté portant réorganisation de l'agrégation des Facultés de droit par A. Esmein, membre du Conseil; rééd. Ibid., p. 124-126.

[110] Cf. Halpérin (Jean-Louis), « Le droit et ses histoires », dans *Droit et Société* n°75/2010, pp. 295- 313.

sur l'homme conçu dans sa plus grande généralité »[111]. Claude Lévi-Strauss disait de l'anthropologie qu'elle fait « avancer la connaissance de l'homme dans sa totalité à travers la multitude de ses manifestations »[112]. Or, le droit est l'une de ses manifestations. Par conséquent, l'anthropologie juridique possède toute sa place au sein du champ des connaissances juridiques. Autrement dit, si l'anthropologie est la recherche des lois universelles pour le fonctionnement des sociétés humaines, le recours au droit peut être l'une d'entre elles.

L'histoire du droit et l'anthropologie juridique permettent ainsi d'échapper à une vision purement technicienne sans pour autant négliger celle-ci. Leurs méthodes obligent le juriste à dépasser la dogmatique pour acquérir une véritable culture juridique. Le « bon juriste »[113] est donc nécessairement un historien, un anthropologue et même un comparatiste s'il veut saisir la totalité et la complexité du droit camerounais. Ce qui est fondamental en droit n'est pas la connaissance de règles en vigueur en un temps donné souvent fluctuantes, mais davantage l'esprit pour comprendre et appliquer le droit. C'est une nécessité notamment à une époque où la pression extérieure en faveur de la professionnalisation a détourné les universités des humanités et de la théorie juridique pour l'horizon rétréci de la technique pure. L'histoire du droit et l'anthropologie juridique ont le mérite d'inviter « à la réflexion et au sens critique, qui devraient être les vertus du juriste accompli plus que la servilité

---

[111] Cf. Rouland (Norbert), « Anthropologie juridique », dans *Dictionnaire de la culture juridique*, sous la direction de D. Alland et S. Rials, Lamy-Puf, coll. Quadrige-dicos poche, 2003.

[112] Lévi-Strauss (Claude), *Anthropologie structurale*, Paris, Plon, 1995, p.413.

[113] Cf. Moreau de Bellaing (Cédric), « Un bon juriste est un juriste qui ne s'arrête pas au droit. Controverses autour de la réforme de la licence de droit de mars 1954 », dans *Droit et Société*, n°83, Paris, LGDJ & Lextenso Editions, 2013, pp. 83-97. Lire aussi, Olinga (Alain Didier), *Qu'est-ce être juriste? – Eléments pour une dogmatique éthique*, Yaoundé, Editions Clé, 2013. Arnaud (André-Jean), *Les juristes face à la société du XIXe siècle à nos jours,* Paris, Presses Universitaires de France, 1975. Fontaine (Laurélie), *Qu'est-ce qu'un "grand" juriste? Essai sur les juristes et la pensée juridique moderne,* Paris, Lextenso Editions, 2012. Atias (Christian), *Devenir juriste – Le sens du droit*, Paris, LexisNexis, 2011. Bauzon (Stéphane), *Le métier de juriste – du droit politique selon Michel Villey*, Québec, Les Presses de l'Université Laval, 2003. Schauer (Frederick), *Penser en juriste, Nouvelle introduction au raisonnement juridique*, traduit de l'anglais par Stefan Goltzberg (Chercheur FNRS), Paris, Dalloz, 2018.

envers l'ordre (ou le désordre) »[114]. Ces deux disciplines invitent le juriste à prendre du recul … la perspective de la longue durée et de la variété des cultures pour saisir réellement le phénomène juridique. L'intérêt de l'histoire du droit et de l'anthropologie juridique est d'autant plus accru en Afrique qu'un Etat comme le Cameroun est confronté ces dernières années à des crises sociopolitiques[115], notamment identitaires, dont celle dite « anglophone »[116] pour laquelle le Président de ce pays, dans une adresse spéciale du 10 septembre 2019, a annoncé un « Grand Dialogue National »[117] qui s'est tenu à Yaoundé du 30 septembre au 4 octobre 2019.

Le but du présent ouvrage - qui s'étend de 1472 (exploration de la côte camerounaise par les navigateurs portugais) à 1961

---

[114] Leca (Antoine), *La genèse du droit (Essai d'introduction historique au droit)*, op.cit., p. 15

[115] Pendant des décennies, le Cameroun a connu une stabilité politique exemplaire en Afrique. Mais cette stabilité est ébranlée ces dernières années par les actions terroristes de l'organisation «Boko Haram» au Nord du pays, les incursions des bandes criminelles à l'Est du territoire en raison de l'instabilité en République centrafricaine, et la radicalisation des mouvements sécessionnistes dans les régions anglophones du Nord-ouest et du Sud-ouest.

[116] Lire à ce sujet, Bouopda Kamé (Pierre), *La crise anglophone au Cameroun*, Paris, L'Harmattan, 2018. Konings (Piet), « Le "problème anglophone" au Cameroun dans les années 1990 », dans *Politique africaine*, n°62, Juin 1996, Paris, Karthala, pp. 25-34. International Crisis Group, « Crise anglophone au Cameroun : comment arriver aux pourparlers », dans *Rapport Afrique* N°272 /2 mai 2019.

[117] Un Grand Dialogue National qui, d'après le Chef de l'Etat camerounais, « permettra, dans le cadre de la Constitution, d'examiner les voies et moyens de répondre aux aspirations profondes des populations du Nord-Ouest et du Sud-Ouest, mais aussi de toutes les autres composantes de notre Nation". "Le dialogue dont il est question, précise-t-il, concernera principalement la situation dans les régions du Nord-Ouest et du Sud-Ouest. Mais il est évident qu'en cela même qu'il touchera à des questions d'intérêt national, telles que l'unité nationale, l'intégration nationale, le vivre-ensemble, il ne saurait intéresser uniquement les populations de ces deux régions. Il aura donc vocation à réunir, sans exclusive, les filles et les fils de notre cher et beau pays, le Cameroun, autour de valeurs qui nous sont chères: la paix, la sécurité, la concorde nationale et le progrès. Il s'articulera également autour de thèmes susceptibles d'apporter des réponses aux préoccupations des populations du Nord-Ouest et du Sud-Ouest, ainsi qu'à celles des autres régions de notre pays : le bilinguisme, la diversité culturelle et la cohésion sociale, la reconstruction et le développement des zones touchées par le conflit, le retour des réfugiés et es personnes déplacées, le système éducatif et judiciaire, la décentralisation et le développement local, la démobilisation et la réinsertion des ex-combattants, le rôle de la diaspora dans le développement du pays, etc. ». Cf. Message du Chef de l'Etat camerounais à la Nation, Yaoundé, 10 septembre 2019.

(Réunification du Cameroun) - est de mettre en lumière les racines de la situation juridique actuelle, pour mieux comprendre les chemins de traverse à partir desquels les Camerounais peuvent consolider ou réinventer leur unité nationale. Au-delà du « problème anglophone », peut-on, en effet, cerner la nature du droit camerounais post-colonial sans l'inscrire dans un cadre anthropologique et dans un processus historique, à compter notamment du XVe siècle lorsque les Européens découvrent les côtes d'Afrique ? Peut-on envisager l'avenir de ce droit sans mesurer l'impact de la civilisation juridique occidentale sur les droits traditionnels africains avec l'avènement de la colonisation de la fin du XIXe et du début du XXe siècle ? Car, en prenant possession du pays, les puissances occidentales y trouvent une multitude d'ethnies dotées chacune d'une organisation sociopolitique et *a fortiori* des systèmes juridiques reposant soit sur les coutumes animistes, soit sur le droit musulman, mais ayant des caractéristiques propres au droit africain qui est un droit « paysan », « inégalitaire », « collectiviste », « sacré » et « oral ». Or, le droit occidental repose sur un certain nombre de « piliers » que sont le rationalisme, l'individualisme, le libéralisme, la laïcité, la démocratie et la prise en compte des idées sociales[118]. Ce modèle juridique accorde la primauté à la personne humaine. Si c'est à l'Etat qu'il revient de poser les règles de la vie en société, la légitimité de ces règles repose sur le respect des droits fondamentaux de l'individu. Dans quelle mesure les droits musulman et coutumier du Cameroun subiront-ils l'influence juridique occidentale ? La présence occidentale entraînera-t-elle une discontinuité dans la conception africaine du droit et du pouvoir ? Sera-t-il possible de concilier les coutumes précoloniales et les droits hérités de la colonisation occidentale dans le cadre d'une théorie juridique originale à la fois unitaire et pluraliste ? Comment harmoniser juridiquement dans le cadre de l'Etat l'héritage issu de la rencontre des civilisations traditionnelles et des influences coloniales, notamment française et britannique ? Quelle sera la part du pluralisme dans l'organisation de l'Etat[119]? L'histoire du droit et l'anthropologie

---

118 Cf. Leca (Antoine), *La genèse du droit (essai d'introduction historique au droit)*, op.cit., pp. 199-246. Du même auteur, *La République européenne introduction à l'histoire des institutions publiques et des droits communs d'Europe, tome 1 : l'unité perdue (476-1806)*, Librairie de l'Université d'Aix-en-Provence et Presses universitaires d' Aix - Marseille, 2000.

119 Cf. Rouland (Norbert), *L'Etat français et le pluralisme : histoire politique des institutions publiques de 476 à 1792*, Paris, Odile Jacob, 1995.

juridique permettent, à n'en point douter, de comprendre et d'évaluer le droit positif camerounais, de l'ajuster aux réalités identitaires de ce pays. Pour cela, il convient d'abord de situer l'origine précoloniale du Cameroun dans l'aire du droit traditionnel africain **(Première partie)** pour connaître les systèmes juridiques qui existaient dans le territoire avant l'avènement de la colonisation. Ensuite, il sera loisible de comprendre les mutations du droit, dès l'arrivée des Européens au XVe siècle, dans le sillage de la civilisation juridique occidentale **(Deuxième partie).**

PREMIÈRE PARTIE

LE CAMEROUN DANS L'AIRE DU DROIT TRADITIONNEL AFRICAIN

D'après l'adage romain, « toute société connaît le droit » (*ubi societas, ibi ius*). Pourtant, pendant longtemps, les doctrines sur l' « inégalité des races humaines »[120], ont disqualifié les cultures orales « non occidentales »[121] - notamment d'Afrique noire - du champ de la civilisation et du droit[122]. En 1940, le Britannique Evans-Pritchard publie son ouvrage « The Nuer »[123] et soutient que ces

---

[120] Cf. Coquery-Vidrovitch (Catherine), *Le postulat de la supériorité et de l'infériorité noire*, dans « *Le livre noir du Colonialisme* » (sous la direction de Marc Ferro), op.cit.

[121] Cf. Capeller (Wanda) & Kitamura (Takanori), *Une introduction aux cultures juridiques non occidentales* – Autour de Masaji Chiba, op.cit.

[122] « Bien des gens, note Norbert Rouland (*Aux Confins du droit*, op.cit., p. 33) posent l'équation droit=civilisation et ne l'associent qu'à certaines occurrences historiques : les droits antiques (Babylone, la Grèce, le droit romain surtout), le droit occidental moderne, les droits hindou et musulman, pour se limiter aux principales. Ils ont en commun le recours à l'écrit, critère aussi clair que trompeur. D'abord parce que la forme écrite du droit n'est nullement le gage de sa diffusion. (…). De plus, il n'est toujours pas suffisant de lire pour comprendre. Contrairement au préjugé répandu, les civilisations de l'écrit ne sont pas nécessairement les plus juridiques. L'écriture permet une mémorisation supérieure à l'oralité (…). Mais plus nombreuses, ces connaissances sont moins accessibles. Leur maîtrise exige une technicité accrue : elles deviennent plus qu'avant des enjeux de pouvoir. (...). L'écriture modifie donc le droit. Mais elle ne le crée pas ».

[123] Evans-Pritchard (E.E.), *Les Nuer – Description des modes de vie et des institutions politiques d'un peuple nilote*, Paris, Gallimard, 1994. Cet ouvrage est devenu un classique de l'anthropologie pour son analyse du système segmentaire et pour l'influence qu'il a exercée sur l'étude des systèmes politiques africains. Son auteur, Evans-Pritchard Edward Evan (1902-1973) occupe une place importante dans l'histoire de l'ethnologie africaniste et dans celle de l'anthropologie politique. Son nom est étroitement lié à l'ethnologie des Nuer, chez lesquels il est arrivé en 1930. Successeur de Radcliffe-Brown à la chaire d'anthropologie sociale à Oxford, il est connu comme étant le fondateur de l'anthropologie structurale britannique, le théoricien des systèmes de pouvoir dans les sociétés sans Etat et l'inventeur d'un modèle d'analyse comparative associant la théorie des groupes d'unification à celle des groupes territoriaux. Cf. *Dictionnaire de l'ethnologie et de l'anthropologie* (sous la direction de Pierre Bonte et Michel Izard), Paris, Quadrige/PUF, 2013, pp. 267-269.

populations africaines du Sud-Soudan[124] « n'ont pas de lois au sens rigoureux du mot »[125]. « S'il existe, poursuit-il, des compensations convenues pour les dégâts, l'adultère, la perte d'un membre, etc., il n'est point d'autorité qui ait pouvoir de se prononcer sur ces questions ou de faire appliquer un verdict. Au pays Nuer, aucune personne, aucun conseil n'est investi des fonctions législative, judiciaire et exécutive »[126].

C'est l'anthropologie qui viendra établir l'existence du droit en Afrique depuis l'origine. Devant la pertinence du discours anthropologique pour comprendre l'altérité et les autres cultures juridiques, l'idée du droit en Afrique est de moins en moins contestée dans la doctrine juridique[127]. Or, envisager l'existence du droit en

---

[124] Cette population africaine du Sud-Soudan est composée de clans patrilinéaires très lâches. Leur société est fondée sur la possession du bétail, élément essentiel du paiement de la dot et objet d'offrandes rituelles. Cf. Nantet (Bernard), *Dictionnaire d'Histoire et civilisations africaines*, Paris, Larousse, 1999, p. 196.

[125] Evans-Pritchard (E.E.), *Les Nuer – Description des modes de vie et des institutions politiques d'un peuple nilote*, op.cit., p. 190.

[126] Ibid. Le même regard a été porté sur les sociétés *Inuit* d'Amérique, comme le rapporte Norbert Rouland (« La coutume et la pensée juridique sauvage : l'apport des sociétés Inuit », dans *La coutume*, Recueils de la Société Jean Bodin pour l'histoire comparative des institutions, De Boeck Université, 1990, p. 310) : « (…) Jusqu'à une date récente, plusieurs auteurs – juristes ou anthropologues – ont vu dans les Inuit des sociétés sans droit. Les Inuit, nommément désignés, ne se distingueraient guère des sociétés animales les plus évoluées, et le primitif serait incapable de saisir des notions telles que l'intérêt collectif, pas plus qu'il ne percevrait la nécessité d'obéir à une règle ou de se soumettre à une contrainte. Dans ces conditions, le droit serait totalement inexistant dans les sociétés anarchiques des Inuit. G. Van den Steenhoven, à la suite de séjours sur le terrain de l'Arctique canadien, précise que les sanctions sociales y sont dépourvues de la régularité minimale nécessaire au phénomène juridique : toute infraction n'est pas sanctionnée, des infractions identiques ne reçoivent pas nécessairement la même sanction. Il n'y a donc pas de droit chez les Inuit ».

[127] « Il y a peu de temps, on les qualifiait de ''primitives''. Bien de juristes sont encore réticents à y reconnaître l'existence du droit, tant ils continuent à serrer le nœud entre droit et écriture. L'anthropologie juridique fait heureusement justice de ces préjugés. Il est aujourd'hui amplement démontré que les sociétés traditionnelles peuvent, sans être nullement gênées par l'oralité, construire des systèmes juridiques tout aussi achevés que ceux des civilisations de l'écriture ». Cf. Rouland (Norbert), *Aux Confins du droit*, op.cit., p. 35. Lire aussi, Ngando (Blaise Alfred), « La ''charte'' de Kurukan Fuga de 1236 ou la Constitution de l'Empire Manding : acte authentique ou légende ? », dans le *Gnomon - Revue Internationale d'histoire du Notariat*, n°192, juillet-septembre 2017

Afrique, c'est reconnaître que des mécanismes de « juridicité »[128] ont toujours existé pour réguler la vie des communautés dans ce continent depuis que l'homme y est apparu il y a plusieurs millions d'années[129].

---

[128] C'est le terme par lequel Michel Alliot, et plus systématiquement Etienne Leroy, son successeur au Laboratoire d'Anthropologie Juridique de Paris, désignent « l'englobant des ensembles des normes, lois, représentations, valeurs et pratiques que chaque société considère comme nécessaires pour assurer sa cohésion ». Cf. Alliot (Michel), « Provocation : prêts ? Partez ! », dans *La quête anthropologique du droit, autour de la démarche d'Etienne Le Roy*, (Sous la direction de Christophe Eberhard et Geneviève Vernicos), op.cit., p. 504. « Le choix du terme ''juridicité'' a l'avantage immédiat, d'être, si ce n'est vierge de toute représentation, à tout le moins dégagé de présupposés ethnocentriques où le droit est réduit à la version occidentale du phénomène juridique (…). Par cette remise en question du statut des savoirs, Etienne Leroy permet de se soustraire d'une représentation qui se limite à la transcription, d'un système et enferme dans un mode unique de pensée sans pouvoirs saisir d'autres façons de concevoir le droit. Cependant, plus encore qu'une critique de la conception dominante du ''droit'', la juridicité propose de retracer les principes d'organisation du monde qui guident les montages du pouvoir instituant la vie ». Cf. Gafsia (Nawel), Lamine (Haoua) & Sara Liwerant (O.), « Trois voix sur la juridicité », dans *La quête anthropologique du droit, autour de la démarche d'Etienne Le Roy*, (Sous la direction de Christophe Eberhard et Geneviève Vernicos), Ibid., pp. 547-559.

[129] L'image de l'Afrique a été longtemps affectée par la biologie du XIXe siècle, notamment celle de Charles Darwin (op.cit.) qui a contribué à la dégradation de ce continent considéré comme originellement habitée par des espèces inférieures à l'humanité. Mais, l'archéologie viendra démontrer dès le début du XXe siècle que la première apparition de l'homme est localisée en Afrique. « Homininés », c'est ainsi que l'on appelle les premiers membres de la lignée humaine postérieurs à la divergence entre hommes et chimpanzés. En 2001, a été découvert au Tchad, en Afrique Centrale, dans le désert du Djourah, le crâne de « Toumaï » considéré à ce jour comme le plus ancien préhumain qui aurait vécu il y a 7 millions d'années. Cette découverte est venue bouleverser celle de « Lucy » découverte en Ethiopie, en Afrique de l'est, en 1974 et qui fait partie de la famille des Australopithèques qui aurait vécu il y a 4 à 2 millions d'années. Toujours est-il que les spécialistes s'accordent à dire que c'est en Afrique que l'être humain balbutia puis prit forme. « L'être appelé à devenir humain, écrit Catherine Coquery-Vidrovitch (*Petite histoire de l'Afrique*, Paris, Edition La Découverte, 2001, p. 27) apprit d'abord à descendre des arbres pour se mettre sur ses pieds, se transformant progressivement en *Homo habilis* (habile de ses membres antérieurs), *Homo erectus* (l'homme debout, dégageant ainsi définitivement l'usage de ses mains), *Homo faber* (artisan) puis *Homo ergaster* (grand et taillé pour la course, donc capable de quitter l'Afrique). Il passa ensuite, par étapes, au stade d'Homo sapiens, et enfin à celui d'Homo sapiens sapiens, rameau remontant à quelque 200 000 ans (il en a été trouvé un spécimen en Ethiopie daté de 195 000 ans), dont nous restons à ce jour les représentants) ». Lire aussi, Arambourg (Camille), *La genèse de l'humanité*, Paris, PUF, collection Que sais-je ?, 6e édition, 1961. Yebetit (Hadembes), « L'Afrique

Comme partout ailleurs dans le monde, l'Afrique a une histoire juridique propre, que l'historiographie remonte à l'Egypte antique, depuis que les travaux de Cheikh Anta Diop[130] ont essayé de démontrer la profonde unité anthropologique et culturelle entre la civilisation égyptienne et l'Afrique noire[131]. C'est en effet en Haute-

---

Berceau de l'humanité », dans *Pour une histoire de l'Afrique* (sous la Direction de Maria R. Turano et Paul Vandepitte), Lecce/Italia, ARGO, 2003. Mokhtar (G.), *Afrique Ancienne*, t. II, *Histoire générale de l'Afrique*, Présence Africaine/Edicef/Unesco, 1987. Ki-Zerbo (Joseph), *Histoire de l'Afrique*, Paris, Hatier, 1972. Cornevin (Robert), *Histoire de l'Afrique*, t. I, *Des origines au XVIe siècle*, Paris, Payot , 1967. *Histoire générale de l'Afrique noire* (sous la direction d'Hubert Deschamps), Paris, Presses universitaires de France, 1970. Cornevin (Marianne), *Secrets du continent noir révélés par l'archéologie*, Paris, Maisonneuve & Larose, 1998. Alimen (H.), *Préhistoire de l'Afrique*, Paris, Editions N. BOUBEE et Cie, 1955.

[130] Né en 1923, Cheikh Anta Diop est un savant sénégalais qui a consacré sa vie à la réhabilitation de l'histoire africaine. En 1966, au premier Festival mondial des arts nègres de Dakar, il a reçu le prix de « l'auteur africain qui a exercé le plus d'influence sur le XXe siècle ». Après sa mort survenue en 1986, les autorités sénégalaises décident de donner son nom à l'université de Dakar.

[131] Pour la majorité des premiers égyptologues occidentaux dont Champollion et Maspero (Lire, Serge Sauneron, *L'Egyptologie*, Paris, PUF, Collection Que sais-je ?, 1968), les anciens Egyptiens ne pouvaient être des Africains et *a fortiori* des Noirs. Face à la « falsification » de l'histoire africaine, l'historien et égyptologue sénégalais Cheikh Anta Diop décide de consacrer ses thèses aux sujets suivants : « *L'avenir culturel de la pensée africaine* » (1949), « *Qu'étaient les Egyptiens prédynastiques ?* » (1951). Devant le refus de l'université de la Sorbonne d'examiner ses travaux, sa thèse est devenue un livre qu'il publie en 1954 sous le titre de « *Nations nègres et culture* » (Paris, Présence Africaine). Il prend ensuite deux nouveaux sujets : « *Les domaines du patriarcat et du matriarcat dans l'antiquité* » (1956) et « *Etude comparée des systèmes politiques et sociaux de l'Europe et de l'Afrique, de l'Antiquité à la formation des états modernes* » (1957). L'université de la Sorbonne finira par examiner et sanctionner positivement ses travaux qu'il publiera sous les titres suivants : « *L'unité culturelle de l'Afrique noire* » (Paris, Présence Africaine, 1959) et « *L'Afrique noire précoloniale* » (Paris, Présence africaine, 1960). D'autres ouvrages suivront dont : « *Les fondements économiques et culturels d'un état Etat fédéral d'Afrique Noire* » (Paris, Présence Africaine, 1960. Edition revue et corrigée en 1974). « *Antériorité des civilisations nègres : Mythe ou vérité historique ?* » (Paris, Présence africaine, 1967). « *Parenté génétique de l'égyptien pharaonique et des langues négro-africaines* » (Dakar, IFAN-NEA, 1977). « *Civilisation ou Barbarie* » (Paris, Présence africaine, 1981). Dans ses travaux qu'il approfondit en utilisant toutes les disciplines (archéologie, datation au carbone 14, études chimiques sur la pigmentation des momies, études linguistiques, comparative, étude de la culture égyptienne, etc.), Cheikh Anta Diop essaie de démontrer la parenté génétique entre les populations primitives de l'Egypte antique et celle d'Afrique noire. Il soutient que les Africains ont vécu dans la vallée

Egypte, territoire proche de la Nubie des Ethiopiens anciens qui étaient des Africains noirs, que prit forme vers 3100 avant J.-C.[132], sous le contrôle d'un roi unique, Pharaon[133], une splendide civilisation[134], parsemée de périodes stables politiquement entrecoupées de « périodes intermédiaires »[135] dominées par des

---

du Nil jusqu'à la chute du pouvoir pharaonique avant de se disperser à travers le continent. Les travaux de Cheikh Anta diop ont été particulièrement contestés dans les milieux universitaires français sur les plans linguistique et ethnologique. Mais, d'après Lilyan Kesteloot (*Anthologie négro-africaine,* Paris, EDICEF, 1997, pp. 441-443), « il faut remarquer que les égyptologues français ne connaissent ni les langues ni les civilisations noires, et que les ethnologues et linguistes africanistes ne connaissent pas grand-chose à l'égyptologie et ne savent pas lire les hiéroglyphes. C'est donc un dialogue de sourds, Cheikh Anta ne trouvant pas d'interlocuteurs valables, les gens ne connaissent qu'une face du problème, alors que lui connaît les deux ; il lit couramment les hiéroglyphes et connaît parfaitement le wolof, sa langue maternelle. Il n'y a qu'un linguiste ethnologue qui puisse témoigner pour la validité des travaux de Cheikh Anta, avec la compétence nécessaire. C'est Luc Bouquiaux, maître de recherches au CNRS ; il a d'abord fait des études sur la langue égyptienne. Ensuite il a travaillé au Nigéria sur le haoussa. Il a été frappé par les ressemblances structurelles entre les deux langues, et en conséquence les théories de Cheikh Anta lui paraissent parfaitement fondées ». Du côté africain, Cheikh Anta diop n'a cessé de fasciner l'élite intellectuelle. Sa pensée s'est imposée auprès de ses lecteurs d'origine africaine comme la preuve de la capacité des Nègres à créer une grande civilisation, donnant ainsi naissance à une nouvelle fierté mais aussi à une manière différente de traiter l'histoire africaine.

[132] « La date de 3100 av. J.-C., pour le début de la période historique en Egypte, même confirmée par les méthodes récentes, ne doit pas faire illusion ; elle est approximative et artificielle, elle marque seulement un début, non pas même celui de l'écriture, mais celui, plus précisément, des premiers monuments écrits que nous connaissons. En fait, la civilisation en Egypte est antérieure à cette date, et ce n'est pas parce que nous n'avons pas retrouvé les documents écrits antérieurs à 3100 que nous pouvons dire que l'Egypte n'était pas civilisée avant cette date. Civilisation et écriture sont deux notions différentes, nous serions même tenté de dire que les siècles vraiment importants pour l'histoire de la civilisation dans la vallée du Nil se sont écoulés entre le Ve millénaire l'an 2780 qui marque le début de l'Ancien Empire. C'est en effet entre ces dates que se sont formées : la langue, l'écriture, la religion, les institutions et enfin l'unité du pays ». Cf. Vercoutter (Jean), *L'Egypte ancienne*, Paris, PUF, Collection Que sais-je ?, 1982, p. 39.

[133] Le mot pharaon signifie « grande maison », et l'une des missions des premiers pharaons fut d'asseoir leur suprématie spirituelle sur toutes les autres maisons influentes du pays.

[134] Erman (A.) & Ranke (H.), *La civilisation égyptienne*, Paris, Payot, 1982.

[135] « On appelle périodes intermédiaires les périodes qui voient cette unité rompue, soit par une occupation partielle du territoire, soit par la multiplication des pouvoirs à l'intérieur du pays. Le phénomène se produit à trois reprises : la Basse Epoque, commence, selon les spécialistes, avec la conquête de la Haute (750) puis de la

systèmes politiques de type féodal, mais qui dura jusqu'en l'an 30 avant J.-C au moment où l'Empire romain conquit l'Égypte pour en faire une province[136]. Entre temps, au nord de Khartoum dans l'actuel Soudan, le royaume de Méroé[137] (270 avant J.-C. - 350 après J.-C.) avait déjà succédé au royaume de Kerma, qui se développa de 2450 à 1500 avant J.-C., et à celui de Napata qui régna du VIIIe au IVe siècle avant notre ère[138]. La brillante civilisation de Méroé[139] fut détruite par

---

Basse Egypte (715) par la XXVe dynastie koushite ou avec l'annexion de la Haute Egypte par Psammétique 1er, sous la XXVIe dynastie saïte. Mais la Basse Epoque comprend surtout une alternance de périodes d'occupation étrangères et de restaurations indigènes avec la XXVIIe dynastie perse, la XXVIIIe dynastie saïte, XXIXe dynastie mendésienne et la XXXe dynastie sébennytique. La seconde domination perse est interrompue par la conquête d'Alexandre (330) auquel succèdent les rois lagides (323-30), puis les empereurs romains ». Cf. Midant-Reynes (Béatrix) & Valbelle (Dominique), « Egypte», dans *Dictionnaire de l'Antiquité* (sous la direction de Jean Leclant), Paris, PUF, 2005, p. 765.

[136] « C'est la fermeture des temples païens décrétée par Byzance qui sonne définitivement le glas de l'histoire de l'Egypte pharaonique ». Cf. Midant-Reynes (Béatrix) & Valbelle (Dominique), « Egypte», dans Dictionnaire de l'Antiquité (sous la direction de Jean Leclant), Ibid.

[137] « Dans la Nubie du IXe siècle avant J.-C., un pouvoir indigène surgit de la désagrégation du Nouvel Empire égyptien, avec Napata pour centre, peu après la quatrième cataracte, vers l'aval. La jeune puissance de Koush (comme l'appelaient les Egyptiens) grandit au point de prendre la succession intégrale des pharaons (XXVe dynastie, fin du VIIIe siècle - première moitié du VIIe siècle avant J.-C.), mais elle ne conserva bientôt que ses terres soudanaises. A une date incertaine du VIe ou du Ve siècle avant J.-C., elle transféra sa capitale à Méroé, beaucoup plus au sud, entre les cinquième et sixième cataractes. De là, ses rois - ou ses reines, *les candaces*, dirigèrent un empire puissant et prospère jusque vers l'an 200 après J.-C. ». (Cf. *Dictionnaire des civilisations africaines*, Paris, Fernand Hazan Editeur, 1968, p. 271). Méroé qui offre une étonnante synthèse entre l'Egypte des premières dynasties et les civilisations noires asservi d'argument à Cheikh Anta Diop pour affirmer l'antériorité des Noirs dans la civilisation égyptienne. (Cf. Bernard Nantet, *Dictionnaire d'Histoire et civilisations africaines*, op. cit., p. 184).

[138] La notoriété de ces royaumes nubiens a pâti de la gloire de l'Egypte pharaonique, la grande voisine du nord, qui subit toutefois la domination des pharaons noirs, issus de Napata, au VIIIe siècle, et se trouvait sous domination grecque lorsque Méroé comptait parmi les grandes puissances.

[139] Le royaume de Méroé a beaucoup emprunté aux royaumes de Napata et de Kerma, ainsi qu'à la civilisation pharaonique. « Du panthéon de Napata, Méroé hérite par exemple du culte omniprésent du dieu Amon issu directement du cortège divin des Egyptiens. Dans les nécropoles, on retrouve à Napata comme à Méroé des pyramides hautes d'environ 30 mètres qui servent de sépultures pour les rois et les reines, directement inspirés des pyramides des pharaons. Malgré l'ampleur de cet héritage, Méroé développe une civilisation autonome. Le témoignage le plus frappant est sans doute l'invention d'une «écriture propre ». Cf. Guillemette

Axoum[140], royaume chrétien d'Ethiopie (Ier-VIIIe siècle)[141]. Dans cette région orientale d'Afrique, le christianisme[142] avait déjà commencé à prendre pied dès le Ier siècle, mais c'est l'Islam, parti d'Arabie au VIIe siècle qui, en conquérant l'Egypte puis toute l'Afrique du Nord, bouleversa les équilibres en place, ouvrant de nouvelles routes transsahariennes et permettant aux musulmans de s'approvisionner en or et en esclaves[143]. La rencontre entre l'Afrique subsaharienne et le monde arabo-musulman dynamisa le continent tout au long du Moyen âge européen, favorisant l'émergence de grands Empires, notamment au Soudan occidental[144] : Ghana (VIIe - XIe siècle), Mali (XIIIe - XVe siècle), Songhaï (XVe - XVIe siècle). A partir du XIVe siècle, les Européens, principalement ceux de la péninsule ibérique, ouvrirent avec succès des voies directes d'échanges avec l'Afrique atlantique[145]. Le commerce des esclaves connut alors une ampleur sans précédent[146]. Les Africains furent exportés en Amérique comme force de travail dans les plantations[147]. Aucune région de l'Afrique située

---

Andreu-Lanoë (L'Histoire n° 352), cité dans « Atlas des Afriques » (L'Histoire, Août 2016, p.15). « Le Royaume de Méroé se développe à partir du VIe siècle avant J.-C et perdurera jusqu'au IVe siècle après J.-C. ». Cf. *Atlas du Cameroun*, Paris, Editions Jeune Afrique, 2010, p. 22.

[140] « Plus au sud, dans le massif éthiopien, des populations sémites originaires d'Arabie étaient venus s'ajouter, vers la fin du IIe millénaire avant J.-C., aux populations déjà en place. Des petits royaumes voient le jour, parmi lesquels émerge, au 1er siècle après J.-C., celui d'Axoum, gagné au christianisme trois siècles plus tard ». Cf. *Atlas du Cameroun*, Ibid., pp. 22-23.

[141] Lorsqu'ils se lancèrent en campagne contre Méroé, les rois d'Axoum étaient déjà christianisés et les relations commerciales entre leurs régions, l'Egypte romaine et l'océan indien leur avaient apporté une relative prospérité. Le Royaume d'Axoum, précurseur du royaume d'Ethiopie, s'est perpétué jusqu'au VIIIe siècle. Cf. *Atlas historique de l'Afrique,* Paris, Editions du Jaguar, 1992, p. 44.

[142] « Au cours de la période de déclin de la culture méroïtique (IVe – Ve siècles) et d'épanouissement de celle d'Axoum, le christianisme pénétra au Soudan. Vers l'an 600, les souverains et une bonne partie de leurs sujets étaient devenus chrétiens ». Cf. *Atlas historique de l'Afrique,* Ibid. Lire aussi, Iliffe (John), *Les Africains Histoire d'un continent*, Paris, Flammarion, 2009.

[143] Iliffe (John), *Les Africains Histoire d'un continent*, Ibid.

[144] Cf. Tamsir Niane (Djibril), *Le soudan occidental au temps des grands empires XIe - XVIe siècle*, Paris, Présence Africaine, 1975.

[145] Cf. Ferro (Marc), *Histoire des colonisations des conquêtes aux indépendances XIIIe – XXe siècle*, Paris, Editions du Seuil, 1994. *Le livre noir du colonialisme* (sous la direction de Marc Ferro), op.cit.

[146] Ibid.

[147] Cf. Renault (François) et Daget (Serge), *Les traites négrières en Afrique*, Paris, Karthala, 1985. *La traite négrière du XVe au XIXe siècle,* Documents de travail et

sur ou près des côtes n'échappa à cette gigantesque déportation[148]. Ce « commerce » fit subir à la société africaine de profonds changements, la vida d'une partie de sa population dynamique et bouleversa certaines de ses institutions[149], sans pour autant faire disparaître ses coutumes multiséculaires. Après l'horreur des traites négrières, les puissances occidentales qui n'avaient fréquentées jusqu'au XVIIIe siècle que les côtes commencèrent à explorer l'intérieur du continent[150] et à se partager les territoires[151]. Dès la fin du XIXe siècle, des systèmes coloniaux[152] se mirent en place jusqu'à la proclamation des Indépendances africaines dans les années 1950-1960[153].

A ce jour, l'Afrique compte 54 Etats[154] - dont le Cameroun - reconnus par l'Organisation des Nations Unies, chacun étant

---

compte rendu de la Réunion d'experts organisée par l'Unesco à port-au-Prince, Haïti, 31 janvier – 4 février 1978, Unesco, 1985. *De la Traite à l'esclavage*, actes du colloque international sur la traite des Noirs, Nantes 1985, Tome I (Ve – XVIIIe siècles) & Tome II (XVIIIe – XIXe siècles), édités par Serge Daget, Société de Recherche sur l'Histoire du Monde Atlantique et la Société Française d'Histoire d'Outre-Mer, 1988.

[148] Ibid.

[149] Cf. Durand (Bernard), *Histoire comparative des institutions*, op.cit.

[150] Ferro (Marc), *Histoire des colonisations des conquêtes aux indépendances XIIIe – XXe siècle*, op. cit. *Le livre noir du colonialisme* (sous la direction de Marc Ferro), op.cit.

[151] Brunschwig (Henri), *Le partage de l'Afrique Noire*, Paris, Flammarion, 1971.

[152] Cf. Frémeaux (Jacques), *Les empires coloniaux dans le processus de mondialisation*, Paris, Maisonneuve et Larose, 2002. *Les Administrations coloniales XIXe – XXe siècles Esquisse d'une histoire comparée* (sous la direction de Samia El Mechat), Presses universitaires de Rennes, 2009. Guillaume (Pierre), *Le monde colonial, XIXe – XXe siècle*, Paris, Armand Colin, 1974 et 1999.

[153] « 1960 fut (sauf pour Djibouti indépendant seulement en 1977) la date des indépendances francophones de l'Afrique noire. Mais 1958 (indépendance de la Guinée) a une charge symbolique. 1956 fut le point de départ des décolonisations en Afrique, avec celle du Soudan et de la Tunisie et la loi-cadre française, 1957, et l'indépendance du Ghana, est un signe fort ». Cf. *Petit précis de remise à niveau sur l'histoire africaine à l'usage du président Sarkozy* (Sous la direction de Adama Ba Konaré), Paris, Editions La Découverte, 2009. Goerg (Odile), Martineau (Jean-Luc) et Nativel (Didier), *Les Indépendances en Afrique – L'évènement et ses Mémoires 1957/1960-2010* (sous la direction de), Presses Universitaires de Rennes, 2013. .

[154] Afrique du Sud, Algérie, Angola, Bénin, Botswana, Burkina Faso, Burundi, Cameroun, Cap-Vert Centrafrique, Comores, Congo-Brazzaville, Côte d'Ivoire, Djibouti, Egypte, Erythrée, Ethiopie, Gabon, Gambie, Ghana, Guinée Bissau, Guinée Conakry, Guinée Equatoriale, Kenya, Lesotho, Libéria, Libye, Madagascar, Malawi, Mali, Maroc, Ile Maurice, Mauritanie, Mozambique, Namibie, Niger, Nigéria, Ouganda, République Démocratique du Congo, Rwanda, Sao Tomé et Principe, Sénégal, Seychelles, Sierra Leone, Somalie, Soudan, Soudan du sud,

théoriquement souverain dans sa production normative. Dans ces pays, des éléments venant des cultures traditionnelles vivent en opposition, voire s'entremêlent à des apports lointains venant de l'Egypte pharaonique, de l'islam, du christianisme et de l'Etat de droit occidental[155]. Or, quoique désormais émancipée de la discrimination dont il a fait l'objet dans l'histoire, l'Afrique est toujours quasiment « absente » dans les travaux de droit comparé et de philosophie du droit[156] qui se multiplient pourtant de manière exponentielle[157]. C'est

---

Swaziland, Tanzanie, Tchad, Togo, Tunisie, Zambie, Zimbabwe. (Cf. http://www.un.org/fr/member-states/)

155 Cf. Sacco (Rodolfo), *Le droit africain – anthropologie et droit positif*, op. cit. Gonidec (P.– F.), *Les droits africains Evolution et sources*, T. 1, 2e édition Paris, LGDJ, 1976. Mbaye (Kéba), *Sources et évolution du droit africain*, dans « L'Etat moderne : horizon 2000 Aspects internes et externes », Mélanges offerts à P.-F. Gonidec, Paris, LGDL, 1985, pp. 341-357. *De l'esprit du droit africain*, Mélanges en l'honneur de Paul Gérard Pougoué, Paris, Wolters Kluwer & CREDIJ, 2014. Olawale (Elias), *La nature du droit coutumier africain*, Paris, Présence africaine, 1961. Kouassigan (Guy A.), *Quelle est ma loi ? Tradition et modernisme dans le droit privé de la famille en Afrique noire francophone*, Paris, Editions Pedone, 1974.

156 Dans un article intitulé « Discours philosophiques africains : où en est le problème du droit ? » (dans *Droit et Cultures*, n° 40, 2000/2, pp. 165-186), Jean-Godefroy Bidima explique pourquoi il y a cette absence. A cet effet, il procède à une démarche généalogique qui, d'une part, met en lumière le cheminement de la philosophie africaine à travers les querelles de statuts et l'affirmation des positions et, d'autre part, tente une explication sur l'impasse qui a été faite sur le Droit et dont la conséquence est l'omniprésence des thèmes de la philosophie politique. « La philosophie africaine (…), conclut-il, a été prisonnière jusqu'à une époque récente des problématiques coloniales. Son ambition de promouvoir l'émancipation de l'Afrique s'est heurtée à un obstacle relatif à ses a priori. Cette philosophie, même quand elle empruntait les méthodologies de la phénoménologie ou du marxisme, restait rivée aux problèmes de l'identité de l'Africain. Vis-à-vis de son insertion dans la temporalité, cette philosophie opérait deux fuites. D'abord, elle regardait le passé africain pour y découvrir une essence africaine. Et ceux qui ont critiqué cette tendance restaient eux-aussi, bornés par le désir de définir ce qu'est une véritable philosophie… africaine. Cette ambition de ''prouver'' à tout prix dérive du fameux complexe du colonisé. Ensuite, ceux qui ne prenaient pas le passé comme alibi faisaient une fuite en avant dans des utopies abstraites. Le grand thème de l'unité des Noirs basée sur un argument racial a nourri des options comme le panafricanisme. Là aussi, la soi-disant unité primitive est hypostasiée et poussée dans le futur. Entre ces problèmes de provenance, d'origine, et ceux des buts futurs, entre l'ambition de la fondation d'une existence sur les origines et la poursuite de la finalité, il y a l'entre-deux ; le moment de l'instauration du présent. Et c'est dans ce présent qu'il faut aujourd'hui ancrer une réflexion véritable sur la philosophie du droit. La constitution de l'espace public de discussion où le sujet assume dans

que l'Occident aime toujours à voir dans sa civilisation l'exclusivité du droit et de la philosophie[158]. S'assigner un tel privilège ne peut procéder que par une éviction du reste du monde, c'est-à-dire le refus de reconnaitre l'existence d'une « pensée » qui, plus est « juridique », notamment chez les peuples dits « primitifs » ou « sauvages »[159]. Nous verrons donc l'esprit du droit traditionnel africain **(Chapitre 1)** avant d'en dégager les règles de droit identifiables sous la forme de coutumes dans les sociétés traditionnelles du Cameroun **(Chapitre 2)**.

---

l'incertitude sa condition reste aujourd'hui l'un des problèmes majeurs de l'Afrique ».

[157] Cf. *Dictionnaire des grandes œuvres juridiques* (sous la direction de Olivier Cayla & Jean-Louis Halperin), op.cit.

[158] « Dès lors, et aussitôt qu'on sort du contexte des cultures et de pensée occidentales, la question qui se pose est de savoir si le concept de philosophie est transposable aux autres cultures et à quelles conditions. En d'autres termes, la philosophie est-elle un genre dont différentes espèces peuvent être produites ailleurs ou au contraire est-elle une espèce dont tous les individus appartiennent et ne peuvent appartenir qu'à une aire culturelle donnée, à l'exclusion de toutes les autres ? Plus fondamentalement encore, le mot philosophie a-t-il des équivalents dans d'autres langues, et en particulier dans les langues africaines ? ». Cf. L. Lalèyê (Issiaka-Prosper), *20 questions sur la philosophie africaine*, Paris, L'Harmattan, 2010, p.31.

[159] « Autrement dit, il y aurait soit inexistence de la pensée juridique dans ces sociétés traditionnelles ; soit la pensée juridique des sauvages serait une ébauche de la ''véritable'' pensée juridique, dans le sens où ceux-ci balbutieraient le droit que nous prononçons avec le Verbe de la Loi, en tout cas, il n' y aurait pas de pensée juridique sauvage dans le sens d'un système conceptuel achevé et autonome ». Cf. Rouland (Norbert), « La coutume et la pensée juridique sauvage : l'apport des sociétés Inuit », dans *La coutume*, Recueils de la Société Jean Bodin pour l'histoire comparative des institutions, op.cit., p. 311.

Principaux groupes ethniques du Cameroun - Limites entre le Nord musulman et le Sud animiste

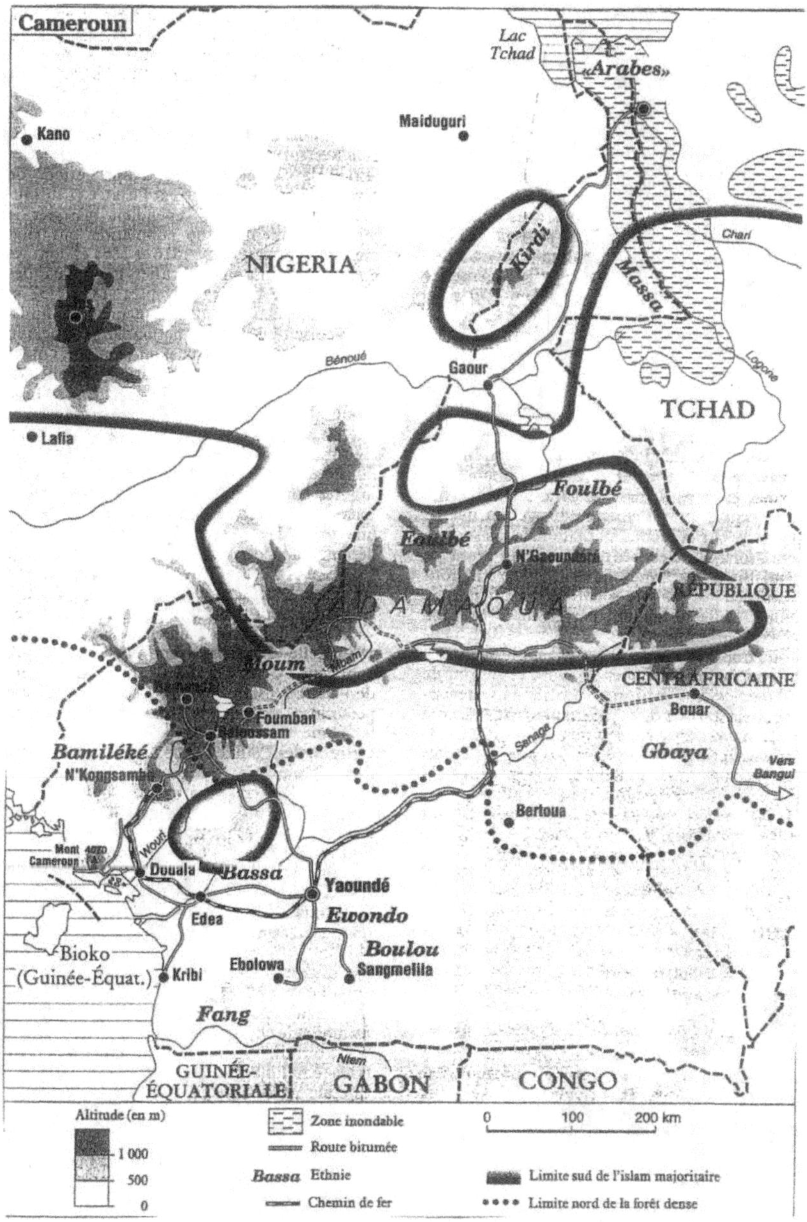

CHAPITRE 1

L'ESPRIT DU DROIT TRADITIONNEL AFRICAIN

Comme l'observe le Père Placide Tempels, « celui qui prétend que les primitifs ne possèdent point de système de pensée, les rejette d'office de la classe des hommes (...). Affirmer a priori que les primitifs n'ont pas d'idées au sujet des êtres, qu'ils n'ont pas d'ontologie et que toute logique leur fait défaut, c'est tourner le dos à la réalité (...). En effet, si les primitifs ont une conception particulière de l'être et de l'univers, cette ''ontologie'' propre donnera un caractère spécial, une couleur locale, à leurs croyances et pratiques religieuses, à leurs mœurs, à leur droit, à leurs institutions et coutumes, à leurs réactions psychologiques et plus généralement à tout leur comportement »[160]. Michel Virally abonde dans le même sens : « Tous les systèmes juridiques ont été pensés par les hommes qui les créaient et par ceux qui y étaient soumis. C'est là un point commun à tous. Ceux qui paraissent aujourd'hui les plus absurdes, voire les plus monstrueux, ont été reçus par des esprits humains. Et si nous les reconnaissons encore comme juridiques, au moins par certains aspects, c'est qu'ils étaient construits à partir de représentations qui sont encore les nôtres »[161]. C'est dire que si Rome et la Grèce antique furent juridiquement et philosophiquement des mondes prodigieux, elles ne furent pas « le Monde »[162]. A travers les

---

160 Tempels (Placide), *La philosophie Bantoue*, Paris, Présence Africaine, 1949, pp. 15-16.

161 Virally (Michel), *La pensée juridique*, Paris, LGDJ, 1960, p. XXXIV

162 Car, de l'autre côté de la Terre, les autres civilisations n'ont que faire d'une « fondation » occidentale du droit et de la raison philosophique. En effet, « la philosophie suppose la préexistence de la religion et de l'organisation sociale que sous-tend cette religion. Elle suppose aussi l'existence des mythes, des légendes, des cosmologies et cosmogonies dans les mailles desquelles les groupes humains ont coutume de s'insérer dans le but d'assurer leur pérennité et de garantir l'efficacité de leurs actions par rapport à la nature et autres groupes humains. Or, toutes ces réalités humaines qui préexistent à la philosophie portent l'empreinte de l'esprit humain, de sa logique, de ses émotions, de sa foi, de ses craintes, de ses espoirs et de sa raison. La vie humaine individuelle et collective s'organise ainsi autour de ces différentes finalités qu'on a tendance à prendre pour autant de logiques distinctes ; en s'imaginant qu'il y aurait une logique de la religion, une logique de la science, une logique de la politique et une logique de la philosophie. Ce faisant, on confond les finalités de ces quatre activités humaines avec la logique de l'esprit humain qui demeure la même que quelle que soit la variété des activités dans lesquelles cet

âges et les pays, la pensée juridique a toujours été diverse selon la représentation que les sociétés ont de la vie[163]. Elle a toujours été dans l'histoire « une dialectique effervescente, un champ de bataille sur la justice, l'utile, le bien, le mal : les grands enjeux de la vie »[164] qui donnent sens à l'itinérance humaine[165]. « Toute société, écrit Pierre Legendre, est amenée à construire l'univers fictionnel de sa Référence, sur laquelle puisse se fonder une indestructibilité, non pas matérielle ni physique, mais symbolique [...] la vie et la reproduction de la vie sont liées à la constitution, par la société, d'un discours de légitimité qui fonde la vie et la reproduction de la vie »[166]. On ne peut

esprit s'investit (...). La nature rationnelle de la rigueur philosophique ne signifie pas qu'une pensée qui traite de Dieu ne puisse pas être philosophique. Elle signifie simplement que parmi les différentes manières dont la pensée peut aborder le thème de Dieu, certaines peuvent être qualifiées de philosophiques et d'autres pas. Et celles que l'on peut dire philosophiques sont justement celles qui se limitent rigoureusement à ce que l'être humain peut percevoir par lui-même et à ce que son intelligence – par ailleurs limitée – peut permettre de comprendre et d'expliquer, sans que l'on puisse dire du contenu de la foi et de la révélation qu'il est irrationnel ou étranger à l'homme ». Cf. L. Lalèyê (Issiaka-Prosper), *20 questions sur la philosophie africaine*, op.cit.

[163] Ainsi par exemple, « la société traditionnelle refuse le productivisme et la capitalisation de surplus parce qu'ils contiennent en germe l'inégalité socio-économique ; s'efforce de contrôler ses leaders pour éviter que la société ne se divise en dominants et dominés ; voile le droit en le maintenant sous forme orale et en le reliant à la religion et à la nature ; atténue l'officialisation des conflits, dans son obsession de prévenir la division et, à l'extrême, la déstructuration de la société ». Cf. Rouland (Norbert), *La coutume et la pensée juridique sauvage : l'apport des sociétés Inuit*, op.cit., p. 313.

[164] Malaurie (Philippe), *Anthologie de la pensée juridique*, op.cit. (Avant-propos). « Toute la pensée juridique, poursuit l'auteur (Ibid.), s'est toujours élevée contre l'injustice et la carence du droit à défendre les pauvres, les humbles et les petits contre les puissants ; elle a toujours voulu que le droit devint libérateur et cessât d'être oppresseur. Mais c'est une œuvre sans fin : un tonneau des Danaïdes. Ce sont presque tout le temps les mêmes questions qui sont récurrentes : la justification, la critique ou l'exaltation de la justice et du pouvoir ; leurs rapports avec la force, le fait, l'idéal, la foi, la nature, la raison, la logique, la dialectique, l'histoire, l'expérience, l'empirisme, la lutte, la liberté, la recherche du pouvoir, l'intérêt, la volonté, l'utilité, le marché, le progrès, la décadence, la vie ».

[165] « L'œuvre juridique répond au besoin, vital pour toute société, de partager un même devoir-être qui la prémunisse de la guerre civile ». Cf. Supiot (Alain), *Homos juridicus - Essai sur la fonction anthropologique du droit,* op.cit., p. 24

[166] Legendre (Pierre), « Ce que nous appelons le droit. Entretien avec Pierre Legendre », *Le Débat*, 1993/2 (n° 74), p. 98-111. DOI : 10.3917/deba.074.0098. URL : https://www.cairn.info/revue-le-debat-1993-2-page-98.htm. Cité, Menu

donc objectivement admettre l'existence du droit en Afrique, et ignorer son fondement[167] théorique ou philosophique, c'est-à-dire l'épistémologie ou l'essence de sa production. Il s'agit dès lors d'ausculter l'anthropologie et l'histoire des institutions pour identifier les finalités par rapport auxquelles le droit traditionnel africain se fonde depuis l'Egypte antique **(Section1).** Nous verrons comment l'esprit magico-religieux et pluraliste de ce droit a sécrété des sources (**Section 3**) et des caractères particuliers **(Section 2)** qui constituent la boussole de la régulation sociale dans l'Afrique traditionnelle[168].

Section 1 : L'ancrage originel du droit en Afrique à un fondement magico - religieux

De par l'ancienneté des objets et des squelettes humains qui y ont été trouvés, l'Afrique apparaît aux yeux des savants comme le « berceau de l'humanité »[169]. En effet, c'est dans ce continent que le premier type d'homme d'où est issue notre espèce a vécu. En l'absence de trace écrite ou de témoins, l'on ne sait exactement quelle idée de droit l'homme a pu avoir durant ces époques préhistoriques.

(Bernadette), Recherches sur l'histoire juridique, économique et sociale de l'ancienne Egypte, p. 85.

[167] « Valeur, référence de base (souvent associée à d'autres) sur laquelle repose une règle, une institution, un système juridique et qui en éclaire l'esprit ». Cf. Cornu (Gérard), *Vocabulaire juridique*, Paris, Quadrige/PUF, 9e édition, 2011, p. 464. Lire aussi, Goyard-Fabre (Simone), *Les fondements de l'ordre juridique*, Paris, PUF, 1992.

[168] Ce que Kéba Mbaye appelle « une communauté de sources, de contenu, d'esprit, de caractères, de techniques, de fonctions et de finalités ». Ceci, pour dire qu'il existe « dans la diversité des règles juridiques qui s'appliquent en Afrique à des groupes épars et innombrables , un air de famille qui autorise à affirmer qu'il y a un droit africain». Cité, Vanderlinden (Jacques), « Développer la connaissance des droits africains pour développer les droits africains», dans *Symposium "La connaissance du droit en Afrique"*, (Bruxelles, 2-3 décembre 1983), Académie Royale des Sciences d'Outre-Mer, pp. 347-379 (1985), p. 348.

[169] Cf. Arambourg (Camille), *La genèse de l'humanité*, op.cit. Yebetit (Hadembes), « L'Afrique Berceau de l'humanité », dans *Pour une histoire de l'Afrique* (sous la Direction de Maria R. Turano et Paul Vandepitte), op.cit. Mokhtar (G.), *Afrique Ancienne*, t. II, *Histoire générale de l'Afrique*, op.cit. Ki-Zerbo (Joseph), *Histoire de l'Afrique*, op.cit. Cornevin (Robert), *Histoire de l'Afrique*, op.cit. *Histoire générale de l'Afrique noire* (sous la direction d'Hubert Deschamps), op.cit. Cornevin (Marianne), *Secrets du continent noir révélés par l'archéologie*, op.cit. Coquery-Vidrovitch (Catherine) *Petite histoire de l'Afrique*, op.cit. Alimen (H.), *Préhistoire de l'Afrique*, Paris, Editions N. BOUBEE et Cie, 1955.

Mais à partir de l'interprétation des vestiges archéologiques[170], l'on estime qu'à partir de l'*Homo sapiens* (il y a environ 100 000 ans), l'homme a pu recourir au droit pour inventer les nouvelles règles nécessaires à sa vie sociale et économique[171], et ainsi perfectionner, par un langage articulé, les innovations juridiques accomplies antérieurement : l'organisation de la famille autour des rapports de parenté, la prohibition de l'inceste, la régulation de la fécondité, la domestication du feu, la division sexuelle du travail, les sépultures collectives et la linguistique sont autant d'indices de la préhistoire du droit depuis l'époque paléolithique[172]. Dès l'origine, le rapport de l'homme au droit, et plus sûrement à la religion, l'a distingué de l'animal par l'ampleur de ce qu'il a construit à partir de la nature. Son inquiétude métaphysique[173] a constitué une étape importante dans son processus juridique de socialisation. Ce soubassement religieux est demeuré depuis au moins l'époque néolithique une constance fondatrice du droit[174]. Pas étonnant alors que les premières grandes civilisations africaines, qu'il s'agisse de l'Egypte pharaonique ou des Empires du Soudan occidental, aient bâti leurs systèmes juridiques sur un fondement magico-religieux, révélateur de leur vision du droit et de leur attachement à l'idée de justice. Autrement dit, il n'est pas

---

[170] Cf. Cornevin (Marianne), *Secrets du continent noir révélés par l'archéologie*, op.cit. Alimen (H.), *Préhistoire de l'Afrique*, op.cit.

[171] « D'une part, quand il quitta l'Afrique, et ensuite lorsque les glaces et le gibier reculèrent sur les terres où il s'était installé ». Cf. Rouland (Norbert), *Aux Confins du droit*, op.cit., p. 38.

[172] Cf. Rouland (Norbert), *Aux Confins du droit*, Ibid. Sacco (Rodolfo), *Anthropologie juridique - Apport à une macro-histoire du droit*, op.cit.

[173] « L'inhumation des morts dans les sépultures (souvent en position de fœtus) et le dépôt d'offrandes à leurs côtés constituent un des signes » qui en attestent. Cf. Rouland (Norbert), *Aux Confins du droit*, Ibid.

[174] « Nous ne pouvons pas comprendre le droit antérieur à l'Etat si nous ignorons qu'en ces temps-là toute la vie de l'homme est envahie par le sacré et que la vie du droit n'échappe à cette constance (…). Il n'y a pas lieu ici de dater le surnaturel qu'il faudra bien lier au culte des morts (à partir de 300 000 av. J.-C) et peut être aux arts figuratifs (à partir de 35000 av. J.-C.). Il convient, au contraire, ici de souligner combien la présence du sacré peut bouleverser toute la vie du droit. Le droit doit déterminer les lignes de conduite à suivre, établir les faits et trouver les remèdes. Le surnaturel offre une coopération admirable pour toutes ces tâches. On entre en communication avec le surnaturel et on reçoit l'indication voulue : la règle à adopter. (…). Les anthropologues ont recueilli une documentation impressionnante et admirable sur le sacré et sur la magie comme instruments qui peuvent conférer un ordre dans la vie sociale ». Cf. Sacco (Rodolfo), *Le droit africain - anthropologie et droit positif*, op.cit. pp. 26-28.

possible de traiter des institutions égyptiennes sans référence à la Maât **(A),** ou encore des institutions soudanaises en faisant abstraction au caractère sacré - ancestral ou islamique - qui est reconnu au droit traditionnel africain **(B).**

A. La Maât, référent éthique du droit et de la justice dans l'Egypte antique

L'Egypte est la seule région de l'Afrique à être entrée très tôt dans l'histoire[175]. C'est le premier des pays de l'Antiquité à être unifié sous un seul gouvernement, à une période où ses voisins n'étaient encore que de petites cités, au mieux des cités-Etats[176]. Sa région habitée se limitait alors à la vallée du Nil[177] et à son Delta. Les témoignages archéologiques y ont décelé des traces humaines depuis l'époque paléolithique[178], mais l'histoire proprement dite de l'Egypte commence vers 3100 avant J.-C.[179], avec deux royaumes ayant leur berceau à Bouto dans le Delta et à Nekhen en Haute Egypte. Ménès, chef de la Haute-Egypte, par ses victoires militaires et ses intrigues politiques, aurait étendu sa domination à la Basse Egypte, fondant à la

---

[175] Cf. Erman (A.) & Ranke (H.), *La civilisation égyptienne*, op. cit..

[176] Cf. Gaudemet (Jean), *Les institutions de l'Antiquité*, op. cit.

[177] « Ce fleuve unique en son genre, sujet à une crue annuelle laissant des limons fertiles (source d'une autosuffisance agricole exceptionnelle), constituait une voie navigable reliant les divers établissements nés sur ses bords – sorte de long corridor d'implantation humaine bordé, de part et d'autre, par le désert ». Cf. Atlas historique de l'Afrique, op. cit., p. 40. « La naissance de l'Etat pharaonique résulte pour une bonne part d'un phénomène de changement climatique. (…) après un épisode humide, la sécheresse contraint les hommes à abandonner les zones limitrophes du Nil, jusque-là favorables au pastoralisme, pour se concentrer sur la vallée du fleuve et s'y sédentariser. Avec l'abandon de l'élevage au profit de l'agriculture, notamment les céréales, la création d'importants surplus alimentaires favorise l'émergence d'un pouvoir centralisé fort ». Cf. *Atlas du Cameroun*, op.cit., p. 22.

[178] « Les premières traces d'humanité remontent à plus de 300. 000 ans et l'on peut suivre, au gré des fluctuations climatiques, le développement des cultures paléolithiques jusqu'aux derniers épipaléolithiques attestés, vers 6000 ans av. J.-C. L'origine du Néolithique demeure obscure en raison du faible nombre de sites caractérisant cette époque : el-Omari, Mérimdé Beni-Salamé et le Fayoum, tous localisés dans la partie nord de l'Egypte ». Cf. Midant-Reynes (Béatrix) & Valbelle (Dominique), « Egypte», dans *Dictionnaire de l'Antiquité* (sous la direction de Jean Leclant), op.cit., p. 763.

[179] « En combinant les dates obtenues par l'astronomie et les dates fournies par les listes royales (celles de Manéthon et celles des documents égyptiens) les généalogies, les synchronismes avec l'histoire des peuples voisins de l'Egypte, on est arrivé à fixer le début de l'histoire en Egypte au début du XXXe siècle avant notre ère ». Cf. Vercoutter (Jean), *L'Egypte ancienne*, op.cit., p. 38.

pointe du Delta, à la jonction des deux anciens royaumes, une nouvelle résidence royale, le « Mur Blanc », qui deviendra « Memphis », première capitale de l'Egypte unifiée. C'est durant les périodes prédynastiques (3500-2950) et « thinite » (2950-2635) que les principautés antérieures à l'unification se sont structurées et ont luttées pour la suprématie. A la période thinite, succède la période classique marquée de manière discontinue par trois grands Empires au cours desquelles l'unité de la Haute et de la Basse-Egypte se consolide puissamment dans l'Etat : l'Ancien Empire (2635 à 2140 avant J.-C.), le Moyen Empire (2020 à 1720 avant J.-C.), le Nouvel Empire (1539-1069)[180].

Tout au long de son histoire impériale, l'Egypte, régie par une énorme machine administrative, est divisée en provinces, les « *sepat* », qu'on désigne sous la dénomination grecque de « nomes »[181]. La forme pyramidale de cette administration reflète le principe organisateur de la société égyptienne. En dépit du développement de l'Etat qui l'oblige à déléguer ses prérogatives à un certain nombre de serviteurs[182] dont le vizir, son homme de main, le

---

[180] Cf. Midant-Reynes (Béatrix) & Valbelle (Dominique), « Egypte», dans *Dictionnaire de l'Antiquité* (sous la direction de Jean Leclant), op.cit., p. 765. Les dates de ces périodes impériales sont approximatives d'un auteur à un autre : pour Jean Vercoutter (*L'Egypte ancienne, op.cit.*,), l'Ancien Empire se situe de 2780 à 2400 environ avant J.-C., le Moyen Empire de 2065 à 1785 avant J.-C., le Nouvel Empire de 1580 à 1200 avant J.-C. Pour Erman et Ranke, (*La civilisation égyptienne*, op.cit.), l'Ancien Empire se situe de 2900 environ à 2550 avant J.-C., le Moyen Empire de 2160 environ à 1780 avant J.-C., le Nouvel Empire de 1580 à 1100 avant J.-C. L'ancien Empire est celui des grandes pyramides et des tombeaux. Le Moyen Empire se distingue par ses temples et ses écoles de scribes. Sous le Nouvel Empire, l'Egypte étend son emprise au Proche-Orient et en Nubie, où le Pharaon Ramsès II fait ériger le temple d'Abou Simbel.

[181] Le territoire égyptien est en effet découpé en régions administratives, appelées nomes, qui sont chacune régie par un nomarque, responsable devant le vizir de sa compétence. Cf. Favry (Nathalie), « Nome», dans *Dictionnaire de l'Antiquité* (sous la direction de Jean Leclant), op.cit., pp. 1534-1535.

[182] « Dans son entourage immédiat, les serviteurs ont, dès l'ancien empire, des fonctions nettement différenciées. D'un côté ceux qui possèdent des titres honorifiques sans fonctions aucune, ceux dont les fonctions sont purement domestiques (perruquiers, médecins, blanchisseurs) ou cultuelles (prêtres ; d'autre part ceux qui ont des fonctions gouvernementales, mais ne sont en théorie que de grands commis que les textes désignent sous les termes de ''bouche'', ''langue'', ''yeux'' et ''oreilles'' du Pharaon. Le visir (Tati) se trouve à la tête de tous les services, à la fois gardien des archives royales, ministre de la guerre, chef de la justice, du trésor, et de l'agriculture. On peut dire sans exagérer qu'il gouvernait

pharaon demeure le seul détenteur du pouvoir, l'unique dispensateur de la justice[183], et en l'absence de tout corpus de lois codifiées ou coutumières, sa parole a force de loi[184]. Fils de « Rê »[185], il tire ses pouvoirs du créateur lui-même et est par conséquent propriétaire du monde que Dieu lui a confié[186]. Le régime politique est une monarchique théocratique[187] et les pouvoirs (exécutif, législatif, judiciaire)[188] sont concentrés entre les mains du pharaon qui détient un pouvoir absolu[189] sur tous les Egyptiens. Le pharaon est à la fois l'administrateur principal, le chef des armées, le premier magistrat et le prêtre suprême de l'Égypte[190]. Son couronnement est accompagné d'une série de rites symboliques qui l'érigent en dieu[191], de sorte que ses actes dans la gestion de l'Etat sont une transposition, une réplique de l'ordre divin symbolisé par la Maât[192].

---

l'Egypte pour le roi, dominant de nombreux services dirigés chacun par un chancelier et peuplés de scribes hiérarchisés dont les fonctions sont très recherchées et qui s'attribuent le titre de ''chef des secrets'' (…) ». Cf. Durand (Bernard), *Histoire comparative des institutions*, op.cit., pp. 33-34.

183 Ibid.

184 Ibid.

185 Nom du « Dieu solaire », « Dieu suprême », créateur de tout ce qui est. Cf. Valbelle (Dominique), « Rê», dans *Dictionnaire de l'Antiquité* (sous la direction de Jean Leclant), op.cit., p. 1869. Daumas (François), *Les Dieux de l'Egypte,* Paris, PUF, collection Que sais-je ?, 1977. Biyogo (Grégoire), *Dictionnaire des connaissances philosophiques de l'Egypte antique*, Imhotep, octobre 2017, p. 241.

186 Ibid.

187 Cf. Durand (Bernard), *Histoire comparative des institutions*, op.cit.

188 Ibid.

189 « La justification d'une autorité unique, absolue et extra-temporelle consiste en une série de constats : seul un pouvoir fort est capable de garantir l'intégrité du territoire et l'unité d'un pays géographiquement double ; le détenteur de ce pouvoir est inséré dans l'ordre universel, créé par le démiurge, qu'il a pour mission de maintenir ; sa fonction est duelle ; son existence est manifeste avant la naissance et au-delà de la mort, de telle sorte qu'il participe à l'éternité solaire et institue la vie ». Cf. Menu (Bernadette), *Maât l'ordre juste du monde*, Paris, Editions Michalon, Collection « Le bien commun », 2005, p. 9.

190 Cf. Durand (Bernard), *Histoire comparative des institutions*, op.cit.

191 « Dans l'Ancien Empire, écrit Menu (Maât l'ordre juste du monde, op. cit., p.8) le roi tout-puissant domine les entités surnaturelles, il infléchit leur volonté par ses actes ; sous le Moyen Empire, le roi se présente comme l'égal des « dieux », tandis que le pharaon du Nouvel Empire leur est entièrement redevable du résultat de ses actions, tant guerrières que gouvernementales ».

192 « A l'origine du concept, Maât a été très tôt incarnée sous les traits d'une gracieuse jeune femme à la chevelure ornée d'une plume d'autruche. Assise à même le sol ou sur une corbeille –neb (signe hiéroglyphique désignant ''la totalité''), elle

Ce principe normatif traduit « l'ordre juste du monde »[193] et s'impose au pharaon qui, en retour, se trouve en harmonie avec le cosmos[194]. La Maât est intimement liée à la nature même du régime pharaonique. « La mécanique pharaonique est mue par un double engrenage (divinité-maât-roi/roi-maât-humanité) dont la pièce centrale est le pharaon parce qu'il rend tangible le lien qui l'unit à la Maât et, à travers elle, au Créateur, son père »[195]. Le principe pharaonique exige que le roi amène la Maât (ordre) au pays et repousse l'isfet (chaos)[196]. Il est garant de l'ordre dynamique, de la « production de la

---

serre dans ses mains le ânkh, hiéroglyphe signifiant « vie » ; lorsqu'elle est figurée debout ou assise sur un trône, elle tient d'une main le ankh et de l'autre, s'appuie sur le sceptre – ouas, symbole de puissance et de domination attribué au roi et à certaines entités divines. Le nom de Maât peut être écrit à l'aide de deux hiéroglyphes : le socle, utilisé aussi comme base de trône royal ou divin, image de stabilité, et la plume d'autruche, symbole aérien, lumineux et ordonné. C'est encore une effigie de Maât qui, placée sur un des plateaux de la balance, sert de contrepoids au cœur du défunt pour en évaluer les actes lors du jugement divin. Maât est devenue, particulièrement à partir de la XVIIIe dynastie (XVIe - XIIIe siècles avant notre ère) une divinité à laquelle le culte était rendue. Plusieurs temples de Maât sont attestés, notamment à Thèbes, capitale du Nouvel Empire. Deux temples y étaient construits, l'un sur la rive droite du Nil, siège des instances politiques, où était vénérée la maât universelle et l'autre, à l'ouest, sur la rive des nécropoles où l'on se souvenait de la maât sociale, particulière, et de son expression judiciaire. Un clergé était voué à la déesse ; le titre de '' serviteur consacré'' ou ''divin'' (hem netjer) de Maât fait partie, dès les hautes époques, de la titulature des juges. La maât est une entité duelle et la double Maât, représentée par deux jeunes femmes identiques, coiffées de la plume, qui assistent le défunt devant le tribunal divin, exprime cette dualité. La maât est dédoublée en deux personnes distinctes (interprétées aussi comme les deux yeux de Rê, soleil et lune) mais de même essence, comme deux sœurs jumelles : la Maât céleste, totale, fille du dieu Rê, associée à la royauté et à ses idéologies que le défunt est censé avoir respectées, et la Maât terrestre, expression sociale et juridique de l'ordre établi, tel qu'il est garanti par le roi et susceptible d'être appliqué par les juges au cours d'une vie humaine ». Cf. Menu (Bernadette), *Maât l'ordre juste du monde*, Ibid., pp. 10-11.

[193] Il symbolise l'ordre juste en ce sens qu' « il définit l'ordonnancement du monde selon l'exigence des aptitudes logiques (vérité) des aptitudes juridiques (justice) et des aptitudes de la mesure et de l'équilibre (pondération du jugement, harmonie des parties) ». Cf. Biyogo (Grégoire), *Dictionnaire des connaissances philosophiques de l'Egypte antique*, op. cit., p. 169.

[194] Decoeur (Henri), *Maât, entre cosmologie et mythe : le principe constitutionnel d'un Etat chtonienne en ancienne Egypte.,* Revue juridique Thémis, 45-2 (2012-01-01).

[195] Menu (Bernadette), *Maât l'ordre juste du monde*, op.cit., p. 8.

[196] « Si maât est l'ordre source de vie dont les hommes ont besoin pour exister et dont les forces surnaturelles se nourrissent afin de perpétuer leur action, l'isfet est

vie »[197], et il assume cette tâche en conjurant le désordre en toutes circonstances. Les lois, émanation du *Ka*[198], sont édictées non seulement pour gérer, mais aussi pour protéger et faire prospérer. Tous les dignitaires (magistrats, prêtres, vizirs, scribes, etc.) qui agissent au nom du pharaon dans l'élaboration et l'application des lois sont astreints à l'obligation de se conformer à la Maât, c'est-à-dire qu'ils doivent éditer des actes justes, non arbitraires, sous peine de subir le « jugement des morts »[199]. En matière judiciaire, la composition collégiale des tribunaux participe de la quête de la vérité absolue au nom de la Maât : plus il y a de juges, moins il est possible de commettre des erreurs judiciaires. Cette recherche permanente de la vérité[200] dans un souci d'équité rend délicat ou complexe le

---

son antonyme exact. Ordre, vie, équilibre cosmique, vital et social, paix par la victoire, prospérité, justice, équité, vérité, maât représente toute cela ; l'isfet désigne le désordre, le chaos mortifère, la misère, les ennemis, l'iniquité, l'injustice, la désintégration sociale dont le détonateur est le mensonge ». Cf. Menu (Bernadette), *Maât l'ordre juste du monde*, Ibid., p. 10.

[197] Cf. Mbog Bassong, *La théorie du droit en Afrique, concept, objet, méthode et portée*, MeduNeter, 2016, p. 77.

[198] Principe divin qui inspire le roi dans sa fonction législative.

[199] En effet, les anciens Egyptiens croient en un Au-delà. Ils craignent qu'un tribunal y décide de leur sort non pas en tenant compte de leur statut social ou de leur richesse mais en fonction du respect, au cours de leur vie, de règles incarnées par la Maât. « Indubitablement, écrit Henri Decoeur, l'une des scènes les plus connues de l'iconographie égyptienne est celle de la psychostasie – le jugement des morts, où les actes du défunt sont évalués sous le regard d'un tribunal divin (…). Avant que l'âme du défunt ne soit confrontée à la maât, nomos de l'au-delà, celui-ci déclame une déclaration d'innocence qui nous renseigne en négatif sur ce que prescrit la maât. On y trouve une longue série de fautes que le défunt affirme n'avoir pas commises. Si la déclaration d'innocence prend la forme d'un code de préceptes relativement concrets, la tare qui sert à mesurer la rectitude des actions du défunt est unique et invariante. Maât constitue donc une référence – un canon éthique, c'est-à-dire un principe normatif, universel et absolu ». Cf. Decoeur (Henri), *Maât, entre cosmologie et mythe : le principe constitutionnel d'un Etat chtonienne en ancienne Egypte*., op.cit., pp. 351-352.

[200] « L'instruction d'une affaire est effectuée soigneusement. Les magistrats réunissent les indices et les preuves des faits allégués, privilégiant les témoignages et la production d'actes authentiques, en ordonnant au besoin enquêtes et perquisitions. Le serment solennel peut être déféré à l'une ou l'autre partie, en cas de doute, au cours et ou à l'issue du travail d'instruction, mais, en principe, il n'est pas décisoire et la sanction du parjure relève uniquement de la sphère de croyances. L'aveu lui-même n'est pas une preuve absolue ; le procès des vols dans les temples et les tombes de la région thébaine, à la fin de l'époque ramesside, montre un cas de rétractation, l'aveu ayant été délivré par crainte. On ne recourt pas habituellement à la torture judiciaire pour obtenir l'aveu : les tourments sont utilisés de manière tout à

prononcé de tout verdict : la Maât est la source du droit généralement invoquée par les juges. La sanction judiciaire a pour but outre de punir, mais aussi de « réparer » la faute commise et de rétablir l'ordre[201].

Référent éthique de vérité et de justice dans l'Egypte pharaonique, la Maât « est à la fois la norme, la mécanique et l'incarnation d'un ordre cosmologique dont l'immutabilité garantit le fonctionnement harmonieux du monde »[202]. Fondée sur la recherche de la prospérité dans l'intérêt de tous, sur le partage des responsabilités à tous les niveaux de la hiérarchie sociale, et sur le principe de la résolution des conflits selon les règles de l'équité[203], elle est source d'un droit naturel[204] qui inspire la justice individuelle en restituant à chacun son dû[205]. Clé de voûte idéologique et

---

fait exceptionnelle dans les affaires très graves afin de lever les ultimes doutes des juges. (…). La sentence est prononcée lorsque les faits sont établis et que les juges ont forgé leur intime conviction. Les magistrats jugent selon l'équité ; d'une manière générale, ce n'est pas une règle de droit qui est invoquée lors du règlement d'un conflit mais la mise en évidence, grâce au travail d'investigation des juges, d'une situation de fait qui sera considérée comme conforme ou non à l'ordre en vigueur, manifestation de la maât. Dans le dispositif du jugement, les juges vont confirmer l'une des prétentions, rejeter l'autre, s'il y a lieu prononcer une peine, et, dans les cas graves, envoyer l'affaire devant une juridiction supérieure. La partie qui a gagné le procès est dite maâty, et celle qui l'a perdu, âdja. Ces termes techniques n'ont aucune connotation morale. Maâty signifie « conforme à la maât » et adja, ''dans la mauvaise voie'', ''en opposition'', et non ''coupable'' ». Cf. Menu (Bernadette), *Maât l'ordre juste du monde*, op.cit., pp. 104-105.

[201] Ibid.

[202] Cf. Decoeur (Henri), *Maât, entre cosmologie et mythe : le principe constitutionnel d'un Etat chtonienne en ancienne Egypte.*, op.cit., p. 351.

[203] « Au sein du corps social, l'évitement est la règle. Il s'agit d'assurer le triomphe de la maât. Si le conflit surgit malgré tout c'est selon l'équité qu'il sera résolu, et le règlement du conflit va créer le droit, puisque dans l'idéal on ne va solliciter la justice que si l'on a une prétention défendable. Le conflit, qu'il soit politique, social, judiciaire, n'est utile que s'il a des résultats positifs, que s'il réalise une victoire de l'organisation sur l'incréé ». Cf. Menu (Bernadette), *Egypte pharaonique. Nouvelles recherches sur l'histoire juridique, économique et sociale de l'ancienne Egypte*, Paris, L'Harmattan, 2004, p. 34. Cité, Mbog Bassong, *La théorie du droit en Afrique, concept, objet, méthode et portée*, op. cit., p. 75.

[204] Cf. Sériaux (Alain), *Le droit naturel*, Paris, PUF, Collection Que sais-je ?, 2e édition corrigée, 1999.

[205] « L'hypothèse selon laquelle Aristote (précepteur d'Alexandre le Grand qui fut un grand admirateur de la civilisation pharaonique) reçu probablement, par l'intermédiaire des philosophes grecs qui le précédèrent, l'héritage de la pensée politique et sacerdotale de l'Egypte antique dont les temples lagides et la ville

institutionnelle de l'Egypte pharaonique, la Maât est une valeur transcendante de justice, révélatrice des vérités cosmiques dont le droit n'est qu'une fidèle transcription éthique pour garantir en permanence la vie. Cette valeur jusnaturaliste a permis la survie du régime pharaonique égyptien durant près de trois mille ans, et sa substance philosophique a continué d'irriguer sous la forme des mythes ancestraux[206] l'ordre juridique africain traditionnel en dépit de la pénétration de l'Islam.

B. L'impact relatif de l'islam sur le fondement animiste du droit originel africain (VIIe - XVIe siècles)

Dès la fin du Nouvel Empire, l'Egypte amorce sa décadence[207]. Elle devient la proie des Empires voisins de l'Assyrie, des Perses, des Grecs et des Romains[208]. Mais une partie de son héritage se diffuse vers le Sud, dans la Nubie ancienne. L'assèchement du Sahara entraine un reflux des populations noires sédentaires vers les zones soudanaises et certaines oasis[209]. A la fin de l'ère préchrétienne, les trois grands groupes de nomades peuplant le Sahara sont déjà en place : les Berbères, les Touareg et les Toubou. Ces nomades donnent une nouvelle vie au désert grâce au Chameau, un dromadaire à une bosse capable de résister au manque d'eau pendant une dizaine de jours de marche d'oasis en oasis. Les siècles suivants sont obscurs et

---

d'Alexandrie furent plus tard les conservatoires et les relais, acquiert ainsi un caractère entièrement plausible ». Cf. Menu (Bernadette), *Maât l'ordre juste du monde*, op.cit., pp. 107-108.

[206] « La pensée africaine traditionnelle recèle une philosophie que l'on pourrait qualifier de fossile. Cette pensée est faite des séquences de rationalité contenues dans les mythes, les contes, les légendes, proverbes, adages, etc. ». Cf. L. Lalèyê (Issiaka-Prosper), *20 questions sur la philosophie africaine*, op.cit., p. 42.

[207] Cf. Vercoutter (Jean), *L'Egypte ancienne*, op.cit., pp. 73-74. Avec l'arrivée en masse des Indo-Européens en Libye, en Méditerranée et en Asie vers 1200, l'Egypte ne retrouvera plus jamais son éclat.

[208] En 525 avant J.-C., l'Egypte succombe devant l'invasion des Perses, avant de passer, deux siècles plus tard sous la coupe des Grecs d'Alexandre le Grand. En 30 avant J.-C., elle est annexée par les empereurs romains. Cf. *Atlas du Cameroun*, op.cit., p. 22.

[209] Au 1er millénaire avant J.-C., « le desséchement continue de pousser les Négroïdes au sud du Sahara, où ils sont remplacés par des Caucasoïdes (Libyco-Berbères). Les Négroïdes Proto-Bantou peuplent la forêt et les savanes immédiatement au sud, refoulant les Capoïdes (Khoisan) peu à peu vers l'Afrique méridionale. Des routes de caravanes (chars) permettent le franchissement du Sahara par des itinéraires riches en points d'eau. Les archipels au large des côtes (sauf les canaries) et Madagascar sont encore inhabités ». Cf. Mokhtar (G.), *Afrique Ancienne*, t. II, *Histoire générale de l'Afrique*, op.cit., p. 46.

ne permettent pas d'établir avec exactitude les migrations de peuples sahariens vers les régions plus arrosées du Sud, celles notamment des Bantou[210] à travers la forêt et les savanes méridionales[211]. Ce qui est certain, à l'est de l'Afrique, est né dès la fin du VIIe siècle, le royaume de Nubie de la fusion des royaumes de Makuria et d'Alodia, deux des trois Etats qui ont succédé à Méroé. En Ethiopie, la progression de l'Islam a fait tomber Axoum la chrétienne. Par la suite, le pays sera unifié par les *Zagwé* (1130-1270) que remplaceront les Salomonides. Cette région australe d'Afrique connaîtra plus tard l'émergence du Royaume bantou du Zimbabwe. A l'Ouest de l'Afrique, le Ghana, fondé au IVe siècle, est le premier Etat sahélien à profiter d'une position stratégique sur les nouvelles routes. Au XIe siècle, il entre en déclin au profit de l'Empire du Mali qui lui même, miné par les problèmes financiers et les querelles de succession, perd progressivement le contrôle du commerce transsaharien en faveur de l'Empire Songhaï. Pendant ce temps, au nord du Tchad, le Kanem musulman étend son influence de plus en plus loin vers le Nord. En pays Yorouba, au sud du Nigéria actuel, commence au XIIIe siècle, l'édification du Royaume du Bénin. C'est dire qu'entre le VIIe et le XVIe siècle, l'Afrique noire qui était pratiquement coupée du monde extérieur a vu fleurir des royaumes et grands Empires[212].

C'est pendant cette période que l'islam pénètre le continent africain. Son expansion avait débuté par la conquête de l'Egypte et atteint aux environs de 650 l'actuelle Tunisie. De l'est à l'ouest du continent, sa progression se fait de manière différente. Au fur et à mesure que s'implante l'islam, se diffuse son droit, lequel gouverne tous ceux qui s'y convertissent, notamment de petits cercles restreints autour des souverains ainsi que les élites marchandes africaines. Partout en Afrique où l'islam s'impose, son « pouvoir est pluraliste et n'a d'ambition d'imposer le droit musulman qu'à ceux des nouveaux

---

[210] Cf. *Les peuples Bantu Migrations, expansion et identité culturelle*, Tome I & II, (sous la direction de Théophile Obenga), Paris, L'Harmattan, 1989.

[211] « L'évolution de l'Afrique subsaharienne à l'époque antique est beaucoup moins connue. Le phénomène marquant est celui de la lente et régulière migration des peuples noirs vers le cœur puis le sud du continent. La mise en place du peuplement bantou se fera ainsi depuis le début de l'ère chrétienne jusqu'à la fin de XVe siècle. Partis de la région du lac Tchad, des groupes parviennent en Afrique congolaise et rhodésienne où ils s'organisent en confédérations et en Etats ». Cf. *Atlas du Cameroun*, op.cit., p. 23.

[212] Cf. Tamsir Niane (Djibril), *Le soudan occidental au temps des grands empires XIe - XVIe siècle*, op.cit.

sujets qui embrassent la religion du conquérant »[213]. Dans les Empires du Soudan occidental où elle s'est particulièrement étendue, « la religion islamique véhicule avec elle des formes de gouvernement, une culture, un ensemble juridique susceptibles d'imprégner profondément les peuples qui l'adoptent »[214]. La loi islamique se confond avec la volonté de Dieu révélée aux hommes dans le Coran, manifestée par l'exemple du Prophète Mahomet et de ses compagnons (*Sunna*), ou le consentement unanime des docteurs (*Idjma*). D'origine divine, elle est sacrée et s'impose par conséquent à tous les détenteurs du pouvoir, à commencer par le Calife, vicaire de Dieu sur terre. Mais loin d'être une religion exclusive en Afrique, l'islam cohabite fort bien avec les cultes locaux. Ainsi, le fond animiste traditionnel est resté vivace en Afrique et a su absorber voire transformer les influences extérieures. Au temps des grands Empires du Soudan occidental, l'aristocratie adopte l'islam, mais l'animisme demeure la pratique populaire. Dans ces pays, on assiste à un véritable syncrétisme animisme – islam. Que ce soit l'une ou l'autre religion qui domine, les souverains soudanais sont des hommes à part et le caractère sacré de leur pouvoir est fortement accentué[215]. La cohabitation entre animisme et islam inspire divers domaines du droit[216], mais aussi l'organisation de la justice[217]. Alors que

---

[213] Vanderlinden (Jacques), *Les systèmes juridiques africains*, Paris, PUF, 1983, p. 67.

[214] Durand (Bernard), *Histoire comparative des institutions*, op.cit., p. 218. Lire aussi, Thiam (Samba), *Introduction historique au droit en Afrique*, Paris, L'Harmattan, 2011.

[215] Dans l'Empire du Ghana, le roi (*tounka*) est assimilé à Dieu en tant que premier prêtre de la religion. Il est au sommet de la pyramide et le clan dont il est issu forme l'aristocratie qui porte le nom de Tounkara. Autour de ce premier noyau s'ordonne plusieurs clans et tribus privilégiés. Il s'agit d'un royaume esclavagiste très structuré avec au sommet une aristocratie militaire bien étoffée et une société où la division du travail est très poussée puisque composée de clans de forgerons, de tisserands, de cordonniers et de teinturiers. Dans l'Empire du Mali, Soundiata est présenté par les historiens musulmans comme un roi musulman et par les traditionalistes Malinkés comme un « roi sorcier consultant à l'occasion les entrailles d'un koba, et héritant ses fétiches de son père et de sa mère, la femme buffle ». Comme au Ghana, l'Empereur du Mali tire son pouvoir de la force de la tradition. L'aspect de la cour est toutefois modifié avec l'installation en plus grand nombre de lettrés et de marchands arabes.

[216] Sur le plan juridique, cela s'est traduit par un « pluralisme radical » en ce qui concerne le statut personnel des peuples soumis. Cf. Vanderlinden (Jacques), *Les pluralismes juridiques*, op.cit., p. 176.

l'enseignement du droit islamique se développe dans diverses écoles des grandes villes et que les empereurs musulmans essaient de placer un peu partout des cadis[218], la justice coutumière règne en maître dans les campagnes et certaines villes. Il n'est donc pas étonnant qu'au moment de l'arrivée des Européens en Afrique à l'orée du XVIe siècle, ceux-ci aient trouvé un fond juridique originellement africain qui avait survécu à plusieurs siècles de présence islamique.

Section 2 : Les caractères du droit traditionnel africain

Paysanne **(A)** et stratifiée **(C)**, la société traditionnelle africaine est organisée selon le modèle communautariste **(B),** et son droit originel de type oral **(E)** est un modèle juridique « négocié »[219] fondé sur la sacralité **(D),** l'ancestralité, c'est-à-dire la perpétuelle immanence du monde invisible sur les vivants en vue du maintien permanent de la justice et de la paix sociale. D'où l'importance de « la flexibilité des normes juridiques »[220] et de « la primauté de la conciliation »[221] au moyen de la « palabre »[222].

A. Le caractère paysan

Les sociétés traditionnelles africaines sont essentiellement rurales. Bien que l'urbanisation de l'Afrique remonte à plusieurs

---

[217] « Dans les empires traditionnels, la justice était inséparable de la religion. C'était une sanction compensatrice rituellement administrée à un contrevenant à l'ordre social. Avec l'islamisation, la situation devint plus complexe ; on tendit vers sa laïcisation, sans que sa base cessât d'être religieuse, dans la mesure où le Coran fut adopté partout comme Code civil : Ghana, Mali, songhaï. Cependant, à toutes les époques, il y eut toujours deux justices : la justice royale et la justice du cadi ». Cf. Diop (Cheikh Anta), *L'Afrique noire précoloniale*, op.cit., p. 119.

[218] « Le cadi est le juge musulman nommé par le roi ; il s'occupe essentiellement des délits de droit commun, des différends entre citoyens, entre citoyens étrangers. Tels étaient les cas qui étaient du ressort du cadi de Ghana ou de Tombouctou. Un tribunal était construit pour rendre la justice. A Ghana, les procédés employés pour faire avouer les inculpés étaient assez rudimentaires ; dans les cas de meurtre, ou autres crimes, de dette, le prévôt employait l'épreuve de l'eau ; on était amené devant lui, et non devant le roi. L'épreuve de l'eau consistait à faire infuser un morceau de bois spécial dans un quantité variable d'eau qu'on donnait ensuite à boire à l'inculpé : s'il vomissait cette infusion amère, il était innocent ». Cf. Diop (Cheikh Anta), *L'Afrique noire précoloniale*, Ibid., p. 119. Lire aussi, Thiam (Samba), *Introduction historique au droit en Afrique*, op.cit.

[219] Cf. Adonon (Akuavi), « Justice et oralité: le fonctionnement d'une justice négociée », dans *Le droit en action*, Cahiers d'anthropologie du droit 2006, Paris, Karthala, pp. 267-282.

[220] Cf. Vanderlinden (Jacques), *Les systèmes juridiques africains,* op.cit.

[221] Ibid.

[222] Cf. Bidima (Jean Godefroy), *La palabre une juridiction de la parole*, op.cit.

millénaires, les villes anciennes du continent sont relativement rares. Certes, l'Egypte des pharaons a construit les plus anciennes villes du monde, à l'instar d'Alexandrie qui comptait 750.000 habitants au début de notre ère, stimulant par son rayonnement les conquêtes romaines. Plus tard, en quelques parties de l'Afrique, des villes prirent naissance avec leurs caractères propres. Celles de la côte orientale comme Mogadiscio, Mombassa, Zanzibar, Kilwa et Sofala furent fondées à partir de la fin du VIIe siècle par les Arabes, puis par les Persans. Au Moyen âge, Koumbi-Saleh, Djenné, Tombouctou, Gao et Kano s'imposèrent comme cités prestigieuses au Soudan occidental, dans le contexte du commerce transsaharien. En Afrique australe, les vestiges des fortifications (sous la forme de grands cercles et de tours en pierres sèches) du royaume du Zimbabwe témoignent d'une vie urbaine précoce indéniable. Le royaume du Bénin, avec ses larges rues se coupant à angle droit, avec ses maisons à l'alignement (à cour centrale et impluvium, entourée d'une galerie couverte sur laquelle donnaient des pièces), symbolise un urbanisme complexe et minutieux. Avec la colonisation de la fin du XIXe et du début du XXe siècle, la croissance urbaine connut un essor sans précédent, avec la création de nouveaux centres urbains pour des besoins administratifs, militaires, économiques, commerciaux ou religieux (Yaoundé, Dakar, Abidjan, Kinshasa, Nairobi, Lagos, Douala, Bamako, etc.). Depuis les indépendances africaines, l'urbanisation s'est poursuivie dans la foulée de l'exode rural, créant une démographie fulgurante dans les villes.

Toujours est-il que « l'Afrique, dans son ensemble, est pays de villages »[223]. Même les capitales des anciens royaumes n'étaient pour la plupart que de gros villages qui « s'étendaient ou s'étiolaient au rythme des succès et des échecs d'une dynastie, disparaissaient parfois sans presque laisser de traces, d'autant que l'architecture en était précaire »[224]. Aujourd'hui encore, l'Afrique subsaharienne a conservé une population essentiellement rurale : plus de la moitié des Africains vivent encore dans les campagnes[225]. Les maisons sont souvent construites en terre ou en fibres végétales. L'habitat procède ici d'une architecture de la terre liée à l'utilisation des matériaux les plus proches qu'offrent la forêt, les rizières et champs de mil, le lit des fleuves, etc. L'intégration des constructions aux paysages représente

---

[223] *Dictionnaire des civilisations africaines*, op.cit., p. 433
[224] Ibid.
[225] Cf. Mauro (Didier), *Afrique secrètes*, Anako Editions, 2001.

donc une récurrence de l'espace rural qui très souvent comprend un forum qui peut être un hangar ou un arbre à palabres, à l'ombre duquel les anciens se réunissent pour débattre des problèmes quotidiens. Les villages se situent généralement près des points d'eau ou des terres les plus fertiles, perpétuant ainsi les traditions agricoles de l'Afrique traditionnelle.

Depuis longtemps en effet, les peuples d'Afrique sont en majorité des agriculteurs[226]. L'activité agricole est partout aussi sacrée que la terre qu'elle exploite. La production vivrière est largement destinée à la consommation villageoise. Dans le hameau, les greniers permettent de conserver le produit des moissons. Même les peuples pasteurs ont ajouté l'agriculture à leurs activités ou vivent en symbiose avec les agriculteurs. Dans de nombreuses sociétés africaines, l'agriculture tient une place de choix dans les mythologies : au Dahomey, Lissa, dieu céleste, portant Gou, dieu de la forge, en sillonnant le monde effectue les premiers défrichements. En pays Dogon, l'ancêtre forgeron, aussitôt après sa descente du ciel, trace le premier champ et y sème les graines qu'il a apportées. Chez les Lamba du Zambèze, c'est par un vol rituel que la sœur de l'ancêtre se procura les premières semences. « Chez les Yorouba et les chez les Mossi, le roi inaugure l'année en traçant le premier sillon. Partout, choix et préparation des parcelles, semailles, sarclages, récoltes, donnent lieu à cérémonies. Quand ce n'est pas le prêtre de la terre qui donne le signal des travaux, c'est le patriarche de la grande famille. Avant les semailles, ils font offrande des grains aux dieux ou aux ancêtres (…) comme ils leur offriront ensuite les prémices de la récolte avant que quiconque puisse la consommer »[227].

La conséquence juridique de cette prédominance agricole est que partout, le « droit est paysan » en ce sens que les normes sont plus ou moins marquées par les nécessités de cette civilisation rurale. Elles sont établies et elles évoluent en fonction des activités agricoles. Ainsi une institution comme la chefferie est profondément influencée par ce caractère paysan : le chef joue un rôle essentiel dans la répartition et l'administration des terres de la collectivité. Il tranche les litiges fonciers et défend l'intégrité du terroir. Même les institutions privées sont marquées par ce caractère paysan du droit traditionnel africain. Il en est ainsi de la dot qui a une origine foncière et qui ouvre la voie à la

---

226 *Dictionnaire des civilisations africaines*, op.cit. , pp. 10-13.
227 Ibid.

polygamie. Celle-ci est particulièrement développée dans les sociétés africaines traditionnelles, car la femme est non seulement signe de richesse mais aussi, par son travail, source de richesse : « le caractère agraire de la famille lui fait une nécessité de chercher à obtenir le plus grand nombre de bras pour la culture de la terre. D'où le désir d'avoir le plus grand nombre de femmes et le plus d'enfants possible »[228]. Tout comme, la quasi ignorance du droit des contrats en droit traditionnel africain s'explique par le fait que la terre est collective et inaliénable, c'est-à-dire ne peut faire l'objet de transaction. Force est d'ailleurs de constater que les rares contrats qui existent dans la société traditionnelle africaine sont plus ou moins reliés à l'activité agricole, qu'il s'agisse du contrat de mariage qui est fortement influencé par l'idée de la dot, ou encore des contrats de travail coopératif ou des contrats d'élevage.

B. Le caractère communautaire

Dans l'Afrique traditionnelle, tout individu est fondamentalement soudé au groupe social auquel il appartient. Les droits de la communauté l'emportent sur les droits de l'individu. L'homme africain se connaît en premier lieu en tant que membre de sa communauté avec des devoirs, des responsabilités ainsi que les avantages qui en découlent. La communauté est envisagée ici comme étant le partage d'une même vie, d'un même espace, des ancêtres communs, des mêmes divinités, d'une même langue, des amis et ennemis communs, bref d'une vie quotidienne commune. La naissance d'un enfant est un événement heureux, non seulement pour les parents, mais pour le village, pour la tribu. La mort, la maladie et autres épreuves de la vie sont vécues solidairement par les membres de la communauté. Ici, priment diverses sortes de solidarités, et les droits subjectifs ne sont pas principalement reconnus aux individus, mais d'abord à la famille, au village, au clan, à la tribu. Dans ce système de vie communautaire tissée de multiples brassages, l'individu s'identifie autant au groupe familial, tribal ou ethnique auquel il appartient de par sa naissance, qu'aux classes d'âge et leurs réseaux spécifiques ou aux circuits formés à travers les relations de parenté à plaisanterie[229]. L'individualisme est donc exclu dans la majorité des sociétés traditionnelles africaines. « Individu et groupe sont complémentaires l'un de l'autre. Le groupe n'est pas une entité

---

[228] Cf. *Coutumier Juridique de l'AOF*, Paris, Larose, 1939, t.III, p.491. Cité, Gonidec (P.– F.), *Les droits africains Evolution et sources*, op.cit., p.10

[229] Ibid.

abstraite, pas plus que l'individu n'est en réalité autonome. Ils sont l'un et l'autre, l'un par l'autre ; il n'y a pas d'un côté les droits des groupes en tant que ses membres le constituent ; de l'autre, il ya des individus qui tiennent leurs droits de leurs appartenance au groupe »[230]. La famille élargie intègre l'individu dans un ensemble de structures de parenté comprenant les ascendants, les descendants et les parents collatéraux d'un même lignage, ainsi que les cousins, les oncles et des parents plus éloignés dans la généalogie. Chez les *Dwala*[231], le *''toumba-la-mboa''* (famille au sens large) est « l'ensemble des ''*mbia*'' (famille)[232] relevant de l'ancêtre commun vivant ou décédé[233]. En pays *bamiléké*, « l'individu est rattaché au groupement où reposent ses ancêtres »[234]. La famille s'étend aussi bien en ligne paternelle qu'en ligne maternelle à l'infini, tant qu'il est possible de reconnaître le lien de parenté[235]. Chez les *Bulu*, la famille étendue est « formée des descendants d'un ancêtre commun, auxquels viennent s'adjoindre, le plus souvent, des alliés par les femmes, des amis, des clients et des serviteurs »[236]. La société *béti* est composée de grands lignages patrilinéaires appelés ''*mvog*'' ne connaissant guère d'autres liens que « ceux de la parenté du sang et ceux de l'alliance au sens complet du mot, l'alliance matrimoniale incarnant l'alliance politique »[237].

---

[230] Cf. Verdier (R.), *Féodalités et collectivisme africain*, PAF., 4e trimestre, 1961

[231] Dans ce texte, "*Dwala*" désigne le groupe ethnique et "Douala" désigne la ville.

[232] La famille (« mbia ») comprend en général l'homme avec ses différentes femmes (« *bito* », sing. « *muto* »), les enfants qu'il a eu d'elles (« *bana* », sing. « *muna*»), de même que les grands-parents paternels (« mbambè », plur. « bambambè ») et les petits enfants (« miladi », sing. « muladi »). Brutsch (Jean-René), « Les relations de parenté chez les Duala » dans *Etudes Camerounaises*, Revue trimestrielle, Tome III, septembre-décembre 1950, n° 31-32, IFAN, Centre Cameroun, p. 217.

[233] Duby (R.), *Coutumier civil des Douala*, Circonscription de Douala, Wouri, Bibliothèque académie de sciences d'outre-mer, Paris, non daté., p. 1.

[234] Kwayeb (Enock Katté), *les institutions de droit public du pays Bamiléké (Cameroun). Evolution et régime actuel,* Paris, L.G.D.J., 1960, p. 30.

[235] Kanga (Victor Jean-Claude), *Le droit coutumier Bamiléké au contact des droits européens*, Thèse pour le Doctorat, Faculté de droit, Université de Paris, 1957, p. 144.

[236] Bertaut (Maurice), *Le droit coutumier des Boulous – monographie d'une tribu du Sud Cameroun*, Editions Doumat – Montchrétien. F. Loviton et Co, Paris, 1935, p. 153.

[237] Laburthe-Tolra (Philippe), *Vers la lumière ? ou le désir d'Ariel : A propos des Beti du Cameroun, Sociologie de la conversion*, Paris, Karthala, 1999, pp. 47-48.

Cette conception de la vie qui envisage l'homme d'abord en tant que membre d'une communauté se traduit à différents niveaux dans les sociétés traditionnelles africaines : la résolution des conflits se fait publiquement et donne lieu le plus souvent à des discussions interminables où tout le monde intervient pour donner son opinion. Tout problème qui survient concerne toute la communauté et c'est pour cela qu'il doit être réglé non seulement devant le public mais par le public. L'essentiel est de communiquer, de mettre devant tout le monde les problèmes communs. Chacun doit se prononcer, s'il faut recevoir les étrangers et leur donner des terres, déclarer la guerre à tel autre village pour telle ou telle raison. Les plus anciens, les plus autorisés jusqu'au chef prennent la parole en dernier lieu pour faire une synthèse et choisir la meilleure décision, la plus conforme à l'expression des uns et des autres. Les décisions prises par consensus s'imposent à tous. Toutes les étapes de la vie africaine sont marquées par des réunions, par des palabres qui peuvent durer des jours, des semaines et même des mois parce que le principe est d'arriver au consensus maximal. Avant de se rendre sur le lieu de la délibération, la famille se concerte pour donner son opinion. On préfère « renvoyer les débats plusieurs fois plutôt que d'installer une contradiction dans le village ou la société »[238]. En matière foncière, la terre est un bien collectif dont la communauté est propriétaire et l'individu ne jouit très souvent que de sa possession. Comme le déclarait un chef traditionnel africain du Nigéria, « la terre appartient à la grande famille dont beaucoup sont morts, quelques uns vivants et dont le plus grand nombre est encore à naître »[239]. En matière familiale, le mariage est avant tout un accord qui intervient entre deux groupes et pour lequel la volonté des époux est très secondaire. Le chef de famille, agissant au nom et pour le compte de cette famille engage une jeune fille, sur laquelle il exerce la puissance paternelle, dans les liens conjugaux avec un homme, membre d'une autre famille représentée par son chef et moyennant une contrepartie, une dot, déterminée par la coutume de la jeune fille. En matière contractuelle, la règle communautaire implique l'exercice d'activités communes : sans la collaboration des autres, l'homme africain ne peut pas affronter seul certains problèmes de la vie. On travaille ensemble et on se partage ensemble le produit du travail, on fabrique en commun une habitation, on cultive en

---

[238] Ki-Zerbo (Joseph), *A quand l'Afrique ? Entretien avec René Holenstein*, Lausanne, Editions d'en bas, 2013, p. 81

[239] Cité, Gonidec (P.– F.), *Les droits africains Evolution et sources*, op.cit., p.12

commun le champ du voisin. On fait converger ainsi dans une cadence cyclique les prestations de nombreuses personnes en faveur d'un seul bénéficiaire. Même en matière pénale, les infractions les plus graves sont celles qui mettent en péril la communauté elle-même. Les délits entraînent généralement la réaction collective de la communauté par le biais de la vengeance, ou en neutralisant l'auteur de l'infraction. En droit africain, l'une des pires sanctions contre un individu est l'ostracisme, c'est-à-dire son exclusion de la communauté.

C. Le caractère inégalitaire

Le droit traditionnel africain est un droit fondé sur des statuts, sur la position que l'individu a dans le groupe d'appartenance et sur la position qui revient à ce groupe dans le contexte plus étendu de la société. Si on ne sait pas à quel groupe on appartient, on ne peut pas comprendre comment sont mis en œuvre ses droits. La personnalité juridique n'existe qu'à travers le statut de chacun dans la communauté. Dès la naissance, l'enfant prend place dans une organisation sociale hiérarchisée, dans laquelle il s'intègre à la place précise définie par les convenances liées au lignage, par des éléments prédéterminés par les rituels et par sa situation dans le système de parenté[240]. Sa personnalité juridique va s'accroître au fur et à mesure qu'il avance dans la vie. C'est sa participation à la vie de la société qui lui fait acquérir peu à peu une personnalité pleine et entière au sein de la communauté. On considère dans les civilisations traditionnelles africaines que « la naissance et la survie de l'être humain, son intégration dans la communauté clanique, sa promotion dans l'échelle des valeurs tribales, son accession à la plénitude de la vie sont marqués par une série d'épreuves comme l'initiation et la circoncision dont la finalité est d'assurer précieusement le jaillissement, l'émergence, la protection, le renforcement, l'expansion et l'ancrage d'une vie durable dans ces sociétés »[241]. Généralement, la condition des individus est déterminée par l'âge, la naissance et le sexe. Dès sa naissance, tout individu a un certain statut par rapport aux autres membres de la communauté. Tout son comportement est conditionné par son statut juridique qui n'est pas immuable, mais qui varie avec l'âge et l'expérience. Les garçons ont une place de choix dans les familles : le désir de tout africain est le plus souvent d'avoir des garçons plutôt que des filles, car ils sont les continuateurs des rites et

---

240 Mauro (Didier), *Afrique secrètes*, op.cit., p. 124

241 Cf. Eberhard (Christoph), *Le droit au miroir des cultures. Pour une autre mondialisation*, op.cit., p. 44

usages de la tribu. Les garçons sont ainsi très entourés dès leurs naissances alors que les filles sont l'objet de beaucoup moins d'attention. Le jeune homme arrivé à un certain âge de raison se voit remettre les symboles d'une autonomie dont il pourra jouir désormais. Cependant à quelques exceptions près, la femme ou l'homme qui n'est pas chef de famille n'acquiert pas une entière indépendance. C'est ainsi que chez les *Dwala*, le père exerce la puissance paternelle[242] sous l'autorité supérieure du chef de famille[243] sur tous les descendants, en principe quel que soit leur âge, d'autant que « la majorité est ici une notion imprécise qui paraît liée plutôt au mariage qu'à l'âge »[244]. Chez les *Bassa*[245], le chef de famille reproduit tous les gestes de son père et en rapporte fidèlement toutes les paroles. Tous souhaits et bénédictions émanent de lui. Il reconnaît l'enfant quelques jours après sa naissance dans la cérémonie du ''ya'', bénit la fille qui s'en va et les nouvelles épouses qui viennent, possède le droit d'exclure un membre et d'en admettre d'autres. Il est maître de la femme ou des femmes – y compris celles de ses fils – et des filles ». Dans la société *bamiléké*, « le père a des pouvoirs très étendus et presque absolus, tant sur ses femmes que sur ses enfants »[246]. Dans la société traditionnelle africaine, la majorité n'existe réellement pas. Le jeune homme qui arrive à un certain âge acquiert une relative autonomie, mais tant qu'il n'est pas chef de famille, il n'a pas une entière indépendance. La jeune fille mariée sort de sa famille d'origine, mais c'est pour se retrouver sous l'autorité d'un nouveau

---

[242] A ce titre, il administre les biens de ses enfants mineurs. La déchéance de la puissance paternelle n'existe pas. Même exclu de la famille, le père peut obliger tous les mineurs (enfants non mariés) à le suivre dans son exil. Si le père de famille devient fou, le Conseil de famille constate la folie et le fils aîné prend la chefferie, mais pour le compte et au nom de son père dément. Si les fils du dément sont mineurs, c'est le frère germain, à défaut consanguin, qui assure la chefferie. Cf. Duby (R.), *Coutumier civil des Douala*, op.cit., p. 10.

[243] « Le père peut n'être pas chef de famille, et le chef de la famille peut n'être ni père, ni marié ». Ibid., p. 9.

[244] Ibid.

[245] Cf. Perono (Julien), «Les Bassa», dans *Bulletin de la Société d'études camerounaises*, novembre 1943, 2e édition, Institut français d'Afrique Noire, Centre local Cameroun, Douala.

[246] Kanga (Victor Jean-Claude), *Le droit coutumier Bamiléké au contact des droits européens*, op. cit., p. 145.

patriarche. D'une manière générale, les femmes[247], dont la condition est complexe et varie d'une société à l'autre, sont exclues du pouvoir politique. Leur place, non négligeable, est généralement au foyer où elles s'occupent de leurs maris et de leurs enfants.

Les cadets doivent respecter les aînés, les enfants doivent obéissance non seulement à leurs parents, mais aussi à toutes les personnes âgées. « En Afrique, soutenait Amadou Hampâté Bâ, quand un vieillard meurt, c'est une bibliothèque qui brûle »[248]. C'est pourquoi les personnes âgées sont vénérées et considérées comme des sages ayant acquis expérience et connaissance. Dans les villages, la plupart des décisions collectives sont prises après consultation des anciens. Aucune visite dans le village n'est concevable sans une requête d'audience avec les anciens. Ceux-ci symbolisent la mémoire du groupe et le savoir collectif des peuples. Ils « sont dépositaires des rituels et des cultes, ainsi que de la science sécrète transmise par la tradition orale : histoire ancienne du pays, contes et proverbes, classifications des plantes des pharmacopées, lieux secrets où sont enterrés les grands ancêtres »[249]. Les anciens sont donc généralement pris en charge par leurs descendants. Ils participent dans la mesure de leurs forces aux activités villageoises et contribuent à l'éducation des enfants.

Partout en Afrique, les structures sociales sont fondées sur le principe hiérarchique et les inégalités. « Le monde animiste, observe Michel Alliot, ne reçoit pas sa cohérence d'un être qui lui serait extérieur, Dieu créateur ou Etat-Providence, et qui imposerait sa loi à des êtres égaux dans la soumission. Il la trouve dans les rapports hiérarchiques que la fonction de cohésion impose aux êtres qui la composent. (...) Cette hiérarchie s'ordonne autour de l'énergie qui anime l'univers ou plus exactement des modalités selon lesquelles elle se distribue. L'invisible est supérieur au visible, puisque les êtres sont conçus dans l'invisible avant d'apparaître dans le visible. Les ancêtres sont supérieurs aux vivants puisqu'ils leur ont donné la vie, les anciens aux plus jeunes (…). Celui qui donne est supérieur à celui qui

---

[247] Cf. *La civilisation de la femme dans la tradition africaine,* Rencontre organisée par la Société Africaine de Culture, Abidjan, 3-8 juillet 1972, Paris, Présence Africaine.

[248] Lire, « Sur les traces d'Amadou Hampaté Bâ pour une approche africaine du Droit », dans Eberhard (Christoph), *Le droit au miroir des cultures. Pour une autre mondialisation*, op.cit., pp. 41-73.

[249] Mauro (Didier), *Afrique secrètes*, op.cit., p. 129

reçoit. La terre donne la nourriture aux paysans qui la donnent aux gens des castes et de ce fait leurs sont supérieures (mais en sens inverse le forgeron qui donne le fer et le pouvoir qui lui est lié y trouve une supériorité). (…) On voit par cet exemple l'étrangeté du rapport hiérarchique animiste.Entre le donner et le recevoir il n'y a pas compensation : celui qui donne et reçoit est supérieur au donataire et inférieur au donateur, même si c'est le groupe ou le même individu : et le groupe qui donne, par exemple, des épouses à un groupe qui en donne à un troisième qui en donne à un quatrième, peut fort bien être hiérarchiquement à la fois supérieur à ce dernier par l'intermédiaire des deux autres et son inférieur si c'est de ce quatrième qu'il reçoit ses épouses. D'autre part, le rapport hiérarchique peut être brouillé par l'insistance des morts à s'incarner dans leurs descendants : L'enfant est l'inférieur de son père, mais d'un autre point de vue il est la réincarnation du grand-père dont le supérieur de son père. C'est que le rapport hiérarchique n'exprime pas les positions respectives des êtres considérés mais l'origine des flux d'énergie que l'on reçoit ou que l'on transmet. Faisant apparaître la structure de l'univers, il permet de la respecter. Et c'est essentiel. Ignorer la hiérarchie, ce serait introduire le désordre : il faut passer par le maître du lignage pour atteindre celui du village et plus lointainement le roi ; à l'inverse celui-ci ne peut commander directement à ses sujets. Dans tout domaine il y a donc une hiérarchie qui correspond à la structure dynamique de l'univers et concourt au maintien de sa cohérence. C'est cette fonction qui détermine le caractère universel du principe hiérarchique et les modalités de son expression qui surprennent l'occidental habituel à rechercher l'égalité et à établir les rapports en considérant les êtres et non les fonctions »[250]. La société est stratifiée et se caractérise par une multitude de rapports hiérarchiques et inégalitaires : hiérarchie des âges, hiérarchie des sexes, hiérarchie des castes et des classes, hiérarchie politique, etc. Les hommes libres, les serviteurs et les esclaves constituent les trois classes dans ces sociétés traditionnelles[251]. Il se peut que les forgerons, les pêcheurs, les devins,

---

[250] Cité, Eberhard (Christoph), *Le droit au miroir des cultures. Pour une autre mondialisation*, op.cit., pp. 55-56.

[251] « En principe, la société est fondée sur le sang. Dès lors les entités sont tribales. La présence d'un étranger à l'intérieur d'un groupe tribal, si cette présence est permanente, pose un problème nouveau. L'étranger ne peut être qu'un assimilé, un esclave ou un serviteur. Dans les deux premiers cas, le sujet entre graduellement dans la tribu ; il peut lui-même obtenir de fonder un foyer avec les femmes du

les bouchers appartiennent à une sous-caste. Parallèlement, il n'est pas exceptionnel que les forgerons et les devins aient des statuts privilégiés. Dans les couches les plus élevées se trouvent les aristocrates et les nobles qui le plus souvent ne font qu'un avec l'ethnie ou le clan dominant.

D. Le caractère sacré

Outre ces hiérarchies, les croyances africaines reposent sur la « force vitale »[252]. Dans cette conception du monde, les êtres animés et inanimés sont nécessairement liés les uns aux autres. Au-delà de ses variétés d'un point à un autre du continent, la religion africaine se présente comme une ordination de puissances avec au sommet l'être suprême qui est très souvent un dieu inaccessible, avec en conséquence très peu de rapports directs avec le monde et les hommes. « *Dieu est trop loin des hommes ... Il est trop puisant ... Nous ne pouvons l'atteindre* » pensent les Africains. De nombreux mythes africains relatent comment ce Dieu, après avoir vécu, à l'origine, parmi les hommes, s'est éloigné d'eux à la suite d'une rupture d'interdits, et devenu infiniment lointain et transcendant, n'est plus accessible directement, ce qui explique que relativement peu de prières et de sacrifices lui soient adressés. Zahan assure à cet égard que « ce n'est pas pour plaire à Dieu, ou par amour pour lui que l'Africain prie, implore ou accomplit des sacrifices mais pour devenir soi-même et pour réaliser l'ordre dans lequel il est impliqué »[253]. « Dieu a tout ce qu'il lui faut : il n'a que faire de nos prières (…). Dieu nous a donné ses fétiches, ses génies, pour nous aider et nous servir, cela nous suffit »[254]

Le sentiment religieux africain apparaît ainsi comme « un système de relations entre le monde visible des hommes et le monde de l'invisible régi par un créateur et des puissances qui, sous des noms divers et tout en étant des manifestations de ce Dieu unique, sont

maître chez qui il vit. Sa descendance sera comptée avec celle du chef de famille. Ainsi sa race entre dans la tribu (…). La société traditionnelle *bantou* offre trois classes : les hommes libres qui sont aussi frères de même sang ; les chefs et les notables en font partie et ne constituent pas une classe à part. Les serviteurs ou assimilés au service des hommes libres, et les esclaves». Cf. Mveng (Engelbert), *Histoire du Cameroun*, op. cit., p. 144.

[252] Cf. Tempels (R.P.), *La philosophie Bantoue*, op.cit.

[253] Zahan, *Religion, spiritualité et pensées africaines*, Paris, Payot, 1970. Cité, Stamm (Anne), *Les religions africaines*, Que sais-je ?, Paris, PUF, 1995, p.5.

[254] Louis-Vincent (Thomas) et Luneau (René), *Les religions d'Afrique noire*, Paris, Stock, 1995, p.15.

spécialisées dans des fonctions de toutes sortes »[255]. C'est dire l'importance des divinités secondaires plus ou moins immanentes et la pluralité des génies locaux créés par Dieu pour servir d'intermédiaires entre lui et les hommes et qui finissent dans l'imagination populaire, par se substituer à Dieu lui-même. « Considéré comme puissance religieuse, le génie reste avant tout le délégué de Dieu auprès des hommes et l'intercesseur des hommes auprès de Dieu. En tant que délégué, il est l'interprète de la volonté de Dieu, le gardien du rite liturgique, l'auteur de la déontologie. En tant qu'intercesseur, il rend possible et efficace le sacrifice. Ontologiquement, le génie procède de la nature divine, mais axiologiquement, il s'en sépare pour deux raisons : d'abord, parce qu'il se trouve dans la situation de dépendance propre à un être créé vis-à-vis de son créateur, ensuite parce que son énergie est plus faible, plus ''détendue'' et toujours dérivée (il n'a d'autre puissance que celle octroyée par Dieu). Et s'il peut contempler l'Etre suprême, entrer en relation avec lui, il demeure aussi près des hommes ; élément mobile par excellence de l'ontologie, il occupe topologiquement une place à mi-chemin entre l'homme et Dieu »[256].

Pour l'homme africain, l'univers est toujours en péril et l'homme est essentiel à son maintien en équilibre. L'Africain conçoit le monde comme le résultat transitoire d'une création par différenciation[257] : « Avant la création, explique Norbert Rouland, était le chaos, qui ne se confondait pas avec le néant. Il contenait en puissance la création et le créateur. Car le dieu primordial existe bien, même s'il se soucie peu des hommes : de lui se différencie progressivement d'autres divinités, qui sont moins des entités indépendantes que des couples complémentaires manifestant les virtualités dont est riche le dieu primordial. Les puissances supérieures tirent du chaos le monde visible et l'humanité, très souvent au prix de plusieurs tentatives infructueuses. Une résurrection est même parfois nécessaire, comme celle de Nommo chez les Dogons ou d'Osiris en Egypte. Chaque homme porte en lui les principes qui animent les dieux et le monde : l'ordre et le désordre, le bien et le mal, le juste et l'injuste. Rien n'est gagné ni promis par avance, tout est possible, y compris l'effondrement de cet univers fragile où des forces

[255] Ibid., p.11.
[256] Ibid., pp. 19-20
[257] Rouland (Norbert), « *Aux confins du droit* », Paris, Editions Odile Jacob, 1991, p. 65.

contraires interagissent constamment ». Pour l'homme africain écrasé par la nature, le monde est un tout, un engrenage de forces. L'être et la force sont une seule et même chose. Les génies, les ancêtres et les hommes doivent donc faire en sorte que les forces de l'ordre l'emportent sur les forces du désordre. Par la parole, l'homme rend la réalité cohérente faisant passer sa représentation du monde invisible de la pensée au monde visible du réel. Par les rites, il permet aux puissances divines de faire triompher l'ordre. Par la divination, il oriente son action malgré les apparences muettes ou trompeuses dans lesquelles il vit. Par la magie, il fait servir l'universel à ses desseins et concourt lui-même aux plus vastes desseins de la création. Ainsi, les êtres animés et inanimés sont nécessairement liés les uns aux autres.

Pour l'homme africain, le monde est un système formé de forces visibles et invisibles. Les divinités interviennent dans les affaires terrestres, s'informent et agissent comme la police invisible des familles et des communautés. Chez les *Bassa*[258], les ancêtres et parents défunts prolongent leur vie dans le monde des esprits (« *bakuki* ») d'où ils continuent à porter intérêt et envie aux choses de la terre, veillent à la fidèle observation des traditions, protègent le clan familial. Chacun après sa mort devient un bon ou mauvais « *nkuki* » (esprit) selon qu'il a conformé sa vie à la morale. Il faut donc s'attirer les faveurs des bons « *bakuki* », maintenir avec eux les meilleures relations de façon à s'en faire aider et écarter la malveillance des mauvais esprits. Le moyen d'y parvenir est le recours aux détenteurs des forces secrètes, intermédiaires et représentants des *« bakuki »*. Chez les *Bamiléké*, les morts continuent également à participer à la vie sociale : ce sont eux qui règlent la conduite des vivants, « rendent possible la fécondation des femmes et qui font pousser les semailles »[259]. Toute conduite contraire à leur volonté peut faire « abattre sur la communauté des fléaux et calamités de toutes sortes »[260]. Pour les *Béti*, le fondement de la nature est dans le monde invisible, immanent à la nature et à la vie, dont il constitue la « face vraie »[261]. Le monde visible n'est que l'émergence ou la manifestation

---

[258] Perono (Julien), « Les Bassa », dans *Bulletin de la Société d'études camerounaises*, op.cit., p. 103.

[259] Kwayeb (Enock Katté), *Les institutions de droit public du pays Bamiléké (Cameroun). Evolution et régime actuel,* op.cit., p. 24.

[260] Ibid.

[261] Laburthe-Tolra (Philippe), *Minla'aba, histoire et société traditionnelle chez les Béti du Sud-Cameroun*, op. cit., pp. 932-933. Lire aussi, Tsala (Théodore), *Mœurs et*

de mondes bien plus réels, invisibles à l'homme ordinaire, mais qui en sont le fondement, et ne peuvent être connus et détectés que par ceux qui savent : les initiés, les sorciers et autres guérisseurs[262]. Chez les *Bulu*[263], le ''*nyol* '' (corps de l'homme) renferme un ''*nsisim*'' (âme) qui lui donne la vie. Avant la mort, le ''*nsisim*'' devient ''*kon*'' (esprit du mort), et rejoint l'endroit où sont tous les ''*Be-kon*'' (ancêtres). La croyance générale est que les ''*Be-kon*'' ont les mêmes besoins que les vivants. Ils continuent à mener une existence analogue à celles qu'ils ont menée sur terre. Ils se divisent en riches et en pauvres, en puissants et en faibles. En somme, chez les animistes du Sud Cameroun, « les morts ne sont pas morts » : ils demeurent en permanence auprès des communautés sur lesquelles ils exercent une influence capitale à travers leurs intermédiaires que sont les chefs de famille, et les « féticheurs »[264].

Le droit traditionnel africain est donc fortement marqué par la dimension sacrée, cette interdépendance qui pèse sur les hommes et par le sentiment de très grandes responsabilités qui en découlent et dont ne les décharge vraiment aucun système de règle préétabli. Il en résulte que ce sont les différences qui unissent et sont à la base de la cohésion de la société. La société animiste africaine tire sa cohésion de ses différences. Les sociétés africaines obéissent donc à une logique plurale. Contrairement aux religions révélées où Dieu tire du néant tous les éléments de la création et les soumet à sa loi, les cosmogonies africaines considèrent que les différences rendent solidaires, qu'elles vont de pair avec la création, que la division sociale est conçue en termes de complémentarité, et qu'en définitive, la création par différenciation entraine la reconnaissance officielle de

---

coutumes des Ewondo, dans Etudes Camerounaises, Revue trimestrielle, Tome III, Année 1958, n° 56, IFAN, Centre Cameroun.

262 Laburthe-Tolra (Philippe), *Vers la lumière ? ou le désir d'Ariel : A propos des Béti du Cameroun, Sociologie de la conversion,* op. cit., p. 51.

263 Cf. Bertaut (Maurice), *Le droit coutumier des Boulous – monographie d'une tribu du Sud Cameroun*, op.cit. Lire aussi, Meva'a M'Eboutou (Michel), *J'ai vu mourir une civilisation, Monographie sociologique de mon village*, non daté, Bibliothèque Académie des sciences d'outre-mer de Paris.

264 Yves Nicol (*La Tribu des Bakoko*, op. cit., p. 121) souligne qu'avant l'occupation européenne, « chacune des six grandes familles *bakoko* était dirigée par une oligarchie essentiellement fétichiste puisqu'elle se composait des gens de la société secrète (*ba Ngué*) ».

la pluralité du droit[265]. « Oui, confirme le socio-anthropologue français Georges Balandier, le sacré est le langage qui unifie le continent africain. Présent depuis le commencement, il explique le monde et l'homme. On l'utilise pour parler de tout, de soi-même, de la famille, des problèmes du pays. Pour nous, le sacré est lié à l'écrit, pour l'Africain, il est lié à la parole »[266].

E. Le caractère oral

En effet, en Afrique noire plus qu'ailleurs, la « parole est reine »[267]. « Le mode d'expression naturel, et de naissance, du Peul Africain que je suis, écrit Cheikh Hamidou Kane, c'est la parole, en langue pulaar. En sus du pulaar, j'ai une bonne maîtrise du wolof. Comme moi, les Noirs de toutes les ethnies du continent partagent deux ou trois langues et ont conscience d'une certaine parenté génétique reliant ces langues entre elles »[268]. Même si on trouve ça et là, comme chez les *Bamoun*[269] du Cameroun, des expériences de l'écriture, c'est la tradition orale qui est la forme de communication privilégiée : la musique, les chants, la poésie, les proverbes[270], les mythes, les généalogies, les récits, les palabres, sont autant de moyens de transmission du patrimoine culturel et historique. La tradition orale est ici une véritable construction, une réflexion sur le passé, relayée de génération en génération par des « spécialistes de la parole » (griots)

---

[265] « Dans les cosmogonies des sociétés traditionnelles africaines, écrit Christoph Eberhard, le monde n'est pas créé de l'extérieur par un Dieu tout puissant qui assure ensuite l'ordre de sa création à travers les décrets auxquels ses créatures doivent se soumettre. Ce sont des cosmogonies où c'est l'indifférencié qui se différencie progressivement en forces spécifiques et complémentaires et où l'harmonie cosmique et sociale repose sur le pluralisme, la différenciation des fonctions et leur complémentarité (…). C'est la fonction qui prime l'être, inversement à ce qui est le cas dans les visions du monde occidentales ». Cf. Eberhard Christoph, *le droit au miroir des cultures. Pour une autre mondialisation*, p. 54.

[266] Cf. « L'âme de l'Afrique », dans *Le point Références*, Novembre-Décembre 2012, p. 31.

[267] Ibid., p. 3.

[268] Ibid., p. 7. Son premier livre, « L'aventure ambiguë » (1961) est un classique de la littérature mondiale. Il raconte l'histoire d'un immigré déchiré entre deux cultures.

[269] Cf. Tardits (Claude), *Le royaume Bamoun*, Paris, Armand Colin, 1980. Du même auteur, « Le Royaume Bamoun : un Etat africain qui a traversé toute l'histoire », dans *Comptes rendus trimestriels des séances de l'Académie des Sciences d'outre-mer,* Séance du 20 juin 1975, Tome LII – 1 – 1992.

[270] Cf. Ndoumbouk, *Du droit dans les proverbes bassa du Cameroun*, Mémoire pour le Diplôme d'Etudes Approfondies de philosophie du droit, Université Panthéon-Assas, Paris 2, 1995.

qui, au-delà de leur art de parler, sont les véritables archivistes, les testamentaires de l'histoire africaine. « Le fait de n'avoir pas d'écriture, écrit Amadou Hampaté Bâ, ne prive pas pour autant l'Afrique d'avoir un passé »[271]. Il rappelle à cet égard les propos de son maître Thierno Bokar : « L'écriture est une chose et le savoir en est une autre. L'écriture est la photographie du savoir, mais elle n'est pas le savoir lui-même. Le savoir est une lumière qui est en l'homme. Il est l'héritage de tout ce que les ancêtres ont pu connaître et qu'ils nous ont transmis en germe, tout comme le baobab est contenu en puissance dans sa graine ». A travers la « parole »[272], s'entretient la perpétuelle dialectique du « visible » et de l' « invisible ». Sans elle, il n'y a point de communications avec les réalités du monde immatériel : que ce soit sous forme d'un serment[273] ou d'une incantation, d'un ordre ou d'une prière, elle possède un pouvoir créateur qui opère dans les corps à travers lesquels elle vibre en de réelles et nombreuses transformations. Théodore Mayi-Matip[274] ressort les diverses déclinaisons de la parole chez les *Bassa* du Cameroun : La « parole sentie» est la face invisible de l'univers à laquelle on est, sans initiation spécialisée, aveugle et sourd. La « parole audible » est véhiculée par les cris d'oiseaux et d'animaux, les sons des tambours, la musique, les dires des hommes où réside le pouvoir de bénédiction et de malédiction. La « parole vue » se diffuse à partir des symboles, des masques, des signes divinatoires, des rêves et surtout la « double vue ».

D'où le respect profond des récits traditionnels légués par le passé, dont il est permis d'embellir la forme ou la tournure poétique, mais dont la trame reste immuable à travers les siècles, véhiculée par une mémoire prodigieuse qui est la caractéristique même des peuples à tradition orale. La parole « n'est pas un simple énoncé oral et verbal, elle est lourde de sens et de forces »[275]. C'est pourquoi, « elle doit être utilisée avec prudence, ni trop expansive au risque d'être destructrice,

---

[271] Cf. Hampaté Bâ (Amadou), *Aspects de la civilisation africaine*, Paris, Présence africaine, 1972, p. 22

[272] Cf. Mayi-Matip (Théodore), *L'univers de la parole, Yaoundé*, Editions Clé, 1983.

[273] Cf. Tonye-Mbua, *Le Serment chez les Basa du Cameroun (un exemple du serment dans la pensée juridique africaine)*, Thèse pour le Doctorat en droit (3e cycle), Spécialité: droit et économie des pays d'Afrique, Université de Paris 1, 1973.

[274] Cf. Mayi-Matip (Théodore), *L'univers de la parole, Yaoundé*, op.cit.

[275] Cité, Eberhard (Christoph), *Le droit au miroir des cultures. Pour une autre mondialisation*, op.cit., p. 45.

ni trop contenue au risque de devenir une maléfice interne (…) »[276]. Autrement dit, « celui qui parle ou enseigne doit donc en dire un peu et en garder un peu au fond de lui-même »[277]. « On ne dévoile pas de secret en présence d'une personne qui ne peut garder une parole au fond d'elle-même »[278] note-t-on dans une vieille chanson malinké. Ainsi, malgré l'abondance et la facilité de la parole en Afrique, on peut parler sans rien dire : les paroles exprimées ne touchent pas toujours à l'essentiel qu'on connaît ou qu'on pense, elles servent plutôt à le cacher, parce qu'on ne juge pas opportun de le dire ou bien qu'on n'est pas assez confiant pour le dire[279]. Manga Bekombo Priso[280] rapporte que chez les *Dwala* du Cameroun, à l'instar de ce qui se passe dans la plupart des autres sociétés d'Afrique, « la parole est quasi interdite au jeune enfant ; c'est avec circonspection qu'un cadet en use face à son aîné ; elle est dite ''pleine'', lorsqu'elle émane d'un adulte de grand âge, et elle intrigue, provenant d'un malade ». Parce qu'elle engage les autres en même temps que soi-même, la parole ne se donne jamais comme vaine. Ses attributs tendent à indiquer l'existence d'un rapport établi entre l'usage de la parole et la distribution de la responsabilité sociale. La parole est toujours porteuse d'un sens et d'une valeur en Afrique. Elle ne laisse jamais indifférent et est constamment soumise au contrôle anonyme de la société. Tantôt elle est prohibée, tantôt autorisée, tantôt prescrite et requise en des circonstances déterminées.

A cet égard, l'institution de la palabre permet de mieux cerner l'importance de la parole dans les sociétés traditionnelles africaines. « La palabre, écrit Jean-Godefroy Bidima, est bien le lieu de la parole, pas n'importe laquelle mais de la parole qui induit un changement de comportement »[281]. Dans ce changement qu'est la palabre, la communication vise à montrer au cours de la palabre les divers modes de prise de parole : « Le tour de parole ordonne l'agressivité des débats et rappelle le statut de chacun pendant le commerce langagier. Elle implique une obligation (se taire ou prendre à un moment précis), une règle (parler après l'autre), une hiérarchie (certaines prennent la

---

[276] Ibid., p. 46.
[277] Ibid.
[278] Cité, Ibid.
[279] Ibid.
[280] Manga Bekombo Priso, *Penser l'Afrique, Regards d'un ethnologue Dwala*, Paris, Société d'ethnologie, 2009, p. 233
[281] Bidima (Jean Godefroy), *La palabre une juridiction de la parole*, op.cit., p.22.

parole tandis que d'autres la reçoivent) et des contraintes (il faut observer les règles de bienséance). Le tour de parole manifeste la notion d'ordre. Il signifie pour chaque interlocuteur, non seulement son tour et le degré autorisé de violence verbale, mais aussi comment, à travers sa rhétorique, il peut mobiliser le capital affectif de l'assistance »[282]. En somme, d'après Jean-Godefroy Bidima, la palabre est non seulement « un échange de paroles mais aussi un drame social, une procédure et des interactions humaines »[283]. Elle est mise en scène du pouvoir, mise en ordre de la société et mise en paroles puisqu'en pariant sur l'autre, elle donne du sens au langage. C'est donc à juste titre que Jacques Vanderlinden soutient que « l'oralité des droits originellement africains est leur caractéristique formelle commune la plus significative »[284]. Ceci se reflète dc manière implacable dans les sources du droit africain qui sont pratiquement toutes de forme orale.

Section 3 : Les sources du droit traditionnel africain

La coutume **(A)** constitue la source principale du droit traditionnel africain. Jacques Vanderlinden observe à cet égard qu' « au fil du temps, la tradition orale amalgame les différentes sources du droit en un ensemble qui se ramène à ''ce qui a toujours été fait'', donc à la coutume »[285]. Pourtant, l'origine de la formulation peut avoir été législative, jurisprudentielle ou doctrinale. C'est dire qu'en droit traditionnel africain, seule la coutume est véritablement créatrice du droit. La législation, la jurisprudence et la doctrine **(B)** ne sont que déclaratives en cas de conflit sur la portée exacte de la norme traditionnelle.

A. La coutume, source créatrice du droit traditionnel africain

« Les sociétés primitives, observait Henri Lévy-Bruhl, ne connaissant pas l'écriture vivent nécessairement sous le régime du droit coutumier »[286]. Ainsi, on dit généralement des droits d'Afrique noire qu'ils sont coutumiers pour signifier qu'ils sont des droits non écrits. De là, on a tendance à établir une équivalence entre le caractère oral et le caractère coutumier du droit traditionnel africain. Pourtant, si l'oralité est l'une des caractéristiques significatives du droit

---

[282] Ibid.

[283] Ibid.

[284] Vanderlinden (Jacques), *Les systèmes juridiques africains*, op.cit., p.8

[285] Ibid., p. 11.

[286] Levy-Bruhl (Henri), *Sociologie du droit*, Paris, PUF, que sais-je, 1976, 5e édition, p.51

traditionnel africain, la coutume n'en est qu'un des procédés de création, c'est-à-dire une source du droit.

La coutume tire son nom du latin « *consuedo* » qui lui-même viendrait du verbe « *consuescere* », « s'habituer », ou étymologiquement, « faire sien », *suus*. La coutume renvoie donc au fait d'avoir fait sien un usage. Mais la coutume se distingue de l'usage qui n'est pas nécessairement contraignant ni même normatif[287]. La coutume est « un usage normé et plus ou moins conscient »[288]. C'est un usage qui émane lentement de la conscience populaire et qui, considéré peu à peu comme obligatoire devient règle de droit. La coutume est très proche des faits, de ce qui se fait avec une conscience que cela doit se faire. Cicéron disait à ce sujet qu' « on considère comme fondé sur la coutume le droit qui a été consacré par le temps, en raison du consentement général, sans l'action de la loi »[289]. De cette définition de la coutume, se dégagent trois traits essentiels que sont la volonté de tous, l'ancienneté et le fait qu'elle évolue sans la loi[290]. « Ce qui caractérise cette source du droit, écrit Gonidec, c'est son caractère populaire ou impersonnel, c'est-à-dire que personne en particulier n'est chargé de créer la règle coutumière. Elle est l'œuvre de Monsieur tout le monde, des particuliers comme des gouvernants (…). La coutume est à l'image d'un sentier qui apparaîtra sur le sol lorsque les passants auront mis leurs pas dans les pas de ceux qui les ont précédés »[291]. Elle n'est pas le produit de l'activité juridique d'un chef, d'un dieu, d'un juge, ou d'un sachant, mais bien celle de l'ensemble d'un groupe social, d'un peuple, agissant de concert. La coutume n'est pas figée : elle se modifie en permanence et s'adapte aux conditions de vie nouvelles qui évoluent

---

[287] Jacques Vanderlinden (*Anthropologie juridique*, op.cit., p. 48) rapporte que jusque dans la seconde moitié du XVe siècle, les termes « coutumes » et « usages » (ou d'us) sont synonymes et souvent utilisés en juxtaposition ; au moment où se déclenche, suite à l'ordonnance de Montils-Les-Tours de 1554, la rédaction officielle des coutumes, on assiste à la séparation nette des deux termes. Coutume est désormais réservé à la coutume rédigée, tandis qu'usage recouvre les nouvelles coutumes susceptibles d'apparaître hors du champ de la coutume nouvelle manière. L'expression sera reprise par le codificateur napoléonien. Mais Jacques Vanderlinden pense que la coutume écrite n'est plus coutume.

[288] Goltzberg (Stefan), *Les sources du droit*, Collection Que sais-je?, Paris, Puf, 2016, p. 48.

[289] Cité, Ibid., p. 47.

[290] Ibid., pp.47-48

[291] Cf. Gonidec (P.– F.), *Les droits africains Evolution et sources*, p.228

nécessairement. Règle de droit en général non écrite[292], la coutume requiert une répétition pour mériter son statut. De plus, elle est spontanée et immémoriale, dans la mesure où on ne se souvient plus de son origine. René David rapporte que « la coutume est liée dans l'esprit des Africains, à un ordre mythique de l'univers. Obéir à la coutume est un témoignage de respect à l'égard des ancêtres, de qui les ossements sont mêlés au sol et de qui les esprits veillent sur les vivants. Transgresser la coutume risque d'entraîner on ne sait quelles réactions, défavorables, des génies de la terre, dans un monde où tout est lié, le naturel et le surnaturel, le comportement des hommes et les phénomènes de la nature »[293].

L'Afrique traditionnelle a donc vécu pendant des siècles sous l'empire d'une multitude de coutumes. Chaque communauté se suffisant à elle-même, avait ses mœurs et ses coutumes propres. D'une région à l'autre, les différences pouvaient être plus ou moins grandes. Mais dans l'ensemble, il existait des traits communs qui opposent ces droits aux droits d'ailleurs, notamment européens. C'est dans ce sens que A.N. Allott, un auteur anglais notait : « les droits de l'Afrique comportent une similitude suffisante touchant la procédure, les principes, les institutions et les techniques pour qu'il soit possible d'en rendre compte de manière globale ; on peut considérer qu'ils constituent une famille, bien qu'on ne puisse découvrir aucun ancêtre

---

[292] Stefan Goltzberg (*Les sources du droit*, op.cit., p. 49) note à ce sujet : « la coutume est typiquement orale, voire « exclusivement » orale (Jones). Pourtant certains y voient une source, ni écrite ni orale, mais informulée (Jestaz), voire « gestuelle » (Vanderlinden). Si donc la coutume n'est pas à l'origine une source écrite et le plus souvent exprimée ou exprimable oralement, qu'advient-il d'une coutume mise par écrit ? Reste-t-elle une coutume ou bien se mue-t-elle en autre chose, et en l'occurrence en, en quoi ? Pour Carbonnier, une coutume que l'on rédige conserve son statut de coutume ; il semble indifférent à la forme que prend cette source du droit. En revanche, d'après Lévy-Bruhl (1884-1964) et Vanderlinden, en perdant son caractère oral, définitoire de la coutume, le droit cesse d'être coutumier. Il se produit alors une métamorphose. Le changement sémiotique – le passage de l'oral à l'écrit – induit un changement dans l'ontologie juridique : comme le disaient Marshall Mcluhan (1911-1980) puis Walter Ong (1912-2033), ''le medium, c'est le message'', ou du moins, le medium de la coutume modifie la nature de cette source du droit. La coutume ne se réduit pas aux règles de droit qu'elle véhicule ; tout se passe comme si, pour beaucoup, l'oralité faisait partie de sa définition ».

[293] David (René) et Jauffret-Spinosi (Camille), *Les systèmes de droit contemporains*, 11e édition, Paris, Dalloz, pp. 441-442.

qui leur soit commun »[294]. En dépit de cette unité profonde, la difficulté de connaître les coutumes africaines est, pour un étranger, considérable. C'est pourquoi, les futures autorités coloniales vont se préoccuper de recenser les coutumes existantes et de les rassembler dans des recueils facilement accessibles et utilisables par les praticiens du droit[295]. Mode de production dominant dans les sociétés traditionnelles africaines, la coutume y est « absorbante », d'après Jacques Vanderlinden, en ce sens que les autres sources du droit en viennent à ne plus être toujours individualisées. « La raison, explique-t-il, en est que les détenteurs du pouvoir politique (…), du pouvoir judiciaire (…) et enfin ceux qui détiennent le savoir (…) sont à la fois tellement proches du peuple, tellement intégrés à lui et tellement soucieux d'obtenir son adhésion au contenu de la loi, du jugement et de l'opinion qu'ils formulent, que ce contenu, une fois exprimé, s'intègre avec un minimum de difficultés (…) dans les comportements. Très rapidement, l'origine exacte, qu'elle soit législative, jurisprudentielle ou doctrinale du droit s'estompe et est absorbée par la coutume »[296].

---

[294] Cité, Ibid., p. 441.

[295] Dans les colonies françaises, la première tentative de « coutumiers » fut faite à la fin du XIXe siècle, au Soudan, sous l'impulsion de l'Union internationale de droit et d'Economie politique. Le premier résultat de l'enquête fut la publication des travaux de Charles Monteil, consacrée au Khassonké. Tout comme, en Côte d'Ivoire, les recherches effectuées sous l'impulsion du Gouverneur Clozel, aboutirent à la publication des « coutumes indigènes de la Côte-d'Ivoire, par Clozel et Villamur en 1902. Dans les années trente, le Gouverneur général Brévié reprit le projet ambitieux d'un coutumier qui avait été entamé sans succès par le Gouverneur général Roume : le résultat fut les trois volumes des « coutumiers juridiques de l'AOF », publiés en 1939 sous les auspices du Comité d'études historiques et scientifiques de l'AOF. Dans les colonies britanniques, la législation prévoyait des mécanismes qui permettaient de constater par écrit le droit coutumier et même de le modifier. Mais de façon générale, ce pouvoir ne fut guère utilisé. Dans les colonies belges, ce qu'on appelait la « codification » fut à l'ordre du jour au lendemain de la Première Guerre mondiale. Mais les divergences doctrinales sur l'opportunité de rédiger les coutumes et sur les méthodes applicables ne permirent pas d'aboutir. Après la Deuxième Guerre mondiale, on entendit plus parler de la rédaction des coutumes. Il n'y est pas fait allusion dans le traité de droit coutumier du Congo Belge d'Antoine Sohier. Cependant, dans les années précédant l'indépendance, le problème fut de nouveau évoqué. Mais la relance n'aboutit pas à des résultats tangibles.

[296] Vanderlinden (Jacques), *Anthropologie juridique*, op.cit., pp. 52-53.

B. La législation, la jurisprudence et la doctrine, sources déclaratives du droit traditionnel africain

La confusion des pouvoirs[297] qui est de règle dans les sociétés traditionnelles africaines obstrue la différence entre la législation et la jurisprudence, autres sources du droit traditionnel africain. Sohier soutenait à ce propos que « *dans les Etats nègres, les chefs possédaient le pouvoir législatif et des tribunaux* »[298].

En ce qui concerne les lois au sens strict, l'on distingue en Afrique noire précoloniale, diverses formes de législation[299] :

- La législation par décrets du chef ou du roi qui était généralement utilisée dans les pays où l'organisation politico-administrative était relativement rudimentaire.
- La législation par décision du chef ou du roi en leurs conseils. Il s'agit ici des lois prises dans les régimes des grandes chefferies où le pouvoir était rarement absolu ou arbitraire. Le plus souvent, les décisions appartenaient à des assemblées selon les modalités variées. Par exemple, dans le Royaume du Cayor au Sénégal, le roi qui prenait le nom de Damel déléguait ses pouvoirs à des Diawrignes. Un conseil réunissait sous la présidence du Diawrigne M'boul, sept Diambours (notables choisis parmi les hommes libres), et sept marabouts ; Ce conseil édictait des lois qui étaient portées à la connaissance des sujets par un crieur public.
- La législation « institutionnelle » ou spéciale à certains groupements, tels les sociétés secrètes. En d'autres termes, il s'agissait de règles qui ne s'appliquaient qu'à un groupe d'individus déterminé et qui ne pouvaient en aucun cas contrevenir aux lois générales.

---

[297] « Dans l'Afrique précoloniale, le principe dominant est, non pas le principe, cher à Montesquieu, de séparation des pouvoirs, mais celui de l'unité du pouvoir. Comme le remarque T.O Elias, quel que soit le type de société africaine considérée, les pouvoirs législatif, juridictionnel et exécutif tendent à coïncider dans leurs titulaires comme dans leur exercice ». Cf. Gonidec (P.– F.), *Les droits africains Evolution et sources*, op.cit., p.198

[298] Sohier (A.), *Traité élémentaire de droit coutumier du Congo belge*, 2e édition, p. 13. Cité, Mbaye (Kéba), « Sources et Evolution du droit africain », dans *L'Etat moderne horizon 2000, Aspects internes et externes*, Mélanges offerts à P. – F. Gonidec, Paris, LGDJ, 1985, p.346.

[299] Lire à ce sujet, Mbaye (Kéba), « Sources et Evolution du droit africain », Ibid., p.347.

- La législation au sein d'assemblées publiques qui regroupaient un nombre important de membres. Ces Assemblées édictaient les règles qui s'appliquaient à la société toute entière. Elles étaient démocratiques en ce sens que les simples citoyens pouvaient y prendre la parole et faire connaître leurs opinions sur les problèmes soulevés. Elles se tenaient généralement à l'occasion des marchés ou des grands évènements de la vie, en particulier des cérémonies funéraires

Comme le rapporte Kéba Mbaye[300], « la loi comme source du droit a joué un rôle important en Afrique dans les sociétés fortement structurées comme chez les Yoruba, les Ashantis et les Mossis. Une fois adoptés, les Edits étaient portées à la connaissance des administrés par des crieurs publics qui utilisaient des clochettes ou des tambours. Ainsi, le Mansa Soleïman du Mali donnait des audiences que Ibn Battouta a décrites dans une narration colorée. Il édictait de sa fenêtre des ordonnances qu'un hérault transmettait, et par la même occasion tranchait les litiges qui lui étaient soumis »[301].

Comme la loi, la jurisprudence est orale[302]. Il s'agit d'un « dictum »[303]. Dans la mesure où l'autorité qui le prononce est également l'autorité socio-politique en raison d'une confusion des pouvoirs caractéristiques des droits originellement africains, la décision de jurisprudence devient vite loi, dans la mesure où, à l'occasion du règlement d'un litige, l'intérêt de l'affaire justifie que l'autorité quitte le domaine du particulier et du passé pour projeter la solution adoptée dans la sphère de l'avenir et de la généralité. « Dans le Royaume de l'Indénié, chez les Agni-Baoulé en Côte d'Ivoire, l'essentiel des pouvoirs du roi était religieux et militaire. Le roi était aussi juge suprême »[304]. Le juge Kéba Mbaye résume bien cette activité jurisprudentielle :

« Cheick Anta Diop rapporte que selon Idrissi, le Kaya Magan du Ghana, chaque matin, ''faisait le tour de sa capitale à cheval suivi de toute la Cour, précédé par des girafes et des éléphants. N'importe quel plaignant pouvait alors s'adresser à lui pour lui soumettre son cas qu'il réglait aussitôt.

---

[300] Ibid., p.347.
[301] Ibid.
[302] Vanderlinden (Jacques), *Les systèmes juridiques africains*, op.cit., p. 10.
[303] Ibid.
[304] Mbaye (Kéba), « Sources et Evolution du droit africain », dans *L'Etat moderne horizon 2000*, op.cit., pp.348-349.

Cependant, dans les sociétés fortement structurées, le roi, bien que juge naturel, déléguait habituellement ses pouvoirs à un corps de juges professionnels, se réservant de connaître de l'appel et des cas plus graves, en particulier quand il s'agissait d'assassinat. Il y avait en Afrique le système des précédents. C'est ce qui se passait dans le Songhoï. Les décisions rendues par les juridictions servaient de précédents et étaient rappelées à l'occasion des procès nouveaux.

Dans le Cahor au Sénégal, selon El Hadj Assane Marokhaya, la justice était rendue par les Cadis dont les décisions pouvaient être frappées d'appel devant Diawrigne Gninguène. Le Damel (roi) se réservait les cas graves et pouvait évoquer toute affaire pour la juger directement. Les préceptes du Dhali (Cadi) Madikhaté sont restés célèbres.

Dans les Sultanats du Ouadaï, du Baguirmi, du Fitri et dans la principauté du Kaneur, du Tchad, la justice était rendue au nom des sultans par des chefs de tribus, assistés de notables jouant le rôle de véritables jurés. La charge du juge était héréditaire. Les amendes infligés aux personnes coupables d'une faute revenait pour 1/ 10ème au sultan, la moitié du restant aux magistrat et le reliquat aux victimes »[305].

Pour Gonidec[306], compte tenu des caractères de la justice africaine qui était plus symbolisée par l'équité que par le glaive, par l'esprit de conciliation que par l'esprit de combat, le rôle créateur de la jurisprudence paraissait faible dans l'Afrique précoloniale. « Cependant, observe-t-il, T.O. Elias a pu parler de ''législation jurisprudentielle'', en ce sens que les juges africains étaient capables, non pas d'innover, ce qui eût été inconcevable dans des sociétés caractérisées par leur conservatisme, du moins de réaliser des ajustements de la coutume et de la législation ; leur rôle créateur bien que faible, était donc réel ; cela explique la pratique de l'appel aux précédents judiciaire. Mais le juge africain handicapé par l'absence de recueils de jurisprudence ; ce qui l'empêchait de remonter très loin dans le passé. Ainsi que l'observent G. et M. Wilson à propos des Nyakyousa : ''les décisions font référence aux précédents, mais en l'absence de documents écrits, ceux-ci sont relativement récents''. Cependant, dans les sociétés fortement structurées, on trouve ces recueils de jurisprudence vivants que sont les griots, capables de

---

[305] Ibid.

[306] Gonidec (P.– F.), *Les droits africains Evolution et sources*, pp. 199-200.

remonter jusqu'à dix générations en arrière. V. Monteil cite le cas d'un griot sénégalais El Hadj Assane Marokhaya, dit Samb, capable de réciter sans erreur la liste complète des souverains Wolofs, la durée et les principaux évènements de leurs règnes en remontant jusqu'au XIIIe siècle ». Mais si le juge africain fait appel aux précédents, ceux-ci avaient-ils un caractère obligatoire comme en droit anglais ? Cela paraît moins sûr. Il semble que le juge n'était pas juridiquement lié par les précédents judiciaires, qu'il les suivait beaucoup plus par respect de la tradition ou de l'autorité du juge qui avait précédemment statué[307].

Quant à la doctrine, elle était confiée à certaines personnes bien définies, ceci notamment dans des sociétés aux structures complexes et connaissant une certaine spécialisation et hiérarchisation des fonctions publiques. « L'auteur de doctrine (…), précise Jacques Vanderlinden, ne se contente d'ailleurs pas toujours de déclarer le droit à ceux qui viennent le consulter. Il peut leur proposer une solution dans une affaire particulièrement difficile où la règle n'est pas limpide. Dans ce cas il contribue à créer le droit dans la mesure où son opinion est reprise dans des cas similaires et s'incorpore à la coutume »[308].

De toute évidence, selon la nature de l'organisation des sociétés africaines, ces sources créatrices ou déclaratives du droit ont plus ou moins influencé la vie juridique des Africains dans l'Afrique précoloniale. Les sociétés traditionnelles du Cameroun n'étaient pas en reste.

---

[307] « Nadel rapporte que les modifications législatives sont suivies avec la plus grande attention par les tribus Noupé, moins par intérêt passionné pour le contenu de la loi nouvelle que par '' crainte du rôle joué à cet égard par la jurisprudence. Des couches entières de la population se sentent menacées et refusent de coopérer avec les gens qu'elle paraît favoriser''. Lorsqu'une loi nouvelle cherche ainsi à uniformiser la jurisprudence et la législation en certains domaines nouveaux, on assiste soit à une réaction telle des intéressés que la loi est contrainte de s'adapter elle-même aux circonstances locales, soit à l'élaboration d'un processus d'adaptation mutuelle de la loi et des mœurs. Les Noupés fournissent une illustration de la première hypothèse, qui ont contraint la loi islamique à adapter ses concepts aux caractéristiques du droit familial de la Nigeria du nord ». Cf. Olawale (Elias*), La nature du droit coutumier africain*, op.cit., p. 225)

[308] Vanderlinden (Jacques), *Les systèmes juridiques africains,* op.cit., p. 11.

CHAPITRE 2

SOCIÉTÉS ET DROITS TRADITIONNELS DU CAMEROUN

« Afrique en miniature », le Cameroun est un extraordinaire condensé des grandes traditions du continent africain. En effet, de par sa position géographique, à la fois littorale et centrale, ce pays est une terre de vagues migratoires en Afrique. On y trouve les grandes familles linguistiques[309] qui existent sur le continent. « En 2005, l'étude du sang d'un millier de camerounais appartenant à une quarantaine de groupes ethniques a permis de mettre en évidence plusieurs ''motifs'' génétiques correspondant à des ensembles de mutations caractéristiques de certaines régions d'Afrique »[310]. Certes, chacun des 250 groupes ethniques du Cameroun possède sa propre expression artistique, sa propre facture. Mais d'un point de vue géographique et culturel, on distingue globalement quatre grandes régions : « Le Nord du pays, composé du plateau de l'Adamaoua et d'une fraction du Bassin du lac Tchad, se présente dans l'ensemble comme une région de savane où les *Peul* musulmans ont progressivement assuré, au cours du 18e et du 19e siècle, leur suprématie sur des ethnies autochtones, qualifiées de païennes, Kirdi,

---

309 « Les types physiques africains sont d'une variété surprenantes. Au Nord et à l'Est du Sahara, nous trouvons des populations avec un visage orthographe, le front droit, le menton pointu, le nez long, les lèvres pas particulièrement généreuses; les traits physiques sont semblables à ceux des Européens, la peau est assez claire, mais dans les zones plus tropicales prévaut le type mélanoderme. Tout juste au Sud du Sahara, jusqu'à l'extrême Est et Sud du continent, ce sont les populations mélanodermes qui dominent, à visage prognathe, au nez court et large, au menton peu prononcé, à front plus arrondi, au cheveu crépu, aux lèvres charnues. Ces peuples ont été appelés de différentes façons; aujourd'hui les spécialistes les nomment, en rapport avec deux variétés linguistiques principales, ''Nigéro-kordofanians'' et ''Nilo-sahariens''. Dans la langue courante, ils sont appelés, dans leur ensemble, ''Nègres''. Les ''Nigéro-kordofanians'' ont aussi été appelés ''Bantous'' (…), et les Nilo-sahariens coïncident en partie avec des populations autrefois appelées ''Soudanais''. Nous trouvons isolés dans les forêts équatoriales les Pygmées (…). Dans les régions plus au Sud, surtout dans le désert de Kalahari, nous trouvons des Africains possédant une peau jaune-brune, des lèvres fines, un visage plat, un front court et droit, un crâne plat, des cheveux touffus et caractérisés par la stéatopygie. Ils sont appelés ''Khoïsan'', ''Bochiman (San)'' ou ''Ottentots (Khoï)'' ». Cf. Sacco (Rodolfo), *Le droit africain – anthropologie et droit positif*, op.cit., p.61.

310 Cf. *Atlas du Cameroun*, op.cit., p. 92

par l'intermédiaire d'institutions pseudo-féodales. Le plateau forestier du Sud, peuplé d'une mosaïque de sociétés lignagères non centralisées (...). La région côtière, elle aussi forestière, moins élevée et plus humide, où se retrouvent des sociétés du même type. Les montagnes de l'Ouest, en grande partie déboisées, divisées en un grand nombre de chefferies centralisées (...) »[311]. Une diversité culturelle et ethnique que des études anthropométriques rassemblent en deux grands groupes, abstraction faite de la minorité pygmée : le groupe *bantou* (où populations du Sud, du Centre et de l'Ouest, apparaissent comme peu différenciées) et le groupe nordiste aux composantes plus complexes. Ainsi, d'une manière générale, animisme et lignages caractérisent les peuples du Sud-Cameroun **(Section1)**, alors que ceux du Nord sont pour la plupart islamisés et fondés sur des systèmes féodaux **(Section 2).**

Section 1 : Les sociétés animistes et lignagères du Sud-Cameroun

Ainsi, les *Bantou*[312] et semi-*Bantou*[313] constituent les deux grands groupes linguistiques du Sud-Cameroun[314]. Les premiers ne

---

[311] Bayart (Jean-François), *L'Etat au Cameroun*, Paris, Presses de la fondation nationale des sciences politiques, 1985, p. 9.

[312] Les tribus du groupe *bantou* sont originaires de la région des sources du Nil et seraient issues de l'union des Pygmées avec les Ethiopiens au Nord, avec les Hottentots-Boshimen au Sud. Au Cameroun, les *Bantou* occupent les régions forestières et peuvent être divisés en groupes qui correspondent à des migrations différentes. Entre autres groupes importants, on note le groupe *dwala* (qui s'étend le long de la côte), *les Bassa* et les *Bakoko* (entre le littoral et le centre du pays), les groupes *maka* et *mandjia* (comprenant les tribus des régions de l'Est du Cameroun), le groupe *fang* (établi dans le Centre-sud du Cameroun). Cf. « Esquisse ethnologique pour servir à l'étude des principales tribus des Territoires du Cameroun sous mandat français », *Bulletin de la société d'Etudes camerounaises*, juillet 1943 (2e édition), IFAN, Centre local Cameroun, Douala. Cf. Dugast (I.), *Inventaire ethnique du Sud Cameroun*, Mémoire I, série populations, Paris, 1949. Lire aussi, Tardits (Claude), *Contribution de la recherche ethnologique à l'histoire des civilisations du Cameroun*, 2 vol., Paris, Ed. du CNRS, 1981. Lire aussi, Pouka (Louis Marie), « Les Bassa du Cameroun », dans *Les cahiers d'outre-mer*, Tome III, 1950, IFOM de Bordeaux, pp. 153-166. Mpouma (S.), *Histoire des Bassa – manuscrit*, IFAN – III – 37, Douala. Mousongo (H.), *Histoire des Bassa – manuscrit*). Nicol (Yves), *La Tribu des Bakoko*, Thèse pour Doctorat en droit, Université de Paris, Paris, Librairie coloniale et continentaliste, Larose, 1929. Ngoa (Henri), « Historico-généalogique des Ewondo, étude critique », dans *Abbia*, mai-août 1969, n° 22, pp. 65-88. Alexandre (P.) et Binet (J.), *Le groupe dit Pahouin*, PUF, 1958. Bertaut (Maurice), *Le droit coutumier des Boulous – monographie d'une tribu du Sud Cameroun*, op. cit. Laburthe-Tolra (Philippe), *Minlaaba, Histoire*

connaissent aucune autorité politique centrale, et sont dispersés en petits groupes. L'ordre social y repose seulement sur quelques principes de base communément acceptés, sans que personne ne soit spécialement affecté à son maintien[315]. L'on se trouve en général devant une poussière d'aspirations individuelles. Les villages, avec leur chef de terre et leur chef politique, forment des unités assez hétérogènes, dans lesquelles les chefs de famille sont à peu près indépendants[316]. Lorsque plusieurs de ces agglomérations constituent une petite confédération, celui qui est placé à la tête de celle-ci possède seulement des pouvoirs temporaires religieux ou guerriers, il ne peut faire exécuter ses ordres par des ressortissants sur lesquels il n'a pas d'autorité politique. Par contre chez les semi-*Bantou*, l'autorité politique est centralisée et fortement structurée[317]. Contrairement aux institutions assez lâches des *Bantou*, les chefferies sont autoritaires, les organisations sociales fortes et cohérentes. Mais dans l'ensemble du Sud-Cameroun, en dépit d'une variation relative de la nature des sociétés politiques **(A)**, la condition des individus est partout déterminée par l'âge, la naissance et le sexe. Les cadets doivent respecter les aînés, les enfants doivent obéissance non seulement à leurs parents, mais aussi à toutes les personnes âgées. Les

---

et société traditionnelle chez les Béti du Sud Cameroun, Thèse de doctorat, Paris V, 1975, Diffusion Libraire Honoré Champion, 1977.

[313] Font partie de cette communauté, les *Bamiléké* et les *Bamoun* qui occupent les hauts plateaux de l'Ouest-Cameroun. D'après l' « Esquisse ethnologique » dressé par l'IFAN, les dernières vagues de la grande migration soudanaise se seraient arrêtées aux rives du Noun, où elles se seraient installées et auraient constitué sur les montagnes de la rive droite, la tribu des *Bamiléké*, sur le plateau de la rive gauche, la tribu des Bamoun. Cf. *Esquisse ethnologique pour servir à l'étude des principales tribus des Territoire du Cameroun sous mandat français*, Bulletin de la société d'Etudes camerounaises, juillet 1943 (2e édition), IFAN, centre local Cameroun, Douala. Lire aussi, Lecoq (Raymond), *Les Bamiléké, une civilisation africaine*, Présence africaine, 1953. Kwayeb (Enock Katté), *Les institutions de droit public du pays Bamiléké (Cameroun). Evolution et régime actuel,* op. cit. Delarozière (R.), *Les institutions politiques et sociales des populations dites Bamiléké*, Institut français d'Afrique Noire, 1950. Ghomsi (Emmanuel), *Les Bamiléké du Cameroun (essai d'étude historique des origines à 1920)*, Thèse de doctorat 3e cycle, Université de Paris – Sorbonne, 1972. Tardits (Claude), *Le royaume Bamoun*, op. cit.

[314] Cf. Dugast (I.), *Inventaire ethnique du Sud Cameroun*, op. cit. Lire aussi, Tardits (Claude), *Contribution de la recherche ethnologique à l'histoire des civilisations du Cameroun*, 2 vol., op. cit.

[315] Cf. Labouret (Henri), *Le Cameroun,* Paris, L'Hartmann, 1937. pp. 15-16.

[316] Ibid.

[317] Ibid.

hommes libres, les serviteurs et les esclaves constituent les trois classes dans ces sociétés traditionnelles[318]. Quant aux femmes, dont la condition est complexe et varie d'une société à l'autre, elles sont en général exclues du pouvoir politique. Ces inégalités traduisent la cosmologie propre à ces populations : le principe hiérarchique existant entre les individus reproduit celui du « monde invisible »[319]. Ces représentations des rapports entre les morts et les vivants se manifestent dans l'esprit du droit des sociétés du Sud-Cameroun **(B).**

A. La nature des sociétés politiques dans le sud-Cameroun

1. Le système fédératif dwala

Les *Dwala*[320], peuple de pêcheurs dispersé à l'embouchure du *Wouri* avant le XVIIe siècle, ont pour ancêtre commun Ewalé (devenu Douala), fils de Mbédi ; ils sont apparentés à d'autres groupes dont les *Pongo*, les *Bodiman*, les *Malimba*, les *Batanga*, les *Mungo*, tous établis sur le littoral camerounais et parlant une langue similaire. Les traditions orales rattachent l'ancêtre commun nommé Maséla à une famille d'Abyssinie du nord-est africain « contrainte de s'enfuir pour échapper aux sanctions que lui attira le crime d'inceste commis par certains de ses membres »[321]. Une fuite qui conduisit les migrants sur les plateaux de l'Adamawa camerounais qu'ils durent abandonner sous la pression arabe ; de la montagne, ils descendirent au sud dans l'actuelle Centrafrique. D'autres émigrants occupèrent une partie du

[318] « En principe, la société est fondée sur le sang. Dès lors les entités sont tribales. La présence d'un étranger à l'intérieur d'un groupe tribal, si cette présence est permanente, pose un problème nouveau. L'étranger ne peut être qu'un assimilé, un esclave ou un serviteur. Dans les deux premiers cas, le sujet entre graduellement dans la tribu ; il peut lui-même obtenir de fonder un foyer avec les femmes du maître chez qui il vit. Sa descendance sera comptée avec celle du chef de famille. Ainsi sa race entre dans la tribu (…). La société traditionnelle bantou offre trois classes : les hommes libres qui sont aussi frères de même sang ; les chefs et les notables en font partie et ne constituent pas une classe à part. Les serviteurs ou assimilés au service des hommes libres, et les esclaves ». Cf. Mveng (Engelbert), *Histoire du Cameroun*, op. cit., p. 144.

[319] Comme l'écrit Mme Christine Youego *(Sources et évolution du droit des successions au Cameroun*, Doctorat en droit, Université Panthéon-Assas - Paris II, 1994, p. 95.), « le principe hiérarchique existe non seulement entre les deux mondes, mais aussi à l'intérieur de chacun d'entre eux ».

[320] Cf. Doumbè-Moulongo (Maurice), « Origines et migrations des Duala », dans *Abbia*, n°20, juin 1968, pp. 79-150. Lire aussi, Bekombo-Priso, « Essai sur le peuplement de la région côtière du Cameroun : les populations dites Dwala », dans *Contribution de la recherche ethnologique à l'Histoire des civilisations du Cameroun*, Paris, CNRS, 1981, Vol II).

[321] Ibid.

Congo et du Gabon. Ce fut vraisemblablement la dernière étape avant leur arrivée dans l'estuaire du *Wouri*. Les *Dwala* se répartissaient, au début du XIXe siècle, en quatre « Royaumes » dont deux dominants : Les *Bell* et les *Akwa*. Parler de « Royaume » ici, est en réalité un abus de langage, car « traditionnellement, les Dwala ne forment pas une monarchie »[322]. Par contre, ils rentrent dans le groupe des sociétés lignagères où le système de parenté règle les rapports entre les divers segments de la société[323] qui, structurellement équivalents, ceinturent le « système fédératif » *dwala* en un « *Etat dans le peuple* ». A la tête de chaque lignage, se trouve un *Sango a mboa* (chef polygame), responsable de la prospérité commune (distribution des terres, contrôle de la circulation des femmes, garant de la reproduction du groupe et de son expansion démographique, représentant du groupe à l'extérieur). D'après Albert Wirz[324], la tribu *dwala* est davantage « *une totalité sociale, culturelle et ethnique qu'une organisation politique au sens propre* ». Le *Ngondo*, les organisations en classe d'âge (*Myémba ma yabé*) ainsi que les sociétés secrètes (*Isango/ Losango*) en sont des institutions fondamentales dépassant le particularisme des groupes lignagers[325].

2. Les oligarchies bassa-bakoko

Les *Bassa*[326] et les *Bakoko* sont aussi d'authentiques *Bantou* qui seraient sortis du rocher *Ngok-Lituba*[327] mais qui auraient des langues sensiblement différentes[328]. Polygames, animistes et agriculteurs, les

---

322 Wirz (Albert), « La rivière de Cameroun : commerce précolonial et contrôle du pouvoir en société lignagère », dans *Revue française d'Histoire d'outre-mer*, LX, n° 219, paris, 1973, p. 178.

323 Ibid.

324 Ibid.

325 Ibid., p. 181.

326 Ce sont les *Bassa* qui occupaient le site Douala avant l'arrivée des populations actuelles. Plusieurs témoignages et travaux convergent dans ce sens. Lire notamment : Pouka (Louis Marie), « Les Bassa du Cameroun », dans *Les cahiers d'outre-mer*, Tome III, 1950, IFOM de Bordeaux, pp. 153-166. Gouellain (Réné), *Douala, ville et histoire*, Paris, Institut d'ethnologie, 1975) qui condensent plusieurs autres travaux dont S. Mpouma (*Histoire des Bassa – manuscrit*, IFAN – III – 37, Douala) et H. Mousongo (*Histoire des Bassa – manuscrit*).

327 Enorme rocher pourvu d'un orifice à son sommet. La tradition veut que ce lieu situé sur la rive droite de la rivière Lihoua, à la limite des subdivisions de *Babimbi* et de *Bafia* ait été le berceau des tribus *Bassa*, *Bakoko* et bien d'autres tribus *bantoues* du Cameroun.

328 « Pourquoi Bakoko et Basa connaissent-ils le même récit légendaire, alors que la linguistique tendrait à ne pas confondre les deux populations? Le R.P. Bouchaud dit

Bassa « occupent officiellement deux départements (la Sanaga Maritime et le Nyong-&-Kélé)… Certains d'entre eux ont conservé le statut juridique d'originaires du Wouri (on les appelle *Basa-ba-Douala*), du Nkam (*Basa-ba-Yabassi*), de Kribi (*Basa-ba-Kélbé*, notamment dans l'arrondissement de Bipindi), du Mbam où ils composent avec les *Banen* et les *Yambassa* un mélange inextricable, de la Haute Sanaga où ils sont connus sous le nom de *Bamvele* »[329]. Les *Bassa* sont politiquement organisés[330] : la famille se compose des hommes libres *(bon ba kundé)*, des domestiques et des esclaves. L'autorité du chef de village est quasiment absolue et sacrée : c'est le premier « sorcier » du village ! Le chef *Bassa*, nommé *« mbombok »*[331], interprète la coutume, rend la justice et préside les expéditions de razzia ou de guerre. C'est à la fois un magistrat, un chef d'armée, un juriste et un parlementaire. « C'est l'autorité d'un homme chargé d'exprimer la conscience d'un peuple auquel il rend compte mais dont il ne reçoit aucun ordre en dehors des lignes générales tracées le jour du sacre ou de l'intronisation. Jouant à la fois le rôle d'éducateur et de conciliateur, il attire sur lui pour les résoudre toutes les difficultés que dans leurs rapports inter-individuels ses compatriotes se créent. Il faut que sa réponse convainque toujours et ne comporte surtout aucune menace injustifiée. Car en cas d'échec dû aux sentiments, l'opinion africaine accueille la proposition comme le produit d'une éducation défectueuse et voit en la personne du mbombok les signes inquiétants d'un responsable qui oriente

---

des Bakoko: "leurs dialectes se rapprochent beaucoup de l'ewondo que du basa." Dans cette différenciation difficile à définir entre Bakoko et Basa, pour laquelle les traditions orales n'apportent aucune lumière, von stein aurait-il raison lorsqu'il les considère comme une population unique, mais parlant deux langues sensiblement différentes? Il les partage alors en "tribus parlant basa" et en "tribus parlant bati". Il se trouve que sa nomenclature coïncide avec nos complexes basa et bakoko, nos Bakoko étant ceux qui, selon lui, parlent bati. Si son observation est exacte, le problème des origines subsiste: pourquoi deux langues différentes si Basa et Bakoko sont une seule et même population? Quel fait d'histoire ou quel contact s'est-il produit dans le passé pour qu'il y ait eu emprunt de langage, soit pour l'une ou pour l'autre partie? ». Cf. Dugast (I.), *Inventaire ethnique du Sud Cameroun*, op.cit., pp. 37-38.

[329] Tonye-Mbua, *Le Serment chez les Basa du Cameroun (un exemple du serment dans la pensée juridique africaine)*, op.cit., p. 11.

[330] Cf. Mboui (Joseph), *Essai sur la vie domestique bassa*, Thèse de doctorat lettres, Bordeaux, 1971.

[331] Ndébi Biya, *Etre, Pouvoir et Génération. Le système Mbok chez les Bassa du Sud Cameroun,* Paris, L'Harmattan, 1987.

dangereusement la société vers sa décadence. La première qualité morale d'un mbombok est donc d'être au-dessus du sentiment. La morale étant faite en outre pour parer aux insuffisances de la justice des hommes, tout chez un mbombok doit exprimer l'intransigeance douce, mais ferme, d'un leader ne voulant point composer avec l'iniquité ou l'imposture »[332].

Des qualités morales que possède également le chef *Bakoko* nommé *« mout M'bok »*. Ce dernier possède comme le chef *Bassa* le fétiche « *M'bok* ». Yves Nicol[333] note qu'avant l'occupation européenne, « chacune des six grandes familles bakoko était dirigée par une oligarchie essentiellement fétichiste puisqu'elle se composait des gens de la société secrète (*ba Ngué)* »[334]. Trois de ces familles (les *Yakalak*, les *Yassoukou* et les *Idié*) vivent groupées entre les fleuves Sanaga et Nyong et sur les rives de ces fleuves[335]. Les trois autres familles (*Yawanda*, *Yabi*, *Ndogbesol*) « s'étirent vers l'est et leurs leurs villages s'entrevêtrent au milieu des villages de la tribu autochtone des *Bassa*, sans toutefois se mêler à eux »[336]. Avant la venue des Européens, existait dans chaque village *Bakoko*, une justice de paix familiale dont le règlement des litiges minimes revenaient au *Nka m'bai* ; les affaires les plus importantes ou intéressantes de plusieurs villages étaient portées devant le *Nka Litem*[337].

3. Les aristocraties béti-pahouins

Dans le centre-sud du Cameroun, est établi un autre groupe *bantou*, appelé génériquement « *Béti* »[338]. En réalité, cet ensemble

---

[332] Tonye-Mbua, *Le Serment chez les Basa du Cameroun (un exemple du serment dans la pensée juridique africaine)*, Ibid., pp. 147-148. Lire aussi, Bama Njock (Philippe Robert), *Droit religieux et droit humain dans la tradition Bassa du Cameroun*, Mémoire du diplôme d'études approfondies d'histoire du droit, de l'économie et de la société, Université de Paris 2.

[333] Cf. Nicol (Yves), *La Tribu des Bakoko*, Thèse pour Doctorat en droit, université de Paris, Paris, Librairie coloniale et continentaliste, Larose, 1929.

[334] Ibid., p. 121.

[335] Ibid., p. 13.

[336] Ibid.

[337] Tribunal de la sous tribu composé des anciens sous la présidence du « *mout M'bok* ».

[338] D'où viennent-ils ? Quelle est leur composition ? Une multitude d'études essaient d'en restituer l'historique. Notons entre autres :
- Dugast (I.), *Inventaire ethnique du Sud Cameroun*, op.cit.
- Ngoa (Henri), « Historico-généalogique des Ewondo, étude critique », dans *Abbia*, op.cit.
- Alexandre (P.) et Binet (J.), *Le groupe dit Pahouin*, op.cit.

ethnique se divise en deux grands groupes : « *Au sud, les* Boulou, *les* Fangs *(...), les* Fongs, *les* Ntoumou *et les* Mvaé *; au nord, le groupe dit* Béti, *c'est-à-dire les* Ewondo, *les* Bané, *les* Mvélé *et les* Eton »[339]. Tous n'auraient pas la même origine[340]. Pris au sens strict, les *Béti* seraient, au départ, une minorité aristocratique de conquérants venus du nord Cameroun, et qui se seraient imposés par leur supériorité militaire[341]. D'où les appellations nobiliaires qui leur sont attribuées :

- Bertaut (Maurice), *Le droit coutumier des Boulous – monographie d'une tribu du Sud Cameroun*, op.cit.
- Laburthe-Tolra (Philippe), *Minlaaba, Histoire et société traditionnelle chez les Béti du Sud Cameroun*, op.cit.

[339] Suivant une classification de Maurice Bertaut, *Le droit coutumier des Boulous – monographie d'une tribu du Sud Cameroun*, op.cit., p. 39. Cité, Ngoa (Henri), « *Historico-généalogique des Ewondo, étude critique* », dans *Abbia*, op.cit., p. 66.

[340] Dans ce sens, Engelbert Mveng (*Histoire du Cameroun, op. cit.*, p. 243) note : « Il n'est même pas certain que les Ewondo, les Eton, les Boulou, les Fangs qui parlent aujourd'hui la même langue et ont des coutumes assez communes, aient connu cette apparente unité dans le passé ». C'est ce que sous-entend Philippe Laburthe-Tolra (*Minla'aba, histoire et société traditionnelle chez les Béti du Sud-Cameroun,* op. cit., p. 83) qui propose de remettre en question l'identité *Béti-Fang :* « Certes, écrit-il, leur communauté culturelle et linguistique actuelle avec leurs voisins du sud est indéniable ; peut-être même à la rigueur s'agira-t-il d'une certaine communauté ethnique. Mais c'est une erreur de méthode que de la présumer au départ en se reposant sur les ressemblances de langue et de culture ». Historiquement, le groupe strictement appelé *Béti* serait parti de la région de « Balinga », c'est-à-dire vers l'actuelle *Nyamanga II*, à quelques kilomètres au sud de la route Ntui, Bafia, sur la rive droite du Mbam. (Cf. Philippe Laburthe-Tolra, Ibid.,, pp. 132-133). Ils y furent bousculés par leurs voisins *Baboutê*, et harcelés par les conquérants *Foulbé*. Engelbert Mveng (*Histoire du Cameroun,* op. cit., p. 343) situe, dans la première moitié du XIXe siècle, ce mouvement qu'il estime contemporain d'un autre mouvement observé dans l'actuel Gabon, celui de l'afflux des Fangs. Philippe Laburthe-Tolra (*Minla'aba, histoire et société traditionnelle chez les Béti du Sud-Cameroun*, op. cit., p. 268) le confirme : « En attendant, écrit-il, que l'archéologie éclaire la légende, et quelles que soient les incertitudes qui subsistent, on peut tenir pour acquis à ce stade que les Béti actuels vont résulter d'un mélange d'au moins deux catégories de groupes ethniques : L'un plus ancien (…) qui sans doute vient lointainement du nord, mais plus immédiatement de l'est ou du sud ; l'autre plus récent (…) très minoritaire, mais guerrier et peut-être apparenté au groupe Elog Mpoo (Bakoko) qui connaît comme lui une acculturation linguistique par [le premier] et se réclame de la même origine (…) ».

[341] Laburthe-Tolra (Philippe), *Minla'aba, histoire et société traditionnelle chez les Béti du Sud-Cameroun,* op. cit, p. 408.

« Seigneurs, nobles, hommes libres, messieurs ou vrais hommes »[342]. Ainsi, la société *Béti* laisse transparaître une primauté des aires culturelles qui engloutissent les divers lignages. Fondamentalement, c'est une société lignagère, segmentaire, fondée sur une organisation familiale polyginique[343] qui affirme par tous les moyens la domination de l'homme sur la femme[344]. C'est aussi une organisation clanique où le chef est une autorité patriarcale et religieuse[345]. « La religion ici, précise Engelbert Mveng, est un monothéisme sans fissure. Zamba, Zambé, Nzamé est le créateur de tout (…) ; on le prie aux moments graves de l'existence, mais dans la vie courante, on communique avec les ancêtres défunts et les esprits »[346]. Philippe Laburthe-Tolra en conclut que la vie traditionnelle béti est une suite de luttes : « Luttes physiques pour survivre au sein d'une nature hostile ; luttes sociales dans le processus de segmentation et d'alliance, au sein du mariage et de la polyginie, dans la compétition pour la richesse et l'autorité ; sourdes luttes intestines entre frères, entre fils et pères, entre épouses et maris, entre co-épouses ; luttes ouvertes entre voisins pour la suprématie politique et économique »[347].

4. Les chefferies bamileké

De ces groupes animistes et lignagers du sud Cameroun, les *Bamileké*[348] se distinguent, au moins, par leur complexité originelle.

---

[342] Philippe Laburthe-Tolra (Ibid., p. 94) traduit ainsi le terme *Béti*. Termes valorisants qui « seraient employés comme une sorte de couverture nationalisante à l'égard des populations peut-être objectivement étrangères ».

[343] Ibid., pp. 423 et 545.

[344] Dans ce sens, Philippe Laburthe-Tolra estime que la forme fondamentale du pouvoir est le pouvoir de posséder des femmes, dans tous les sens du mot : Pouvoir de les acquérir, pouvoir de les féconder (Cf. Ibid., p. 827).

[345] Lire Atangana (Charles), « Une étude sur la chefferie », dans *Abbia* n° 23, sept.-déc., 1969, pp. 87-94. Engelbert Mveng (*Histoire du Cameroun,* op. cit., p. 247) note toutefois que seul le cas *Boulou* reste curieux puisque *« plusieurs documents attestent qu'ils vivent dans une démocratie totale »*, en petits groupes, étrangers à toute organisation hiérarchique bien que leurs légendes reconnaissent des chefs de clan tel Bemie Ayong.

[346] Pour Philippe Laburthe-Tolra (*Minla'aba, histoire et société traditionnelle chez les Béti du Sud-Cameroun,* op. cit., p. 917), la référence à l'invisible se montre obligée chez les *Béti* et transforme en rituels des accidents tels la mort, la naissance, la maladie qui, d'ailleurs ne prennent tout leur sens qu'au sein d'une vision du monde global.

[347] Laburthe-Tolra (Philippe), Ibid., p. 921.

[348] « Le terme Bamiléké, note André Raynaud (1934), ne correspond à aucune dénomination autochtone ou raciale. Il est inconnu de la presque totalité des intéressés, tout comme l'était auparavant la dénomination de grassfield. Son origine

D'où l'appellation *« semi-Bantou »* ou *« Bantoïdes »* de ces populations occupant les hauts plateaux de l'ouest Cameroun. Le groupe « *Ndobo* » fut l'élément pivot autour duquel se formèrent et se développèrent la plupart des chefferies *bamiléké*[349]. Avant la conquête européenne, les populations *bamiléké* avaient réussi à mettre sur pied une civilisation[350] fondée sur des institutions politiques solides[351]. La famille est la cellule de base de l'organisation sociale[352]. Dans cette société, « l'individu compte peu ; c'est le collectivisme tribal qui la régit souverainement. La discipline collectiviste y est parfaitement organisée, sous la direction d'un chef divin, héréditaire et descendant de l'ancêtre tribal »[353]. Chez les *Bamiléké*, l'entité politique est la chefferie, peuplée d'une multitude de lignages d'origines diverses, unis entre eux par leur appartenance au territoire placé sous l'autorité d'un même « Fon »[354]. Ce chef est le représentant des ancêtres

---

viendrait de Léké ou Leukeu, appellation donnée aux indigènes de Dschang par leurs frères de la zone anglaise, que ceux d'ici désignent sous le nom générique de Bali. Le préfixe Ba n'est que le pluriel fang-bantu « les » ou « les gens de », que l'on retrouve accolé au nom de presque toutes les chefferies de la région : Bafoussam, Baleng, Bameka, Banofoun ou Baleu-Djoun, Batoufam, Bafang, etc. » (Cité, Delarozière (R.), *Les institutions politiques et sociales des populations dites Bamiléké*, op.cit., pp. 5-6). En d'autres termes, le mot *Bamiléké* sert désormais à désigner non seulement les populations installées dans la cuvette de Dschang, mais toutes les autres populations du plateau qui leur sont apparentées par l'origine, la langue et la civilisation (Cf. Emmanuel Ghomsi, *Les Bamiléké du Cameroun (essai d'étude historique des origines à 1920)*, Thèse de doctorat 3e cycle, université de Paris-Sorbonne, 1972, p. 11).

349 Sous la poussée des envahisseurs *Tikar*, *Bamoun* ou *Banso*, les *Ndobo* s'installèrent dans l'actuel plateau bamiléké (Cf. Emmanuel Ghomsi, Ibid., p. 102). Emmanuel Ghomsi relativise néanmoins en estimant que certains *Ndobo* s'y sont installées librement par désir de pratiquer leur activité favorite, la chasse. Ils y trouvèrent des populations agricoles organisées en de petites communautés dotées d'un chef. Des chefs qu'ils dépossédèrent progressivement par la ruse (Cas de Foto, de Bandjoun, et de Bangangté) ou par la force (Cas de Bangwa et de Balengou).

350 Cf. Lecoq (Raymond), *les Bamiléké, une civilisation africaine*, op.cit.

351 Cf. Kwayeb (Enock Katté), *Les institutions de droit public du pays Bamiléké (Cameroun). Evolution et régime actuel,* op.cit.

352 Cf. Hurault (Jean), *La structure sociale des Bamiléké*, Le Monde d'Outre-mer, Passé et présent, Deuxième série, Documents I, Paris, Mouton & Co, La Haye, 1962.

353 Raynaud, cité, Delarozière (R.), *Les institutions politiques et sociales des populations dites Bamiléké,* op. cit., pp. 15-16.

354 Premier personnage politique de la chefferie. Cf. Ghomsi (Emmanuel), *Les Bamiléké du Cameroun (essai d'étude historique des origines à 1920),* op. cit., p. 155.

mythiques, fondateurs de la tribu, et le prêtre de leur culte animiste[355]. Porte-parole des sociétés coutumières (dont les *Mkamvu,* les *Mkemdjé*, et les *Kouimteng*) avec lesquelles il prend des décisions en réunion, il est le détenteur des totems de la tribu avec lesquels il se confond. Bien qu'extrêmement hiérarchisée[356], la société politique *bamiléké* est une sorte de monarchie parlementaire.

5. Le royaume bamoun

Voisins des *Bamiléké*, les *Bamoun* sont aussi des *semi-Bantou* ou *Bantoïdes*. C'est l'une des civilisations les plus remarquables de l'Afrique noire pré-coloniale. Peuple atypique, bien connu des ethnographes et autres africanistes : « Ne sont-ils pas un des rares peuples d'Afrique Noire qui aient inventé une écriture ? Ce sont des gens fiers de leur histoire[357] et de leurs traditions » note Jacques Binet[358]. C'est Nsharé, parti de son pays Tikar de conquêtes en conquêtes, qui fonda le Royaume Bamoun[359]. Jusqu'à l'arrivée des

---

[355] Delarozière (R.), *Les institutions politiques et sociales des populations dites Bamiléké, op. cit.*, p. 38.

[356] C'est ce que confirme Delarozière (*Ibid.*) : « Elle est éminemment hiérarchisée, chaque individu y occupant une place nettement déterminée, et organisée, chaque individu faisant automatiquement partie d'une ou plusieurs sociétés, celles-ci constituant des rouages religieux et politiques essentiels des chefferies. Cette organisation implique une discipline absolue ».

[357] Dans son ouvrage, *Le Royaume Bamoun* (*op. cit.*, pp. 83-84) Claude Tardits restitue une cérémonie vécue le 12 avril 1964 dans le village de Mbankim, petite localité de l'arrondissement de Banyo au Cameroun ; une cérémonie symbolique des origines du peuple Bamoun : « Ce matin-là, raconte-t-il, le Sultan des Bamoun et le Roi des Banso étaient tous deux assis par terre sous un abri de la chefferie, tandis que le chef Tikar occupait lui, une chaise ». Ce dernier s'adressant à ses hôtes, prit la parole et indiqua : « Je ne puis vous donner des sièges (...) car vous n'êtes encore que des fils de Roi, je vais vous placer sur le trône »... Se retournant ensuite, le chef des Tikar éclaira l'assistance : « Voici les deux enfants qui ont quitté le pays et sont partis en tant que Princes ». Et Claude Tardits de poursuivre l'histoire : « On apporta alors des sièges ; le chef Tikar prit la taille du souverain Bamoun considéré comme l'aîné et esquissa le geste de l'aider à s'asseoir ; il en fit autant avec le souverain Nso (...). Un rite de transmission du pouvoir, exécuté avec quelques siècles de retard venait d'être accompli : Des enfants qui s'étaient enfuis devenaient ce jour des Rois reconnus ». La fuite de l'enfant aîné (nommé Nsharé) du Roi Rifoum des *Tikar* marque donc le début de l'histoire Bamoun.

[358] Binet (Jacques), « Le commandement chez les Bamoun », dans *Le monde non-chrétien*, n° 24, oct-déc 1952, Paris, p. 399.

[359] Après la mort de Nsharé, neuf rois se succédèrent au trône jusqu'à l'intronisation de Mbuombuo. Dès le début de son règne, ce dernier étala sa devise belliqueuse : « Je poserai les limites de mon royaume avec le sang et le fer noir. La guerre, c'est mon affaire ; quand on indique les limites d'un pays en paroles, cela s'efface

Allemands en 1902[360], le Royaume Bamoun était un véritable Etat circonscrit dans un espace géographique rigoureusement quadrillé et constamment étendu depuis des siècles au moyen d'une politique guerrière dont Mbuombuo fut l'artisan par excellence. A travers les *Chroniques*[361] écrites sous la direction du Sultan Njoya, l'on saisit comment les *Bamoun,* réunis par le hasard des conquêtes, ont pu acquérir une véritable unité nationale[362]. Sans doute, « la formidable expansion militaire Bamoun eût des conséquences importantes sur le plan politique et s'accompagna d'une consolidation de l'Etat et de ses institutions »[363]. Du reste, comme la plupart des peuples du sud Cameroun, la société *Bamoun* est lignagère ; son « communautarisme » prime sur la propriété privée. Dans cette société inégalitaire[364], le Roi est le seul dépositaire de la souveraineté politique. Il est, en outre, le plus grand polygyne du pays[365]. Chef de guerre, juge, prêtre[366], tenancier du domaine foncier, son pouvoir est absolu et

---

toujours ». (Cité, Elikia (M'Bokolo), *Afrique noire – Histoire et civilisations, T.2 : 19 e et 20e siècle*, Paris, Hatier, 1992, p. 25). Mbuombuo, prototype du roi-guerrier sous le règne duquel le Royaume bamoun s'étendit ; Royaume que modernisa Njoya qui l'ouvrit au monde occidental.

360 Cf. Pare (Isaac), « Les Allemands à Foumban », dans *Abbia* 12-13, 1906, pp. 211-231.

361 Njoya (Sultan), *Histoire et coutumes des Bamoun*, Mémoire de l'institut français d'Afrique Noire, 1952.

362 Binet (Jacques), « Le commandement chez les Bamoun », dans *Le monde non-chrétien*, n° 24, oct-déc 1952, Paris, p. 400.

363 Elikia (M'Bokolo), *Afrique noire – Histoire et civilisations,* op. cit., p. 26.

364 Au bas de la pyramide sociale, la masse d'*esclaves* représentant les deux tiers de la population ; puis, les divers lignages constituent la noblesse à l'intérieur de laquelle l'on distingue les grands serviteurs (appelés la *noblesse palotine*), les *maternels du Roi*, la *noblesse de sang* ; enfin, au-dessus de la pyramide, les *7 conseillers* du Roi avec qui ce dernier est lié par un pacte scellé depuis la fondation du royaume : « un engagement fut alors pris, écrit Claude Tardits, au terme duquel le partage [des terres] ne pourrait jamais être modifié par décision unilatérale du souverain. (...). Les conseillers, pour leur part, devaient respecter le choix que faisait le souverain de son successeur et soutenir les droits de la descendance de Nsharé au pouvoir ». (Cf. Claude Tardits, *Le Royaume Bamoun*, op. cit., p. 106).

365 En effet, « ses épouses se comptaient par centaines, alors que les chefs de lignages importants n'en auraient eu que quelques dizaines avant que l'administration coloniale française n'eût tâche d'imposer, en 1920, une réduction de l'effectif des épouses et d'en ramener le maximum à vingt » (Cf. Claude Tardits, *Le Royaume Bamoun*, Ibid. p. 602).

366 En effet, le Roi Bamoun était pour son peuple un guide spirituel. Jacques Binet (« *Le commandement chez les Bamoun* », dans *Le monde non-chrétien*, op. cit., pp. 405-406) souligne que « les chefs Bamoun ont su conquérir un pouvoir sacré. Ils ont

centralisé. Bien qu'il accorde une attention aux conseils de son entourage, il reste cependant l'unique garant de la stabilité et des orientations politiques du Royaume ; sa légitimité politique est renforcée par le caractère sacré de son pouvoir.

B. L'esprit du droit dans le sud animiste

1. Le poids du sacré sur le droit familial – Une parenté élargie – L'exercice de la puissance paternelle

En droit familial, la volonté de la communauté est supérieure à celle de l'individu. Le groupe est intégralement personnifié par le chef de famille qui le représente au dehors et préside, au-dedans, à la discipline, au respect des traditions. « Toute personne s'inscrit dans un groupe étendu[367] où sa place est fixée par un ensemble de rattachements[368] : souffle vital qu'il reçoit du père, reconnaissance qu'il doit à l'ancêtre commun, devoirs et sacrifices qu'il doit aux générations précédentes, existence d'interdits qui le lient, par l'animisme, à tel animal totémique, appui qu'il obtient dans les actions qu'il entreprend et qui est sollicité et obtenu à l'occasion des fêtes »[369]. C'est ainsi que chez les *Dwala*, le *''toumba-la-mboa''* (famille au sens large) est « l'ensemble des ''*mbia*'' (famille)[370]

---

eu l'habileté ou la chance de le conserver et de l'accroître en l'enrichissant des différents apports religieux dans le cadre du paganisme puis dans celui de l'islam ». Le cas de Njoya fut dans ce sens exemplaire : vers 1900, lorsque le christianisme et l'islam commencèrent à menacer les religions à caractère tribal, il se résolut à se convertir à l'islam ; puis vers 1906, il s'intéressa aux missions protestantes. En 1916, il se livra à une expérience paradoxale en voulant synthétiser l'islam et le christianisme dans une religion nouvelle ; une expérience qui fut de courte durée puisque dès 1920, le Roi Bamoun renoua avec l'islam.

[367] « L'exogamie est le principal trait qui limite le groupe. Les jeunes gens d'un groupe ne peuvent pas épouser les jeunes filles de ce groupe. Ils sont frères et sœurs. C'est en dehors qu'on doit chercher sa femme ou son mari. En outre, on a un souvenir précis de l'ancêtre. Son nom appartient à tous. Tous parfois sont liés par une vendetta commune ». Cf. Wilbois (Joseph), *Le Cameroun : les indigènes, les colons, les missions, l'administration française*, Paris, Payot, 1934, p. 39.

[368] Chaque *Dwala* reçoit à sa naissance un nom (« *dina* ») coutumier que suit toujours pour le préciser le nom de son père. Cf. Brutsch (Jean-René), « Les relations de parenté chez les Duala », op.cit., p. 212.

[369] Cf. Durand (Bernard), Chêne (Christian) & Leca (Antoine), *Introduction historique au droit*, op. cit., p. 379.

[370] La famille (« *mbia* ») comprend en général l'homme avec ses différentes femmes (« *bito* », sing. « *muto* »), les enfants qu'il a eu d'elles (« *bana* », sing. « *muna* »), de même que les grands-parents paternels (« mbambè », plur. « bambambè ») et les petits enfants (« miladi », sing. « muladi »). Brutsch (Jean-René), « Les relations de parenté chez les Duala », op. cit., p. 217.

relevant de l'ancêtre commun vivant ou décédé[371]. En pays *bamiléké*, « l'individu est rattaché au groupement où reposent ses ancêtres »[372]. La famille s'étend aussi bien en ligne paternelle qu'en ligne maternelle à l'infini, tant qu'il est possible de reconnaître le lien de parenté[373]. Chez les *Bulu*, la famille étendue est « formée des descendants d'un ancêtre commun, auxquels viennent s'adjoindre, le plus souvent, des alliés par les femmes, des amis, des clients et des serviteurs »[374]. La société *béti* est composée de grands lignages patrilinéaires appelés ''*mvog*'' ne connaissant guère d'autres liens que « ceux de la parenté du sang et ceux de l'alliance au sens complet du mot, l'alliance matrimoniale incarnant l'alliance politique »[375]. En général, la filiation est légitime ou naturelle[376]. Chez les *Dwala*, le père exerce la puissance paternelle[377] sous l'autorité supérieure du

---

[371] Cf. Duby (R.), *Coutumier civil des Douala*, op.cit., p. 1.

[372] Kwayeb (Enock Katté), *Les institutions de droit public du pays Bamiléké (Cameroun). Evolution et régime actuel,* op.cit., p. 30.

[373] Kanga (Victor Jean-Claude), *Le droit coutumier Bamiléké au contact des droits européens*, op.cit., p. 144.

[374] Bertaut (Maurice), *Le droit coutumier des Boulous – monographie d'une tribu du Sud Camerou*n, op. cit., p. 153.

[375] Laburthe-Tolra (Philippe), *Vers la lumière ? ou le désir d'Ariel : A propos des Beti du Cameroun, Sociologie de la conversion*, op. cit., pp. 47-48.

[376] La filiation légitime est celle qui résulte d'un mariage régulier. L'enfant conçu pendant le mariage a pour père le mari. Chez les *Dwala*, tout enfant conçu après le versement de la dot est un enfant légitime quel qu'en soit le père. L'enfant conçu avant le commencement du versement de la dot est un enfant naturel. Il revient toujours à la famille de sa mère sans légitimation possible par le mariage. L'adoption la plus employée est celle d'un domestique, soit en lui donnant une femme de la famille, soit après de longues années de services. Pour être adopté chez les *Dwala*, il faut être de sexe masculin et renoncer à sa famille d'origine ou d'adoption. L'adopté prend part aux travaux de la famille, aux rites, aux festins, aux mariages, aux joies et aux deuils. Il peut devenir chef de sa famille d'adoption à défaut de toute descendance mâle. Il renonce à toute succession dans sa famille d'origine. S'il est seul héritier dans sa famille d'origine, il peut accepter la succession, mais sous réserve de ne pas l'apporter dans sa famille d'adoption. S'il recueille des enfants de quelque origine qu'ils soient, ils n'entrent pas dans la famille d'adoption. Ils restent strictement propres à l'adopté. L'adoption testamentaire est possible par une déclaration devant le Conseil de famille, par laquelle l'adoptant fait connaître sa volonté. L'adoptant peut par exemple adopter un domestique qui aura ainsi un droit dans sa succession. Cf. Duby (R.), *Coutumier civil des Douala*, op. cit., p. 9.

[377] A ce titre, il administre les biens de ses enfants mineurs. La déchéance de la puissance paternelle n'existe pas. Même exclu de la famille, le père peut obliger tous les mineurs (enfants non mariés) à le suivre dans son exil. Si le père de famille

chef de famille[378] sur tous les descendants, en principe quel que soit leur âge, d'autant que « la majorité est ici une notion imprécise qui paraît liée plutôt au mariage qu'à l'âge »[379]. Chez les *Bassa*[380], le chef de famille reproduit tous les gestes de son père et en rapporte fidèlement toutes les paroles. Tous souhaits et bénédictions émanent de lui. Il reconnaît l'enfant quelques jours après sa naissance dans la cérémonie du ''ya'', bénit la fille qui s'en va et les nouvelles épouses qui viennent, possède le droit d'exclure un membre et d'en admettre d'autres. Il est maître de la femme ou des femmes – y compris celles de ses fils – et des filles ». Dans la société *bamiléké*, « le père a des pouvoirs très étendus et presque absolus, tant sur ses femmes que sur ses enfants »[381].

2. La Situation de la femme – Les modalités du mariage et le sens de la polygamie

Dans les sociétés du Sud-Cameroun, la volonté de la femme est insignifiante en matière matrimoniale[382]. Le mariage est un contrat social par lequel une famille se procure, pour l'un de ses membres,

---

devient fou, le Conseil de famille constate la folie et le fils aîné prend la chefferie, mais pour le compte et au nom de son père dément. Si les fils du dément sont mineurs, c'est le frère germain, à défaut consanguin, qui assure la chefferie. Cf. Duby (R.), *Coutumier civil des Douala*, Ibid., p. 10.

[378] « Le père peut n'être pas chef de famille, et le chef de la famille peut n'être ni père, ni marié ». Cf. Duby (R.), Ibid., p. 9.

[379] Ibid.

[380] Cf. Perono (Julien), « Les Bassa », dans *Bulletin de la Société d'études camerounaises*, op.cit.

[381] Kanga (Victor Jean-Claude*), Le droit coutumier Bamiléké au contact des droits européens,* op. cit., p. 145.

[382] Cf. Binet (Jacques), *Aspects du mariage dans le sud Cameroun*, Bibliothèque Penant, Paris, Editions de l'Union française, 1952. Basse (Jacques), *Les délits relatifs au mariage dans le Sud-Cameroun : L'abandon du domicile conjugal et l'escroquerie de la dot,* Thèse de doctorat en droit, Paris, 1957. Dika-Akwa, *Eléments de corpus Douala : le mariage*, Paris, Laboratoire d'anthropologie juridique, 1966. Ngoa (H.), *Le mariage chez les Ewondo. Etude sociologique*, Paris, FLSH, 1968. Nkili Abessolo, *Famille, mariage et dot chez les Boulou*, Thèse de droit, Aix-en Provence, 1954. Njokou (M.), *La condition juridique de la femme en société traditionnelle*, Mémoire licence en droit, 1974. Tonye-Mboua, *Systèmes matrimoniaux africains : exemple des Bassa au Cameroun*, Paris, Laboratoire d'anthropologie juridique, 1970. FR/C.A.O.M./Fonds ministériel /Mémoires des élèves de l'Ecole coloniale/ 3ECOL 144D3 – Doo-Kinguè (Constance)- *Quelques traditions camerounaises en matière de mariage 1958-1959.*

auprès d'une autre famille, le droit d'user d'une femme[383]. Celle-ci est souvent « promise » dès son enfance[384], parfois même avant qu'elle soit née et contribue ainsi à unir deux lignées ou à sceller une alliance entre des familles[385]. L'union matrimoniale concerne la société toute entière et pas seulement les futurs époux. Ceux-ci sont donnés l'un à l'autre par les parents, mais aussi par tous les anciens de la lignée. Dans le Sud-Cameroun, les trois buts essentiels du mariage sont la procréation, l'acquisition de travailleuses et la création d'alliances[386]. Lorsqu'une jeune fille est donnée en mariage, la tradition exige que sa famille reçoive une dot des parents du mari[387]. Une fois arrivée chez

---

383 Bertaut (Maurice), *Le droit coutumier des Boulous – monographie d'une tribu du Sud Cameroun*, op. cit., p. 169.

384 « Lorsqu'une naissance est signalée dans un village bamiléké, tous les habitants du village viennent rendre visite à l'accouchée et lui apportent des présents (...). Pendant un mois, ces visites se renouvellent chaque jour ; c'est aussi pendant ce premier mois que se présente le fiancé si l'enfant est une fille. Dans ce cas, n'importe quel visiteur, quel que soit son âge, peut demander aux parents de la petite fille d'être agréé comme futur époux ». Cf. Rapport annuel adressé par le Gouvernement français au Conseil de la Société des Nations sur l'administration sous mandat du Cameroun pour l'année 1922, Paris, 1922, p. 16.

385 Cf. Weekes-Vagliani (Winifred), *Vie et structures familiales dans le Sud-Cameroun*, Paris, OCDE, 1976, p. 17.

386 Binet (Jacques), *Aspects du mariage dans le sud Cameroun*, op. cit.

387 Pour les puristes, le mot « dot » est impropre en droit traditionnel africain, puisqu'en droit français, il désigne les prestations fournies par la famille de la femme au prétendant. En Afrique, la dot correspond au contraire à l'ensemble des prestations que doit fournir un prétendant aux parents d'une femme, pour recevoir celle-ci en mariage. Cette pratique a remplacé « l'échange de femmes » entre collectivités voisines : plutôt que de remplacer une fille par une autre fille, on l'échange contre certains objets de valeur symbolique ou éventuellement réelle. La Sœur Marie-Andrée du Sacré-Cœur (« *La loi d'airain du mariage dotal dans le Sud-Cameroun*», dans la revue *Les Etudes* d'octobre 1950, p. 7) note que les objets donnés comme dot scellent l'union entre les deux familles et sont aussi la preuve du mariage ». Dans un article publié en 1950 (« Le problème de la dot en Afrique Noire », dans *Revue juridique et politique de l'Afrique Noire*, octobre 1950), Solus résume les aspects divers que les auteurs ont prêtés à cette institution. La première idée est celle d'un simple cadeau de courtoisie du prétendant à l'égard de sa future belle famille. D'autres auteurs voient dans la dot une indemnité compensant pour la famille de la femme la perte de l'un de ses membres. Tous enfin voient dans la dot un signe d'authentification du mariage. Le versement de a dot, même si elle est symbolique, constitue une part essentielle du rituel du mariage. Elle se fait devant témoins qui attesteront de la réalité du mariage. Autrefois don symbolique, la dot a cependant pris progressivement le caractère d'une spéculation, au fur et à mesure que s'est développée l'économie monétaire dans le pays. Elle a atteint, dans certains cas, des taux élevés, entraînant des conséquences sociales néfastes : impossibilité

son mari, la femme va s'efforcer de ne plus être une étrangère et de devenir la fondatrice de sa propre communauté[388]. Elle peut posséder une partie de la terre familiale, en particulier dans les communautés où la femme effectue des travaux agricoles[389]. Dans les régions urbaines, elle peut avoir en propre une partie de la maison familiale qui lui est allouée pour qu'elle y réside et y ait les mêmes droits que ses frères[390]. Dans les collectivités commerciales, elle est responsable de ses dettes personnelles et des dommages qu'elle peut causer à autrui[391]. Elle peut intenter elle-même des poursuites pour ces délits[392]. Dans tous les cas, la femme est élevée dans l'idée qu'une fois adulte elle devra pouvoir se suffire à elle-même[393]. Dans certaines communautés, elle revêt en matière politique ou religieuse une importance égale sinon supérieure à celle des hommes[394]. Chez les *Dwala* par exemple, le Conseil supérieur royal ne peut pas commencer à siéger sans la présence d'une femme[395]. L'épouse qui a eu beaucoup d'enfants jouit également d'un grand prestige et d'un rang social élevé parce qu'elle assure la continuité de la société toute entière[396]. Pour toute femme, dans les sociétés du Sud-Cameroun, parvenir à être reconnue comme « fondatrice de sa propre communauté » constitue l'apogée de l'ascension sociale[397]. Lorsqu'un homme prend une seconde épouse, il divise la terre dont il dispose entre ses deux femmes. Chacune établit sur son Territoire une unité domestique où elle vit avec ses enfants. Mais l'administration générale de la concession (soit l'ensemble des unités domestiques) revient au mari. Traditionnellement, les deux premières épouses désirent que leur mari

---

pour les jeunes gens de contracter mariage, licence des mœurs, accroissement de la polygamie. Cf. Owono Nkoudou (J.R.), « Le problème du mariage dotal au Cameroun français », dans *Etudes camerounaises* , revue trimestrielle, Tome VI, mars-juillet 1953, n° 39-40, Institut Français d'Afrique Noire, pp. 41-83.

[388] Olawale (Elias), *La nature du droit africain*, op. cit., pp. 118-121.

[389] Ibid.

[390] Ibid.

[391] Ibid.

[392] Ibid.

[393] Cf. Weekes-Vagliani (Winifred), *Vie et structures familiales dans le Sud-Cameroun*, op. cit., pp. 18-20.

[394] Cf. Manga Bekombo, *La société familiale Douala*, Thèse de 3e cycle, Université de Paris/Nanterre, 1969.

[395] Weekes-Vagliani (Winifred), *Vie et structures familiales dans le Sud-Cameroun*, op. cit., pp. 19-20.

[396] Ibid.

[397] Ibid., p. 18.

prenne le plus de femmes possible, car leur propre pouvoir en est augmenté[398]. En effet, les femmes suivantes restent soumises aux premières épouses et doivent venir s'installer dans les foyers que celles-ci ont établis. En outre, quand les fils des épouses principales se marient, ils amènent leurs femmes vivre chez leur mère. Ainsi, le groupe familial administré pas un homme dépend pour son développement de la dimension des unités domestiques des premières femmes. La famille continuant à croître finit par s'épanouir en lignée ou communauté. Vue sous cet angle, la polygamie n'est pas le simple fait d'un homme vivant entouré de plusieurs femmes : elle est un mécanisme de reproduction et d'extension de la société toute entière[399], et permet d'atteindre les buts du mariage[400]. Elle est « l'idéal traditionnel de la plupart des Africains », car posséder plusieurs femmes est un « symbole de prestige et de richesse »[401].

3. Le privilège de la masculinité et de la primogéniture en matière successorale – Le principe de l'héritier unique – La pratique des donations et des testaments

En matière successorale[402], les femmes sont exclues de l'héritage de leur famille d'origine comme d'ailleurs de celle du mari quoique pour des raisons différentes. En principe, l'héritier unique[403] est le premier fils du défunt. Comme il s'agit le plus souvent de familles polygames, l'héritier est l'aîné du premier groupe de femmes ou de n'importe laquelle des épouses[404]. « Chez les *Duala*, seul le fils aîné de la première femme (du premier *muèbè)*[405] peut se dire et se

---

[398] Ibid.

[399] Ibid.

[400] Binet (Jacques), *Aspects du mariage dans le sud Cameroun*, op. cit.

[401] Weekes-Vagliani (Winifred), *Vie et structures familiales dans le Sud-Cameroun*, op. cit., P.18.

[402] Youego (Christine), *Sources et évolution du droit des successions au Cameroun*, op. cit., p. 105.

[403] Mais chez certains peuples comme les *Bakoko*, tous les fils aînés des épouses principales héritent en cas de polygamie. Chacun hérite de tout ce qui dépendait du groupe confié à sa mère. Cf. Nicol (Yves), *La Tribu des Bakoko*, op. cit.

[404] Ibid.

[405] Chez les *Dwala*, l'ensemble d'une famille polygame constitue l'« *éboko* » (la cour), c'est-à-dire l'espace formé par les différentes cases édifiées autour de celle du chef de famille. L'« *éboko* » se subdivise en « *myèbè* » (sing. *Muebè*), c'est-à-dire la case où on fait la cuisine et qui sert d'habitation aux femmes et à leurs enfants. Cf. Brutsch (Jean-René), « Les relations de parenté chez les Duala », op. cit., p. 220.

porter héritier de la succession[406]. Il hérite des biens et des femmes de son père, sauf de sa propre mère qui n'a pas le droit de se remarier dans le cercle de l'« *éboko* » (cour) de son défunt mari. Il n'y a aucun partage possible entre l'héritier et ses autres frères[407]. Par définition, ceux-ci deviennent « ses enfants ». C'est lui, et lui seul, qui gère tous les biens. Mais il doit le faire en « bon père de famille ». C'est à lui, en particulier, que revient « l'obligation de procurer des femmes à ses frères ». Dans ce type de succession, on parle d' « héritier naturel », car la désignation de celui-ci intervient selon « les règles fixées par les ancêtres »[408]. Mais dans d'autres sociétés, une relative liberté est laissée au défunt. Ainsi en est-il chez les *Bamiléké* où le successeur est « désigné par le *de cujus* sous l'inspiration de ses ancêtres »[409]. En général, lorsque le défunt n'a pas d'enfants mâles ou que le fils ainé est indigne de succéder, d'autres hommes peuvent venir à la succession : il s'agit du frère le plus âgé , de son frère germain ou consanguin le plus proche ou d'un petit-fils né de la fille du défunt. Les fonctions d'héritier consistent essentiellement à veiller au maintien de l'union entre tous les membres, à la cohésion des efforts de tous, à l'enrichissement et à l'accroissement du groupe. Les droits successoraux sont « beaucoup plus largement remplacement de l'ancien titulaire afin que ne soient interrompues ni la chaîne des intermédiaires ni les fonctions exercées par le défunt »[410]. Avant sa mort, un individu peut disposer de tout ou partie de ses biens[411] soit par testament[412], soit par donation[413], mais aussi engager sa responsabilité civile en matière contractuelle.

---

[406] Cf. Doumbé-Moulongo (Maurice), *Les coutumes et le Droit au Cameroun*, Yaoundé, Editions Clé, 1972.

[407] Brutsch (Jean-René), « Les relations de parenté chez les Duala », op. cit., p. 226.

[408] Youego (Christine), *Sources et évolution du droit des successions au Cameroun*, op. cit., p. 97

[409] Kwayeb (Enock Katté*), Les institutions de droit public du pays Bamiléké (Cameroun). Evolution et régime actuel*, op. cit., p. 26.

[410] Durand (Bernard), Chêne (Christian) & Leca (Antoine), *Introduction historique au droit*, op. cit., p. 379.

[411] Il s'agit des biens qui n'ont aucun rôle dans les rapports fondamentaux entre l'invisible et le visible et qui peuvent faire l'objet d'une appropriation individuelle par les membres de la communauté. On y intègre outre les immeubles bâtis, les meubles et objets personnels, c'est-à-dire ceux dont les hommes ont besoin dans leur existence sociale, sur lesquels ils exercent des droits sans partage.

[412] Chez les *Bulu* [Bertaut (Maurice), *Le droit coutumier des Boulous – monographie d'une tribu du Sud Cameroun*, op. cit., pp. 240-241], le testament ne revêt aucune forme solennelle, et se prouve généralement par témoins : le testateur

4. La responsabilité civile – L'oralité et la moralité des obligations contractuelles

Dans les sociétés du Sud-Cameroun, le droit des contrats est peu développé[414]. Le gage est souvent utilisé et permet à un débiteur de remettre à son créancier un objet mobilier (ou une personne) comme sûreté de sa dette. Dans le domaine familial, le contrat de mariage[415] est dominé par l'idée de dot qui compense, pour la famille de la femme, la perte de la force de travail provoquée par son départ. En général, le domaine des contrats concerne essentiellement les activités agricoles[416]. Il arrive, en effet, que parents ou groupes sans liens de parenté mettent en commun leurs ressources pour la culture, les

---

rassemble ses amis intimes (généralement âgés) dans un endroit secret, exprime sa volonté à exécuter après sa mort, en dehors de la présence des héritiers éventuels. Chez les *Dwala* [Duby (R.), *Coutumier civil des Douala, op. cit.*, pp. 19-20*]*, au contraire, le testament est fait en présence obligatoire de l'aîné des fils du testateur ou de l'aîné des frères ou du chef de famille et d'un tiers non bénéficiaire des legs. Les mineurs, les déments et les femmes ne peuvent pas tester.

[413] Chez les *Dwala* [Duby (R.), *Coutumier civil des Douala,* Ibid.*,* pp. 18-19*]*, la donation doit être gratuite, actuelle, irrévocable et acceptée. Une donation fréquente consiste dans l'achat d'une femme pour un adopté ou pour un autre membre de la famille trop pauvre.

[414] L'article 1101 du Code civil français définit le contrat comme « une convention par laquelle une ou plusieurs personnes s'obligent envers une ou plusieurs autres, à donner à faire ou à ne pas faire quelque chose ». Conclure une convention, revient *a priori* à se mettre d'accord sur quelque chose. Instrument privilégié des échanges de biens ou de services à titre onéreux, le contrat « est le pilier des relations entre les personnes dans une société non statutaire et économiquement ''ouverte'' ». En d'autres termes, les relations contractuelles se développent de préférence dans les sociétés faisant prévaloir les individus sur les groupes, tandis que les sociétés communautaristes ou collectivistes sont régies par les relations statutaires. Dans les sociétés du Sud-Cameroun, les familles constituent à elles seules des groupements bien organisés qui se suffisent à eux-mêmes. Néanmoins, à l'intérieur des villages *bamiléké* [Cf. Kanga (Victor), *Le droit coutumier Bamiléké au contact des droits européens*, op. cit.], les échanges s'effectuent sans aucune limitation entre les individus, soit par vente, soit par troc : ils portent sur les biens meubles et immeubles, les femmes, les biens individuels. Mais les terres, bien collectif et inaliénable, ne peuvent faire l'objet de commerce. Tout le monde peut acheter ou vendre, sauf incapacité notoire (fou ou enfant). Tant qu'une chose n'est pas frappée d'interdit coutumier de vente (terres, choses sacrées, biens collectifs en général), elle peut être vendue ou échangée.

[415] Chez les *Bulu*, le mariage (*aluk)* est un « contrat de vente ». La « vente » (« *nkus* ») et « l'échange » (« *folan* ») se confondaient à une époque où la monnaie était inexistante. Cf. Bertaut (Maurice), *Le droit coutumier des Boulous – monographie d'une tribu du Sud Cameroun*, op. cit., Ibid., p. 170.

[416] Olawale (Elias), *La nature du droit africain*, op. cit., pp. 170-171.

semailles ou les moissons ou encore les travaux de construction de huttes ou les travaux d'entretien. Le groupe qui fait appel au travail d'individus d'autres groupes les nourrit, les prend en charge, et même organise des fêtes de réjouissances. L'aspect original de ce « contrat de travail coopératif »[417] peut être ramené à une équivalence des prestations fournies de part et d'autre. Dans un tel contrat où tout repose sur la bonne foi des cocontractants, les sanctions en cas de défaut de prestations sont d'ordre essentiellement psychologique : le ridicule, le mépris, voire l'ostracisme atteignent alors la partie défaillante[418]. Des pressions d'ordre économique sont également employées, de sorte que celui qui a manqué à ses obligations ne trouve plus personne prêt à l'aider. Il existe aussi au sein des communautés agricoles des accords entre propriétaires de bétail, de moutons ou de chèvres et même parfois de volailles, aux termes desquels les animaux sont confiés à un voisin pour être élevés sur une base plus ou moins commerciale[419]. La rémunération de la peine prise par celui qui a la charge des animaux varie selon les contrats[420]. D'autres types de contrats existent en droit traditionnel africain : ce sont les contrats de louage des services d'une sage-femme, pour un accouchement, d'hommes ou de femmes expérimentés pour mener à bien certaines circoncisions délicates, les contrats « d'emprunts de terres à court ou à long terme conclus sur la base d'un partage des récoltes annuelles, et compte tenu des bonnes ou mauvaises récoltes ». Ces conventions requièrent, pour être valides, la présence de témoins lors de leur

[417] Ibid.
[418] Ibid.
[419] Bertaut (*Le droit coutumier des Boulous – monographie d'une tribu du Sud Cameroun*, op. cit., pp. 250-252) reconnaît cette forme de contrat chez les *Bulu* du Cameroun sous le nom *« étaé-kabat ». «* Le bailleur, écrit-il, reste propriétaire des bêtes et de tout leur croît. Le preneur en assure la garde et doit les rendre à première réquisition. Tous les risques sont à la charge du preneur (…). Le bailleur est tenu de récompenser le gardien en lui donnant une ou plusieurs têtes de bétail. Dans cette convention, les deux parties ont un réel intérêt et surtout elles espèrent des profits considérables (…). Il va sans dire que le règlement de compte entraîne de longues discussions, et finit fatalement devant le juge. Le bailleur accuse toujours le preneur de lui avoir volé un nombre considérable de bêtes, celui-ci se défend et appelle des témoins. Au début de l'instance, on croirait à une affaire impossible à régler : 5 ou 10 minutes suffisent à peine, pour qui connaît bien ses Nègres, pour les mettre d'accord. On s'aperçoit que dans l' « *étaé-kabat »,* la durée du contrat n'est pas fixée, ainsi que la rétribution du gardien ».
[420] Habituellement, on attribue au propriétaire les premiers petits nés chez l'éleveur, qui reçoit en revanche les petits des portées suivantes, jusqu'à expiration du contrat.

conclusion ou à défaut l'apport d'une autre forme de témoignage incontestable pour que preuve soit apportée de leur effectivité. En droit traditionnel, la notion d'obligation et de responsabilité s'applique aussi bien dans les rapports entre les individus, sous réserve des nuances afférentes aux hiérarchies sociales, qu'en ce qui concerne les personnes et les choses dont on répond[421]. Il n'est nullement question, pour que les engagements soient valables, du consentement du chef de famille. Les limitations sont celles déterminées par les incapacités (mineur, dément, femme)[422]. Pour qu'un contrat soit valide en droit *Bamiléké*, il faut qu'il y ait un objet, que les parties contractantes ou leurs représentants consentent, qu'elles soient capables, que le contrat ne contredise pas la coutume[423]. Dans l'ensemble des sociétés traditionnelles africaines, les notions de réciprocité des obligations, de respect de la parole donnée, de précautions contre la fraude ou la violence, déterminent le régime des contrats[424]. La responsabilité civile est, en définitive, liée à une conception de la société, qui loin de faire prévaloir les individus sur les groupes, est dominée par des relations statutaires et collectivistes. Ceci semble, du reste, valable pour le Nord-Cameroun, malgré les nuances introduites dès le XVIIIe siècle par le droit musulman.

Section 2 : Les sociétés féodales et islamisées du Nord Cameroun

Le Nord-Cameroun est habité par trois groupes distincts[425] : les *Soudanais* qui se subdivisent en une cinquantaine d'ethnies à l'origine animistes[426], les *Sémites* représentés par les *Arabes Choa*[427], et le

---

421 Kanga (Victor), *Le droit coutumier Bamiléké au contact des droits européens*, op. cit., p. 228.

422 Ibid., p. 231.

423 Ibid., pp. 238-239.

424 Olawale (Elias), *La nature du droit africain*, op. cit., p. 175

425 Cf. Mohammadou (Eldridge), *Introduction historique à l'étude des sociétés du Nord-Cameroun*, Abbia, Revue culturelle camerounaise, Mars-juin 1966, Yaoundé, pp. 233-271.

426 En référence aux musulmans, ils sont appelés « *Kirdi* », ce qui veut dire « païens ». « Chez [ces] populations non islamisées l'organisation sociale est basée sur la famille étendue, régie par le droit paternel et regroupée en différents clans exogames. Chaque clan reconnaît pour chef temporel le plus proche descendant d'un héros fondateur, aux exploits fabuleux ». Ibid., p. 253. Lire aussi, Lembezat (B.), *Les populations païennes du Nord Cameroun*, Paris, Mémoire de l'Institut français d'Afrique Noire, Centre du Cameroun, 1958.

427 Frank Hagenbucher – Sacripanti (« *Les arabes dits "suwa" du Nord Cameroun* », dans Cahiers de l'Orstom, Vol. XIV, n° 3, Paris, Orstom, 1977, pp. 228-229) rapporte que c'est en 1823 qu'est signalée pour la première fois la présence des

groupe *Peul* composé de *Foulbé*[428] sédentaires et de *Mbororo* nomades. Historiquement, les Soudanais sont dénommés « autochtones » par rapport aux autres groupes dont l'apparition dans le Nord-Cameroun a été postérieure. Entrées en rapport les unes avec les autres, ces « civilisations » se sont « radicalement altérées pour les unes, relativement modifiées pour les autres »[429]. C'est véritablement à partir du XVIIIe siècle que cette région se transforme lorsque des pasteurs *foulbé* venus du Nigéria réussissent à s'imposer par la force des armes[430]. Sous la conduite d'Ousman dan Fodio, les conquérants s'efforcent de créer un grand Empire *peul*[431] après avoir soumis les populations animistes locales. Au milieu du XIXe siècle, l'hégémonie

---

populations arabes au Sud du lac Tchad, installation qui fut la conséquence d'incessantes guerres, notamment contre les *Kotoko.*

[428] Cf. Mohammadou (Eldridge), *Ray ou Rey-Bouba, traditions historiques des Foulbé de l'Adamâwa*, Paris, CNRS, 1979. Lire aussi, Lacroix (Pierre-François), « Matériaux pour servir à l'histoire des Peuls de l'Adamawa », dans *Etudes Camerounaises*, Revue trimestrielle, Tome V, sept-déc.1952, n° 37-38, IFAN, Centre du Cameroun. Cf. Hurault (J.), « Histoire du Lamidat peul de Banyo (Cameroun) », dans *Compte rendus trimestriels des séances de l'Académie des Sciences d'outre-mer* [séance du 20 juin 1975], Tome XXXV – 1 – 1975, pp. 421-463.

[429] Mohammadou (Eldridge), *Introduction historique à l'étude des sociétés du Nord-Cameroun*, op. cit., p. 237. Bernard Hepp (*Coutumes des Peuls de l'Adamaoua*, Thèse en droit, Université de Paris, 1948, p. 11) précise, en ce qui concerne les *Peuls*, « qu'ils empruntèrent aux populations haoussa ou païennes, au contact desquelles ils se trouvaient, un vocabulaire relativement important ainsi que les diverses coutumes qui, sans transgresser formellement les règles édictées par le Coran, permettaient de les assouplir ou de les écarter en ce qu'elles pouvaient avoir de gênant pour les individus ».

[430] « L'installation des Foulbé dans le Nord-Cameroun [s'est déroulée] en deux mouvements distincts : la première phase de cette installation est pacifique et s'étale sur quatre siècles (du XVe au XIXe siècle), la seconde phase qui a lieu au XIXe siècle [revêt] un aspect guerrier et prend la forme d'une conquête systématique ». Cf. Mohammadou (Eldridge), *Introduction historique à l'étude des sociétés du Nord-Cameroun*, op. cit., p. 240.

[431] Dan Fodio organise cet Empire qu'il divise en plusieurs provinces à la tête desquelles il installe un émir dépendant directement de lui et ayant autorité sur tous les chefs *foulbé* de son Territoire. Pour la province du Cameroun, il choisit pour lieutenant un pieux lettré de Yola, Modibo Adama. C'est lui qui donne au Nord-Cameroun le nom d'Adamawa, c'est-à-dire « la terre d'Adama ». Modibo Adama installe la capitale de l'Adamaoua à Yola à partir de laquelle il organise sa province. Cf. Mohammadou (Eldridge), *Introduction historique à l'étude des sociétés du Nord-Cameroun*, Ibid., p. 244.

des *Foulbé* s'étend pratiquement à l'ensemble du pays[432]. Désormais, le Nord-Cameroun est divisé en *Lamibé* (chefferies)[433] placées sous l'autorité d'un *Lamido* (chef)[434]. A une multitude de groupuscules qui se partageaient toute la région avant le XVIIIe siècle, la culture *peule* est venue donner une unité nouvelle basée sur des structures politiques **(A)** de plus grandes dimensions et sur les principes du droit musulman[435]. En dehors des *Kirdi*[436] qui opposent une résistance, les

---

[432] A l'exception des Etats Kotoko et du Mandara, les massifs montagneux du Mandara, le pays des Chouwa et la vallée du Logone. Ibid., p. 245.

[433] Le *Lamidat* est le Territoire sur lequel s'exerce la juridiction d'un *Lamido*. La taille de ces Lamidats varie de quelques kilomètres carrés avec seulement 1000 habitants pour atteindre des proportions considérables, tel le *Lamidat* de Rey-Bouba qui s'étend sur plus de 35000 km². Cf. Ibid., p. 266.

[434] Le terme *Lamido* vient du verbe « *Lamaago* » qui signifie gouverner. Chef de la communauté musulmane, il est le représentant de Dieu, l'expression d'une souveraineté d'essence divine. *Commandeur des croyants* », le Lamido est un personnage hors du commun dont le prestige s'appuie sur une grande richesse. L'accession au Lamidat n'a pas lieu selon les règles de succession déterminées, mais par élection. L'appartenance à la famille est la seule condition exigée pour briguer le *Lamidat*. C'est aux dignitaires *foulbé* réunis en *« faada »* (Conseil du *Lamido*) qu'il appartient de désigner et aussi éventuellement de déposer le *Lamido*. La cour *(faada)* du *Lamido* est composée de dignitaires les uns *Foulbé*, les autres serviteurs émancipés. On note parmi les dignitaires les plus importants : le *Wadjiri* ou « Premier Ministre », le *Wakili*, le *Galdima* représentant des *Foulbé* auprès du *Lamido*, le *Sarki Faada*, l'Iman chef de la mosquée. Les dignitaires serviteurs remplissent souvent des fonctions spécialisées d'ordre domestique : le *Samaki*, chef des écuries, le *Sarki Dogari* chef des gardes, le *Kofa* chef des portiers. Le *Lamido* dirige la justice par l'intermédiaire des juges appelés *Alcadi.* Cf. Froelich (J.-C.), « Le commandement et l'organisation sociale chez les Foulbé de l'Adamaoua (Cameroun) », dans *Etudes Camerounaises*, sept. déc.1954, n° 45-46, IFAN. Mohammadou (Eldridge), *Introduction historique à l'étude des sociétés du Nord-Cameroun*, op. cit., pp. 266-267.

[435] Les « coutumes peuls » du Nord-Cameroun ont pour base fondamentale le droit musulman qui, outre les quatorze chapitres (*Sourates*) du Coran, a été complété par la somme des actes du prophète Mahomet (*Sunna*), les différentes traditions (*Hadith*) et la jurisprudence (*Fiqh*) qui fixent aux croyants l'ensemble des obligations auxquelles ils doivent se soumettre. Mais le droit musulman a subi dans chaque région différentes altérations du fait des usages locaux, des interprétations divergentes qu'en faisaient les lettrés ou les chefs appelés à rendre une justice assez sommaire ». Les Peuls ont par exemple emprunté aux populations *haoussa* ou païennes, un vocabulaire relativement important ainsi que diverses coutumes qui, sans transgresser formellement les règles édictées par le Coran, ont permis de les assouplir ou de les écarter en ce qu'elles pouvaient avoir de gênant pour les individus. Cf. Hepp (Bernard), *Coutumes des Peuls de l'Adamaoua*, op. cit.

[436] Cf. Gardi (René), *Kirdi,* Paris, Albin Michel, 1957. Lire aussi, Lembezat (B.), *Kirdi, les populations païennes du Nord Cameroun,* Mémoire de l'Institut français

populations nouvellement dominées, ayant adopté les règles posées par l'islam[437] **(B),** sont intégrées dans la collectivité *peule*. Alors que les sociétés animistes autochtones sont demeurées avant tout des groupements de parenté, la société *peule* est une cité politique centralisée et hiérarchisée[438]. La stratification sociale est accusée par la différence de dignité et de pouvoir établi entre la noblesse et le peuple, et par la différence de statut juridique entre les hommes libres et les esclaves, entre les vainqueurs et les vaincus.

A. La nature des sociétés politiques dans le Nord-Cameroun

1. L'exception animiste kirdi

Les *Kirdi* constituent une exception animiste dans le septentrion féodal et islamique du Cameroun. « A le considérer froidement, ce mot [*Kirdi*] n'est que le sobriquet un peu injurieux dont se servent les musulmans pour désigner les tribus païennes du Nord-Cameroun. Ce mot n'a pas seulement la signification de païen, et celle de peuple sans dieu ou peuple sans foi, mais aussi de ce que nous entendons par des gens arriérés. Les *Kirdi* sont les gens arriérés, les non développés, et c'est pourquoi ce nom désigne les nombreuses petites et grandes tribus animistes et fétichistes des régions chaudes comprises entre le Logone et les Monts Mandara, et plus bas, au sud, vers le plateau Adamaoua »[439]. Historiquement, les *Kirdi* furent chassés des plaines fertiles et refoulés les uns vers les marais, les autres vers les montagnes, par les conquérants foulbés au XVIIIe siècle. Lorsque ces derniers y pénétrèrent, écrit Jean-Pascal Benoit, « le Nord Cameroun habité par les *Kirdi* « était sans structure, formé d'une mosaïque de peuplades primitives isolées les unes des autres, n'entrant en contact que lors des guérillas ou de quelques marchés »[440]. Engelbert Mveng,

---

d'Afrique Noire (centre du Cameroun), 1950. Benoit (Jean-Pascal), *Kirdi au bord du monde, un médecin lyonnais au Cameroun*, Paris, René Julliard, 1957.

437 « En résumé, écrit Eldridge Mahamadou, la soudaine hégémonie du monde foulbé du début du XIXe siècle tiendra à cette conjonction historique de traits de culture favorables : une structure étatique et guerrière, un ciment religieux puissant, une culture universaliste et une certaine avance technique ». Cf. Mohammadou (Eldridge), *Introduction historique à l'étude des sociétés du Nord-Cameroun*, op. cit., p. 269.

438 Froelich (J.-C.), « Le commandement et l'organisation sociale chez les Foulbé de l'Adamaoua (Cameroun) », op. cit.

439 Cf. René Gardi, *Kirdi*, op.cit., extrait de l'introduction.

440 Benoit (Jean-Pascal), *Kirdi au bord du monde, un médecin lyonnais au Cameroun*, Paris, René Julliard, 1957, p. 44.

s'appuyant sur l'ouvrage de B. Lembezat[441], résume ainsi leur organisation sociale :

« La société est fondée sur la famille patriarcale malgré des survivances, autrefois, du matriarcat dans certaines dynasties des massifs du Mandara. La famille est monogamique ou polygamique, la petite polygamie étant plus fréquente. On ne se marie pas avec des personnes du clan ; l'usage de la dot est courant ; elle se paie en têtes de bétail (petit bétail sur la montagne, gros bétail dans la plaine). Il existe des castes d'artisans, spécialement les forgerons. Quant aux initiations, on les connaît sous le nom de laba ou labi chez les Masa, labé chez les Tupuri… Dans l'ensemble, on initie en famille, et c'est le chef de famille qui est chargé de cette fonction »[442].

2. Les Mandara et les principautés Kotoko

Originellement animistes, les *Kotoko*[443] *et* les *Mandara*[444] se sont convertis à l'islam. Ils furent des sociétés politiques organisées avant l'implantation du modèle *Peul* et musulman[445]. Il s'agit là de deux cas de continuité dynastique, malgré la reconversion à l'islam.

---

[441] Lembezat (B.), *Les populations païennes du Nord Cameroun*, Paris, Mémoire de l'institut français d'Afrique Noire, (Centre du Cameroun), 1958.

[442] Mveng (Engelbert), *Histoire du Cameroun,* op. cit., p. 221. L'organisation politique était établie sous le signe de la liberté et de la solidarité. « *Liberté à l'égard de tout ce qui serait autorité extérieure et cadres artificiels, solidarité à l'intérieur du bloc clanique et familial* ». Il n'y avait pas de grand Etat, mais seulement des chefs de clan dont l'autorité s'étendait sur des groupes restreints descendants du même ancêtre. (Engelbert Mveng, Ibid., p. 222).

[443] Cf. Lebeuf (Annie M. D.), *Les principautés Kotoko. Essai sur le caractère sacré de l'autorité,* C.N.R.S., 1969.

[444] Les *Wandala*, abusivement appelés *Mandara*, ont pour ancêtre Indala, lui-même descendant des Moulgwa/Garmegou qui habitaient initialement les abords du lac Tchad. « Les Garmegou, écrit Robert Nkili, avaient à leur tête une reine, Soudka, dont l'union avec un certain Gaya, venant de l'Est et d'origine Sao, devait donner naissance à la dynastie Wandala ». Cf. Nkili (Robert), *Le pouvoir administratif et politique dans la région du Nord Cameroun sous la période française (1919-1960)*, Tome 1, Thèse de doctorat d'état es lettre – Histoire –, Université de Provence (Institut d'histoire des pays d'outre-mer), Aix-en-Provence, octobre 1985, p. 56.

[445] Dans ce sens, Boutrais *(*J.*)*, *Les sociétés musulmanes (les Mandara-Foulbé)*, dans *Le Nord Cameroun – des hommes, une région*, Paris, Orstom, 1984, p. 233) souligne que « les Mandara existaient en tant que corps ethnique et Etat constitué bien avant leur islamisation ». Tout comme, Robert Nkili (*Le pouvoir administratif et politique dans la région du Nord Cameroun sous la période française (1919-1960)*, op. cit., p. 55) note que c'est une « solide organisation sociale qui préserva le peuple Kotoko de la dislocation et de l'assimilation peulisienne ». Robert Nkili précise que l'islamisation intervint dans la principauté Kotoko sous Djama, fils de Amana, lequel succomba aux invectives Kanouri. (cf. *ibid*, p. 54).

Le pays *kotoko*, compris entre le Baguirni et le Karnem à cheval sur la frontière du Tchad et du Cameroun, comprend de nombreux petites cités (Missené, Ngala, Makari, Afadé, Maffaté, Goulféi, Mara, Kousseri, Tillam, Sangaïa, Longone-Birni) ayant chacune son petit roitelet et dépendant tantôt du Bornou, tantôt du Barguirmi, royaumes plus puissants. La plupart des légendes s'accordent pour dire que les *Kotoko* ont pour ancêtres les Sao, une civilisation africaine connue pour son génie dans la fabrication des objets avec de l'argile cuite. Au début du XIXe siècle, le pays *kotoko* était divisé en deux : Le nord avec ses huit principautés ayant à leur tête un prince, mais en réalité commandées par le gouveneur du Bornou dont elles dépendaient. Au sud, le royaume du Logone formait un Etat autonome avec un roi appelé « le Mianraï » qui, bien quc vassal du Bornou (il payait chaque année un impôt de cent esclaves et cent tuniques), avait autorité sur cinq provinces du pays *kotoko* avec leurs chefs traditionnels.

Chez les *Mandara*, c'est l'Etat qui engendra l'ethnie. « Le royaume remonterait au [XVIe] siècle. Leur origine est mal éclaircie. Pour certains, ils seraient le résultat du métissage d'une aristocratie conquérante avec un vieux fonds ethnique existant, les Maya. D'autres leur attribuent une origine "Tameghere" (Toubou) et les font venir du Ouadday. Une légende veut que cinq hommes : Gaya, Riga, Dounoma et deux de leurs fils ou de leurs serviteurs arrivent de l'est, passent par le Baguirmi où ils laissent un des fils ou un des serviteurs comme chef, puis ils continuent leur périple vers le Bornou où à Gazergoumo, le second fils ou serviteur devient chef à son tour. Les trois autres se dirigent alors vers Mora. A Fougaoua, il rencontre une femme qui commandait les populations locales. Gaya l'épouse et de cette union naquit l'ethnie mandara »[446]. Par la suite, le puissant voisin « Bornou » influença ses règles et coutumes administratives : « Le Mandara, écrit J. Boutrais, héritait ainsi du Bornou un rituel royal complexe, le pouvoir absolu du Tixé Mandara répondant à celui du Maï bornouan. Les ministres se classaient selon une hiérarchie nettement établie, copiée sur celle des fonctionnaires bornouan »[447]. Centralisée autour du *Tixé,* cette société inégalitaire distingue les

---

[446] Boulet (J.), « Les groupes humains », dans *Le Nord Cameroun – des hommes, une région*, op. cit., p. 132.

[447] Boutrais (J.), « Les sociétés musulmanes (les Mandara-Foulbé) », dans *Le Nord Cameroun – des hommes, une région*, op. cit., p. 237.

hommes libres des esclaves[448]. Malgré son introduction dès le XIe siècle au Kanem, l'islam n'y progressa que très lentement : Comme dans tous les pays soudanais, cette religion gagna d'abord les chefs, puis les notables, avant d'atteindre plus lentement la masse[449]. Son adoption tardive au XVIIIe siècle n'effaça pas toutes les coutumes pré-islamiques. Ce XVIIIe siècle fut aussi marqué par le déclin du Bornou qui permit au *Mandara* d'atteindre son apogée jusqu'à l'arrivée des *Foulbé*.

3. Les Lamidats foulbé ou peul

Les *Foulbé* ou *Peul* pénétrèrent dans l'actuel Cameroun septentrional au XVIIIe siècle[450]. Au début du XIXe siècle, le conquérant Ousman Dan Fodio y proclama la « guerre sainte » (Jihad). Celui-ci ne donna aucun choix aux tribus païennes conquises sinon la conversion, l'intégration et l'esclavage[451]. D'après J. Boutrais, les *Peul* constituent une société théocratique parce qu' « organisée sur la base des principes de l'islam par des lettrés imprégnés des préceptes du Coran »[452]. Au début du XIXe siècle, cette société connut une révolution avec l'organisation du pays en lamidats[453], principautés autonomes dirigées par une autorité centrale

---

448 L'importance de cette population captive favorisa le développement du commerce et de la circulation monétaire. Les cours des esclaves sur les marchés s'exprimaient en Thalers de Marie-Thérèse ; monnaie qui circulait alors dans toute l'Afrique Centrale et Nord Orientale (Cf. J. Boutrais, Ibid., p. 241).

449 Ibid., p. 237.

450 Cette implantation dans l'Adamaoua prolongeait une suite migratoire partie de Fouta-Tôro dans l'ancien Empire du Mali *(Mallé)* entre les XIIIe et XVe siècles. Dans cette région, l'ancêtre arabe nommé Oukba « fut envoyé » pour assurer la conversion à l'islam (Eldridge Mohammadou, *Ray ou Rey-Bouba, traditions historiques des Foulbé de l'Adamâwa,* op.cit, p. 137). Conséquence, les descendants peuls entraînèrent dans leur mouvement migratoire ce patrimoine islamique qui justifia leur domination politique. Lorsqu'ils infiltrèrent au XVIe siècle le nord Cameroun, ils provoquèrent des changements importants dans les mœurs des peuples annexés.

451 Martin (J.Y.), « Essai sur l'histoire pré-coloniale de la société Matakam », dans *Contribution de la recherche ethnologique à l'histoire des civilisations du Cameroun*, Paris, p. 222.

452 Boutrais (J.), « Les sociétés musulmanes (les Mandara-Foulbé) », dans *Le Nord Cameroun – des hommes, une région*, op. cit., p. 245.

453 Robert Nkili (*Le pouvoir administratif et politique dans la région du Nord Cameroun sous la période française (1919-1960),* op. cit., p. 70) rapporte que le lamidat de Ngaoundéré fut le plus important Etat *peul* du plateau de l'Adamaoua.

reconnue. Chef de la communauté musulmane, le lamido[454] y est le représentant de Dieu, l'expression d'une souveraineté d'essence divine. « Commandeur des croyants », le lamido est un personnage hors du commun dont le prestige s'appuie sur une grande richesse. Il a autour de lui une cour *(faada)* qui fait partie des prérogatives du pouvoir *(laamu)*. « La cour, précise J. Boutrais, composée de dignitaires les uns Foulbé, les autres serviteurs émancipés. A l'origine, les dignitaires, très nombreux, occupaient chacun un rang et remplissaient une fonction spécifique. Citons parmi les dignitaires les plus importants : le Wadjiri ou « Premier ministre », le Wakili, le Galdima représentant des Foulbé auprès du lamido, le Sarki Faada, l'Iman chef de la mosquée. Les dignitaires serviteurs remplissaient souvent des fonctions spécialisées d'ordre domestique : le Samaki, chef des écuries, le Sarki Dogari chef des gardes, le Kofa chef des portiers »[455]. Le lamido dirige la justice par l'intermédiaire des juges appelés *alcali*. Bref, la société Foulbé est fortement hiérarchisée, avec à sa tête une aristocratie elle-même dévolue au lamido, le guide absolu[456].

4. Les Arabes choa

Les *Arabes choa* forment l'une des majorités islamiques installées au sud du lac Tchad[457]. « Ils seraient venus au Tchad en deux groupes différents, l'un par le Nord : les Hassaouana, l'autre par l'est : les Djoheïna. Les premiers auraient remonté l'Egypte, suivi la côte vers l'Ouest, et de là seraient descendus vers le Tchad. Les seconds seraient venus du Darfour, par l'Ouadaï, le Kanem et le Bornou. Quoi qu'il en soit, on trouve au Cameroun (…) cinq principales tribus : Yessidje, Salamat, Maïn, Raoualmé, Béni Sett »[458].

---

454 J. Boutrais [« Les sociétés musulmanes (les Mandara-Foulbé) », dans *Le Nord Cameroun – des hommes, une région*, op. cit., p. 249] note qu'à l'origine, le titre de *lamido* était réservé à l'émir de Yola (« lamido fourbiwa ») qui seul avait un droit de souveraineté réel.

455 Ibid., p. 250.

456 Lire, Froelich (J. C.), « Le commandement et l'organisation sociale chez les Foulbé de l'Adamaoua (Cameroun) », op.cit.

457 Frank Hagenbucher-Sacripanti rapporte que c'est en 1823 qu'est signalée pour la première fois la présence des populations arabes au Sud du lac Tchad installation au Sud du lac Tchad fut la conséquence d'incessantes guerres, notamment contre les Kotoko. (Frank Hagenbucher-Sacripanti, « *Les arabes dits "suwa"* » *du Nord Cameroun*, dans *Cahiers de l'Orstom*, Vol. XIV, n° 3, Paris, Orstom, 1977, pp. 228-229).

458 « Esquisse ethnologique pour servir à l'étude des principales tribus des Territoires du Cameroun sous mandat français », *Bulletin de la société d'Etudes*

A la faveur de leurs divisions internes, les *Arabes Choa* s'assujettirent progressivement aux suzerainetés *kotoko*. Leur culture présente un aspect essentiellement « syncrétique » et « formel »[459] : « Les observations relatives au sacré effectuées conjointement en milieux arabe, kotoko et kanuri, tant dans le domaine de l'ostentation religieuse que du mystère magique ou de sombres méandres de la sorcellerie, (…) ont révélé l'émergence d'une « doctrine métaphysique » et d'une conception de la personne commune à ces populations, issues du brassage islamique de ces trois cultures »[460]. Frank Hagenbucher-Sacripanti poursuit : « Dans ce que nous appelons le « formalisme culturel », de la société arabe suwa, des gestes et des formes culturellement étrangers s'imposent appauvris ou totalement dépouillés de leur charge idéologique primitive. Des significations ancestrales d'origines diverses, extérieures à l'islam et parfois totalement hétérogènes, s'estompent, disparaissent ou se fondent au contraire, et se re-transposent dans une émotivité nouvelle »[461]. Bref, les *Arabes choa,* comme les autres peuples du Cameroun, ont des traditions spécifiques sur la base desquelles s'organisa la justice indigène pendant la période sous mandat.

B. L'esprit du droit dans le Nord islamisé

1. Des inégalités et des hiérarchies dans la cité peule

Les « *rimbé »* (hommes libres) comprennent tous les *Foulbé*, les autres populations musulmanes (*Haousa*, *Bornouan* et *Arabes Choa*) et certains éléments païens - convertis à l'Islam - qui ont accompagné les conquérants dans leur expansion en leur servant d'auxiliaires[462]. Les « *matchoubé »* (esclaves) comprennent toutes les populations autochtones païennes. Ils se divisent en « *matchoubé* » des *Foulbé* et « *matchoubé* » du *Lamido*[463]. Les premiers, appelés « captifs de case » ou « serfs » selon qu'ils s'occupent de travaux domestiques ou travaillent aux champs ont été capturés au cours de combats ou à l'occasion de razzias. Ils sont la propriété de leur maître qui peut en disposer comme il l'entend, les affecter à tel ou tel travail, les vendre

---

camerounaises, juillet 1943 (2e édition), IFAN, Centre local Cameroun, Douala, p. 47.

[459] Hagenbucher – Sacripanti (Frank), « Les arabes dits "suwa" *du Nord Cameroun »*, dans *Cahiers de l'Orstom*, op. cit., p. 240.

[460] Ibid., pp. 240-241.

[461] Ibid., p. 241.

[462] Froelich (J.-C.), « Le commandement et l'organisation sociale chez les Foulbé de l'Adamaoua (Cameroun*)* », op. cit., p. 18.

[463] Ibid.

ou les échanger contre des bœufs, les donner à un haut dignitaire pour en obtenir des faveurs. Ils doivent tout leur travail au maître, mais, en échange, celui-ci les nourrit, les habille, leur procure une femme et paye leur impôt. Ils font en quelque sorte partie de la famille et, lorsqu'ils sont vieux et impotents, le maître continue à les entretenir. A la mort du maître, les captifs font partie de la succession au même titre que les bœufs ou les biens meubles, et sont partagés entre les héritiers. En outre, le maître peut disposer de leurs enfants, à l'exception de ceux à la mamelle, et les donner ou les vendre à son gré. Ils peuvent naturellement être affranchis par leur maître. Quant aux « *matchoubé* » du *Lamido*, ce sont des « esclaves d'Etat ». On distingue parmi eux plusieurs catégories : les vassaux, les groupements déplacés, les « *matchoubé* » de l'entourage du *Lamido* (dignitaires « *matchoubé* », serviteurs de case, serfs), les esclaves ou captifs de case dont les maîtres sont eux-mêmes des « *matchoubé* »[464].

2. La prééminence de la famille sur l'individu dans la société peule

D'après les « coutumes *peules* »[465], l'individu n'est rien en lui-même. Il n'est que « propriété d'une famille » qui représente le véritable fondement de la société. La famille *peule* est une personne morale de droit privé qui possède ses biens et qui peut, par la voix de son chef, manifester désirs et volontés. C'est une forme de « collectivisme » dans laquelle chacun des éléments constitutifs est amené, dès qu'il est accepté, à un renoncement quasi total de sa personnalité. On distingue la famille étendue (comprenant un nombre relativement important d'individus, aussi bien parents qu'alliés ou même étrangers recueillis) de la famille restreinte (limitée aux époux et à leurs enfants ou petits-enfants). A l'intérieur de ces groupements, il existe un certain nombre de droits pour chaque individu, de même que des obligations réciproques entre le chef et les membres de la famille. Le chef de famille est consulté à propos de tous les évènements familiaux : une cérémonie de prise de nom, un mariage, une succession requièrent une tenue de palabre sous sa présidence et son avis est prédominant. Chaque membre du groupement lui doit le respect auquel se mêle une sorte de vénération. En cas de mariage, il lui revient une part des cadeaux. C'est lui qui préside toutes les fêtes coraniques (prise de nom, circoncision, fin des études coraniques). En

---

[464] Ibid.

[465] Hepp (Bernard), *Coutumes des Peuls de l'Adamaoua*, op. cit.

revanche, les membres du groupement sont fondés à espérer de lui différents avantages, tels que l'aide à un descendant devant constituer la dot de sa future femme, les cadeaux divers à l'occasion d'une cérémonie coranique (don d'un mouton, de poulets). Il s'y plie généralement de bonne grâce et sa générosité reste fonction de sa fortune personnelle en serviteurs et en bétail. S'il est reconnu à chaque chef de famille une autorité absolue sur ses gens, femmes et serviteurs, il doit à son tour s'incliner devant la volonté du *Lamido*, dont il n'est qu'un vassal et auquel le lient de très strictes obligations. Il est par exemple tenu de faire des déclarations relatives au recensement des personnes et du bétail, de faire respecter les ordres venus du *Lamido* pour le développement des cultures, la fourniture de main-d'œuvre en vue de travaux. Ses volontés sont d'autant plus respectées que le sens de la discipline est très développé à l'intérieur de la famille. En général, il est de règle de témoigner la plus grande déférence à toute personne d'une génération antérieure ainsi qu'aux ainés de sa propre génération ou aux beaux-parents d'un membre de la génération à laquelle on appartient.

3. L'exercice de la puissance paternelle – La pratique de la filiation, de l'adoption et de la tutelle

Chez les *Peuls*, la lignée paternelle l'emporte sur la lignée maternelle, car les enfants appartiennent au père et viennent s'ajouter à la parentèle de celui-ci, et non à celle de la mère. C'est au père, chef de la famille restreinte et propriétaire des individus groupés sous son autorité qu'il appartient de choisir le nom de l'enfant qui vient de naître[466]. Il peut consulter la mère et prendre sa décision en accord avec elle, mais ceci n'a rien d'obligatoire. Les *Peuls* ne connaissent que deux catégories d'enfants : d'une part, ceux qui sont nés pendant le mariage et ont la qualité d'enfants légitimes, et d'autre part, les bâtards, qu'ils soient enfants naturels, adultérins ou incestueux, sur lesquels pèse la réprobation de la société entière et dont le sort n'est pas susceptible d'être amélioré par la légitimation. Lorsque la filiation est reconnue par le père, la puissance paternelle s'exerce de façon stricte. Le respect dû aux parents, l'attitude d'obéissance à leur égard

---

[466] Pour faire ce choix, il est guidé par deux considérations : en premier lieu, il existe une liste de noms qu'il est possible de donner à l'enfant selon le jour de la semaine où il est né. Cette liste est contenue dans une sorte de recueil arabe et distingue entre les noms d'hommes et ceux de femmes. En second lieu, dans les limites que lui fixe la liste dont il s'agit, le père s'efforce de retenir un nom ayant déjà été porté par ses ancêtres et particulièrement par les grands-parents.

est de rigueur. De son côté, le père est responsable de l'entretien et de l'éducation de ses enfants, notamment de celle des garçons. La mère s'occupe des filles, mais le père reste le souverain maître. En vertu de sa position dans la hiérarchie familiale, le père est responsable des dettes contractées par sa progéniture, des dommages qu'elle peut causer à autrui. Il en découle une longue liste de devoirs pour les enfants envers leurs parents. Ils sont donc placés dans une dépendance absolue, une sujétion totale. La déchéance de la puissance paternelle n'intervient que dans deux cas : d'une part, que le père soit en état de démence totale, et d'autre part qu'il ait une attitude en tous points révoltante à l'égard de ses enfants et qu'il ait prouvé son incapacité à exercer son droit de puissance paternelle[467]. Dès leur émancipation par le mariage, ou dès l'âge de dix-huit ans accomplis, les enfants s'émancipent de la puissance paternelle.

Chez les *Peul*, l'adoption et la tutelle des enfants ne sont pas élevées à la hauteur d'institutions juridiques propres. L'adoption est une forme de l'affranchissement qui se réduit à une déclaration de l'adoptant ou du patron faite devant les *Alcalis* en présence de trois témoins. L'enfant adopté est traité sur le même pied d'égalité et jouit des mêmes prérogatives que les enfants légitimes, mais selon la règle posée par le Coran qui lui interdit de prétendre participer à la succession de l'adoptant. Quant à la tutelle, elle n'est qu'un aspect du droit de garde. La coutume ne fait pas exactement le partage entre l'exercice du droit de puissance paternelle et celui des fonctions de tuteur. La tutelle s'exerce par conséquent dans l'ordre fixé par la coutume pour la puissance sur les mineurs : primauté de la lignée masculine, puis intervention de la collectivité en cas d'abandon de l'orphelin. Le père reste donc le seul administrateur des biens de ses enfants mineurs. Il doit gérer ce patrimoine en « bon père de famille ». Sa gestion prend fin à la majorité de l'orphelin ou bien au moment où celui-ci contracte mariage.

4. Le mariage musulman et la domination maritale

Les règles matrimoniales[468] sont identiques à celles observées dans tous les pays musulmans, et reposent sur la suprématie reconnue

[467] Dans l'un ou l'autre cas, les *Alcalis* (juges) intervenant d'office ou à la demande des parents de lignée masculine, peuvent décider de confier les enfants mineurs à un oncle paternel. Le *Lamido* dispose également de ce droit.

[468] Cf. Arrêté du 26 décembre 1922 règlementant les mariages indigènes au Cameroun. L'annexe I de ce texte reprend intégralement les règles du droit musulman en matière matrimoniale.

aux mâles par le Coran. Le rôle de la femme est réduit à la procréation, à l'éducation des enfants (notamment des filles) et aux tâches domestiques. Son consentement au mariage n'est pas pris en considération et elle est souvent bien incapable de le donner en raison de son jeune âge. La loi musulmane ignore les fiançailles. Le mariage ne peut être conclu entre des personnes unies par des liens de parenté ou d'alliance. La parenté en ligne directe, la parenté en ligne collatérale jusqu'au quatrième degré, que ces parentés soient à la fois civiles et naturelles, ou naturelles seulement, forment empêchement au mariage. En matière purement civile, le mariage est interdit entre le nourrisson et sa nourrice, et la fille et la mère de cette dernière. Le mariage est également interdit entre l'adoptant et la femme répudiée de l'adopté. La parenté par alliance forme empêchement au mariage entre le mari et la mère ou la fille de la femme qu'il a régulièrement épousée, mais aussi entre la femme et le frère ou le fils de son mari. Il est interdit au musulman d'épouser plus de quatre femmes légitimes, ou de contracter mariage avec une femme déjà régulièrement mariée. Une femme musulmane ne peut contracter mariage qu'avec un musulman. Un musulman peut épouser une *Kitavia* (chrétienne ou juive) mais pas une sabéenne (« fétichiste » ou animiste). Le mariage est interdit au musulman qui est en état d'*Hiram*, c'est-à-dire qui a revêtu sur le Territoire des villes saintes le vêtement du pèlerin. Il est interdit de contracter mariage avec une femme qui a été l'objet d'une précédente demande en mariage sur laquelle il n'a pas encore été statué. Il est interdit de contracter mariage avec une femme qui du fait de la dissolution de son précédent mariage est soumise à une retraite de continence. Il est interdit au musulman de contracter à nouveau mariage avec la femme qu'il a répudiée de façon irrévocable et parfaite. Quand le mariage constitue une mésalliance pour l'un des époux, il est interdit par la loi. Si l'un des futurs conjoints est en état de maladie grave, le mariage est interdit. En droit musulman, un mariage peut être valablement conclu entre les personnes impubères. Le consentement des époux n'est alors pas demandé car ils sont soumis au droit de *Djeber* ou de contrainte matrimoniale. Si les conjoints sont du fait de leur âge appelés à consentir, leur consentement est suffisant pour assurer la validité du mariage. Les enfants échappent, en effet, au droit de *Djeber* dès qu'ils sont parvenus à la puberté. Le consentement au mariage est valablement donné quand il l'est « verbalement », c'est-à-dire donné « purement et simplement » sans conditions, en présence de deux témoins. La coutume s'est établie de faire constater par écrit le mariage par l' « *Alcali* » (juge). La constitution de la dot est la condition essentielle de la validité du mariage musulman. La dot doit être déterminée avant conclusion du mariage, elle doit être sérieuse, c'est-à-dire au moins égale à la dot coutumière, elle doit être réelle c'est-à-dire non fictive. La dot est payée généralement une moitié à la conclusion du mariage, une autre moitié après la consommation du mariage dans un délai fixé par les parties. C'est du mari seul que le paiement de la dot peut être exigé. En ce qui concerne les obligations des époux, le droit musulman prescrit au mari de cohabiter avec sa femme, de consommer le mariage, de procéder au partage égal de ses nuits entre ses différentes femmes, de subvenir à leurs besoins, de s'abstenir de mauvais traitements et de sévices, de les autoriser à visiter et à recevoir des visites des personnes avec qui le mariage leur est interdit par la loi. La femme, pour sa part, doit habiter au domicile conjugal, obéir à son mari, lui être fidèle, prendre son autorisation pour disposer par donation de plus du tiers de ses biens. Le mariage est dissous par le décès de l'un des époux[469], par l'apostasie[470] de l'un d'eux, par l'attribution à l'un des époux de la propriété de l'autre époux[471], par la répudiation[472] de la femme par le mari.

---

[469] En cas de décès de la femme, le mari doit assurer les frais des funérailles si la succession de la femme est insuffisante. En cas de décès du mari, la femme est soumise à une retraite de continence dont la durée est fixée à quatre mois et dix jours. Si elle est enceinte au moment du décès du mari, la durée de la retraite est la même que celle de la grossesse à moins que l'accouchement n'ait lieu avant que les quatre mois et dix jours ne soient écoulés. La femme a droit à l'entretien sur la succession du mari pendant toute la durée de la retraite.

[470] L'apostasie entraînant pour l'apostat la mort civile, le mariage qu'il peut avoir conclu est réputé dissous aux yeux de la loi.

[471] Si l'un des époux est libre et l'autre esclave, si par suite d'une succession l'époux esclave devient la propriété de l'époux libre, le mariage est réputé dissous.

[472] Il faut entendre par répudiation (« *Talak* ») en droit musulman la dissolution du mariage dans des circonstances diverses ; d'abord par la seule volonté du mari, ensuite par accord intervenu entre les époux ou divorce par consentement mutuel, enfin par sentence prononcée par le juge ou divorce judiciaire. Les deux derniers cas ont été créés pour permettre à la femme de s'évader du mariage et ne méritent pas d'observations particulières ; ils sont de plus extrêmement rares. La répudiation c'est la rupture du mariage par la seule volonté du mari. La répudiation est admise et doit être unique : le mariage n'est rompu qu'après la troisième répudiation. Le mari ne peut prononcer à la fois qu'une répudiation à la suite de laquelle la femme entre en retraite de continence. Pendant la durée de la retraite, le mari ne peut pas prononcer une nouvelle répudiation. Ce qui oblige le mari à un certain délai avant de pouvoir définitivement répudier sa femme. Le pouvoir de répudier n'appartient qu'au mari

5. La qualité de successible reconnue aux femmes

Chez les *Peul*, c'est le droit musulman qui règle les questions de succession[473] et la coutume ne prévoit guère que des adaptations de forme. Les principes sont ceux qui ont cours dans tout pays musulman et que les grands doctrinaires de l'Islam ont arrêtés dans leurs ouvrages en interprétant les quelques versets du Coran que le prophète a consacrés aux successions (*sourate* des femmes). La puissance paternelle doit particulièrement veiller au respect des droits fixés par le Coran à chaque catégorie d'héritiers ainsi qu'à la sauvegarde des biens hérités par les mineures. La dévolution des biens meubles qui s'opère par la voie successorale concerne principalement les esclaves et le bétail. Les successions s'ouvrent par la « mort naturelle ». Le lendemain du décès, une fois les funérailles célébrées et achevées les opérations préliminaires (inventaire rapide, convocation des héritiers absents, fermeture de la case personnelle du défunt), l'aîné des collatéraux doit aviser les *Alcalis*[474] de la mort de son parent et c'est par sa déclaration officielle qu'est ouverte la succession. Il importe également de désigner une personne de confiance qui veillera sur les biens du « *de cujus* » jusqu'au jour où la succession étant réglée, le partage pourra avoir lieu. Pour avoir qualité de successible, il faut exister réellement au moment de l'ouverture de la succession, être capable des actes de la vie civile et avoir la qualité d'héritier. On distingue diverses façons de régler une succession : en se mettant d'accord pour un partage à l'amiable entre les héritiers, en laissant à l'aîné l'ensemble des biens du « *de cujus* » (à charge d'assumer

qui peut cependant dans certains cas constituer mandataire. Le mari doit avoir l'intention de répudier, en avoir la possibilité et ne peut prononcer la répudiation que par une formule consacrée. Au bout de trois répudiations, la répudiation est réputée irrévocable et parfaite. Ainsi, le mari est absolument libre de prendre, à n'importe quel moment, la décision de se séparer d'une de ses épouses, sans être tenu de donner des explications à la femme répudiée et celle-ci n'a du reste pas en demander. Mais La femme peut « invoquer de « mauvais traitements » pour obtenir du « *cadi* » la rupture du mariage, voire la cession obtenue du mari le jour du mariage de se répudier elle-même (par exemple s'il prend une deuxième épouse ». Cf. Durand (Bernard), Chêne (Christian) & Leca (Antoine), *Introduction historique au droit*, op. cit., p. 399.

[473] Cf. Durand (B.), *Droit musulman, droit successoral*, Paris, Litec, 1991.

[474] A l'origine, c'était au Lamido qu'incombait la tâche de régler les successions. Ce système donnait lieu à des prélèvements de dîmes diverses et à des abus tels qu'il fallut les supprimer. Aussi les Alcalis sont-ils devenus compétents en matière successorale. Leurs partages sont soumis à l'approbation du chef de subdivision qui dans la mesure du possible, contrôle la régularité de leurs décisions.

l'entretien des veuves et des orphelins et de faire quelques cadeaux aux puînés), en tirant au sort les lots constitués à l'avance. Chez les *Peul*, seuls les deux premiers de ces modes de règlement successoral reçoivent application. Lorsque les décisions sont de peu d'importance, les héritiers procèdent souvent à un partage à l'amiable, à l'insu des *Alcalis*. Mais ceux d'entre eux qui se sentent lésés ont recours aux *Alcalis*. Les successions se règlent dans l'ordre suivant : en premier lieu les épouses légitimes du défunt ou l'époux survivant. Ensuite viennent les parents du défunt, puis ses enfants légitimes, en dernier lieu et en l'absence de descendants directs sont admis les collatéraux[475]. Les concubines et les servantes n'ont jamais la qualité de successible, même si elles ont donné un enfant à leur concubin ou maître. La condition d'héritière est inférieure à celle d'héritier en général, par application du principe de primauté des mâles. Mais les injonctions du Coran en matière successorale attestent de « la volonté d'atténuer les droits des mâles » et d' « affirmer le droit de nouveaux héritiers », c'est-à-dire des femmes[476].

6. La responsabilité civile – La pratique des donations, des testaments et des contrats

Peu de croyants estiment opportun de modifier avant leur mort l'ordre fixé pour l'héritage par le Coran. Les donations ne sont utilisées que pour procurer un minime avantage ou assurer une récompense à un descendant dont la conduite a été particulièrement satisfaisante. Elles ont surtout pour but de permettre aux parents de la lignée maternelle de consentir à leurs neveux quelques faveurs en témoignage de l'affection qu'ils leur portent. Deux règles essentielles sont à observer pour disposer valablement de ses biens entre vifs et à titre gratuit : être sain d'esprit et ne pas dépasser le tiers de son patrimoine. Quant à la forme, elle donne lieu à une déclaration aux *Alcalis* devant témoins. En principe les donations ne sont pas révocables. Une exception existe pour les enfants qui vivent dans l'enclos du père donateur. L'usage des testaments est également très rare chez les *Peuls*. Le Coran contient peu de dispositions relatives à la matière testamentaire. D'une part, trois versets (178, 179, 180) de la dernière *sourate* (*sourate* de la vache) sont consacrés aux principes dont doit s'inspirer le testateur, d'autre part trois versets (108, 109,

---

[475] Mais, dès le deuxième degré, seule subsiste la ligne masculine et, dans cette ligne, les mâles uniquement succèdent.

[476] Cf. Durand (Bernard), Chêne (Christian) & Leca (Antoine), *Introduction historique au droit*, op. cit., pp. 399-400.

110) de la cinquième *sourate* (*sourate* de la table) fixent les conditions dans lesquelles est reçu le testament oral. Quant aux conditions requises pour tester, elles sont semblables à celles exigées en matière de donations entre vifs. Dans la forme, le testament doit être établi en présence de deux témoins honorables croyants ou même, en cas d'urgence, infidèles, qui prêtent serment de rapporter sincèrement les dernières volontés du testateur le moment venu. La structure sociale *peule*, caractérisée par les rapports de dominants (maîtres *peuls*) à dominés (esclaves), a pour conséquence d'entraîner une vie peu propice à l'établissement de relations commerciales, et, partant, une économie fermée, limitée au cadre de la famille. En principe, la matière des contrats et obligations conventionnelles est régie par les dispositions essentielles du droit musulman (Coran et doctrine). Mais d'une manière générale, le *Peul* répugne à se séparer par vente, échange ou toute autre convention de son bétail, signe extérieur de sa richesse. Les contrats portent le plus souvent sur les catégories « inférieures » de biens meubles. Il arrive aussi que les individus s'engagent par contrat à fournir tel ou tel service déterminé contre des avantages financiers ou matériels. La force des obligations réside essentiellement dans le respect de la « parole donnée » si importante pour les musulmans. Au cas où des différends surviendraient entre indigènes, c'est au *Lamido* par l'intermédiaire des *Alcalis* qu'il revient de les régler.

Section 3 : La justice traditionnelle au Cameroun

En effet, disposant d'une organisation sociale hiérarchisée, les *Peul* ont mis en place des mécanismes pour encadrer le règlement des conflits. En tant que chef de la collectivité musulmane, le Lamido est garant de la sécurité et de la spiritualité de ses sujets. Il est aussi le premier magistrat qui réconcilie les parties en conflit. Dans cette fonction de dialogue, il dirige la justice par l'intermédiaire de l'*Alcali*, ministre de la justice dont l'autorité s'exerce sur tous les conflits sociaux (héritage, adultère, sorcellerie, vol…)[477]. La loi appliquée est celle issue du Saint Coran et la *Sunna* (Traditions du Prophète

---

[477] Chez les *Peul* musulmans, c'est le *Lamido* en tant que chef de la justice qui préside le tribunal même s'il délègue ce pouvoir aux *Alcalis*. Le droit islamique n'a prévu « ni instance officiellement investie du pouvoir de juger, ni mécanisme de comparution, ni autorité de la chose jugée ».

Muhammad)[478]. Mais avant la pénétration de l'islam, les sociétés traditionnelles africaines avaient une conception propre de la justice **(A)** qu'il convient de rappeler de manière générale avant d'en examiner quelques aspects spécifiques **(B).**

A. Considérations générales sur la justice traditionnelle africaine

En droit traditionnel africain[479], les caractéristiques essentielles de la procédure juridictionnelle s'ordonnent autour de trois éléments : d'abord, le mode de règlement des litiges est lié dans une large mesure à la nature du groupe social considéré. Autrement dit, il varie selon que le groupe social est fortement ou faiblement structuré. Ensuite, au sein même d'une société centralisée, des différences séparent la procédure appliquée par le tribunal suprême – celui du roi ou du chef – et par les simples juridictions de villages. Enfin, la procédure diffère selon que le procès est de nature criminelle (ou publique) ou de nature civile (ou privée). Dans une société fortement structurée, les délits qui portent atteinte à l'équilibre social sont qualifiés de « crimes » et sont jugés par le roi ou le chef, ou par un de ses subordonnés dans la localité où le crime a été commis. Dans le cas où le coupable est inconnu, divers moyens permettent de le démasquer. On fait appel à des éléments surnaturels et en particulier aux ordalies, aux serments solennels et à la divination[480]. En matière criminelle, la mort du coupable (par flèches, lances, pendaisons, noyades ou empalement) est la sanction ultime. Les crimes moins graves sont sanctionnés par des amendes ou des compensations. L'emprisonnement quant à lui n'est pas d'un usage très répandu. En matière civile, les jugements sont généralement d'une grande souplesse, de façon à permettre que la sanction choisie soit adaptée aussi bien que possible au type de délit commis. Sauf cas exceptionnels, les sanctions prononcées ne sont pas considérées comme irréversibles. Les éléments qui entrent en jeu dans leur détermination sont : la capacité de la partie perdante à s'acquitter

---

478 L'on sait que l'enseignement du Prophète a tenté de résoudre tous les problèmes qui pourraient se poser à un homme ou à un groupe : religion, vie sociale et politique, morale.

479 Olawale (Elias), *La nature du droit africain*, op. cit., pp. 231-286.

480 Cf. Verdier (Raymond), Kalnoky (Nathalie) & Kerneis (Soazick), *Les justices de l'invisible*, op.cit. Raynal (Maryse), *Justice traditionnelle, justice moderne, le devin, le juge, le sorcier,* L'Harmattan, Collection « Logiques juridiques », Paris, 1994. « Justice et sorcellerie », Colloque international de Yaoundé, organisé sous la direction d'Eric de Rosny (17-19 mars 2005), Presses de l'UCAC & Editions Karthala, 2005.

de l'amende ou de la compensation à laquelle elle a été condamnée, l'attitude de la partie gagnante elle-même, peut-être prête à accepter une réparation équivalente d'une autre sorte, le sentiment des juges qui peuvent estimer qu'eu égard à certaines circonstances de fait il n'est pas souhaitable que la sanction prononcée soit irréversible. La procédure normale est la requête privée de la partie lésée devant un ancien de la tribu, qui est d'ordinaire le chef de la famille ou du lignage quand les deux parties sont de la même famille ou du même lignage. S'il l'estime indispensable, eu égard au caractère du différend, cet ancien fait comparaître devant lui l'autre partie. Dans le cas où celle-ci entend en référer pour sa part à l'ancien de sa propre famille, les deux juges conviennent d'un lieu et d'un moment pour examiner ensemble le différend. Que le procès soit de nature criminelle ou civile, le témoignage est très souvent utilisé comme mode de preuve dans les communautés africaines. Le juge apporte un soin particulier à être parfaitement informé de l'affaire et de l'état d'esprit des parties. Il est plus soucieux de préserver l'équilibre sociologique du groupe, plus attentif à la résonnance sociale de ses décisions. C'est pourquoi, il n'a recours qu'en cas d'absolue nécessité aux peines irrémédiables, comme la peine de mort, car son but est toujours de tenter la conciliation des parties[481]. Lorsque le condamné accepte les termes de la décision des juges, il n'y a évidemment aucun problème. Mais s'il se dresse contre elle et refuse d'acquitter l'amende ou la compensation, ou encore de restituer l'objet qu'il détient indûment, il faut envisager l'exécution forcée de la condamnation. C'est la tâche dans les sociétés fortement structurées de fonctionnaires particuliers, une sorte de milice qui fait fonction à la fois d'armée et de force de police. Ces considérations générales sont plus ou moins perceptibles dans les sociétés traditionnelles du Cameroun.

---

[481] Et comme le note Camille Kuyu (*Les institutions de la démocratie et de l'Etat de droit. Point de vue anthropologique*, Symposium international de Bamako, 2000), « dans le souci constant de maintenir la cohésion du groupe, il importe d'apporter à chacun, lors de la résolution des conflits un minimum de satisfaction. Cette volonté procède de la nécessité de renforcer les liens qui rattachent entre eux des individus au sein du groupe et en l'absence d'un principe de cohésion extérieur et supérieur, qui dans les sociétés judéo-chrétiennes fut Dieu puis l'Etat ».

B. Examen de quelques aspects de la justice traditionnelle au Cameroun

1. Les juridictions et la procédure chez les Dwala du Sud-Cameroun

L'articulation des instances judiciaires[482] chez les *Dwala* est quasiment identique à celles des autres sociétés traditionnelles du Cameroun. Elle comporte essentiellement trois degrés de juridictions[483]. Ce sont le Conseil de famille, le Conseil de village ou de quartier, le Conseil de canton ou de groupement. Le Conseil de famille est obligatoirement présidé par le *sango a mbia* (chef de famille). Cette charge lui échoit presque toujours par hérédité[484]. Il n'est jamais suppléé pour les réunions du Conseil de famille. S'il est absent ou malade, les litiges attendent, sont gardés en instance. Le *ndabo a mbia* (« case de la famille » ou tribunal) est composé de tous les membres mâles, majeurs, d'une famille, se réclamant tous d'un ancêtre commun en remontant à trois ou quatre générations[485]. Les fonctions d'assesseurs sont inconnues. Mais siège toujours à côté du *sango a mbia* un conseiller (*mukwandedi)* qui lui souffle quelques mots à l'oreille. La plainte, verbale, est soumise par le plaignant au *sango a mbia* qui fixe la date de réunion ou audience (*ekwali a mbia)* et convoque verbalement tout le monde, de préférence le soir après dîner, à son domicile. Pour donner du poids à leurs déclarations,

---

[482] Cf. Doumbé-Moulongo (Maurice), *Les coutumes et le Droit au Cameroun*, op. cit.

[483] Le Conseil de tribu est l'occasion d'un congrès annuel au cours duquel sont réglés les différends de toutes sortes pouvant surgir entre ses composants. Il est indispensable que les plaideurs soient d'une même tribu pour que cette juridiction - forme la plus élevée du Conseil de famille - se déclare compétente. Quand doit être jugée une affaire dite tribale (projets d'unions incestueuses frappées d'interdits pour liens de sang, disputes de chefferies traditionnelles), un lieu de rencontre est fixé et, de plusieurs kilomètres à la ronde, tous les responsables locaux de la tribu se déplacent et s'y donnent rendez-vous. Il y a, pour chaque tribu, un Président général ou chef de tribu. C'est lui, ou à défaut son suppléant, qui préside le Conseil. Sous certains aspects, les Conseils de tribu seraient de conception récente, peut-être en partie d'inspiration européenne, ce qui explique la particularité de leur organisation, au demeurant assez voisine de celle des tribunaux coutumiers du décret du 26 juillet 1944.

[484] Parfois, en cas d'incapacité patente du véritable ayant droit, elle peut passer par désignation entre les mains d'un membre de la famille plus intelligent et fortuné.

[485] Les femmes et les mineurs sont admis dans certains Conseils de famille ne traitant pas d'affaires sérieuses réservées aux hommes. *Bito ba si ma ja o bekwali ba bome : « Les femmes ne participent pas aux affaires des hommes »*, dit un vieux dicton *dwala.*

plaideurs et témoins prennent à témoin leurs parents décédés (père et mère généralement)[486]. Les délibérations du *ndabo a mbia* sont secrètes. A cet effet, tous les membres du Conseil ayant voix délibérative quittent le lieu de réunion et vont se concerter derrière la case. Pour dédommager les assistants membres du tribunal « du dérangement qu'on leur a causé », les deux plaideurs sont condamnés à verser une indemnité, c'est-à-dire des frais de procédure[487]. L'outrage à magistrat existe et implique le paiement d'une amende[488]. Le Conseil de famille, en tant que juridiction d'essence familiale, n'est compétent que pour les différends intéressants les membres d'une même famille[489]. Il règle les affaires d'adultères, de mariages, d'abandons du domicile conjugal, de réclamation de femmes, de dots,

---

[486] Ils profèrent les paroles suivantes : « Je jure sur la tombe de mon défunt père (ou de ma défunte mère) que ce que je déclare est la stricte vérité ». Ces paroles s'accompagnent toujours du geste qui consiste à lever le bras droit en pointant en l'air les trois doigts de la main à partir de l'auriculaire. Quand l'affirmation entend se faire particulièrement convaincante, le déclarant tombe subitement sur le sol, ventre à terre, après avoir eu le soin de soulever le tricot ou la chemise. En effet, il faut que toute l'assistance voie ce ventre recouvert de poussière. Ensuite, s'étant relevé, il frotte le majeur de sa main droite contre la terre et, du bout de sa langue tirée, lèche ce doigt poussiéreux. Alors on dit en duala : « *a dipi dibum a wase* » (Il s'est jeté le ventre à terre). Ce procédé s'emploie surtout quand on veut nier un fait ou une accusation grave....

[487] Chez les *Dwala*, ce sont les *bekondo ;* chez les *Bassa* : *bijèbi nka* (la nourriture du tribunal) ; chez les Béti : *akon-nkol* (la lance de l'arbitrage, en souvenir de l'usage qui, autrefois, voulait que les plaideurs offrent une lance au chef, après tout prononcé de jugement). A l'origine, on offrait ou bien une chèvre, un mouton, une bête quelconque, ou bien du poisson et des vivres. Aujourd'hui, les *bekondo* représentent une somme d'argent. Le plus souvent, leur taux est unique pour les deux plaideurs ; parfois il varie suivant la part de torts de chacun d'eux ou compte tenu de leur âge et de leur situation de fortune respectifs. Certains juges exigent le versement des *bekondo* préalablement au prononcé du verdict ; d'autres, après le prononcé. Le montant en est réparti entre tous les assistants, plaideurs, femmes et mineurs exceptés. La plus grosse part revient, comme il se doit, au chef de famille-Président.

[488] C'est l'*ebula* chez les *Dwala* (*A budi mboko :* « il a outragé l'assistance »). C'est aussi le *mintan* des Béti et le *kwag* des *Bassa*. Chez les uns comme chez les autres, il y a idée de réparation d'un dommage, d'un outrage causé à l'égard de quelqu'un, généralement juge ou beau--parent. Quand on trouble une réunion soit par de hauts cris, soit par des paroles injurieuses envers un ou plusieurs membres de Conseil, il y a outrage. L'outrage peut également être réprimé par la suspension de l'audience, temporaire ou définitive, singulièrement lorsqu'il est le fait du demandeur.

[489] Les étrangers ne peuvent en relever. Les beaux-parents sont toujours considérés comme membres de la famille.

de terrains, de champs et plantations, d'injures publiques, etc. Ses décisions sont toujours accompagnées de conseils et de recommandations suivis de l'obligation, pour les deux adversaires, de promettre solennellement de se réconcilier. En cas de non-exécution d'une décision, et s'il s'agit de dettes ou de réclamations d'objets, le chef de famille peut procéder à une saisie-exécution des biens du débiteur au profit de celui qui a gagné le procès. Les jugements du Conseil de famille sont susceptibles d'appel devant le Conseil de village ou de quartier. Dans ce cas, leur effet est suspensif[490].

Le Conseil de village ou de quartier est présidé par le chef de village qui est, autant que possible, un descendant souvent lointain de la lignée « seigneuriale ». A ce titre, le chef, même encore jeune, est craint, obéi, écouté. Son prestige ne se discute pas, sa sagesse est certaine, ses jugements sûrs. Les affaires importantes de succession, de chefferie de famille, les litiges entre foyers (partage de terre ou de tous autres biens matériels, graves accusations de pratique de sorcellerie), tous les différends de famille concernant les gens d'un même village sont de sa compétence. Les *batadu* (aînés) seuls font partie du jury et ont la voix délibératrice[491]. Les séances du Conseil du village sont publiques et se tiennent dans la cour du domicile du chef. Les parties sont astreintes aux frais de procédure (*bekondo*) comme dans les conseils de famille. En général, le chef prononce le verdict sans aucun exposé des motifs, de façon laconique : « Toi, tu as tort ! Toi tu as raison ! Tous deux vous paierez les *bekondo* ! ». Ainsi la justice est rendue et généralement les gens se mettent d'accord, car les paroles du *tumba* (patriarches) sont les paroles de *Loba* (Dieu)[492].

Ce n'est qu'exceptionnellement que le Conseil de canton ou de groupement peut être saisi par les justiciables, cette juridiction fonctionnant au niveau d'un groupe de plusieurs villages. Il se compose du chef de canton ou groupement (Président), de tous les chefs de villages du canton ou du groupement (membres titulaires), des chefs de famille, notables ou anciens de villages (membres

---

[490] En *dwala*, faire appel se dit : *banga* ou *wunja mbaki* (refuser ou, littéralement : défaire un jugement) ; *wanja* signifie défaire ; allusion à un paquet attaché et qu'on défait).

[491] Les *muanja*, même quand ils ont atteint la majorité coutumière, assistent au Conseil du village en simples observateurs. Bien souvent leurs avis ne sont pas écoutés car, disent les vieux : « Ce sont des enfants » (*Bana ba* !). Il en est de la femme comme du *muanja*. La femme fut longtemps considérée comme un mineur.

[492] Les patriarches constituant le « *tumba* » sont les gardiens redoutables de la magie des ancêtres.

adjoints ou suppléants). Dans les affaires particulièrement importantes, les chefs d'autres cantons, groupements ou villages, sont invités. Leurs avis, présumés désintéressés, donc dépourvus de parti pris, sont généralement écoutés. Les litiges ayant trait aux limites de villages, de forêts, de lieux de pêche, les questions graves de sorcellerie séparant les habitants d'un même village ou surgissant entre ceux de plusieurs villages d'un même canton, appartiennent à la compétence de ce Conseil. Rarement les affaires de mariage ou de réclamations de femmes et de dot, bref toutes les affaires entre individus pris séparément, encombrent ces assises supérieures[493]. Devant ces juridictions traditionnelles, le demandeur se contente le plus souvent de simples affirmations et il revient au Président de rechercher la vérité.

2. Les modes de preuve chez les Bamiléké du Sud-Cameroun

Chez les *Bamiléké*[494], le Président interroge le défendeur sur les faits qui lui sont reprochés. Ou bien celui-ci avoue et les débats sont clos, ou bien il nie et il faut rechercher la vérité. S'il y a des témoins, ils sont entendus. Mais le témoignage doit s'accompagner d'un « serment » grave[495]. Le défendeur doit prononcer des imprécations contre lui-même, par lesquelles il s'attire toutes les malédictions, les malheurs, et surtout la mort. Malgré la valeur qu'on attache au serment, on ne s'arrête pas là, le faux serment n'est puni que par des sanctions mystiques. On fait appel à Dieu pour prouver l'innocence ou la culpabilité du défendeur. Le système *bamiléké* est dominé par une forme d'ordalie très caractéristique : le jugement par la tortue. Celle-ci est considérée comme un animal sacré, qui ne ment pas. L'accusé prononce des formules tenant lieu de sa défense que la tortue écoute. Quand il a terminé, elle se dirige soit vers le chef ou soit vers les notables : l'accusé est absolument innocent. Si elle rampe vers l'accusé, c'est qu'il est coupable. Dans le cas de « l'épreuve de la lame rouge », l'accusé dans la paume duquel le sorcier a versé un liquide onctueux, doit serrer entre ses deux mains la lame d'une hache

---

493 Les séances durent parfois des journées entières, s'interrompent quelques semaines ou quelques mois et reprennent ensuite.

494 Kwayeb (Enock Katté), *Les institutions de droit public du pays Bamiléké (Cameroun). Evolution et régime actuel*, op. cit., pp. 79-82.

495 Par exemple, le témoin doit terminer sa déposition par l'une des formules : « Si je mens, que je tombe mort ici ! », « Si je mens, que mon défunt père réapparaisse vivant ! », « Si je mens, que les dieux de mes pères et mères me maudissent ! » … On sait qu'aucune personne normale ne peut s'amuser à s'attirer la malédiction de ses ancêtres par le mensonge.

passée au rouge. S'il se brûle et laisse tomber la lame, il est déclaré coupable. Sinon, il est proclamé innocent. Les *Bamiléké* ont également recours à « l'épreuve d'ingurgitation d'eau » : le défendeur doit absorber une grande quantité d'eau additionnée d'un certain produit, en un temps très court. S'il rend le liquide, il est innocent. Sinon, il est coupable. Dans le cas de l' « épreuve du piment rouge », le sorcier remplit d'eau un pot en terre cuite. L'accusé, agenouillé devant lui, a le regard fixé sur l'eau. Il prend un piment très rouge qu'il jette dans la brousse. Si le défendeur est coupable, le piment, bien que jeté ailleurs, monte de l'eau pour pénétrer dans son œil. Il est déclaré innocent, au bout d'un certain temps, s'il n'a rien dans l'œil. En matière criminelle, les peines correspondent, chez les *Bamiléké* comme ailleurs dans le Sud-Cameroun, à des délits précis.

3. Le régime des délits et peines chez les Bantou du Sud-Cameroun

En matière pénale, tout acte grave comme la violation d'un tabou, trahison, meurtre ou vol aggravé constitue une « pollution » qu'il faut effacer par des sanctions rituelles afin de purifier la société. Comme ailleurs dans le monde, les sociétés africaines traditionnelles sont familières à l'idée du fait illicite méritant une sanction. Le droit traditionnel africain connaît : D'une part, les délits qui entraînent une réaction du groupe offensé (vengeance). D'autres part, les délits qui engendrent une réaction de la communauté contre l'auteur de l'infraction (peine prononcée contre le coupable). Fondamentalement, les Africains considèrent ces délits comme étant des actes qui menacent les équilibres dans les rapports entre la communauté et les puissances invisibles et auxquels la communauté répond en amputant la source du danger ou en la neutralisant.

Chez les *Bantou*, la sanction d'un acte nuisible ou malicieux n'a d'autre fondement que la vengeance. Louis-Marie Pouka[496] soutient à cet égard que la vengeance pour le *Bantou* est une sorte d'obsession, un devoir sacré dont l'accomplissement de quelque manière que ce soit s'impose implacablement. « Tant qu'on n'a pas vengé la personne morte sans avoir pu se venger elle-même, écrit-il, l'esprit du mort est sans repos et vient constamment hanter l'héritier pour lui dicter ''l'importun devoir'' ». On considère comme peines criminelles celles qui comportent la mort, les mutilations, comme peines

---

[496] Cf. Pouka (Louis-Marie), *Le régime des peines et délits dans le droit coutumier des Bantous du Cameroun*, non daté, Académie des sciences d'outre-mer de Paris.

correctionnelles, celles qui consistent dans la détention, la bastonnade, et comme peines contraventionnelles, celles qui sont d'une gravité très minime. Toutes les peines infligées par les *Bantou* sont corporelles. Lorsqu'un individu est condamné à donner chèvres, moutons, houes, etc., à la victime ou à ses parents, le *Bantou* considère cette condamnation, non comme une peine, mais comme un simple dédommagement. La peine est la souffrance sentie par le coupable dans son corps. Il y a ici une idée très nette de l'individualisation de la peine. Le patrimoine des coupables ne supporte pas leurs peines : les biens qu'on donne aux victimes d'un préjudice ou d'une offense ne comportent pas le caractère punitif des peines pécuniaires. Les actes et faits que la coutume *bantou* frappe d'une peine sont le meurtre, le brigandage, les exhumations de cadavres, les vols, l'adultère et la complicité d'adultère, l'inceste, le viol et le rapt, les coups et blessures, volontaires ou non, les insultes aux chefs de familles, de clans, et de tribus.

Cette idée de la vengeance, comme fondement de la peine, repose sur la théorie de l'expiation qui n'est pas propre à l'Afrique traditionnelle. Durant la période précoloniale, la peine de mort était pratiquée dans toutes les communautés africaines. La condamnation à la peine de mort reposait ici sur la philosophie selon laquelle il fallait soit remplacer une vie par une autre (c'est la loi du talion), soit exclure le criminel de la tribu (c'est la notion d'incapacité permanente). Ces deux options devaient également avoir un effet dissuasif. D'après Elias Olawale[497], la peine de mort était infligée dans presque tous les cas d'homicide commis par lâcheté, par sadisme, motif de vengeance ou appât du gain. D'autres sources[498] renseignent que la peine de mort était également appliquée pour des délits comme le parricide, le fratricide ainsi que la sorcellerie. Dans les chefferies du Burundi et du Rwanda actuels, les grossesses avant le mariage étaient passibles de la peine de mort. Dans les sociétés très centralisées comme celles des *Baganda* en Ouganda, des *Yoruba* au Nigeria, des Ashantis au Ghana et des *Zoulou* en Afrique du Sud, commettre un adultère avec l'une des femmes du chef était puni de la

---

497 Olawale (Elias), *La nature du droit coutumier africain*, op.cit., p. 165.

498 Cf. *Etude sur la question de la peine de mort*, présentée par le groupe de travail sur la peine de mort en Afrique conformément à la résolution ACHPR/Res.79 (XXXVIII) 05, adoptée par la commission africaine des droits e l'homme et des peuples lors de sa 50ème session ordinaire (du 24 octobre au 7 novembre 2011), Banjul)

peine capitale. Dans les communautés où le bétail constituait la principale forme de richesse, des voleurs notoires étaient parfois exécutés. Le cannibalisme était également passible de la peine de mort. Dans les sociétés acéphales, la sentence de mort était rendue par un conseil des anciens siégeant en tant que juges. Dans les chefferies, la décision incombait entièrement au chef. Dans certaines communautés, le condamné était exécuté en public - en ayant recours aux mêmes moyens qu'il avait utilisés pour commettre son infraction - ou alors, il était pendu à un arbre dans un chemin public pour servir de mise en garde aux transgresseurs potentiels. Dans d'autres communautés, une personne convaincue de sorcellerie était conduite dans la forêt. Attachée à un arbre, on lui lacérait le corps avant de verser du piment sur ses blessures. Elle était ensuite abandonnée et mourait lentement dans d'horribles souffrances. Une forme d'exécution courante consistait à obliger la personne condamnée à boire une infusion à base de plantes vénéneuses. Certaines communautés sahéliennes exécutaient le condamné à mort en le cousant vivant dans un linceul de cuir.

Louis-Marie Pouka[499] renseigne sur les modalités d'application de la peine de mort chez les *Bantou* du Cameroun:

« La peine de mort était infligée à tout brigand arrêté. On se contentait de lui avouer qu'il exerçait le brigandage. L'exécution de la peine était faite de la façon suivante : s'il s'agissait d'un brigand isolé, on lui incisait profondément diverses parties du corps et l'on introduisait du strophantus dans ces incisions. On lui perçait la langue, où l'on mettait également du strophantus et, la nuit, on le ramenait dans son village. Là, on le laissait rentrer dans sa famille, muet et presque consumé par le poison. Il ne devait rien dire, même s'il avait la possibilité de parler, ce qui était rare. Cette défense avait une double raison : d'abord éviter à sa famille l'infamie, puis à ses enfants, frères ou autres parents, les représailles exercées par les familles des personnes disparues, car lorsqu'on arrêtait un brigand, toutes les disparitions de personnes lui étaient attribuées automatiquement.

L'exécution des bandits opérant en groupes se faisaient ainsi : lorsqu'une section, ou une équipe était cernée et arrêtées, on conduisait tous les coupables chez le chef de clan. Là on le soumettait

[499] Pouka (Louis-Marie), *Le régime des peines et délits dans le droit coutumier des Bantous du Cameroun*, op.cit.

à des tortures pour leur faire avouer leurs crimes, donner des noms de leurs compagnons habituels et occasionnels. Il y avait, en effet, des bandits habituels, formant corporation et habitant généralement les forêts, et des bandits occasionnels, simples villageois qui résidaient dans les villages où ils contrôlaient les allées et venues des gens pour aller ensuite renseigner leurs camarades auxquels ils servaient d'indicateurs et de complices. Après trois jours au plus d'interrogatoire, on alertait les hommes au son de tamtams, leur annonçant que le village procéderait à une chasse nocturne. Une formule conventionnelle terminait cette annonce spécifiant le genre de chasse dont il était question : la chasse à l'homme. Les femmes et les enfants devaient tout ignorer. (Les femmes bantous ne comprennent pas le langage du tamtam). Dès que les notables des villages se réunissaient, ils conduisaient les bandits solidement liés au bord du fleuve. Là, après leur avoir coupé la langue, liés les bras contre le corps, coupé les mains, percé les yeux, coupé les organes génitaux, attachés deux pierres, l'une au cou, l'autre aux jambes, on les précipitait dans les flots.

La participation obligatoire de tous les hommes des villages à cette macabre exécution, avait sans doute, au fond, caractère d'intimidation et d'exemple ».

Ainsi donc, la peine de mort est une modalité de la vengeance. En Afrique, celle-ci n'est pas l'œuvre d'une personne offensée, ni de ses héritiers, elle est toujours confiée au groupe. De façon réciproque, la vengeance vise le groupe considéré comme responsable. En Afrique, elle est toujours ritualisée, elle implique l'idée d'équivalent et de parité. La qualité de la victime de la vengeance doit égaler la qualité de la victime de l'atteinte originelle. Si elle est considérée comme injuste, la vengeance peut entraîner une contre-vengeance et ainsi de suite. De nombreuses règles tempèrent la dureté de la règle. Le délai prévu pour exercer la vengeance peut être limité et bref. Le groupe responsable peut s'exonérer en excluant de son sein l'auteur de l'atteinte. Mais plus que tout, la négociation entre les deux groupes a un large champ d'application visant à remplacer la vengeance par un équivalent. Ainsi Elias Olawale[500] soutient que le droit coutumier africain fait de la compensation pécuniaire la sanction la plus courante de l'homicide. Il existe au sein de tous les systèmes de compensation une véritable échelle de tarifs d'amendes, chaque délit ayant le sien

---

[500] Cf. Olawale (Elias), *La nature du droit coutumier africain*, op.cit.

propre : les peines ne sont pas appliquées de façon automatique. Le délit est pris en considération dans tous ses aspects : nature, circonstances atténuantes ou aggravantes. C'est dire qu'une personne condamnée pour une infraction passible de la peine capitale n'était pas forcément exécutée. Il existait d'autres moyens de traiter cette personne selon les circonstances de son acte. Dans certaines communautés, il lui était simplement demandé de restituer un bien ou de verser un dédommagement (le prix du sang) à la famille de la victime. Cette indulgence reposait sur l'idée qu'il fallait, en pratique, calmer la colère des parents de la personne tuée pour le préjudice subi et promouvoir la paix ainsi que la réconciliation. Dans d'autres communautés, la personne condamnée était bannie du village pendant un certain temps. À son retour, elle devait faire un sacrifice et procéder aux restitutions ordonnées par les anciens.

De nombreuses communautés avaient des pratiques telles que le « meurtre rituel », à savoir l'assassinat de jumeaux à la naissance ou d'un nourrisson né avec des dents, l'exécution sommaire d'une personne convaincue de sorcellerie et le meurtre faisant suite à une ordalie, un moyen utilisé par le passé et fondé sur la croyance en une intervention divine pour établir la culpabilité ou l'innocence d'une personne. Ce meurtre rituel consistait à offrir une vie humaine pour calmer les dieux, pour conjurer la menace d'un désastre qu'ils auraient ordonné ou pour obtenir leur faveur. Une communauté procédait à l'exécution sommaire d'un « sorcier », d'une « sorcière » ou d'un « magicien », d'une « magicienne » pour l'empêcher de rompre la trame fragile de la vie sociale du groupe. C'est rejoindre en définitive la position de Maryse Raynal[501] qui soutient que dans l'Afrique précoloniale, « la peine de mort est relativement peu pratiquée car le fait de verser du sang sur la terre constitue une souillure qui rejaillit sur tous les autres membres de la communauté. On préfère donc se débarrasser des délinquants jugés irrécupérables par l'ostracisme qui est une sanction tout aussi efficace et moins impure »[502]. En effet, dans le système communautariste et sacré africain, la « mort sociale ou la vente comme esclave conduisent inexorablement à la mort physique dans la mesure où un individu détaché de la terre de ses ancêtres ne bénéficie plus de sa protection »[503]. Si toutes les cultures

---

[501] Raynal (Maryse), *Justice traditionnelle, justice moderne, le devin, le juge, le sorcier,* op.cit., pp. 292-296

[502] Ibid.

[503] Ibid.

humaines ont plus ou moins pratiqué la peine de mort, l'Afrique traditionnelle n'en usait donc qu'« en dernière extrémité pour sanctionner les crimes jugés insupportables, qui portent une atteinte intolérable aux principes fondamentaux de la société »[504], ceci en raison de ses croyances religieuses qui structurent sa vision du monde ainsi que sa conception négociée du droit et de la justice. « La mort même voulue, écrit Maryse Raynal, est un moment grave car elle se situe aux confins des deux mondes : naturel et social ; en cela, elle peut constituer une rupture et donc un désordre. La mort n'est jamais parfaitement maitrisée par les hommes »[505].

En somme, chez les *Bantou* du Sud-Cameroun, la peine est légale lorsqu'elle est prévue par la coutume, inégale (non proportionnée à la gravité des faits), individuelle (seul le coupable devait subir la punition pour ses actes). Ce régime des délits et des peines sera critiqué par les administrations coloniales occidentales qui prendront possession du Cameroun.

---

[504] Ibid. Lire aussi, Ngando (Blaise Alfred), « Kéba Mbaye et l'universalité des droits de l'homme: Les enseignements du droit traditionnel sur la peine de mort », *Mélanges en l'honneur du juge Kéba Mbaye – Administrer la justice Transcender les frontières du droit*, Etudes réunies par le Professeur Mamadou Badji et le Docteur El Hadji Omar Diop, Presses de l'Université Toulouse 1 Capitole, 2018.

[505] Raynal (Maryse), *Justice traditionnelle, justice moderne, le devin, le juge, le sorcier,* op.cit., pp. 292-296

DEUXIÈME PARTIE

LE CAMEROUN DANS LE SILLAGE DE L'ETAT ET DU DROIT OCCIDENTAL

A partir du XVe siècle, la décadence du monde islamique est déjà ressentie en Afrique. Mais, les civilisations africaines suivent encore une progression croissante. Le royaume Hafçide de Tunis et celui de Songhaï reprennent le flambeau de la décadence du Mali. L'Ethiopie renaît sous le règne de l'empereur Zara Yacob (1434-1468). Affaiblie depuis plusieurs siècles, la civilisation islamique doit faire face à la progression du christianisme en Méditerranée. En janvier 1492, la prise de Grenade par les chrétiens espagnols enlève définitivement à l'islam africain tout espoir d'expansion vers l'Europe. Au mois d'octobre de la même année, la découverte des Indes occidentales (Amérique) par Christophe Colomb change brutalement le sens de l'histoire : Au moment où l'Afrique décline, l'Europe amorce sa « renaissance» et la conquête du Monde. Le 4 mai 1493, le pape Alexandre VI accorde à l'Espagne les « terres fermes et îles découvertes ou à découvrir vers l'Inde, à cent lieues à l'ouest de la dernière des Açores ». A la suite des protestations portugaises, le Traité de Tordesillas du 7 juin 1494 repousse vers l'ouest la ligne de démarcation des terres espagnoles et portugaises. En 1501, devant les difficultés approuvées pour faire travailler les Indiens à Hispaniola, les rois catholiques autorisent une première importation de nègres africains. En 1510, le gouverneur portugais de Sao Thomé reçoit l'ordre de recruter des esclaves pour les Caraïbes. Ainsi est mis en place la traite des esclaves qui, du XVe au XIXe siècle, bouleverse les sociétés côtières africaines ainsi que les terres plus reculées en contact avec les côtes. C'est pendant cette période que les prémices du droit et de la justice occidentale sont perceptibles sur la côte camerounaise **(Chapitre 3).** Premiers à y établir des comptoirs, les Portugais sont remplacés en Afrique de l'ouest par les Hollandais qui industrialisent la traite transatlantique, avant d'être concurrencés par les Anglais et les Français. Malgré son interdiction en 1815 au Congrès de Vienne, la traite se poursuit, entrainant ça et là des résistances[506] et une

---

[506] Des *peul* musulmans créent un Etat théocratique dans le Fouta Djalon. Les royaumes de Ségou et du Kaarta sont fondés par des guerriers animistes d'origine

reconfiguration politique de l'Afrique. Mais la marche de l'histoire est favorable aux Européens qui se partagent le continent africain à l'issue de la Conférence de Berlin (1884-1885). Celle-ci prend acte de l'expansion coloniale et entérine l'idée d'ouvrir l'Afrique à la « civilisation occidentale ». Cette perspective viendra consolider l'expansion en Afrique du christianisme[507].

Mandé. Les Asante s'imposent en même temps que se développe le royaume du Dahomey. En Ethiopie, le royaume des Funj décline alors que se développe le sultanat du Darfour. L'Imam peul Usman dan Fodio lance en 1804 une guerre sainte qui enrôle des peuls et Hausas et entraîne au nord du Nigéria actuel, la création de l'empire théocratique de Sokoto. En 1810, un royaume théocratique est fondé dans le Macina. En 1816, Chaka fonde la nation Zouloue en vue de la guerre permanente. Dans les années 1820, l'Egypte s'empare de la Nubie et du royaume Funj.

[507] En effet, depuis le Ier siècle, sous la figure tutélaire de l'évangéliste Marc, des communautés chrétiennes avait déjà été fondées en Afrique du Nord et la « Bonne Nouvelle » s'était répandue en Égypte à travers des judéo-chrétiens, des esclaves et des marins. Du IIe au IVe siècles, le grand nombre de saints et martyrs ainsi que la notoriété des immenses théologiens africains (Origène, Athanase, Cyrille, Tertullien, Cyprien, Augustin…) attestait l'intense activité apostolique dans ces régions. D'Égypte - où le monarchisme chrétien naît au IVe siècle avec Antoine et Pacôme -, le christianisme descendit en Nubie et en Éthiopie. Mais après la conquête vandale (Ve siècle) puis l'expansion de l'islam dans toute l'Afrique du Nord (VIIe siècle), le christianisme s'effondra. Aux XVe - XVIe siècles, les explorateurs portugais procèdent à une évangélisation le long des côtes atlantiques (Cap-Vert, Principe, São Tomé, Angola, etc.), puis d'autres missionnaires occidentaux entrent dans les régions du Bénin, Congo, Mozambique, Madagascar, etc. Écoles et hôpitaux catholiques commencent à s'implanter. Le XVIIIe siècle voit cependant s'éteindre la quasi-totalité des missions au sud du Sahara. Au XIXe siècle, des congrégations missionnaires, parfois en concurrence entre elles (Pères Blancs, spiritains et de très nombreuses religieuses), ainsi que des missionnaires protestants de toutes confessions, pénètrent plus avant dans les terres et s'établissent durablement. Parfois, des convertis paient le baptême de leur vie, tel Charles Lwanga et ses compagnons en Ouganda : ces 22 premiers martyrs d'Afrique noire en 1886 seront béatifiés en 1920 et canonisés en 1964. Dans l'élan du colonialisme et grâce à d'importants financements occidentaux, institutions et infrastructures ecclésiales se mettent en place : préfectures ou vicariats apostoliques, puis évêchés. A la fin du XIXe siècle, seuls 1 % des chrétiens sont africains. A partir du XXe siècle, un nouvel essor du christianisme apparaît en Afrique, surtout dans la partie subsaharienne où foisonnent de multiples confessions. De plus en plus, c'est par les catéchistes et le clergé autochtone que l'Évangile sera annoncé à l'Afrique. L'essor du christianisme se fera aussi grâce au prosélytisme des protestants évangéliques, ainsi qu'à l'émergence de prophètes créant de nouvelles Églises. Au début du XXIe siècle, l'Afrique est le continent où le nombre de chrétiens augmente le plus vite. En 2010, environ 23 % des chrétiens du monde se trouvent en Afrique. Aujourd'hui, le christianisme est la religion la plus pratiquée en Afrique subsaharienne (63 %), devant l'islam (30 %) ou

Dans son expansion, le christianisme aura une sérieuse influence dans l'histoire du droit en Afrique, en ce sens qu'il va fortement contribuer à façonner idéologiquement le monde africain comme il avait déjà fait en Occident[508]. Religion monothéiste, le christianisme se situe en partie dans le prolongement du judaïsme dont il reprend et avalise l'idée d'une nature bonne à l'origine, puis corrompue par le pêché racheté par le sacrifice du Christ[509]. Aux mythologies naturalistes du paganisme se substitue une métaphysique judaïque puis chrétienne qui situe Dieu en dehors de la nature visible et au-dessus d'elle. Fondée sur l'idée de la transcendance divine, la révélation chrétienne implique que Dieu a fait l'homme à son image, que tous les hommes sont frères et qu'ils sont tous destinés à la vie éternelle. L'égalité dans la dignité suppose donc la liberté[510]. On retrouve là l'idée du personnalisme chère au stoïcisme[511]. L'acte et la

---

les religions traditionnelles. Près du quart des chrétiens vivent désormais en Afrique, essentiellement en Éthiopie, au Nigeria et en République démocratique du Congo. Philippe Laburthe-Tolra [« Christianisme et ouverture au monde. Le cas du Cameroun (1815-1915*)*, dans *Revue française d'Histoire d'outre-mer*, Tome LXXV, n° 279, 2è trimestre 1988, pp. 207-221] démontre comment l'irruption du christianisme a contribué au processus d' « ouverture au monde » des sociétés traditionnelles du Cameroun. Il poursuit la réflexion dans un ouvrage (*Vers la lumière ou le désir d'Ariel. Sociologie de la conversion,* op. cit.) dans lequel il il éclaire sur la « *sociologie de la conversion* » chez les populations *Beti* du Cameroun. Passés de zéro catholique en 1900 à quatre cent mille en 1943, les *Beti* constituent un « cas de conversion religieuse rapide » … un « *miracle* » dont les « moyens », les « motifs » et les « effets » sont des « jalons permettant l'esquisse d'une théorie du changement idéologique ». Lire aussi, Mvogo (Wenceslas), *La mission de l'Eglise au Cameroun en général et les Béti en particulier de 1890 à 1961*, Thèse 3e cycle, Faculté de théologie de Strasbourg, 1979.

508 Lire à ce sujet, Leca (Antoine), *La genèse du droit (Essai d'introduction historique au droit)*, op.cit.

509 C'est à ce sujet que le christianisme s'écarte du judaïsme dans la mesure où le sacrifice du Christ a racheté tous les hommes.

510 « Le missionnaire, écrit Maurice Leenhardt en 1902, est loin de songer aux conséquences politiques de son rôle social. Mais il est incontestable qu'en élevant les Noirs à la dignité d'homme, il fait d'eux des êtres libres, qui voudront se suffire à eux-mêmes, et assumer leurs intérêts sociaux et politiques, en devenant citoyens du pays dont ils relèvent. Et si ce pays dominateur ne reconnaît pas leurs droits, ils travailleront à former un parti instruit et respectable, afin de conquérir plus tard la plus grande indépendance possible ». Cité, Laburthe-Tolra (Philippe), *Vers la lumière ? ou le désir d'Ariel : A propos des Beti du Cameroun, Sociologie de la conversion*, op.cit., p. 410.

511 « On retrouve son personnalisme, repris et amplifié, ce sens que la révélation évangélique affirme l'autonomie de la vie spirituelle de chaque être humain et

profession de foi sont par définition personnels, fruit de la responsabilité, assumée par chacun devant Dieu, de s'avouer en vérité dans sa double condition de créature et de pécheur. Le christianisme a donc pour mission d'éduquer les fidèles à la liberté puisque l'acte de foi n'a de sens pour chaque homme que s'il se pose en toute sincérité. Autrement dit, la prise de conscience individuelle est la condition du salut et de la bénédiction divine. A chaque fidèle revient la responsabilité de recevoir la bonne nouvelle du message divin en s'ouvrant aux aspirations de l'Esprit par la lecture des « saintes Ecritures ». Ainsi, tout en infléchissant un certain nombre de notions qu'il a puisées dans son double héritage juif et stoïcien, le christianisme a introduit dans la sphère sociale, outre la liberté individuelle, l'idée d'égalité qui ne concernait *a priori* que le « royaume de Dieu ». Conformément à l'idéologie libérale et individualiste qu'il véhicule, le christianisme s'est dès le XVe siècle élevé en Afrique contre l'esclavage et la traite négrière. Contre ces fléaux, l'action de l'Eglise catholique s'est avérée particulièrement décisive[512]. Tout comme la progression du christianisme va favoriser,

---

proclame le caractère strictement individuel du salut éternel. D'où l'idée que chaque homme, image de Dieu, trouve en lui sa fin, possède une valeur absolue et qu'aucun ne peut, sous quelque prétexte que ce soit, être réduit au rôle de simple instrument de la communauté politique. On voit reparaitre en lui l'idée stoïcienne de la primauté de la loi naturelle, universelle, gravée dans le cœur de l'homme, sur les lois positives, particulières à chaque peuple. Et par voie de conséquence, on retrouve enfin la liberté et l'égalité naturelles : elles survivent à l'état de nature, perdu à la suite du péché, et elles continuent de s'imposer, comme des valeurs supérieures à tout ordre social conforme à la justice ». Cf. Leca (Antoine), *La genèse du droit (Essai d'introduction historique au droit)*, op.cit., pp. 147-148.

[512] Cf. Conti (L.), « L'Eglise catholique et la traite négrière », dans *La traite négrière du XVe au XIXe siècle*, Documents de travail et compte rendu de la Réunion d'experts organisée par l'Unesco à Port-au-Prince, Haïti, 31 janvier – 4 février 1978, Unesco, 1985, p. 273-276. Ainsi, d'après cette étude, le 7 octobre 1462, le pape Pie II s'élève en faveur des Nègres réduits en Esclavage, dénonce la traite comme étant un grand crime et ordonne aux évêques de frapper de sanctions ecclésiastiques ceux qui la pratiquent. Au début de juin 1557, Paul III, par la Bulle *Veritas ipsa* adressée à toute la chrétienté, condamne l'esclavage et annule, avec valeur rétroactive, tout contrat en la matière, de sorte que les esclaves ont le droit de se libérer de leur état de servitude. Urbain VIII (1623-1644) dans une lettre du 22 avril 1639 adressée au représentant du Saint-Siège au Portugal, condamne l'esclavage et menace d'excommunication tous ceux qui la pratiquent. Les missionnaires, dans leurs lettres à la Sacrée Congrégation de Propaganda Fide (fondée le 6 janvier 1622), ne cessent d'exposer les funestes conséquences de l'esclavage pour leur apostolat d'évangélisation, en insistant que le l'esclavage soit à

non seulement la revendication des droits politiques en faveur des autochtones, mais aussi la promotion des individus à l'intérieur des familles, à l'instar des femmes. Au Cameroun par exemple, les Missions catholiques, seront à l'avant garde du combat, rêvant « d'une société chrétienne à l'occidentale, dont la famille monogamique constituerait le noyau »[513].

En posant le dualisme de Dieu et de César, la révélation chrétienne a également rompu avec le monisme païen, juif ou islamique[514] qui ne conçoit pas la séparation de l'Eglise et de l'Etat. « En conséquence de quoi, Jésus a fait en sorte de ne pas être proclamé roi, s'est abstenu d'édicter des règles de droit et s'est refusé à se comporter en juge en tranchant des conflits comme il était sollicité à le faire »[515]. De manière subtile, le christianisme a

nouveau condamné, ce qui sera fait par le Saint-Office le 20 mars 1686. En 1707, la Sacrée Congrégation de Propaganda Fide conjure les nonces de Lisbonne et de Madrid d'agir contre la suppression de l'esclavage. La même Congrégation, dans une Instruction qu'elle adresse à Vincenco Bichi, elle exige que l'on donne congé aux esclaves non seulement le dimanche et les jours de fêtes, mais encore le samedi. Lors de leurs réunions du 15 décembre 1738 et du 28 novembre 1741, les cardinaux de la Sacrée Congrégation de Propaganda Fide traitent encore longuement de la question de l'esclavage. Le 22 décembre 1741, par la constitution apostolique Immensa, le pape Benoît XIV (1740-1758) condamne à son tour l'esclavage. Bien que concernant directement l'esclavage des Indiens d'Amérique, une copie de cette constitution est envoyée au préfet des capucins au Congo. Dans une lettre du 20 septembre 1814 au roi de France, Pie VII condamne l'esclavage et interdit « à tout ecclésiastique ou laïque d'oser soutenir comme permis, sous quelque prétexte que ce soit, ce commerce des Noirs ». Le souverain pontife écrit dans le même sens aux gouvernements d'Espagne, du Portugal et du Brésil. En 1823, il écrit au roi portugais en insistant sur la nécessité d'abolir l'esclavage dans son empire colonial. Il joue un rôle déterminant au Congrès de Vienne (1814-1815) au cours duquel il obtient l'abolition de l'esclavage. Le 3 décembre 1837, Grégoire XVI condamne sévèrement les dispositions prises par ses prédécesseurs à l'égard des esclaves. En 1851, Pie IX s'élève contre l'esclavage lors de la béatification de Pierre Claver (1580-1654), jésuite missionnaire connu sous le nom d' « apôtre des Nègres ». Dans une lettre adressée aux évêques du Brésil, Léon XIII félicite vivement ce qu'ils ont fait en faveur de l'abolition de l'esclavage et rappelle la doctrine et l'œuvre de l'Eglise dans ce domaine.

513 Ngongo (Louis), *Histoire des forces religieuses au Cameroun de la première guerre mondiale à l'indépendance*, Paris, Karthala, 1982, p. 120.

514 Harouel (Jean-Louis), « *Islam et déficit de légitimité* de l'Etat », dans *Mélanges en l'honneur du Professeur Michel Ganzin*, Contributions réunies par Éric Gasparini et François Quastana, Paris, Editions La Mémoire du Droit, 2016, pp. 1025-1036.

515 Harouel (Jean-Louis), *Islam et déficit de légitimité* de l'Etat, dans « Mélanges en l'honneur du Professeur Michel Ganzin », Ibid., p. 1026.

théorisé[516] l'origine du pouvoir en admettant qu'il vient de Dieu, mais que ce sont les hommes qui se choisissent leurs lois et leurs chefs[517]. Dès la fin du XIXe siècle, les gouvernements occidentaux soutenus par les missionnaires[518] poseront les jalons d'un nouvel ordre politique en Afrique. Les bases de l'Etat seront ainsi posées au Cameroun en vue d'asseoir le modèle juridique occidental d'abord sous le régime colonial allemand **(Chapitre 4),** ensuite sous la domination de la France et de la Grande-Bretagne qui légueront au Cameroun indépendant son bijuridisme étatique **(Chapitre 5).** Sous ces régimes respectifs, l'Etat colonial devient l'épicentre de la production normative, confortant ainsi la marche du Cameroun dans le sillage de la civilisation juridique occidentale, en dépit des résistances coutumières.

---

[516] Depuis Saint Augustin mais surtout Saint Thomas d'Aquin.

[517] D'où l'apparition naturelle de la Démocratie dans les pays de tradition chrétienne, « car il y a des cultures religieuses qui sont incompatibles avec cette forme de gouvernement ». Cf. Leca (Antoine), *La genèse du droit (Essai d'introduction historique au droit)*, op.cit., pp. 147-148.

[518] Les gouvernements européens s'appuient sur les missionnaires dans leur œuvre d'expansion coloniale, tandis que les missions s'accommodent de la colonisation pour assurer leur propre développement. Victor T. Le Vine (*Le Cameroun du mandat à l'indépendance*, Paris, Présence africaine, 1984, p. 101) observe à juste titre que « les sociétés missionnaires ne [viennent] pas seulement pour convertir les populations, mais aussi pour créer le contexte de civilisation au sein duquel les diverses valeurs du christianisme *(telles qu'elles étaient interprétées par chaque église) pouvaient être propagées avec le maximum d'efficacité.* « L'effort missionnaire, poursuit-il, [est] (…) voué à encourager les gens à agir en chrétiens, et à vivre en chrétiens, une orientation qui implique un nouvel ensemble de comportements allant du port de vêtements à l'assistance aux services religieux » (Ibid). Qui plus est, les chrétiens acceptent « l'idée d'une distribution des tâches entre les Européens et les Africains, les premiers ayant la tâche d'assurer la programmation et la garantie de l'ordre et les seconds ayant le devoir de se soumettre à l'ordre européen ». Cf. Sacco (Rodolfo), *Le droit africain – anthropologie et droit positif*, op.cit., p. 131.

Mise en place et fluctuations principales des frontières au Cameroun (1885-1961)

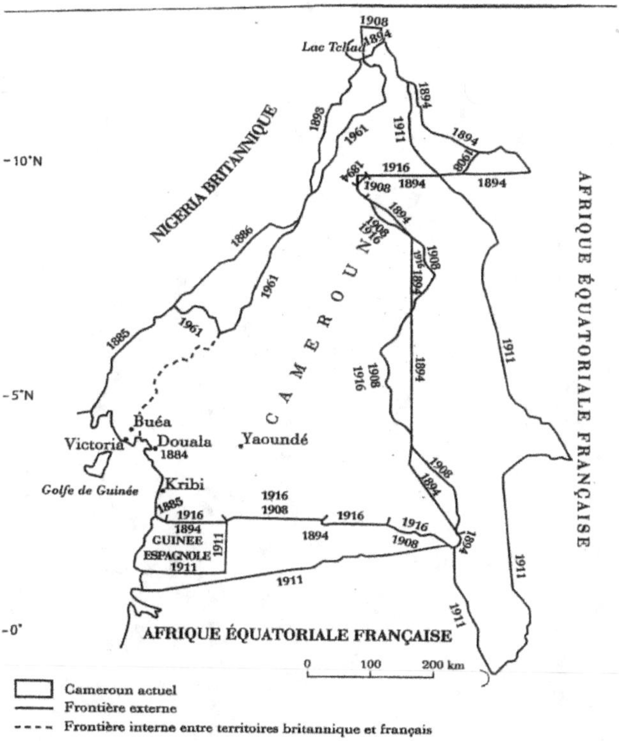

Carte extraite : Bopda(Athanase), *Yaoundé et le défi camerounais de l'intégration*, Paris, CNRS éditions, 2003, p. 67.

CHAPITRE 3

LES PREMICES DU DROIT ET DE LA JUSTICE OCCIDENTALE SUR LA CÔTE CAMEROUNAISE AVANT L'ERE COLONIALE (1472 - 1884)

Avant l'ère coloniale, le « Cameroun » se réduit à sa côte maritime. Son entrée dans l'Histoire et la Cartographie remonte au récit général de l'exploration de la Baie de Biafra[519]. Mais on n'a aucune information écrite sur cette partie du globe jusqu'au XVe siècle[520]. D'aucuns assimilent le *Mont Cameroun* (4070 m) au « *Char des Dieux* » évoqué par le Carthaginois Hannon au VIe siècle avant Jésus Christ[521]. Ce qui est sûr, c'est que, vers 1450, des navigateurs portugais arrivent au fond du Golfe de Guinée. En 1472, ils découvrent l'île « *Formosa* » (plus tard appelée *Fernando Poo*), puis le fleuve *Wouri* qu'ils baptisent « *Rio dos Camaroes* » (*Rivière des*

---

[519]Cf. Bouchaud (Joseph), *La côte du Cameroun dans l'Histoire et la Cartographie, des origines à l'annexion allemande (1884),* Yaoundé, Institut Français d'Afrique Noire (IFAN), 1952. Ouvrage capital dans lequel les textes les plus anciens relatifs aux voyages effectués sur les côtes d'Afrique sont rapportés et critiqués.

[520] « Pour ce qui est du Cameroun, aucune source ne semble fournir des données assez précises pour nous permettre de croire à d'autres présences Occidentales dans la région actuelle de l'estuaire du Wouri, avant celle –Portugaise celle-là- de la fin du XVème siècle ». Cf. Mveng (Engelbert), *Histoire du Cameroun*, op.cit. p. 94.

[521] En effet, au VIe siècle avant notre ère, le navigateur Carthaginois Hannon longe la côte des « *Contrées libyques situées au-delà des Colonnes d'Hercule* » c'est-à-dire la côte d'Afrique au-delà du détroit de Gilbratar. Une relation abrégée de cette expédition a été conservée par les historiens grecs et latins. Le Père Bouchaud, dans son ouvrage mentionné ci-dessus, en donne, dans un bref aperçu, une traduction manuscrite. On y lit notamment : « pendant quatre jours, nous continuâmes notre voyage et nous découvrîmes, de nuit, une contrée pleine de feu. Au milieu, était un feu très élevé, plus haut que tous les autres, et qui semblait atteindre aux étoiles. Quand le jour fut venu, nous nous rendîmes compte que c'était une haute montagne, appelée « le Char des dieux » (Cf. Bouchaud (Joseph), *La côte du Cameroun dans l'Histoire et la Cartographie, des origines à l'annexion allemande (1884),* op.cit., p. 9). Ces détails ont paru à certains - dont Engelbert Mveng (*Histoire du Cameroun*, op.cit., pp. 47-69), s'appliquer au *Mont Cameroun* qui est la plus haute montagne de la côte occidentale d'Afrique. Mais tous les historiens ne sont pas d'accord sur l'authenticité du voyage d'Hannon dans le Golfe de Guinée. Son périple a des allures de légende qui nous obligent à observer une franche réserve à son sujet.

crevettes)[522]. Celui-ci est alors le plus important estuaire de cette côte camerounaise qui s'étend sur cent cinquante miles du Rio del Rey (Nord-Ouest) à Campo (Sud-Est), qui donne sur l'Océan Atlantique, et dont les traits saillants sont ses nombreuses criques et anses marécageuses. Sur ses bords, se sont établies des populations *dwala*[523], d'origine *Bantou*, parlant la même langue, pratiquant les mêmes activités (dont la pêche), possédant des traditions orales proches. Venant du bassin du Congo, la migration *dwala* a repoussé vers l'intérieur les populations *bassa* et *bakoko* qui occupaient déjà le bas pays. Depuis quand vivaient-ils là ? Difficile de dater avec précision le début de leur implantation, tant les écrits sur la période précoloniale sont rares. Mais il est probable que la vague migratoire des *Bassa* et des *Bakoko* -puis des *Dwala*- soit étroitement liée à la situation décadente du royaume du Congo à l'aube de la domination portugaise[524]. De toute évidence, la côte camerounaise est habitée vers

---

[522] « Ce qui les frappa le plus, quand ils pénétrèrent dans l'estuaire du Wouri, ce fut d'y voir pulluler ces petits crustacés que les [Duala] appellent « Mbéa toè » et dont le nom scientifique est « Calianassa Turnerana ». Aussi donnèrent-ils à cette rivière le nom de « Rio dos camaroes », rivière des crevettes. On ignore à qui revient l'honneur de la découverte. Sans doute est-ce à Fernao do po, qui en 1471, découvrit une île qu'il appela « Formosa », mais à laquelle son propre nom fut donné depuis, ou à Pero de Cintra, que le roi de Portugal avait chargé officiellement de pousser toujours plus avant l'exploration de la côte africaine. On ne sait pas non plus la date exacte, mais ce dut être en 1472, car les anciennes relations portugaises mentionnent, pour les années suivantes, la découverte de terres situées plus au Sud. Quoi qu'il en soit, le nom « Rio dos Camaroes » apparaît pour la première fois sur la carte dessinée en 1502 par Canerio ». Cf. Bouchaud (Joseph), *Histoire et géographie du Cameroun sous mandat français*, imprimé par les Etablissements J. Wadsworth, Grange Printing Works, Grange-Over-Sands, Lancs., England. Pour la Procure du Vicariat apostolique, Douala, Cameroun, Nouvelle édition, 1944, pp. 17-18.

[523] Cf. Gouellain (René), *Douala Ville et Histoire*, op.cit.. Lire aussi Doumbè-Moulongo (Maurice), « Origines et migrations des Duala », dans *Abbia*, op.cit.

[524] Nzinga Mbemba, le roi du Congo connu sous le nom d'Alfonso Ier (1506-1541), avait cru avantageux de mettre son pays à l'heure du Portugal. En 1506, il se convertit même au christianisme, donnant ainsi une caution personnelle à une européanisation du Congo sur laquelle il fondait de grands espoirs. Les Portugais profitent de la situation pour installer une domination coloniale sur le Congo. Ce qui entraîne un affaiblissement rapide de la société et de l'Etat. La domination portugaise suscite des réactions hostiles parmi les Congolais. Quand le roi Alfonso Ier meurt en 1541, le désordre s'installe dans le pays : ses successeurs se disputent âprement le pouvoir. Les crises qui s'en suivent favorisent l'exode. « De fait, écrit Jean Paul Nyounae-Libam, les Congolais quotidiennement menacés de mort ou de capture, ont été nombreux à fuir cet enfer qu'est devenue leur mère patrie » (Cf., *Le traité Douala-Allemand du 12 juillet 1884*, 2e édition, CNRS/Paris, 1975, pp. 8-9).

1500[525]. Avec l'ouverture du pays au commerce et à la traite esclavagiste, les *Dwala* deviendront maîtres de cette région littorale connue au XIXe siècle sous le nom de « *Cameroon River* » (*rivière Cameroun*). C'est là que de 1472 à 1884, Portugais, Hollandais et Anglais se succèdent, en vertu du système des « monopoles »[526]. Leurs relations juridiques avec les populations côtières du Cameroun passeront du pragmatisme **(Section 1)** à la codification **(Section 2)**, jetant les prémices d'une justice coloniale empreinte des valeurs occidentales[527].

Section 1 : Les relations juridiques entre les négriers occidentaux et les populations côtières du Cameroun pendant les périodes portugaise et hollandaise (1472-1800)

Après l'Antiquité, la côte occidentale d'Afrique plonge dans l'oubli. Durant les temps médiévaux, aucun navire étranger ne fréquente le Golfe de Guinée[528]. « L'Europe, absorbée par les invasions barbares venues du Nord, puis par les Croisades, passe son Moyen Age à se défendre au-dehors contre l'Islam, et à confectionner

---

Ainsi les *Bassa* et les *Bakoko*, puis les *Dwala* sous la conduite de Dikota, auraient immigré sur la côte camerounaise.

525 Engelbert Mveng cite quelques documents qui vont dans ce sens : L'*Esmeraldo de Situ Orbis* de *Pacheco Pereira,* vers 1505, affirme que « les habitants de ce pays sont appelés Caaboo ». Le même document signale, vers l'intérieur, des *Bota.* Puis il ajoute : « Toute la côte qui va de cette montagne de Fernam do Poo jusqu'au cap de Lopo Gonçalvez, sur une distance de quatre-vingts lieues est *très peuplée* [c'est nous qui soulignons] et très boisée de forêt épaisse ... Ce pays est très voisin de l'Equateur dont les Anciens disaient qu'il était inhabitable ; nous, par expérience, avons trouvé le contraire. (...) ». D'autres géographes de l'époque, l'Espagnol Martin de Enciso, l'Anglais Barlow, le Français Jean Fonteneau, parlent des « bonnes populations » de ces parages auxquelles ils donnent parfois des noms mythiques, « Marmarides et Troglodytes ». Jean Fonteneau signale en outre ces « gens de la terre appelés *Ambous »* qui devaient donner leur nom à la baie d'Ambas. Cf. Mveng (Engelbert), *Histoire du Cameroun*, op.cit., pp. 104-105.

526 Droit exclusif pour un commerçant ou un groupe de commerçants de se livrer à une espèce déterminée de commerce.

527 Cf. Ngando (Blaise Alfred), « Les "justices occidentales" sur la côte camerounaise avant la période coloniale », dans *Le juge et l'outre-mer, Phinée le devin ou les leçons du passé,* Tome I, Histoire de la justice, Lille, 2005, publié sous la codirection de Mme Martine Fabre et du Doyen Bernard Durand (UMR 5815 - Université de Montpellier I), pp. 89-102.

528 « Il ne semble pas que les navigateurs Normands, qui fréquentaient la côte d'Afrique sous le règne de Charles V, se soient avancés jusque-là ». Cf. Bouchaud (Joseph), *Histoire et géographie du Cameroun sous mandat français*, op. cit., p. 17

au-dedans le tissu de ses sociétés féodales, monarchiques ou communales, dans l'unité de la civilisation chrétienne »[529]. Du contact avec le monde arabe, (re)naît l'engouement pour les mers du sud[530]. A l'aube des temps modernes, les navigateurs portugais découvrent le Golfe de Guinée, et inaugurent les échanges avec les populations côtières sous le signe de la confiance **(A).** Ils seront suivis des Hollandais qui introduiront l'usage de la force pour recouvrer les créances **(B).**

A. Commerce et régulation esclavagiste pendant la période portugaise (1472-1590) : le « dash » (cadeau), une idée de justice dans des échanges non-codifiés

Après la prise de *Ceuta* (1415), le Prince Henri[531], roi du Portugal, poussé par un zèle apostolique, soutenu par l'espoir d'un commerce lucratif, organise une expédition sur les côtes d'Afrique. En 1469, son successeur Alphonse V cède à bail, pour une rente annuelle, le « commerce de Guinée » à Fernao Gomez. Celui-ci finance l'expédition de 1472 (conduite par Fernao do Po) qui fait connaître la côte camerounaise aux Européens. En 1454, Rome a légalisé la traite. Le commerce des esclaves se développe. Au large de la Baie de Biafra, des négriers portugais amorcent des échanges avec les populations côtières. Le trafic esclavagiste devient rapidement un monopole royal : en 1482, le roi Jean II du Portugal en assume la gestion et transfère le siège de la traite des nègres à Lisbonne. En 1486, Joao de Porto, fonctionnaire, est nommé à la tête de l'établissement spécial appelé *Casa dos Escravos,* qui gère la traite. Pendant les sept premières années d'existence de cette compagnie, 3594 esclaves sont vendus. Parmi les navigateurs qui fréquentent les parages du Cameroun récemment découvert, se trouvent également les Espagnols[532]. La traite des esclaves retient de plus en plus l'intérêt des Européens et de leurs partenaires africains sur la côte Ouest d'Afrique.

---

[529]Mveng (Engelbert), *Histoire du Cameroun*, op.cit., p. 93

[530] Dès le déclin du XIIIe siècle, des *Gênois,* les frères *Vivaldi,* s'embarquent pour la côte occidentale d'Afrique, à la recherche d'un fabuleux pactole (1291). Ils sont suivis, un demi-siècle plus tard par le *Catalan Jaime Ferrer* (1346). Sur une carte peinte en 1351 (probablement à Gênes), Laurentio Portolano donne déjà avec une exactitude approximative le contour et la forme du continent, en indiquant la région où les monts escarpés du Cameroun s'élèvent au-dessus de la côte.

[531] Surnommé le « *Navigateur* », don Henri (1394-1460) est le troisième fils du premier roi de la Maison d'Aviz, don Jean [er]

[532] Bouchaud (Joseph), *La côte du Cameroun dans l'Histoire et la Cartographie, des origines à l'annexion allemande (1884),* op.cit., p. 70.

Mais les textes de l'époque renseignent peu sur les populations de la baie de Biafra[533], et d'éventuels rapports avec les négriers occidentaux. Les maigres renseignements décrivent essentiellement la côte ainsi que les passages favorables à la navigation[534]. Aussi le Révérend Bouchaud regrette-t-il qu'aucun voyageur de cette époque n'ait laissé « une description des Noirs qui habitaient alors la côte du Cameroun ». Dans l'*Esmeraldo de Situ Orbis*[535] de Duarte Pacheco Pereira, l'on note néanmoins:

« Toute la côte, à partir de cette serra de Fernam do Poo vers le Nors-Est, est le Rio dos Camaroes, où il y a une bonne pêcherie, mais Nous n'avons eu encore aucun commerce avec les indigènes de cette localité »[536].

Or l'ouvragc citć a du être commencé, à partir de 1505, quand l'auteur revient de son premier voyage aux Indes, et terminé en 1508[537]. Est-ce à dire qu'à cette date, les négriers portugais ne sont pas encore en relation avec les populations côtières de *Rio dos Camaroes* ? Rien n'est sûr, d'autant qu'à cette époque, les Portugais

---

533 « Il est regrettable qu'aucun voyageur de cette époque ne nous ait laissé une description des Noirs qui habitaient alors la côte du Cameroun ». Cf. Bouchaud (Joseph), Ibid., p. 75.

534 « Ces ouvrages eurent vraisemblablement leur origine dans les notes que prenaient les pilotes au cours de leurs croisières et qu'ils rectifiaient ou complétaient au fur et à mesure que leur expérience s'enrichissait. Ils étaient communiqués à l'autorité centrale, c'est-à-dire à la *Causa de la Mina* à Lisbonne, où des experts les utilisaient pour constituer des « Guides de Navigation » réservés, bien entendu , aux seuls pilotes portugais autorisés par la Couronne » Cf. Bouchaud (Joseph), Ibid., p. 51. « Au début, ces ouvrages ne contenaient guère qu'une description de la côte, avec indication des distances entre deux points consécutifs, et de l'orientation à suivre pour passer de l'un à l'autre. Cf. Bouchaud (Joseph), Ibid., p. 69.

535 *L'Esmeraldo de Situ Orbis* est un ouvrage essentiel pour l'étude des découvertes de l'époque qui nous occupe. C'est à la fois, une description sommaire, mais précise, de la côte africaine, et un guide de la navigation du Portugal aux Indes. Il fait l'objet de plusieurs éditions critiques, parmi lesquelles celle de A. C. DE SILVAS DIAS (en portugais), et celle de G. H. KIMBLE (pour la Hakluyt Society de Londres). C'est d'après ceux-ci que nous devons à Joseph Bouchaud la traduction française du livre II, et plus particulièrement du chapitre X « *concernant la Serra de Fernam do Poo* ». Cf. Bouchaud (Joseph), Ibid., (« *Quelques textes Anciens* »), pp. 51-63

536 Cf. *L'Esmeraldo de Situ Orbis*, livre 2, cité Bouchaud (Joseph), *La côte du Cameroun dans l'Histoire et la Cartographie, des origines à l'annexion allemande (1884), op.cit.*, p.55.

537 Bouchaud (Joseph), Ibid., p. 54.

gardent jalousement le « secret »[538] de leur commerce. Pour Joseph Bouchaud, « il est possible que les voyages organisés par les soins de Fernao Gomes étant des entreprises d'un caractère privé, n'aient pas eu l'ampleur des expéditions officielles, comme celles du Prince Henri auparavant ou celles du roi Jean quelques années plus tard »[539]. Manière de dire que les négriers portugais ont déjà des échanges commerciaux avec les populations côtières du Cameroun autour de 1500[540]. Toujours est-il qu'ils n'ont pas d'établissements permanents sur le continent. Ils établissent des *resgates,* des places de marchés où les indigènes se rassemblent pour l'échange des marchandises. Ces marchés se tiennent habituellement aux embouchures des *rios* (fleuves), et le *Rio dos Camaroes* en est un. Pour développer le commerce et la traite sur la côte africaine, les Portugais fondent de puissants points d'appui, de célèbres *forts*, à la fois entrepôts, comptoirs et garnisons militaires. L'un des entrepôts portugais les plus florissants depuis le XVIe siècle est l'île de San-Thomé (Sao Tomé), non loin de la côte camerounaise. Cette *capitainerie* centralise les

---

[538] « La mort du Prince Henri entraîna une application stricte de la « politique du secret » dont les Portugais recouvraient leurs découvertes pour les mettre à l'abri de la concurrence des autres nations et s'assurer le monopole des profits qu'ils en tireraient. Cela explique que nous ne possédions qu'un fort petit nombre de documents relatifs à cette période » (Bouchaud, p. 35). Aux Cortès de 1481, les députés du Tiers-Etat prièrent le roi de n'admettre aucun étranger dans ses états, ajoutant que les Florentins et les Gênois en savaient déjà trop long sur les choses de Guinée. Aussi, fut-elle résolument adoptée par Alphonse V et surtout par ses successeurs Jean II et Emmanuel-le-Fortuné. Ce dernier la renforça par une législation trop sévère, en 1504 ». Cf. Ibid., p. 44

[539] « Du vivant du Prince Henri, écrit Bouchaud, les capitaines qu'il envoyait à la découverte avaient coutume de marquer leur passage en gravant, sur le tronc d'un arbre bien apparent et facile à reconnaître, la belle devise française de leur maître : « talent de bien faire ». Les envoyés de Fernao Gomes érigeaient de grandes croix de bois ; mais les indigènes les abattaient le plus souvent après leur départ, parfois même avant que leur navire fût hors de vue. Le Roi Jean II voulut des monuments plus durables. Il fit tailler des piliers de granit, surmonté d'une croix et des armes du Portugal et portant la date de l'expédition ». Cf. Ibid., p. 70

[540] « A l'exploration, les navigateurs portugais joignaient un fructueux commerce. Ils offraient aux indigènes du sel, des étoffes, des ustensiles en métal et même, malgré la défense formelle du Pape, des rames à feu et de la poudre. en guise de monnaie, on se servait de ces petits coquillages qu'on appelle cauris et de manillas (…). En échange, les Portugais trouvaient à acheter du poivre à queue, des ignames, du poisson séché ou fumé, de l'huile de palme, de la gomme, de l'ivoire, du bois de teinture, des peaux de léopards, des perles bleues à veines rouges, du bétail et surtout des esclaves ». Cf. Ibid., pp.72-74.

comptoirs et les *resgates*. Elle a à sa tête un gouverneur, comprend une garnison militaire, un entrepôt de commerce et de traite, le personnel européen et des esclaves à son service. Notons qu'après la découverte du Congo, celle du Cap de Bonne-Espérance et surtout celle des Indes, la côte de Guinée perd beaucoup de son importance aux yeux des Portugais. Ils continuent de s'intéresser à San Thomé à cause du sucre, mais les régions situées au fond du Golfe de Guinée passent tout à fait au second plan.

Il est donc probable qu'après la découverte de *Rio dos Camaroes* en 1472, le contact entre négriers portugais et indigènes camerounais ne soit pas demeuré régulier. Difficile dans ce cas de décrypter rigoureusement la nature des rapports juridiques avec les populations locales. Mais le mot « *dash* » (cadeau, pourboire), hérité de l'époque, semble traduire une certaine idée de justice dans les échanges commerciaux. Y a–t-il eu des désaccords entre partenaires, et comment ont-ils été résolus ? Aucun document n'en fait cas. Il est toutefois certain qu'en l'absence de base stable à *Rio dos Camaroes*, la législation portugaise n'a pas particulièrement influencé le mode de vie des populations camerounaises à la différence du Congo voisin où a été tenté un programme de christianisation et d'« européanisation » (*Regimento*)[541]. D'ailleurs, les navigateurs portugais n'ont jamais pris pied sur la côte camerounaise : ils resteront toujours à bord de leurs caravelles. Une attitude qui se maintiendra pendant la période hollandaise qui a laissé des descriptions[542] un peu plus détaillées de la « rivière Cameroun ».

---

541 En 1512, le Portugal codifie un programme de christianisation et d' « européanisation » du Congo. Il envoie un ambassadeur porteur d'instructions codifiées dans un « Regimento ». Ce document codifie les demandes séparées du roi Afonso et y ajoute le code judiciaire et les arrangements pour transformer la cour sur le modèle portugais. Afonso refuse le code portugais et sa cour ne sera jamais réorganisée sur le modèle de celle de Lisbonne.

542 La meilleure description et la plus complète de la côte d'Afrique en général, et des établissements hollandais en particulier, durant la période qui suit, se trouve dans l'ouvrage de J. Bardot qui publia ses souvenirs sous le titre de *Description des Côtes Occidentales de l'Afrique et des Contrées adjacentes.* Cf. Bouchaud (Joseph), *La côte du Cameroun dans l'Histoire et la Cartographie, des origines à l'annexion allemande (1884),* op. cit., pp. 92-93.

B. Commerce et régulation esclavagiste pendant la période hollandaise (1590-1800) : vers le droit unilatéral à recourir à la force face à la « mauvaise foi » des indigènes

Au début du XVIIe siècle, les navigateurs hollandais tirent de la côte camerounaise 400 à 500 esclaves par an. Un commerce actif et fructueux se fait autour de leurs établissements, et leurs navires visitent les nombreux estuaires qui se succèdent du Cap des Palmes au Cap Lopez. Dans les comptoirs où le personnel est suffisamment nombreux, les principaux fonctionnaires et officiers forment un conseil que le directeur consulte et qui sert de tribunal à la colonie[543]. D'après Bouchaud, une requête adressée en 1607 aux Etats-Généraux par les trafiquants de la côte de Guinée expose que, depuis quinze ans, plus de deux cents navires se sont rendus sur la côte d'Afrique[544]. Mais, comme les Portugais, les négriers hollandais restent à bord de leurs navires, et les tribus côtières, *Dwala* et *Malimba* principalement, servent d'intermédiaires avec les populations de l'arrière-pays:

« Depuis le cap Formose jusqu'au cap Lopez, lit-on dans une relation[545] de 1803, le caractère féroce des nègres qui bordent cette côte ne permet guère aux Européens d'y aborder, et encore moins d'y faire quelque commerce avec sûreté. Les différents peuples de cette contrée, étant continuellement en guerre les uns avec les autres, fournissent beaucoup d'esclaves pour la traite ; mais, comme ces

---

543 Bouchaud (Joseph), Ibid., p. 81

544 Samuel Braun, un chirurgien de Bâle, visita ces districts en 1614 sur *Le Chien Blanc*, commandé par un officier hollandais, Jean Petersen. Il rapporta que le commerce était florissant autour du Rio del Rey où les indigènes échangeaient de l'accarine contre des cauris. Le commerce des esclaves y était encore plus florissant. Braun et ses compagnons ont même acheté quatre jeunes garçons dans le district du fleuve wouri comme cadeau pour le capitaine Petersen contre un vase de neuf mesures de vin espagnol. Olivier Dapper, un médecin hollandais donnera un aperçu plus clair de la côte camerounaise. Son récit inspira John Ogilby qui publia *Africa* (Londres, 1670) dans lequel l'on note à propos des populations Calbongos : « *ils sont très rusés et très malins, aussi un Blanc doit-il être toujours sur ses gardes* ». Cf. Bouchaud (Joseph), Ibid., pp. 78-89.

545 Sous le patronage de l'*African Association,* J. Leyden fait paraître en 1799, son ouvrage *« A Histotical and Philosophical Sketch of the Discoveries and Settlements of the Europééans in Northern and Western Africa at the close of the XVIIIth century »* qui résume tout ce que l'on savait de cette partie de l'Afrique à cette date. Un certain Cuny, chef de bureau à la Marine, en l'an XII, traduisit cet ouvrage en français. Le seul passage où il soit question du Cameroun est ainsi rédigé : « Depuis le Cap Formose jusqu'au Cap Lopès, le caractère féroce des nègres qui bordent cette côte ne permet guère aux Européens d'y aborder et encore moins d'y faire quelque commece avec sûreté ». Cf. Bouchaud (Joseph), Ibid., pp. 110-111.

nègres sont extrêmement jaloux de leur liberté, et qu'ils se donnent souvent la mort pour se soustraire à l'esclavage, les armateurs n'y attachent qu'un très bas prix »[546].

Il est certain qu'entre le XVIIe et le XVIIIe siècle, c'est surtout autour de l'estuaire du *Wouri* que se concentre l'attention des trafiquants et des traitants. Selon la coutume de l'époque, on rassemble les esclaves au passage des navires. Là où les chefs servent d'intermédiaires, la traite s'ouvre par un cérémonial minutieux : annonce de l'arrivée du bateau, invitation du chef à bord, réception au village et présentation des cadeaux, enfin proclamation de l'ouverture de la traite[547]. Les navires occidentaux auront coutume de payer aux chefs indigènes des droits (« coutumes »[548]) pour traiter avec eux et leurs sujets. Basées essentiellement sur des engagements verbaux, les tractations commerciales se grippent parfois, à cause de la « fraude et de la mauvaise foi de certains roitelets »[549]. L'emploi de la force s'accentuera avec le développement du commerce. « Les trafiquants d'abord arbitres dans les conflits locaux, prennent parti pour renverser tel chef ombrageux, imposer tel autre plus « coulant ». On [voit] même des cas ahurissants. Un chef invité à prendre un apéritif à bord, se laisser griser … Quand il est pris par l'alcool, on l'enferme à fond de cale avec ses victimes et on lève l'ancre. Quelques semaines plus tard, il sera vendu comme les autres aux colons des îles »[550].

C'est, d'ailleurs, dans un contexte dramatique que l'influence hollandaise prendra fin dans la première moitié du XIXe siècle. En effet, le 26 juin 1845, deux navires de guerre hollandais, le *Lancier* et l'*Abeille*, jettent l'ancre à Douala avec pour double mission de contribuer à l'abolition de la traite des nègres et d'apporter aux marchands hollandais sur la côte, un support moral et matériel. A cette époque, la firme hollandaise *Boelen & Cie* a des difficultés à

---

[546] Cité, Bouchaud (Joseph), *Histoire et géographie du Cameroun*, op.cit., p. 18.
[547] Mveng (Engelbert), *Histoire du Cameroun,* op.cit. p. 138
[548] Le mot anglais « *customs* » qui veut dire douane
[549] « Avec qui traitaient les commerçants européens ? Avec les différents chefs de la côte. Il y eut sans doute parmi eux des hommes de valeur ; nous voyons un Don Alfonso au Congo se préoccuper du problème de la traite, et s'en préoccuper dans le bon sens. Beaucoup de ces roitelets, il faut l'avouer, étaient des hommes sans personnalité, corrompus de générations en générations par l'habitude de l'alcool, des tractations commerciales où la fraude et la mauvaise foi faisaient seules la loi, par la pratique enfin de la chasse à l'homme ». Cf. Mveng (Engelbert), *Histoire du Cameroun,* Ibid., p. 121
[550] Ibid., pp. 121-122

recouvrer ses créances aux rois George, Bell et Akwa de Douala. Les rois sont invités à bord de l'*Abeille* pour des négociations au cours desquelles ils promettent de payer leurs dettes. Mais lorsqu'ils quittent le bateau, ils ne manifestent aucune intention de tenir leur promesse. C'est seulement quand « *George-Town* » et « *Bell-Town* » sont bombardées[551] (30 juin-2 juillet 1845) que King Akwa, prit de frayeur, implore un capitaine anglais d'intercéder en sa faveur près du commandant hollandais, et envoie immédiatement sur l'*Abeille* les marchandises promises. L'épreuve du bombardement sera épargnée à son village et il sera invité à déjeuner à bord du *Lancie*r ! A ce moment, la côte camerounaise est déjà dominée, depuis le début du siècle, par les Anglais qui y ont changé les pratiques. Ils seront les premiers à fouler le sol camerounais.

Section 2 : Les relations juridiques entre les puissances occidentales et les populations côtières du Cameroun pendant la période anglaise (1800-1884)

En 1783, l'Angleterre a reconnu l'indépendance des Etats-Unis. Elle se tourne vers l'Afrique à la fois pour tarir une des sources des richesses américaines, l'esclavage, et aussi pour réparer un passé qui embarrasse sa conscience puritaine. En 1788, la prolifération des pétitions et la création d'une Société pour l'abolition de la traite (*Society for the Extinction of the Slave Trade*) ouvre un débat au Parlement qui aboutira à l'abolition de la traite négrière en 1807. Entre temps, l'avènement de la « *République Batave* » en 1795 a placé la Hollande dans l'orbite de la France révolutionnaire, lui valant de nouvelles hostilités de la part de la Grande Bretagne. Celle-ci accroît son influence dans le Golfe de Guinée, au détriment des Néerlandais. Désormais, les documents anglais deviennent la meilleure source d'information sur la côte camerounaise. Une série de traités[552] seront conclus pour encadrer le commerce et la répression de la traite esclavagiste **(A).** Dans cette mouvance formaliste, la création d'un tribunal de commerce (« Cour d'Equité »), en 1856, s'affirmera

---

[551] « Je fus alors forcé d'agir, raconte le Commandant J. H. Van Boudick Bastiaanse. Après avoir attendu une demi-heure, c'est-à-dire jusqu'à dix-heures et demie dans la matinée du 30 juin, le Lancier lança plusieurs grenades et boulets contre George-Town, la nègrerie la plus voisine, et seulement trois grenades sur Bell-Town ». Cité, Bouchaud (Joseph), *La côte du Cameroun dans l'Histoire et la Cartographie, des origines à l'annexion allemande (1884),* op.cit., p.100.

[552] Cf. Brutsch (J. R.), « Les Traités camerounais », dans *Etudes Camerounaises*, n°43-44, Mars-Juin 1955, pp. 9-42

comme l'exemple précurseur d'une justice occidentale sur la côte camerounaise avant l'ère coloniale **(B).**

A. La formalisation des rapports juridiques dans un contexte de lutte contre la traite esclavagiste : la signature des traités, une garantie contre la violation des engagements

Dans un article paru en 1954, le Pasteur Brutsch résume l'activité et l'influence anglaise sur la côte camerounaise au XIXe siècle:

« Fernando Poo servit ainsi de base d'opération pour l'Angleterre pour l'exploration et la surveillance des territoires bordant le Golfe de Guinée. Ses officiers de marine, puis ses consuls conclurent des traités avec les principales tribus côtières, interdisant peu à peu le commerce des esclaves et les sacrifices humains, mettant un frein aux abus de pouvoir des chefs indigènes, contrôlant même leur nomination, protégeant le commerce, et créant dans les centres importants, des tribunaux mixtes dans lesquels siégeaient côte à côte colons et commerçants européens et notables africains, instaurant ainsi un climat de compréhension interraciale et exerçant une influence humanitaire et pacificatrice »[553].

En effet, vers 1800, les navires d'une compagnie commerciale britannique, la *Congo District Association*, fréquentent déjà régulièrement la « rivière Cameroun »[554]. Il en est de même des navires d'un marchand de Bristol, Henri King, qui vient surtout pour acheter des esclaves destinés aux Antilles. Ses deux fils, Richard et William, prendront sa succession sur le fleuve *Cameroon* au début du XIXe siècle. Autour de 1830, plusieurs entreprises britanniques ont, dans l'estuaire du *Wouri*, des pontons qui leur servent d'entrepôts et de boutiques. Quelques navires français et américains mouillent parfois à Malimba et à Batanga, et des pirates[555] (surtout Espagnols et Portugais) rôdent dans les eaux de Fernando Poo et de San Thomé. Des années 1840 à 1884, les visites diplomatiques des agents britanniques deviennent permanentes dans l'estuaire du Wouri. Ces

---

[553] Brutsch (J. R.), « Fernandoo Poo et le Cameroun », dans *Etudes Camerounaises*, n°43-44, Mars-Juin 1954, p. 68

[554] Bouchaud (Joseph), *La côte du Cameroun dans l'Histoire et la Cartographie, des origines à l'annexion allemande (1884), op.cit.,* p. 111

[555] « L'interdiction de la traite donne même une nouvelle impulsion à ce honteux trafic dans les rivières de la baie de Biafra, car les innombrables criques qui bordent le rivage permettent aux négriers d'embarquer en cachette et de se dérober aux navires de la police de la mer » . Cf. Bouchaud (Joseph), *et géographie du Cameroun, op.cit.,* p. 18.

visites ont commencé dès l'installation des Anglais à Fernando Poo en 1827, date à laquelle ils ont nommé pour la région un officier chargé de surveiller le trafic et de réglementer les tractations entre commerçants occidentaux et indigènes. Lors de ces inspections, des conseils sont prodigués, des arrangements conclus, le tout consigné dans des procès verbaux approuvés par les parties en présence[556]. Notons que les disputes sont fréquentes sur la côte camerounaise et mènent souvent à l'interruption du commerce. Les mauvaises créances issues du système de « *trusts* » constituent la cause générale de ces disputes. Il s'agit d'un système par lequel les peuples côtiers, qui sont des intermédiaires de commerce, obtiennent des Européens des prêts qu'ils promettent de rembourser à l'aide de marchandises obtenues des tribus de l'intérieur. Or, ils ne remboursent pas toujours ces prêts, soit parce que les tribus de l'intérieur ne leur ont pas fourni la marchandise requise, soit parce qu'ils sont de mauvaise foi[557]. C'est le défaut de remboursement des prêts qui constitue la cause première de nombreuses disputes.

C'est le 10 juin 1840 qu'est signé, à Douala, le plus ancien traité connu entre les rois *dwala* (Akwa et Bell) et le gouvernement anglais. Aux termes de cet accord, les deux monarques s'engagent, moyennant un bon « cadeau » (*dash*), à ne plus faire, ni autoriser la traite des esclaves. Un second traité, confirmant le premier, est signé le 7 mai 1841. Pour la première fois, apparaît dans ce texte[558] la menace d'une « sévère punition » (article 1), au cas où les clauses de l'accord ne seraient pas observées. Il est aussi précisé que le cadeau promis ne sera versé que sur présentation d'un certificat, attestant leur entière observation, et qu'il est envisagé comme compensation de la perte subie par les signataires, du fait de leur renonciation à la traite des esclaves. Le 25 avril 1842, une nouvelle déclaration remise aux rois Akwa et Bell, réaffirme que le « cadeau » ne serait pas versé au cas où il serait prouvé que la traite a continué d'être pratiquée, et avertit que l'Angleterre emploierait alors la force pour l'abolir. Pour renforcer

---

[556] Gouellain (René), *Douala Ville et Histoire,* op.cit., pp. 47-48

[557] « Le traitant prenait livraison des marchandises et … ne reparaissait plus ! Ou bien, à son retour de brousse, il allait vendre au prix fort à un navire concurrent les produits qu'il avait obtenus grâce aux marchandises avancées par un autre ! ». Cf. Bouchaud (Joseph), *La côte du Cameroun dans l'Histoire et la Cartographie, des origines à l'annexion allemande (1884), op.cit.,* p. 149

[558] Ce nouveau texte, beaucoup plus précis que le précédent, est signé séparément par les deux rois Akwa et Bell.

tous ces textes, est conclu, le 11 mars 1842, entre le capitaine William Allen (Commissaire de l'Expédition du Niger) et les rois *dwala* (Akwa et Bell), un nouvel arrangement destiné à obtenir la « suppression des sacrifices humains ». Les années suivantes voient l'établissement à Douala (dans le quartier Akwa), de la première Mission évangélique fixée au Cameroun : la *Mission baptiste de Londres*. Puis les commerçants s'installent de plus en plus nombreux. Des différends s'élèvent entre les *Dwala* et ceux-ci. Le besoin d'un arbitre et d'une autorité supérieure se fait sentir. C'est alors que John Beecroft (déjà gouverneur de Fernando Poo) est nommé officiellement, par une lettre du ministre Palmerston, en date du 30 juin 1849, premier Consul anglais pour les baies de Bénin et de Biafra. Le 17 décembre 1850, il préside à la conclusion d'un important accord, en 12 articles, entre les rois et chefs *dwala*[559] et les commerçants européens. Cet intéressant traité contient les plus anciens textes connus en matière de réglementation commerciale (articles 3 à 5) et portuaire (articles 6 et 7), ainsi qu'une sorte de police municipale (articles 10 à 12). Dans ce texte, apparaît pour la première fois la notion de « *Comey* »[560] (péage), une redevance fixe annuelle, dû au roi ou au chef sur le terrain duquel traite un commerçant européen. Le consul Beecroft signe encore le 29 avril 1852 un autre traité, renforçant la lutte contre l'esclavage qui, malgré les précédents accords, continue plus ou moins clandestinement. Parmi ses huit articles, les deux derniers attaquent particulièrement certaines coutumes païennes (comme les sacrifices humaines rituels), prescrivent la liberté de pratique religieuse, protègent l'œuvre missionnaire, et vont même jusqu'à instituer des cimetières chrétiens ! Le 1er mai 1852, est signé par le consul Beecroft avec King Bell (assisté d'Old Glasgow et d'Old Green), un traité concernant l'œuvre missionnaire chrétienne. Soulignons la largeur de vue des autorités anglaises qui, malgré leur position prépondérante au Cameroun, n'ont pas cherché alors à s'assurer un traitement de faveur. Les articles 6 et 8 proclament nettement l'égalité des droits pour les ressortissants de n'importe quel pays. Dès novembre 1854, Thomas Hutchison

---

[559] Pour la première fois, ce traité fut contresigné par 15 chefs et notables dépendant des rois Akwa et Bell.

[560] Que nous traduisons par : *péage*. Ce mot nous semble être la déformation en pidjin du terme anglais : *income*, la taxe ; plus tard les Allemands écriront : « *Kumi* ». Ce péage était une redevance fixe annuelle, du au roi ou chef sur le terrain duquel traitait un commerçant européen.

remplace le Consul Beecroft décédé (10 juin 1854). Il signe, le 14 janvier 1856, avec les rois et chefs *dwala*, le traité instituant, en vingt articles, la « Cour d'Equité », un tribunal de commerce destiné à juger les conflits commerciaux mettant aux prises Africains et Européens. Le 19 mai 1858, King Akwa et ses notables signent une convention dans laquelle ils s'engagent à abolir certaines pratiques jugées « barbares et sanglantes » par les agents britanniques. Dans le même sens, est conclu, le 8 juillet 1859 un nouvel accord entre le consul Hutchinson et les rois *dwala*, pour l'abolition des sacrifices humains. Deux ans plus tard (13 décembre 1861), Richard Burton, le nouveau consul, obtient un nouvel accord anglo-*dwala* contre la « pratique du meurtre par représailles »

Viendra ensuite une longue période de plus de vingt ans pendant laquelle on ne trouve aucun nouveau traité. Il semble que les Anglais aient alors eu les regards tournés vers d'autres points de la côte africaine, Accra et Lagos principalement. Se sentant oubliés, les *Dwala* se rappellent par différentes lettres, au bon souvenir du Gouvernement anglais. Dans une lettre datée du 7 août 1879, le clan *Akwa* demande à la Reine Victoria d'instaurer la législation anglaise chez eux. Le 8 mars 1881, le clan *Bell* saisit le Consul britannique Hewett dans le même sens. Une autre lettre commune, signée de Noumba Lobè et de Mpondo Ma Ngando, adressée le 6 novembre 1881 à Gladstone – chef du Gouvernement anglais – est précise :

« Nous désirons que notre pays soit gouverné par le Gouvernement anglais. Nous sommes fatigués de gouverner ce pays nous-mêmes : chaque dispute amène une guerre et souvent une grosse perte de vie ; aussi pensons-nous que le mieux est de vous remettre ce pays, à vous les Anglais qui, sans doute, apporterez la paix, la civilisation et le christianisme dans le pays »[561].

En date du 1er mars 1882, le gouvernement fait répondre aux deux rois qu'il n'est pas prêt à entreprendre le « protectorat » du Cameroun. Les *Dwala* seront très déçus, et un certain nombre d'entre eux, principalement les Akwa, se tourneront vers les Allemands avec lesquels est conclu le 30 janvier 1883 un important accord commercial. Cet accord n'empêche pas les Akwa de signer peu après, le 29 mars 1883, en présence du Consul Hewett et de nombreux témoins, un traité de paix avec les Bell. Traité dans lequel on remarque des considérations de droit pénal (peine de mort), de droit

---

[561] Cf. Brutsch (J. R.), « Les Traités camerounais », op.cit., p. 28.

civil (héritage), ainsi que des préoccupations d'urbanisme. Bref, la domination anglaise sur la côte camerounaise s'est accompagnée d'une tendance à la codification des rapports entre puissances occidentales[562] et indigènes. Ceci en vue de garantir la paix, de lutter efficacement contre la traite esclavagiste, et de sécuriser les échanges commerciaux. La « Cour d'Equité », créée en 1856, est le produit exemplaire de cette mutation.

B. La création de la « Cour d'Equité » en 1856 : un Tribunal de commerce, précurseur d'une justice occidentale sur la côte camerounaise avant l'ère coloniale

Peu de temps après la mort du Consul J. Beecroft (1854), des troubles éclatent à Douala. Un agent d'une firme anglaise tue un autochtone (Ned Akwa) que les lignages Bell et Akwa vengent en se révoltant, prenant à parti les Européens de l'estuaire du Wouri. Mais un navire de guerre (*Antelope*) qui croise dans les parages, remet les choses en ordre. Thomas Hutchinson, le nouveau consul, envisage de mettre sur pied une organisation capable de surveiller, de réglementer, et de juger. C'est ainsi que, le 14 janvier 1856 le traité instituant la « Cour d'Equité » est signé à bord du « Bloodhound », bateau de Sa Majesté britannique. Cette convention vise « une meilleure réglementation des affaires commerciales entre les subrécargues et les commerçants indigènes du fleuve Cameroun ». Elle énonce une série de règlements pour apaiser les tensions sur la côte camerounaise. L'article 17 du traité prévient clairement :

« Attendu que plusieurs embarcations ont été fréquemment arrêtées et retenues le long des navires, et que les seuls sujets britanniques ont été détenus et maltraités, toute agression commise sur la propriété ou les personnes sera punie d'une sanction immédiate contre la partie offensante, un tribunal spécial étant convoqué pour cette occasion, et la plus forte amende autorisée par les lois infligée ».

Pour éviter les différends, obligation est faite (article 13) à tout bateau arrivant dans le fleuve pour y commercer de payer au roi du quartier devant lequel il veut jeter l'ancre, ou à son représentant, une

---

[562] Mentionnons quelques traités conclus par des Français sur d'autres points de la côte camerounaise : celui conclu avec King William de Bimbia, le 19 décembre 1850, celui du 20 mars 1842 au terme duquel « King William or Imale of Batabga » place son territoire sous la protection de Sa Majesté Louis-Philippe, celui conclu en 1883, par le King Pass-All (Mukoko a Manyane) de Malimba

taxe proportionnelle à la capacité du bateau[563]. Idem pour les agents résidant à terre qui payent une taxe fixée en accord avec le roi (ou son représentant) du quartier où se trouvent leurs magasins. Il est précisé que « quiconque, roi, chef ou commerçant, empêchera ou tentera d'empêcher le commerce d'un bateau ou d'un subrécargue après le payement du péage usuel pour l'obtention du droit de commerce, sera cité devant le tribunal lors d'une assemblée des subrécargues pour motiver son opposition. S'il est trouvé coupable d'obstruction illégale, il sera passible d'une amende dont le montant sera alors fixé » (article 15). Si, après le payement usuel au roi ou représentant pour l'utilisation du magasin, un agent ou subrécargue peut prouver que son entrepôt a été forcé illégalement ou endommagé, et que des biens y ont été volés par un indigène, ledit roi ou représentant sera tenu pour responsable du préjudice (article 14). Les règlements contenus dans le traité de 1856 permettent de brosser un tableau de la situation dans laquelle s'effectuent les échanges vers le milieu du XIXe siècle. Aussi les rois s'engagent-ils « non seulement à payer leurs propres dettes, mais encore à user de leur influence, chacun auprès des commerçants de son ressort, pour qu'ils en fassent de même ». Tout comme ils s'engagent à garder inviolée la déclaration antiesclavagiste convenue le 10 juin 1840 et à informer de la présence d'un négrier tout officier de Sa Majesté britannique. En cas d'inobservation des lois et règlements énoncés, les partis sont passibles d'amendes fixées par la « Cour d'Equité ». Si un indigène refuse de payer une amende, il lui est interdit d'accéder à bord de tout navire dans le fleuve, pour quelque motif que ce soit. Il est également stipulé que tout subrécargue, ne voulant pas acquitter l'amende, sera déchu des « privilèges » du tribunal. Si un commerçant indigène quelconque essaie d'éluder, soit par défaut, soit de toute autre manière, la pénalité infligée par la « Cour d'Equité », il sera signalé à tous les patrons, commerçants et subrécargues du fleuve. Ceux-ci seront, sous peine d'amende, tenus d'interdire audit défaillant l'accès de leur bateau pour y commercer, ou tout autre motif et, si nécessaire, attendront pour le règlement final l'arrivée du Consul britannique. Pour donner une force contraignante et exécutoire au traité de 1856, il est prévu que toute

---

[563] La valeur de 10 krus d'origine par 100 tonnes de capacité de bateau. Dans les cas particuliers, ou ceux d'agents résidant à terre, la taxe est fixée – à l'année ou autrement – d'accord avec le roi (ou son représentant) du quartier où se trouvent leurs magasins. sous aucun prétexte, une taxe ne pourra être exigée de ce même bateau un magasin convenable, contre payement de 4 krus.

infraction envers un article est passible d'une punition (amende) que le juge du tribunal estimera bon d'infliger[564]. Il est aussi clairement mentionné que tout subrécargue ou indigène qui refuse de se présenter au tribunal est passible d'une amende, à moins qu'il ne justifie clairement son absence. Si l'un ou l'autre vient au palais de justice, ou dans son voisinage immédiat, avec des armes à feu, ou tout autre engin offensif, il sera sévèrement puni et expulsé. Dès leur entrée en vigueur, les lois et règlements énoncés obligent tous les commerçants, même ceux qui étaient absents lors de la signature du traité.

Pour ce qui est de sa composition, la « Cour d'Equité » réunit tous les subrécargues, ainsi que les rois et commerçants de la place. D'après le texte, les membres de la « Cour d'Equité » se réunissent sous la présidence d'un subrécargue élu, pour un mois, à tour de rôle. Des séances extraordinaires sont prévues. Un palais de justice est prévu, et « le terrain acheté aux frais communs des subrécargues commerçant sur le fleuve ». Mais le texte précise que le palais « sera considéré comme propriété britannique, et sous la protection du consul de Sa Majesté britannique, soumis à l'approbation du Gouvernement de Sa Majesté ». Ce qui laisse transparaître la prépondérance de la Grande-Bretagne ou de son représentant dans l'expression de la justice. D'ailleurs, il est précisé qu'un « rapport sur chaque réunion sera envoyé au Consul de Sa Majesté britannique à Fernando Poo ». C'est celui-ci qui juge en appel[565] les décisions de la « Cour d'Equité ». Ce pouvoir judiciaire du consul britannique prendra de plus en plus d'importance, dépassant le règlement des conflits commerciaux pour assurer l'arbitrage des conflits entre clans *dwala*. Ce qui ressort clairement dans l'accord de paix du 29 mars 1883 entre le clan Bell et le clan Akwa, notamment dans les articles 1, 2, 3, 5 et 11 qu'il convient de reproduire :

« 1. Tout différend entre les deux parties devra à l'avenir, s'il ne peut être aplani par les deux rois eux-mêmes, ou par eux et leurs chefs

---

[564] N'excédant toutefois pas 20 krus pour un indigène, et 300 krus pour un patron, un subrécargue et un agent

[565] En effet, le traité prévoit que tout groupe des trois membres (subrécargues, rois et commerçants) a le droit de faire appel contre les décisions du Tribunal. L'appel est différé jusqu'à la prochaine visite du consul. S'il se révèle à l'examen non fondé, ou non valable, les appelants sont passibles de l'amende la plus forte infligée par le tribunal. Celui-ci peut employer des amendes qu'il inflige soit au profit de ses frais de construction ou de bon fonctionnement, soit pour tout autre but, sur décision de l'assemblée.

réunis en conseil, être soumis pour arbitrage au consul de Sa Majesté britannique, dont le jugement sera final et contraignant pour les deux parties. Le consul sera autorisé à infliger au parti coupable une amende n'excédant pas 300 fûts.

2. Si une des deux parties commence une guerre contre l'autre, avant que le consul ait pu juger le litige, le parti agresseur, ou les individus intéressés de ce parti, seront frappés par le consul, pour une telle action, d'une amende s'élevant jusqu'à 300 fûts, avec ou sans blocus commercial, et sans préjudice de la punition ou amende à laquelle ledit parti ou lesdits individus seront condamnés, en tant que jugés coupables par le consul, quant à la cause première de la mésentente entre les deux partis.

3. Si un parti commence une guerre contre l'autre, à cause d'un différend déjà tranché par le consul, ce dernier pourra imposer au parti agresseur l'une ou les deux punitions suivantes, selon son gré, savoir : une amende n'excédant pas 300 fûts, et le blocus du commerce. Il pourra aussi frapper les individus en cause du parti agresseur, qui auront été reconnus comme particulièrement coupables, de la peine de mort ou de la peine de bannissement pour un temps indéterminé, ou d'une amende n'excédant pas 300 fûts, ou du blocus de leur commerce pour un temps indéterminé. Le consul pourra commuer en une amende les peines de mort, de bannissement ou de blocus commercial » (…)

« 5. Toute violation de l'article 4 sera soumise au jugement du consul, qui aura le pouvoir d'infliger une amende ne dépassant pas 100 fûts à toute personne coupable d'une violation » (…)

« 11. Les palabres pour dettes seront soumises en première instance au roi du débiteur, en vue du règlement. Si un règlement n'arrive pas à être obtenu auprès du roi, l'affaire sera soumise alors à la Cour d'Equité. Appel pourra être interjeté auprès du consul contre un jugement de la Cour, à condition que son président ait été préalablement informé de cette intention d'appel, et ce, dans l'espace d'une semaine après le prononcé du jugement ».

Dans le même esprit, c'est à travers les « prérogatives judiciaires » de M. Edouard Schmidt (agent de la Compagnie Woermann de Hambourg), que l'on perçoit l'influence grandissante de l'Allemagne sur la côte camerounaise. Dans l'accord Akwa-Woermann du 30 janvier 1883, l'article 6 dispose :

« Toute palabre au sujet du commerce ou de toute autre cause, qui pourrait s'élever audit endroit, doit être arrêtée jusqu'au retour de

M. Schmidt au cas où elle ne pourrait être réglée sur-le-champ, et s'il arrivait que M. Schmidt ne soit pas sur le fleuve ; elle sera alors portée devant M. Schmidt et le roi Akwa ou ses représentants. Au cas où une entente ne pourrait être obtenue, l'affaire sera portée devant la Cour d'Equité, dont la décision sera définitive pour les deux parties (...) ».

En somme, vers la fin du XIXe siècle, le « pouvoir judiciaire » des agents occidentaux sur la côte camerounaise augure le régime colonial. La « Cour d'Equité », mise en place par les Anglais a quasiment remplacé le *Ngondo*[566] (l'Assemblée traditionnelle *dwala*) dans l'arbitrage des conflits. Même si sa force exécutoire est relative[567], la « Cour d'Equité » marque une transition symbolique dans la conception indigène du droit : le passage de l'oralité à la codification comme garantie pour l'application des lois et règlements. C'est sur ces prémices que s'amorce la colonisation allemande du Cameroun en 1884.

---

566 *Ngondo* vient de *Ngond'a mukoko* qui signifie : *« l'échine du banc de sable »*. C'est en effet sur le banc de sable situé au milieu du fleuve que les *Duala* se réunissaient. A l'origine, l'assemblée fonctionnait essentiellement comme une bourse des valeurs et comme un tribunal de commerce. Ce n'est que petit à petit qu'elle a inscrit les affaires « politiques » à son ordre de jour.

567 « Le tribunal ne fut pas créée dans l'intention de prendre une influence directe sur la société dwala. Il n'était pas conçu comme instrument de domination politique, il aurait dû plutôt faire fonction de médiateur entre Africains et Européens. En fait la « Cour d'Equité » demeura un idéal pratiquement jamais atteint. Les obstacles à sa réalisation étaient trop grands. La bonne volonté faisaient défaut aux commerçants européens indisciplinés et peu raisonnables, et les Duala, n'étant pas égaux en droits, restaient forcement sceptiques et détachés. En 1864, le Consul Burton constata : " ... all signed the agreement but no one adhered to it". Le tribunal survécut à peine quelques semaines à sa création et à ses diverses restaurations; puis à partir du printemps 1883, il semble avoir travaillé à la satisfaction des membres ». Cf. Wirz (Albert), *La rivière du Cameroun : commerce pré-colonial et contrôle du pouvoir en société lignagère*, op.cit., p. 184

CHAPITRE 4

LES FONDATIONS JURIDIQUES DE L'ETAT CAMEROUNAIS SOUS LE REGIME COLONIAL ALLEMAND (1884-1914)

Vers la fin du XIXe siècle, les *Dwala* sont en proie à des rivalités internes[568] sur la côte camerounaise, tandis que l'idée coloniale est à son comble en Allemagne. Le tout puissant Chancelier Otto Von Bismarck opère un revirement diplomatique[569] et dévoile

---

[568] En effet, descendants de Mbedi l'ancêtre commun, ils allaient de scission en scission alimentée de conflit d'influence en vue d'une hégémonie clanique: « après la troisième génération après Mbedi, note Engelbert Mveng, la lignée se scinda en deux, avec les branches de Mase et de Njie. La première, celle du futur King Bell devant aboutir à la constitution des clans de Bonapriso, de Bonaberi, et de Bonanjo ; tandis que la deuxième, celle du futur King Akwa, aurait pour descendants les clans de Bonébela (Deïdo) et de Bonaku (Akwa) ». Au moment du monopole anglais, Douala était déjà divisé en deux grands clans : les *Bell* et les *Akwa*. Division émanant d'une révolution antérieure : vers 1814, les *Akwa* se constituèrent en une chefferie autonome et rejetèrent la tutelle du roi *Bell*, Bélè ba Dooh. Ngando Akwa fut l'instigateur de cette révolte : lors de la succession royale, « l'aîné de la famille (le futur Akwa) fut écarté pour crimes commis antérieurement, et le cadet (Bell), appelé au pouvoir avec l'appui des équipages anglais alors de passage à Douala. Cette intervention étrangère ne dut pas plaire à tout le monde. Le peuple se divisa. En 1814, Akwa, fort de l'appui des légitimistes se déclara indépendant ». Vers 1850, la ville de Douala se divisa en quatre principaux quartiers : *Bell, Akwa et Deïdo* sur la rive gauche du *Wouri,* et *Bonabéri* sur la rive droite. Dans ce contexte géopolitique et clanique, des rivalités internes s'intensifièrent, donnant lieu à des accords de paix qui faisaient curieusement intervenir le Gouvernement britannique comme arbitre. Cette incursion arbitrale de la Grande-Bretagne atteste non seulement l'évidence d'une rivalité ambiante entre clans *dwala*, mais aussi leur incapacité à régler leurs propres problèmes. Pourtant, le *Ngondo* avait été institué dans ce sens : Assemblée traditionnelle des chefs et des notables des quatre quartiers de la ville, elle avait pour but de régler pacifiquement les conflits fréquents et les palabres sans fin qui dressaient les uns contre les autres. Probablement, la concurrence issue des relations commerciales avec les firmes étrangères contribua à exacerber les rivalités internes et, par conséquent, à anéantir l'action arbitrale de l'institution judiciaire traditionnelle, le *Ngondo*. Dès lors, la Grande-Bretagne fut constamment sollicitée non seulement comme arbitre souverain, mais de plus en plus comme protecteur. Des sollicitations qui n'enthousiasmèrent pas les Anglais. les Allemands, par contre, saisirent l'occasion.

[569] « L'installation de tous les rouages administratifs, disait-il, qui nécessitent l'envoi de nombreux fonctionnaires allemands, l'installation de garnisons fixes avec des troupes allemandes, l'engagement pris par l'Empire allemand de porter secours aux allemands qui ne craindraient pas d'établir dans ces pays des factories et des

déjà ses ambitions coloniales[570], car les intérêts commerciaux sont de plus en plus importants en outre-mer. Progressivement, il y est

---

entreprises commerciales, même au risque d'entrer en conflit avec les puissances maritimes supérieures, n'a jamais été l'idée du gouvernement. Pour atteindre le but que nous nous proposons, nous nous contenterons de signer des traités d'amitié, de commerce et de protectorat qui nous permettront de soutenir efficacement les sujets allemands ».

[570] Pourtant, quelques années auparavant, il condamnait toute expansion outre-mer : « Je ne veux pas de colonies, disait-il ; ce ne sont que des causes de soucis ; pour nous autres Allemands, cette histoire de colonies n'a pas plus d'intérêt qu'une fourrure de zibeline pour une noble famille polonaise dépourvue de chemise ». En fait, il faut situer cette opinion dans le contexte de l'après-guerre contre la France (La guerre de 1870-1871). Guerre victorieuse qui permit à l'Allemagne d'affermir son unité, de consolider son nationalisme et, d'asseoir son hégémonie européenne. Dès lors, Bismarck fit de l'isolement de la France, la clé de voûte du système diplomatique allemand, multipliant des alliances pour obtenir une assurance d'aide en cas de nouveau conflit. L'expansion outre-mer était secondaire dans ce système diplomatique. Seulement, se développait en parallèle un mouvement pro-colonial relayé par la presse et autres publications. Un ancien Consul allemand au Brésil du nom de Sturs, écrivait en 1876 : « Peu à peu s'approche le jour où les pays d'Afrique centrale seront des colonies connues de tous les pays commerçants. Il serait nécessaire que nous puissions prendre plus tôt possible au développement d'une région si riche et productive. Ni des dépenses d'administration, ni même la protection des sujets de l'Empire n'exigeront des sacrifices qui soient dix fois compensées ». Dans le même sens, Gerhard Rohlfs (1877), ayant visité le Cameroun, s'interrogeait : « N'est-il pas à déplorer que nous soyons condamnés à assister inactifs et impuissants à l'extension de l'Angleterre en Afrique centrale ? ». Molden Hausser, dans son ouvrage, s'indignait aussi: « Mais pourquoi donc le peuple allemand doit-il rester inactif et renoncer à prendre part à la civilisation de l'Afrique ? Depuis que nous sommes devenus un peuple grand et uni, on commence à comprendre chez nous l'importance des colonies d'Outre-Mer (…). Il faut donc fonder une compagnie puissante, soutenue directement ou non par le Gouvernement, et qui entrerait en relation commerciale avec le centre de l'Afrique ». Par ailleurs, Adalbert Owona (*La Naissance du Cameroun 1884-1914,* op.cit.) signale l'impact médiatique de l'ouvrage du pasteur Friedrich Fabri intitulé *« l'Allemagne a-t-elle besoin de colonies ? ».* Question capitale pour une opinion publique allemande de plus en plus conquise par *le parti colonial* constitué… dans le but de « propager les idées coloniales et de favoriser l'établissement de petites stations commerciales pour lesquelles on devait solliciter la protection du Gouvernement ». Reste que l'Allemagne n'avait pas de flotte suffisante pour risquer l'aventure et faire face à une Angleterre fort expérimentée et implantée. Toute expédition outre-mer semblait donc prématurée. « Pour se donner le temps de constituer une flotte puissante, écrit Louis Ngongo, Bismarck dans sa politique extérieure, esquisse un rapprochement avec la France. Il encourage celle-ci à étendre ses conquêtes coloniales pour la détourner de l'Alsace-Lorraine (...). Cependant, ce rapprochement tactique vise un autre objectif : l'Angleterre ». Cité, Ngongo (Louis), *Histoire des institutions et des faits sociaux*, Berger-Levrault, Paris, 1987, p. 16.

encouragé par plusieurs rapports, notamment celui du 6 juillet 1884 dressé par le président de la chambre de commerce de Hambourg, Adolf Woermann[571] qui intensifie ses pressions dans le milieu politique en Allemagne, sa firme est déjà en contact avec les chefs *dwala*... du moins, le chef *Akwa* avec lequel est conclu, le 30 janvier 1883, un important accord commercial[572] emblématique du déclin de l'hégémonie anglaise sur la côte camerounaise[573]. D'ailleurs, c'est grâce à la firme *Woermann* que l'Empire allemand va hisser son drapeau sur la côte camerounaise à la suite de la signature de traité germano-camerounais du 12 juillet 1884 qui scelle la souveraineté allemande dans ce territoire, et au-delà **(Section 1).** En fait, c'est en 1868 que la firme allemande *C. Woermann* est venue s'établir à Douala pour commercer avec les populations indigènes ; elle est suivie en 1875 par *Jantzen &Thormälen*, sa consœur de Hambourg. Vers 1880, les deux firmes commencent, en dépit de leur infériorité, à combler le fossé qui les séparait des six firmes anglaises. Mieux organisées et entièrement consacrées au commerce, elles disposent de *factories* tout le long de la côte. S'appuyant sur le système de *trust*[574], les firmes allemandes supplantent progressivement les Anglais. L'accord commercial Woermann-*Akwa* du 30 janvier 1883 sera l'aboutissement d'un processus ; « tout semble avoir été minutieusement préparé » note Engelbert Mveng[575] qui ajoute : « La présence de l'Allemagne au Cameroun arrive de façon progressive, logique, rapide et efficace ». Le 17 avril 1884**,** le Docteur Gustave Nachtigal est nommé Commissaire impérial pour l'Afrique occidentale[576], et le 19 Mai 1884 Bismarck lui adresse des instructions

---

[571] Ce célèbre négociant, connaissait bien la côte occidentale d'Afrique et y possédait de nombreux comptoirs. Les conclusions de son rapport furent intégralement acceptées par le Chancelier Bismarck.

[572] Brutsch (J-R.), « Les Traités camerounais », op. cit., pp. 29-32.

[573] « Entre 1879 et 1884, écrit Verkijika G. Fanso, la présence commerciale anglaise sur la côte du Cameroun déclina de manière drastique, au contraire de celle de l'Allemagne qui s'affirmait et prospérait ». Cf. Verkijika (G. Fanso), « Commerce et hégémonie sur la côte du Cameroun (1879-1887) », dans *Histoire du Cameroun (XIXe - début XXe siècle)*, Paris, L'Harmattan, 1989, pp. 107-108.

[574] *Ibid.*, p. 109. Un *trust* est un groupement d'entreprises sous une même direction, assurant à l'ensemble une prépondérance, voire un monopole, pour un produit ou un secteur.

[575] Mveng (Engelbert), *Histoire du Cameroun,* op. cit., p. 290.

[576] L'homme connaissait parfaitement l'Afrique pour y avoir séjourné : entre 1869 et 1874, il avait notamment parcouru les régions du Bornou, de l'Adamaoua et du Tchad ; en 1882, il avait été nommé Consul général d'Allemagne à Tunis.

précises : « Conclure des traités de commerce et d'amitié avec les chefs indigènes et (….) proclamer le protectorat allemand sur certaines localités de la côte occidentale d'Afrique, dont le Togo et le Cameroun »[577]. Parti de Lisbonne le 1er juin 1884, en compagnie du Dr Max Büchner et de Herr Moebius[578] (à bord de la *Möwe*), le Dr Gustave Nachtigal arrive à Douala le 11 juillet 1884. Il est reçu avec honneur par toutes les communautés de la place, y compris les Anglais[579]. C'est dire qu'il est sur la côte camerounaise le 12 juillet 1884, au moment de la signature du « traité » entre les chefs *dwala* et les firmes *Woermann* et *Jantzen & Thormälen.* Celles-ci rétrocéderont tous les droits acquis à l'Empire allemand, dans le cadre d'une convention signée le 13 juillet 1884. Titulaire de la souveraineté, l'Empire colonial Allemand enracine de 1884 à 1914 les éléments constitutifs du futur Etat camerounais **(Section 2)**, tout en y exportant sa culture juridique et judiciaire malgré la résistance des coutumes locales **(Section 3).**

Section 1 : Le « traité » germano-camerounais du 12 juillet 1884 ou l'enjeu de la souverainté

Les *Dwala* ont-ils « vendu » le Cameroun ? Telle est la question qui se murmure souvent pour faire allusion au « traité » germano-camerounnais[580] du 12 juillet 1884, acte historique qui fit basculer durablement le Cameroun sous la domination coloniale occidentale. En effet, à cette date, « Rois » et « Chefs » du territoire nommé « Cameroon », abandonnèrent leur droit de souveraineté, de législation et d'administration à deux firmes allemandes (Woermann, Jantzen & Thormähhlen) qui, à leur tour, transférèrent les droits acquis à leur Gouvernement qui s'en servit, pour annexer au delà de la côte, les peuples de l'intérieur, scellant ainsi les bases territoriales de l'Etat du Cameroun actuel. Quelle est la portée de l'engagement « écrit » de ces chefs autochtones *dwala* à la lumière de la tradition orale et de la

[577] *Ibid.*

[578] Verkijika (G. Fanso), *Commerce et hégémonie sur la côte du Cameroun (1879-1887),* op. cit., p. 119.

[579] *Ibid.*, p. 120.

[580] Le terme « camerounais » renvoie, à cette époque, à « cameroon town » c'est-à-dire « la ville de Cameroun» occupé alors par les *Dwala* (la ville ne portera son nom actuel qu'à la suite d'un décret allemand de 1901). D'ailleurs au bas du « traité » du 12 juillet 1884, on lit la mention: « *Cameroun, le 12 juillet 1884* ». Les *Dwala* étaient les seuls « camerounais » aussi bien au sens géographique qu'au sens juridique du « traité ». C'est pourquoi il est indifférent d'un point de vue historique de parler de « traité germano-camerounais » ou de « traité germano-*dwala* ».

conception africaine des obligations? Sujet rarement exploré sous l'angle anthropologique **(C)** dont les conclusions pourraient rejoindre les analyses déjà faites aux plans juridique **(A)** et politique **(B)** selon lesquelles le « traité » du 12 juillet 1884 était un « marché de dupes »[581], révélant un jeu de ruses de part et d'autre, c'est-à-dire finalement, la mauvaise foi des parties contractantes dès avant la signature de la convention.

A. Analyse juridique du « traité » du 12 juillet 1884

L'examen mot à mot du « traité » du 12 juillet 1884 ne laisse apparaître nulle part les termes *« colonie »* et *« protectorat »*[582]. Le texte[583] est ainsi libellé :

---

[581] Cf. Ngando (Blaise Alfred), « La ''signature'' du ''traité'' germano-camerounais du 12 juillet 1884 : un contrat de dupes ? », dans le *Gnomon » - Revue Internationale d'histoire du Notariat*, n°200, juillet-septembre 2019.

[582] Dans un Rapport signé d'un *« groupe d'étudiants progressistes kameronnais »*, et distribué à Paris en 1957, l'on peut lire : « A la veille de la première guerre mondiale, le Kamerun, territoire de 750 000 km^2, était un protectorat allemand » (Adalbert Owona, *La Naissance du Cameroun 1884-1914,* op. cit., p. 68.). Adalbert Owona, dans le même sens, note : « Les deux chefs douala, King Bell et King Akwa, ont, le 12 juillet 1884, signé un Traité de protectorat avec des commerçants allemands » (Ibid.). D'autres auteurs utilisent expressément le terme « protectorat » dans leurs ouvrages. Restituant l'arrivée de Nachtigal le 11 juillet 1884 à Douala, Jean Imbert (*Le Cameroun*, Paris, PUF, Que sais-je ?, 1973, p. 32) écrit : « Il signait le lendemain le traité établissant le protectorat allemand ». Michel Prouzet (*Le Cameroun*, Paris, Librairie générale de droit et de jurisprudence, 1974, p. 13), Jean-François Bayart (*L'Etat au Cameroun*, op.cit., p. 9), Victor T. Le Vine (*Le Cameroun du mandat à l'indépendance*, op.cit., p. 51), Richard Joseph (*Le mouvement nationaliste au Cameroun*, Paris, Khartala, 1986, p. 39), et bien d'autres, épousent aussi la thèse du « protectorat ». Thèse répandue par les Allemands eux-mêmes qui appelaient le Cameroun *Schutzgebiet*, c'est-à-dire "*pays protégé"* ou protectorat. Bismarck parle clairement de *protectorat* dans ses instructions du 19 mai 1884 à Nachtigal : *«* Pour atteindre le but que nous nous proposons, nous nous contenterons de signer des traités d'amitié, de commerce et de protectorat qui nous permettront de soutenir efficacement les sujets allemands*» (*Cité, Adalbert Owona, *La Naissance du Cameroun 1884-1914,* op. cit., p. 70). Ainsi, des juristes allemands, tel Bornhak (Cité, Ibid., p. 71) affirmèrent que les traités signés par l'Allemagne avec les chefs indigènes avaient la même portée que ceux comportant l'établissement d'un protectorat véritable (Ibid). Thèse que réfuta Karl von Stengel (Ibid.) pour qui, *« protectorat »* et *« prise de possession »* se confondaient à l'époque parce que la terminologie en droit colonial n'était pas encore fixée ; il explique que le terme *protectorat* était utilisé par Bismarck « pour donner une base valable aux prises de possession » (cité, Ibid.). Pour lui, il ne pouvait (...) s'agir de protectorat parce que les *« peuplades indigènes »* ne pouvaient pas « être considérées comme jouissant du droit des gens » (cité, Ibid.). C'est aussi ce que pense Dieudonné Oyono (*Colonie ou mandat international,* op. cit., p. 13):

« Nous, soussignés, rois et chefs indépendants du territoire nommé Cameroon, situé le long du fleuve Cameroon, entre le fleuve Bimbia au Nord et Kwakwa au Sud, et jusqu'au 4°10' degré de latitude Nord, avons aujourd'hui au cours d'une assemblée tenue sur la factorie allemande sur le rivage du roi Akwa, volontairement décidé que :

Nous abandonnons totalement aujourd'hui nos droits concernant la souveraineté, la législation et l'administration de notre territoire à MM. Edouard Schmitt agissant pour le compte de la firme C. Woermann, et Johannes Voss, agissant pour le compte de la firme Jantzen et Thormälen, tous deux à Hambourg et commerçant depuis des années dans ce fleuve.

Nous avons transféré nos droits de souveraineté, de législation et d'administration de notre territoire aux firmes susmentionnées, avec les réserves suivantes :

1- Le territoire ne peut être cédé à une tierce personne.
2- Tous les traités d'amitié et de commerce qui ont été conclus avec d'autres gouvernements étrangers doivent rester pleinement valables.
3- Les territoires cultivés par nous, et les emplacements sur lesquels se trouvent les villages doivent rester la propriété des possesseurs actuels et de leurs descendants.
4- Les péages doivent être payés annuellement comme par le passé aux rois et aux chefs.

« L'établissement d'un protectorat, écrit-il, suppose au départ l'existence de deux Etats, un Etat protecteur et un Etat protégé, qui organisent entre eux une répartition inégale des compétences, l'Etat protecteur se portant responsable de l'Etat protégé sur le terrain international ». De cette précision, Dieudonné Oyono (Ibid.) pose un problème de fond : « le 12 juillet 1884 (...), le Cameroun était-il un Etat ? »... « Le Cameroun n'était pas un Etat, une entité juridiquement reconnu » répond-t-il. « N'ayant pas d'existence juridique, conclut-il, il ne pouvait être considéré sur le plan international comme un protectorat ». D'autres auteurs adoptent une position intermédiaire, voire confuse. Georges Hardy (*La politique coloniale et le partage de la terre au 19e et 20e siècle*, Paris, 1937. Cité, Adalbert Owona, *op. cit.*, p. 73) parle de « pseudo-protectorat », terme qui se rapproche de « protectorat colonial » ou « protectorat administratif» utilisé par certains juristes (Cf. Adalbert Owona, *La Naissance du Cameroun 1884-1914,* op. cit., pp. 73-74). Des termes intermédiaires pour signifier que les traités conclus par les Allemands n'étaient pas des protectorats au sens ordinaire, mais de simples contrats réglant les relations de l'Etat protecteur avec les populations protégées (Ibid., p. 74).

[583] Brutsch (J.-R.), « Les Traités camerounais », op. cit., pp. 9-44

5- Pendant les premiers temps de l'établissement d'une administration ici, nos coutumes locales et nos usages doivent être respectés »[584].

Dans ces dispositions, « l'indépendance » des rois et chefs *Dwala* est clairement précisée, tout comme leur volonté contractuelle. Cela sous-entend que le « traité » serait un acte de consentement libre. Autrement dit, les droits cédés aux deux firmes allemandes ne relèveraient pas d'un coup de force, mais d'une volonté délibérée… souveraine. Souveraine par l'usage des termes « rois » et « chefs » pour signifier l'autorité politique (légitime), élément constitutif d'un Etat. Ceci impliquerait donc la reconnaissance d'«Etats » indigènes *dwala*, ainsi que leur qualité contractuelle en droit international. Autre précision, la délimitation géographique du territoire cédé : le « traité » indique clairement qu'il s'agit « du territoire nommé Cameroon, situé le long du fleuve Cameroon, entre le fleuve Bimbia au nord et Kwakwa au sud, et jusqu'au 4°10' degré de latitude nord ». C'est dire que les autres tribus indigènes habitant hors de cette délimitation géographique ne seraient pas concernées par le « traité » du 12 juillet 1884. Notons aussi, l'utilisation expresse de l'adverbe « totalement » pour signifier l'aliénation complète, entière des « droits de souveraineté, de législation, et d'administration » du territoire indigène au bénéfice des firmes allemandes. Pour Louis Ngongo, le « traité » avait été préparé par les représentants des firmes allemandes[585]. « Les précisions, soutient-il, qu'ils apportent sur la situation géographique du pays ainsi que l'insistance sur le caractère volontaire du traité trahissent leurs intentions politiques à long terme »[586].

En effet, les contradictions entre le « préambule » et les « réserves » indigènes légitiment cette pertinente hypothèse. La première « réserve » dispose que : « le territoire ne peut être cédé à une tierce personne » ; autrement dit, le territoire est transféré exclusivement aux deux firmes allemandes : il ne saurait être

---

[584] Ibid., pp. 36-39. Brutsch estime que ce traité fut signé, en qualité de plénipotentiaires, par Edouard Schmitt et le roi *Akwa* Dika Mpondo ; les autres signataires (dont King Bell) n'y figurèrent que comme témoins. Le Traité aurait été signé séparément par les divers clans : le 11 juillet 1884 par les *Deido*, et le 12 suivant par les *Akwa* et les *Bell* ; les *Bonabéri*, auraient refusé de le signer, du moins jusqu'au 28 août 1884.

[585] Ngongo (Louis), *Histoire des institutions et des faits sociaux*, op.cit., p. 25.

[586] Ibid.

retransmis à quelque autre personne physique ou morale… c'est-à-dire même pas à l'Etat allemand, personne morale distincte des deux firmes allemandes. De là, l'on est en droit de s'interroger sur la validité juridique de l'accord conclu le 13 juillet 1884 entre le Dr Gustav Nachtigal (représentant du gouvernement allemand) et les représentants des firmes *Woermann* et *Jantzen & Thormählen*[587]. Accord par lequel les acquisitions faites le 12 juillet 1884 par les deux firmes se trouvent « dorénavant sous la protection de l'Empire allemand ». Accord conforme aux instructions du Chancelier Bismarck prescrivant la *« protection »* des biens et ressortissants allemands outre-mer[588]. Cette disposition dévoile la « cession » indirecte des droits acquis par les deux firmes à l'Etat allemand. Dans la deuxième « réserve », il est mentionné que « tous les traités d'amitié et de commerce qui ont été conclus avec d'autres gouvernements étrangers doivent rester pleinement valables ». Il s'agit, pour la plupart, des traités signés avant le 12 juillet 1884 avec les Anglais[589]. Cette deuxième « réserve » pose au moins deux problèmes : d'abord, en utilisant l'expression « d'autres gouvernements », le « traité » laisse penser que les firmes *Woermann* et *Jantzen & Thormählen* sont ou représentent un gouvernement. Or, ce n'étaient que des firmes « privées », encore moins « mandatées » par l'Etat allemand pour contracter avec les tribus indigènes. Ensuite, si les « traités » antérieurs au 12 juillet 1884 « doivent rester pleinement valables », il y aurait un empiètement sur les institutions de la nouvelle administration. La troisième « réserve » relativise considérablement l'espace territorial cédé pourtant « totalement ». A l'examen de cette réserve, les chefs *dwala* ne cèdent finalement que les terres vacantes de leur territoire, parce qu'il ne s'y trouve ni cultures, ni villages. La quatrième « réserve » préserve les privilèges des chefs. Malgré le transfert de la souveraineté, « les péages doivent être payés annuellement comme par le passé aux rois et chefs ». Ces derniers garderaient donc le monopole du recouvrement, tout comme les *Dwala* resteraient les intermédiaires incontournables entre les commerçants européens et les populations indigènes de l'intérieur. Enfin, la cinquième « réserve » se caractérise par son imprécision temporelle ; elle dispose que « pendant les premiers temps de l'établissement d'une administration ici, nos coutumes locales et nos

---

587 Owona (Adalbert), *La naissance du Cameroun 1884-1914*, op.cit., p. 199.

588 Ibid., p. 28

589 Brutsch (J.-R.), « Les Traités camerounais », op.cit.

usages doivent être respectés ». De cette disposition, Adalbert Owona pose la remarque pertinente suivante : « si telle doit être la situation pendant les premiers temps, que deviendra-t-elle par la suite ? Exactement le contraire »[590]. Seulement, que recouvre l'expression « premiers temps » ? Un an ? Deux ans ? Cinq ans ? Dix ans ou plus ? De toute évidence, les imprécisions et autres contradictions observées dans ce « traité » forcent des interrogations, voire jettent le soupçon sur les intentions réelles des parties contractantes. Ce qui oblige à dépasser le terrain juridique, pour apprécier, sur le plan politique, les motivations exactes des uns et des autres.

B. Analyse politique du « traité » du 12 juillet 1884

En effet, c'est dans un contexte de rivalités claniques que les chefs *Dwala* avaient vainement fait appel à la protection britannique, avant de contracter finalement avec les firmes allemandes. Seulement, si le « traité » germano-camerounais semblait une réponse à la pacification de la région côtière, il semblait davantage pour les *Dwala* un bouclier commercial[591]. Depuis longtemps en effet, ils furent habitués à négocier avec les Européens, s'imposant comme les seuls intermédiaires entre les peuples de l'intérieur et les firmes occidentales. De ce monopole, ils tirèrent énormément d'avantages. Aussi, en signant le « traité » du 12 juillet 1884, ils voulurent consolider leur collaboration avec les Allemands et affermir leurs positions. « Les perspectives de la coopération germano-douala, écrit Ntonè Kouo, leur [parurent] d'autant plus favorables que les Allemands [s'engageaient] dans le traité du 12 juillet 1884 à respecter et à garantir les intérêts fondamentaux des douala »[592]. Des intérêts contenus dans un « mémorandum *douala* » rédigé dans la circonstance du « traité » du 12 juillet 1884. Ntoné Kouo en reprend quelques extraits:

« Our wishes is that white man should not go up and trade with the bushmen, nothing to do with our markets ; they give us trust so that we will trade with our bushmen.

« Our cultivated ground must not be taken from us for we are not able to buy and sell as other country.

---

[590] Owona (Adalbert), *La naissance du Cameroun 1884-1914*, op. cit., p. 69.
[591] Ngongo (Louis), *Histoire des institutions et des faits sociaux*, op. cit., p. 26.
[592] Ntoné Kouo (Martin), « *Aspects des relations entre les Douala et les Européens au XIX*e *siècle*», dans Africa Zamani (revue d'Histoire africaine), Yaoundé, avril 1974, n° 2, p. 141.

« We need not fighting and beating without fauld and no impression on paying the trusts without notice and no man shall be put to iron for the trust »[593].

Dans ce mémorandum, les chefs *dwala* souhaitaient, voire exigeaient que les *« Blancs »* ne commercent pas directement avec les populations de l'arrière pays, que les terres cultivées demeurent leur propriété, qu'aucun impôt ne soit levé sur le bétail, que les indigènes soient punis seulement pour des crimes réellement commis[594], etc. Pour Ntoné Kouo, ce mémorandum contenait deux clauses essentielles : « L'engagement par les Allemands de respecter et de protéger le monopole que détenaient les Douala dans le commerce avec l'Hinterland, et le maintien du système du crédit attaché à ce monopole commercial dans le but de faciliter les opérations »[595]. Très probablement, les chefs indigènes voulurent tirer aux Allemands des avantages qu'ils n'avaient pas reçus des Anglais ; dans ce sens, Verkijika soutient que « la densité des précisions incluses dans le mémorandum indiquait peut-être que les chefs soupçonnaient l'avidité des Allemands à annexer leur territoire, et qu'ils voulurent éprouver leur sincérité »[596]. Les *Dwala* eurent la conviction de traiter dans les meilleures conditions et, surtout, de préserver leurs intérêts fondamentaux[597] : le monopole commercial, la possession des terres et le respect des coutumes indigènes[598]. Seulement, après la signature du « traité », les Allemands ne tardèrent pas à négocier directement avec les populations de l'arrière-pays, désarticulant le rôle intermédiaire des *Dwala*. « Peu à peu, note Ntoné Kouo, la côte du Cameroun devait se vider de son trop plein d'activités. A partir de 1885, les firmes commerciales s'établissent à l'intérieur, à Yabassi, Edéa, Mundame, d'où elles rayonnent dans les régions voisines *»*[599]. *«* Dès lors, poursuit-il, on assistera à l'effondrement de l'autorité des anciens

---

593 Cité Ibid. Voir aussi, Adalbert Owona (*La naissance du Cameroun 1884-1914,* op. cit., p. 202) qui en reproduit la traduction française.

594 Verkijika (G. Fanso), *Commerce et hégémonie sur la côte du Cameroun (1879-1887)*, op.cit., pp. 121-122.

595 Ntoné Kouo (Martin), *Aspects des relations entre les Douala et les Européens au XIXe siècle, op. cit.*, p. 161.

596 Verkijika (G. Fanso), *Commerce et hégémonie sur la côte du Cameroun (1879-1887), op. cit.*, p. 122.

597 Ntoné Kouo (Martin), *Aspects des relations entre les Douala et les Européens au XIXe siècle, op. cit.*, p. 160.

598 Ibid., p. 162.

599 Ibid.

monarques et de leur base économique, ainsi qu'un déclin des échanges côtiers contribuant ainsi à la ruine des Douala »[600]. De toute manière, en signant le « traité » du 12 juillet 1884, les *Dwala* et les Allemands firent preuve de bonne volonté et d'empressement parce qu'ils étaient liés par les circonstances, par le souci de leurs intérêts respectifs qui les poussaient à se soustraire au plus vite de l'emprise gênante des Anglais[601]. C'est dire que ce « traité » était pour les Allemands le prétexte juridique d'une colonisation pacifique.

En effet, au moment de la signature du « traité », le sort de ce territoire africain était déjà scellé à Berlin… car prescrit, depuis quelques mois, dans la *« Mission Nachtigal »* [602]:

« Le 19 avril 1884, raconte Victor T. Le Vine, Bismarck lâcha un rideau de fumée sous la forme d'une communication à Lord Granville, Ministre des affaires étrangères de la Grande Bretagne, l'informant qu'il envoyait Nachtigal en Afrique occidentale "aux fins de compléter les informations actuellement en possession des affaires étrangères à Berlin sur la situation du commerce allemand sur cette côte", et qu'il était "autorisé, au nom du Gouvernement impérial à entamer des négociations relatives à certaines questions". Granville mordit à l'hameçon ; profondément convaincu par les aveux répétés de Bismarck, de l'opposition de son gouvernement à la colonisation, il l'assura que les autorités britanniques sur la côte recevraient l'ordre d'aider Nachtigal. Bien que plusieurs journaux allemands eussent laissé entrevoir les intentions véritables de Bismarck un mois avant le départ de Nachtigal, les Britanniques restèrent sans défiance »[603].

Véritable « coup »[604] par lequel l'Empire allemand annexa le Cameroun par le biais des commerçants ! La stratégie du Chancelier

---

[600] Ibid., p. 142.

[601] Ibid., p. 162.

[602] Verkijika G. Fanso (*Commerce et hégémonie sur la côte du Cameroun (1879-1887)*, op. cit., p. 119) note que la presse allemande laissait filtrer des informations sur le véritable objet de la mission Nachtigal *: «* La semi-officielle Nord Deutsche Zeitung, écrit-il, rapporta que la mission Nachtigal répondait à l'appel de la croissance heureuse des relations commerciales de l'Allemagne avec la côte occidentale de l'Afrique, et le sentiment que les intérêts du commerce allemand ne devaient pas être abandonnés à la protection de représentants. Comme la Nord Deutsche Zeitung, la Kölnische Zeitung révéla que Nachtigal était en mission pour établir une station de ravitaillement de charbon à Fernando Poo, et hisser le drapeau allemand dans la baie du Biaffra *»*.

[603] Le Vine T. (Victor), *Le Cameroun du mandat à l'indépendance*, op.cit., p. 49.

[604] Victor T. Le Vine parle de *« coup allemand »* (Ibid.).

Bismarck fut subtile : « Le marchand d'abord, le soldat ensuite »[605] ; stratégie grâce à laquelle les firmes *C. Woermann* et *Jantzen & Thormählen* retransmirent les droits acquis à l'Empire allemand au terme de l'accord du 13 juillet 1884, au mépris de la première réserve indigène.

Ainsi, l'Etat allemand – personne morale distincte des firmes *Woermann* et *Jantzen & Thormählen* – fit indirectement irruption dans le « traité » du 12 juillet 1884. Dans cet accord du 13 juillet, il est curieusement indiqué que : « les chefs supérieurs reconnus comme tels et indépendants du Cameroun, King Bell et King Acqua[606] (…) ont demandé en échange de cette cession, la protection de l'Empire allemand et la suzeraineté de sa majesté l'empereur d'Allemagne ». Or, à la lecture du « traité » du 12 juillet 1884, la « protection de l'Empire allemand » n'est sollicitée nulle part… encore moins « la suzeraineté de sa majesté l'Empereur d'Allemagne ». Le texte est clair : les chefs indigènes abandonnent totalement leurs droits « à MM. Edouard Schmitt agissant pour le compte de la firme C. Woermann, et Johannes Voss, agissant pour le compte de la firme Jantzen et Thormälen, tous deux à Hambourg ».

Le « traité » du 13 juillet 1884 fut pourtant « reconnu » par le Consul Nachtigal « comme conclu régulièrement et légalement valable » ; une indication curieuse qui laisse entendre que l'Etat allemand, à travers son représentant, aurait la qualité juridique pour valider ou non le « traité » signé par les deux firmes allemandes ; ce que semble confirmer un autre extrait de l'accord du 13 juillet 1884: « (…) le Commissaire impérial déclarait, en vertu des pouvoirs qui lui étaient conférés, que les acquisitions faites par les établissements C. Woermann et Jantzen & Thormählen se trouvaient dorénavant sous la protection de l'Empire allemand (...) ». C'est également dans cet accord du 13 juillet 1884 que le terme « protection » (assimilé au « protectorat ») ressort pour la première fois ; or, les indigènes *Dwala* (ou leurs représentants) n'étant ni demandeurs, ni signataires de cet accord, ne sauraient bénéficier de la « protection » de l'Empire allemand. Du reste, seules les firmes *C. Woermann* et *Jantzen & Thormählen* ainsi que leurs « acquisitions » sont concernées… à moins d'intégrer dans « les acquisitions » les indigènes *dwala*, la souveraineté de ces derniers leur étant totalement cédée. Ce

---

[605] Imbert (Jean), *Le Cameroun*, op.cit., p. 33.

[606] Lire *Akwa.*

glissement semble perceptible dans l'accord du 13 juillet 1884 qui lie étroitement « la protection de l'Empire allemand et la suzeraineté de Sa Majesté l'Empereur d'Allemagne » ; l'on note ainsi confusément : « (...) les acquisitions faites par les Etablissements C. Woermann et Jantzen & Thormählen se trouvaient dorénavant sous la protection de l'Empire allemand et que Sa Majesté acceptait d'étendre sa suzeraineté sur les territoires du Cameroun en reconnaissant les réserves faites dans le contrat et en respectant les droits acquis des tiers ». De cette confusion, il est aisé de souligner, avec Louis Ngongo, que les Allemands attachaient « plus d'importance à l'abandon de souveraineté qu'aux autres clauses restrictives »[607]. En réalité, « pour les Allemands, comme ce fut d'ailleurs le cas pour tous les colonisateurs européens, les traités de protectorats arrachés par la ruse ou par la force à des minuscules chefs indigènes n'étaient destinés qu'à fonder leurs prétentions en face d'autres rivaux européens »[608]. Ainsi, en hissant solennellement le drapeau allemand sur la côte camerounaise le 14 juillet 1884, le Consul Nachtigal venait d'obtenir, à travers les accords des 12 et 13 juillet, le prétexte juridique d'une colonisation pacifique. Associés dans les festivités de ce 14 juillet, les indigènes *dwala,* à l'exception de quelques uns comme Lock Priso (Kum'a Mbape), ne comprirent pas le symbole du drapeau hissé[609] : ils devenaient des sujets allemands, leur territoire étant

---

[607] Ngongo (Louis), *Histoire des institutions et des faits sociaux,* op. cit., p. 26.

[608] Ghomsi (Emmanuel), « Résistance africaine à l'impérialisme européen : le cas des Douala au Cameroun », dans *Africa Zamani* (revue d'Histoire africaine), Yaoundé, juillet 1975, n° 4, p. 163.

[609] "*PULL THAT FLAG DOWN ! NO MAN BUY WE* " (Descendez-moi votre drapeau là, personne ne nous a achetés !). C'est ce qu'écrivait depuis Hickory Town ou Bonabéri, le Roi des Bele Bele, Lock Priso Bell ou Kum'a Mbape Bell, le 28 août 1884 au Consul allemand Max Buchner. Il signifiait par écrit qu'il n'était pas achetable et qu'il voulait sauvegarder sa liberté. À ce sujet, son petit-fils, Prince Kum'à Ndumbè III, décrit les évènements en ces termes: "Lock Priso (Kum'a Mbape),qui régnait de l'autre côté du fleuve à Bonabéri, fut le seul potentat à refuser la signature du Traité, le considérant comme une escroquerie monnayée. King Bell (Ndumb'a Lobe) rassura les Allemands en disant que Lock Priso, faisant partie de sa famille, serait sous son autorité, et que la signature de King Bell engageait aussi Bonabéri. Les Allemands ne pouvant pas acquérir « Cameroons » sans l'autre côté du fleuve, Hickorytown, procédèrent après maintes hésitations à la cérémonie de hissage de drapeau allemand à Bonabéri le 28 août 1884. Lock Priso réagit le même jour, en adressant une lettre au consul allemand : « Je vous prie de descendre ce drapeau, personne ne nous a achetés, vous vouliez nous corrompre par beaucoup d'argent, nous avons refusé, je vous prie de nous laisser notre liberté et de ne pas apporter du désordre chez nous ». Comme les Allemands ne vont pas s'exécuter, le

dorénavant une colonie de l'Empire germanique. N'est-ce pas ce qu'ils avaient espéré des Anglais, à la lecture leurs correspondances à la Reine d'Angleterre ?

Difficile de répondre par l'affirmative au vu des positions nationalistes ultérieures. King Dika Mpondo, le chef des *Akwa*, n'hésita pas à remettre en question le « traité » du 12 juillet 1884 quand il se rendit compte de la volonté de l'administration allemande de s'accaparer des pans les plus importants de son village. En 1905, il adressa une pétition au gouvernement du *Reich*. Il fut arrêté avec ses partisans, jugés pour « haute trahison » et condamné aux travaux forcés. Comme si cela ne suffisait pas, il fut destitué en 1906 et ses droits de retrouver son trône lui furent refusés. Pire, il fut exilé à Campo (actuel Guinée Equatoriale) où il décéda dans la nuit du 6 décembre 1916. Ce curieux positionnement de King Dika Mpondo Akwa oblige à dépasser le terrain juridique et politique, pour questionner au plan anthropologique la volonté contractuelle des chefs *dwala*.

C. Analyse anthropologique du « traité » du 12 juillet 1884

A la lumière des faits, on pourrait déduire que c'est en pleine connaissance de cause que les *Dwala* qui occupaient alors le lieu dit « Cameroon » signèrent le « traité » du 12 juillet 1884, qu'ils savaient et mesuraient les conséquences de ce que représente le transfert de souveraineté, de législation et d'administration. D'autant plus que dans les systèmes de droit écrit, notamment en Occident, la signature, paraphe manuscrit, est le procédé fiable d'identification garantissant son lien avec l'acte auquel elle s'attache. Elle constitue une condition

---

drapeau allemand est descendu du mât et arraché. Un commerçant allemand de la firme Woermann, Pantänius est assassiné en représailles par le chef Elame Joss La guerre éclate. Lock Priso a des alliés aussi bien chez les Bonapriso, Bonanjo que chez certains Akwa et Deido. La pression est mise sur les commerçants allemands pour qu'ils ne livrent plus d'armes à King Bell. Le 16 décembre, les Bonapriso et Bonabéri mettent le feu à Bonanjo (territoire de King Bell). Le commerce import-export menace de s'arrêter complètement. La guerre n'est pas seulement entre les différentes parties duala, pro- ou contre le traité, les Allemands sont directement impliqués. Le 20 décembre, les bateaux de guerre allemands « Bismarck » et « Olga » arrivent au secours et débarquent 331 soldats bien armés sous la direction de l'amiral Knorr. Du 20 au 22 décembre, le « Olga » bombarde Bonabéri, Bonapriso est mis à sac. Les marins allemands descendent à Bonabéri et brûlent une ville vidée de ses habitants. Le butin le plus précieux des Allemands est la proue princière, le « tangue » de Kum'a Mbape, jusqu'aujourd'hui en otage au musée ethnographique de la ville de Munich".
Cf. http://www.africavenir.org/fileadmin/_migrated/content_uploads/Ndumbe12juillet1884.pdf.

de validité d'un acte juridique en identifiant celui qui l'appose, en manifestant son consentement aux obligations qui en découlent. Or, en cette fin du XIXe siècle, la conception africaine des obligations était encore sous l'emprise de l'oralité, de la sacralité et de la bonne foi. Dans ce contexte, les chefs *dwala*, dépositaires des traditions africaines, mesurèrent-ils la portée juridique d'une « signature », d'un engagement « écrit » qui ne relevait pas de leur culture « orale » ? Prirent-ils réellement au sérieux leur engagement « écrit » autant que les représentants des deux firmes allemandes qui étaient prédisposées à cet effet en raison de leur culture juridique occidentale, fondamentalement scripturale ? Auraient-ils pu jurer sur les tombes, les crânes de leurs ancêtres, prendre les mêmes engagements, si les dispositions du « traité » du 12 juillet 1884 leur avait été présentées et expliquées selon les rites anthropologiques de leur civilisation ? A l'analyse de ce « traité », les chefs *dwala* envisageaient-ils vraiment aliéner leur souveraineté ? Les Allemands, quant à eux, prirent-ils réellement au sérieux les « réserves » des chefs *dwala* ?

Traditionnellement, le fondement philosophique de l'obligation est recherché dans la volonté et dans la raison. C'est ainsi qu'en droit international, l'obligation demeure consentie, parce que fondée sur l'accord conclu entre des sujets théoriquement égaux. A cet égard, le philosophe Hegel, dans une citation tirée du paragraphe 333 de son ouvrage « Principes de la philosophie du droit », parue en 1821, résume les traits classiques du droit international :

« Le fondement du droit des peuples en tant que droit universel […] est que les traités doivent être respectés car c'est sur eux que reposent les obligations des États les uns par rapport aux autres. Mais comme leur relation a pour principe leur souveraineté, il en résulte qu'ils sont par rapport aux autres dans un état de nature, et qu'ils n'ont pas leurs droits dans une volonté universelle constituée en pouvoir au-dessus d'eux… ».

On trouve dans ce texte hégélien la référence fondamentale à la souveraineté des parties, et le primat consécutif du traité comme source de l'obligation. On y retrouve aussi la négation d'une volonté universelle et le renvoi inexorable des relations entre souverainetés, rivales parce que formellement égales, à la rudesse de l'état de nature, tel que décrit par Thomas Hobbes. Fondée sur l'autonomie de la volonté, l'obligation implique donc nécessairement l'idée de la responsabilité et de la bonne foi dans l'exécution des accords.

Chez les Africains et les *Dwala* en particulier, la responsabilité est une notion bien connue qui fait partie de la culture globale. Le philosophe camerounais Nsamè Mbongo[610] restitue ce dialogue, expressif de la pensée érudite *dwala*, qui pose l'homme comme un être essentiellement responsable de ses décisions et de ses actes devant la communauté:

- « *E kwa ya muato !* » *(Celui qui vient des entrailles de la femme = être humain !)*
- *« O ho ! » (Oui !)*
- *« O tam tè! » (Si tu attentes !)*
- *« Njom ! » (Tu es responsable et en supportes les conséquences !)*
- *« O si tam pètè ! » (Et si tu n'attentes pas !)*
- *« Njom…Na njom…Na oa momènè ! » (Tu en es encore et toujours personnellement responsable !)*

« En clair, conclut Nsamè Mbongo[611], l'homme, tout homme, est libre de ses choix. Mais qu'il sache qu'il a toujours des comptes à rendre quelque soit son choix. Qu'il fasse du bien ou du mal, il récolte lui-même la moisson de ses actes, soit sous forme de bénéfices, soit sous forme de pertes. Il lui revient donc de réfléchir mûrement avant d'agir ».

Difficile donc de croire que les chefs *dwala* aient pu choisir la voie de la trahison de leur peuple. En « signant » par « écrit » le « traité » du 12 juillet 1884, les chefs *dwala* ne mettaient pas fondamentalement en jeu leur responsabilité sur le plan coutumier. Ceci, pour deux raisons essentielles :

- D'abord, parce que le cadre de l'autonomie contractuelle n'a pas dans les sociétés traditionnelles africaines l'ampleur qu'il a dans les sociétés occidentales[612]. En Afrique, les rapports humains sont réglementés par le statut de la personne, alors qu'en Occident, elles sont réglementées par le contrat. Le caractère communautaire de la société africaine assure à chacun ce qui lui est nécessaire sans avoir recours à l'échange ni au contrat. Ceci n'empêche pas que des contrats

---

[610] Nsamè Mbongo, « *Rationalité juridique et philosophie des conflits - Le cas germano-duala: 1884-1914* », Conférence présentée le 05 mars 2002 dans le cadre du Programme AfricAvenir de séjour et d'études des étudiants de l'Institut d'Etudes Politiques de l'Université Libre de Berlin au Cameroun.

[611] Ibid.

[612] Sacco (Rodolfo), *Le droit africain – anthropologie et droit positif*, « Le contrat », op.cit., pp. 103-107.

et pactes obligatoires soient conclus dans ces sociétés où la division du travail n'est pas généralisée et où les besoins sont satisfaits de façon communautaire. En droit traditionnel africain, l'obligation est assise sur l'idée d'équivalence, alors qu'en Occident elle est assise sur la déclaration des volontés. La vie courante des sociétés traditionnelles africaines nous fait entrer en contact avec des contrats consensuels qui concernent les besoins quotidiens de la vie. Sans certaines collaborations, l'individu ne peut pas affronter certains problèmes de la vie. La règle communautaire implique donc l'exercice d'activité commune, c'est-à-dire un travail collectif aussi bien pour produire ensemble - et ensuite se partager le produit - que pour produire chacun à son tour en faveur de tous les participants. Il ne s'agit pas d'échanges des biens différents ni des prestations différentes, il s'agit en revanche de faire converger avec une cadence cyclique les prestations de nombreuses personnes en faveur d'un seul bénéficiaire : on fabrique en commun une habitation, on cultive en commun le champ d'un voisin. La prestation est précédée par un accord oral, mais l'accord est un acte dû et le bénéficiaire d'aujourd'hui devra demain rendre pareille. Dans un tel contrat où tout repose sur la bonne foi des cocontractants, les sanctions en cas de défaut de prestation sont essentiellement psychologiques : Le ridicule, le mépris, l'ostracisme. Les pressions d'ordre économique sont également employées de telle sorte que celui qui a manqué à ses obligations ne trouve les autres prêts à l'aider. Ainsi les notions de réciprocité des obligations, de respect de la parole donnée, déterminent le régime des obligations en droit traditionnel africain. La responsabilité est liée à une conception de la société, qui loin de faire prévaloir les individus sur les groupes, est dominée par des relations statutaires et collectivistes.

- Ensuite, parce qu'au delà du consentement, la conception africaine de l'obligation exige un certain formalisme coutumier et une sacralisation de l'engagement qui le rend pleinement valide. En effet, dans les civilisations d'Afrique noire, la parole est sacrée. C'est pourquoi, en Afrique, écrit Amadou Hampaté Bâ « la parole engage l'homme, la parole est l'homme (…). Dans la civilisation moderne, le papier s'est substitué à la parole. C'est lui qui engage l'homme. Mais peut-on dire en toute certitude, dans ces conditions que la source écrite est plus digne de confiance que la source orale constamment contrôlée par le milieu traditionnel »[613]. L'anthropologue Manga Bekombo Priso[614] nous apprend que pour convaincre qu'ils donnent une parole dont le contenu exprime la vérité, sans intention de la retenir en dernière instance, les *Dwala* assoient leur sincérité sur la tombe d'un ascendant, comme pour dire que la parole proférée ne leur appartient plus et qu'elle est désormais sous la garde d'un tiers appelé à en subir les effets. Manga Bekombo Priso rapporte que chez les *Dwala*, à l'instar de ce qui se passe dans la plupart des autres sociétés d'Afrique, « la parole est quasi interdite au jeune enfant ; c'est avec circonspection qu'un cadet en use face à son aîné ; elle est dite ''pleine'', lorsqu'elle émane d'un adulte de grand âge, et elle intrigue, provenant d'un malade »[615]. Parce qu'elle engage les autres en même temps que soi-même, la parole ne se donne jamais comme vaine. Ses attributs tendent à indiquer l'existence d'un rapport établi entre l'usage de la parole et la distribution de la responsabilité sociale. La parole est toujours porteuse d'un sens et d'une valeur en Afrique. Elle ne laisse jamais indifférent et est constamment soumise au contrôle anonyme de la société. Tantôt elle est prohibée, tantôt autorisée, tantôt prescrite et requise en des circonstances déterminées.

A cet égard, l'institution de la palabre permet de mieux cerner l'importance de la parole dans les sociétés traditionnelles africaines. « La palabre, écrit Jean-Godefroy Bidima[616], est bien le lieu de la parole, pas n'importe laquelle mais de la parole qui induit un changement de comportement ». Ainsi: « Le tour de parole ordonne l'agressivité des débats et rappelle le statut de chacun pendant le commerce langagier. Elle implique une obligation (se taire ou prendre à un moment précis), une règle (parler après l'autre), une hiérarchie (certaines prennent la parole tandis que d'autres la reçoivent) et des contraintes (il faut observer les règles de bienséance). Le tour de parole manifeste la notion d'ordre. Il signifie pour chaque interlocuteur non seulement son tour et le degré autorisé de violence verbale, mais aussi comment, à travers sa rhétorique, il peut mobiliser le capital affectif de l'assistance ». En somme, d'après Bidima[617], la palabre est non seulement « un échange de paroles mais aussi un

---

613 Hampaté Bâ (Amadou), *Aspects de la civilisation africaine*, op.cit., p.25.

614 Manga Bekombo Priso, *Penser l'Afrique, Regards d'un ethnologue Dwala*, op.cit., p.233.

615 Ibid.

616 Bidima (Jean-Godefroy), *La palabre une juridiction de la parole*, op.cit.

617 Ibid.

drame social, une procédure et des interactions humaines ». Elle est mise en scène du pouvoir, mise en ordre de la société et mises en paroles puisqu'en pariant sur l'autre, elle donne du sens au langage.

En conclusion, les protagonistes du « traité » du 12 juillet 1884, en raison de leurs cultures juridiques différentes, nous mettent en présence de deux conceptions des obligations, de deux ordres de rationalité : l'une traditionnelle et africaine fondant l'obligation sur la sacralité de la « parole », l'autre occidentale fondant l'obligation sur la sacralité de l' « écrit ». La ruse étant un facteur déterminant des pratiques diplomatiques, chaque partie au « traité » du 12 juillet 1884 en a usé pour tirer meilleur avantage de la convention : d'un côté, la « ruse du village » pour les *Dwala*, de l'autre, la « ruse d'Etat » pour les Allemands. Sauf qu'en cette fin du XIXe siècle, là où, les *Dwala* étaient encore animés d'une éthique de la solidarité et de l'hospitalité caractéristique de l'Afrique de cette époque, les Allemands étaient déjà engagés dans une vaste entreprise impérialiste qui ne laissait finalement aucune marge de manœuvre à la petite « ruse » des « villageois *dwala* ». En clair, à l'échelle des relations internationales, les enjeux de l'époque, étaient tels qu'avec ou sans « traité » du 12 juillet 1884, le Cameroun aurait été colonisé !

Section 2 : La mise en place des éléments constitutifs de l'Etat

Lorsqu'elle s'engage à la fin du XIXe siècle dans l'aventure coloniale, l'Allemagne est un Etat impérial politiquement uni sous la forme fédérale et doté d'une unité juridique. Issu des traditions romano-germaniques au même titre que la France, le modèle juridique allemand n'était au départ qu'indirectement lié à la formation de l'Etat[618]. C'est avec sa victoire sur la France en 1870 que l'Allemagne

[618] Le mot « Etat » est devenu dans les contrées africaines d'une extraordinaire familiarité, omniprésent dans notre lexique politique et administratif, accessible à la compréhension du plus modeste citoyen. Investi de connotations tantôt idolâtres, Hegel y voyant le triomphe progressif de la raison dans l'Histoire, tantôt hostiles, Karl Marx appelant à son abolition immédiate ou à son dépérissement progressif et nourrissant le rêve révolutionnaire d'une société sans classes, l'«Etat » appartient désormais à l'ordre de nos réalités sensibles, son action étant repérable dans divers domaines de la vie sociale, qu'il s'agisse de la sécurité, de la fiscalité, de l'éducation, de l'équipement ou de la santé. C'est depuis le XVIe siècle que l'Etat est devenu l'institution référentielle de l'organisation des sociétés humaines et le fondement du droit international. Si le mot est présent dès les premières lignes du « Prince » de Nicolas Machiavel, c'est pour faire allusion à la « principauté », à la « cité », ou encore à la « république », terme aussi largement privilégié par Jean Bodin dans ses « Six livres de la République » pour ainsi magnifier « l'Etat

retrouve l'unité politique qu'elle avait perdue depuis des siècles. L'unité impériale fondée par le Chancelier Bismarck renforce le mouvement de codification et d'unification du droit avec l'adoption du code civil allemand (Bürgeliches Gesetzbuch, en abréviation le « BGB »). C'est donc investi des attributs de l'Etat et du droit moderne que l'Empire allemand prend possession du Cameroun à la faveur du « traité » du 12 juillet 1884. Titulaire de la souveraineté, l'Empire colonial Allemand enracine de 1884 à 1914 les éléments constitutifs du futur Etat[619] camerounais l'orientant vers le modèle

---

moderne » en gestation et dont le trait principal est alors la souveraineté définie comme « absolue, indivisible et perpétuelle ». Il s'agissait à l'époque d'affirmer l'indépendance de l'Etat contre les deux puissances qui dominaient alors l'univers symbolique de la chrétienté médiévale : le Pape et l'Empereur. Apparu en Europe Occidentale au sortir de la féodalité, l'Etat va progressivement se mondialiser, devenant ainsi la figure imposée de l'organisation politique et l'épicentre de la production normative. Comme l'écrit Florence Poirat, l'émergence de la notion moderne d'Etat « résulte d'un triple mouvement, la concentration du pouvoir, sa sécularisation et son abstraction. Sur le premier point, il s'agissait d'assurer la concentration des pouvoirs dans les mains du roi, affirmant sa puissance sur l'ensemble des seigneurs féodaux et conduisant à dégager l'unité du territoire du royaume sur lequel, au-delà de la décomposition de l'espace en fiefs, il pourra déployer ses prérogatives royales. L'affirmation du pouvoir royal s'effectue donc à l'intérieur, mais elle opère aussi à l'extérieur dans la mesure où, c'est le deuxième point, l'Etat s'est formé lorsque le monarque s'est émancipé de la tutelle de l'Eglise, imposant la distinction entre la puissance temporelle et le pouvoir spirituel, et revendiquant avec succès l'autonomie de la première. Enfin, l'Etat ne pouvait apparaître qu'au terme d'un processus d'abstraction du pouvoir, soit une dissociation nette entre la figure privée du monarque et sa figure publique, opérant un changement radical d'avec la conception patrimoniale et la personnification du pouvoir fondée notamment sur l'hommage, lien d'allégeance entre le seigneur et ses vassaux (…). La notion moderne d'Etat résulte ainsi de la distinction fondamentale entre l'institution des gouvernants, organes de l' Etat, et les gouvernés, soumis au pouvoir des premiers ». Cf. Poirat (Florence), « Etat », dans *Dictionnaire de la culture juridique*, sous la direction de Denis Alland et Stéphane Rians, Paris, PUF, pp. 642-648

[619] En droit, la méthode la plus indiquée pour définir le concept d'Etat consiste à dégager ses éléments constitutifs. Autrement dit, il s'agit de déterminer les caractéristiques qui, lorsqu'elles sont rassemblées, permettent d'affirmer qu'un Etat existe ou du moins qu'il est en gestation. Dans son célèbre ouvrage de droit public, rédigé entre 1920 et 1922, intitulé « *Contribution à la théorie générale de l'Etat* », l'éminent juriste français Raymond Carré de Malberg nous apprend que l'Etat est nécessairement constitué d'un territoire, d'une communauté humaine et d'une puissance publique. La jurisprudence internationale abonde dans le même sens avec un avis du 29 novembre 1991 de la Commission d'arbitrage pour la paix en Yougoslavie, qui définit l'Etat « comme une collectivité qui se compose d'un

politique consacré dans les relations internationales depuis la paix de Westphalie en 1648. Le Cameroun a donc incontestablement hérité de la période coloniale allemande son bornage territorial **(A)**, les germes de son nationalisme **(C)**, ainsi que son unité politique et administrative de type pyramidal **(B)**.

A. La formation et l'évolution territoriale du Cameroun

« Appliquer la doctrine de *l'Hinterland* pour étendre son pouvoir au-delà de Douala et déterminer avec les puissances coloniales voisines les limites du Cameroun »[620]. Tel fut le double objectif de l'Allemagne à l'issue de la Conférence de Berlin (15 novembre 1884 – 26 février 1885). « Si à la fin de l'année 1884 et surtout au début de 1885, nul ne pouvait plus contester les droits acquis par l'Allemagne sur certains points de la côte occidentale d'Afrique, notamment la région de la baie de Biafra, le Cameroun défini comme entité territoriale et politique autonome, n'avait toujours pas d'existence propre. En d'autres termes, le territoire annexé n'était encore délimité par aucune frontière précise. C'est à cette tâche que la diplomatie et les explorateurs allemands s'attelèrent entre 1883 et 1913 »[621]. De la côte, la progression vers l'intérieur se fit sur deux axes : Vers le nord[622] et l'est[623]. Pendant ce temps et conformément aux résolutions de Berlin, des accords de délimitations territoriales furent signés.

Adalbert Owona réserve dans son ouvrage[624] tout un chapitre à l'analyse de ces accords ; il condense tout cela en trois étapes.

La première va de 1884 à 1887 et concerne la limite occidentale sud et méridionale du Cameroun ; là, il évoque :

– L'arrangement entre la Grande Bretagne et l'Allemagne concernant leurs sphères d'influence respectives dans le Golfe de

---

territoire et d'une population soumis à un pouvoir politique organisé ». Ces trois éléments constitutifs font de l'Etat une personne juridique bénéficiant de l'attribut de souveraineté en vertu duquel il légifère, exécute les lois et assure la fonction de juger.

[620] Ngongo (Louis), *Histoire des institutions et des faits sociaux,* op. cit., p. 30.

[621] Owona (Adalbert), *La naissance du Cameroun 1884-1914,* op. cit., p. 41.

[622] La chute de Yola sonna le glas de la résistance *peul* et favorisa la souveraineté allemande dans toute la région septentrionale vers 1904.

[623] La conquête s'y acheva en 1898 lorsque l'explorateur Carnap-Querheimb atteignit la limite sud-est du territoire.

[624] Owona (Adalbert), *La naissance du Cameroun 1884-1914*, op. cit., pp. 41-57.

Guinée. Le 21 avril 1885, un traité fut signé établissant la frontière de l'Atlantique à la *cross river* ; quant à Victoria dans la *baie d'Ambas*, il passa « le 29 mars 1887 sous la domination allemande, à la suite d'une transaction intervenue, moyennant une indemnité de 4 000 livres sterling, entre les missionnaires baptistes de Londres qui l'avaient fondé et la société des missions de Bâle »[625].

– L'arrangement entre la Grande Bretagne et l'Allemagne concernant la délimitation de leurs sphères d'influence respectives sur la côte occidentale d'Afrique et la garantie réciproque d'une liberté de commerce et de trafic dans ces pays ; ce fut l'accord du 27 juillet-02 août 1886 signé entre Lord Rosebery et le Comte de Hatzfeld prolongeant la frontière occidentale du Cameroun du point terminal de la ligne primitive du vieux-Calabar (cross river), en diagonale, jusqu'à la rive droite de la Bénoué, à l'est de Yola.

- Le protocole du 24 décembre 1885 signé à Berlin entre la France et l'Allemagne concernant leurs possessions réciproques à la côte occidentale d'Afrique et en Océanie.

La deuxième étape, quant à elle, va de 1888 à 1894 et concerne la limite occidentale du Cameroun ; Adalbert Owona y note deux accords :

- L'arrangement entre la Grande Bretagne et l'Allemagne du 15 novembre 1893 fixant la frontière occidentale du Cameroun, de Yola au lac Tchad, laissant à l'Allemagne le massif des Mandara.
- Le protocole signé à Berlin le 04 février 1894 entre la France et l'Allemagne, définissant la frontière orientale du Cameroun, de la confluence Sangha-Ngoko jusqu'au lac Tchad.

Enfin, la troisième étape va de 1895 à 1913 ; elle concerne essentiellement les modifications apportées au tracé de la frontière méridionale, orientale et occidentale du Cameroun. Trois accords sont concernés ici :

- La convention signée le 18 avril 1908 à Berlin entre la France et l'Allemagne qui délimite la frontière entre le Congo français et le Cameroun ; convention corrigeant les limites conventionnelles fixées par le protocole du 24 décembre 1885, et la convention du 15 mars 1894. .

- L'accord franco-allemand du 04 novembre 1911 relatif au Congo. Cet accord augmenta de moitié la superficie du Cameroun.

---

[625] *Ibid.*, p. 43.

- L'arrangement entre la Grande Bretagne et l'Allemagne relatif à la frontière entre le Nigeria et le Cameroun, de Yola à la mer ainsi que la réglementation de la navigation sur le fleuve « *cross river* » ; traité signé à Londres le 11 mars 1913.

C'est donc pendant la période allemande que s'opère le bornage territorial du Cameroun sous sa forme triangulaire. La superficie qui se situait initialement autour de 500.000 km^2 s'agrandira de 275.000 km^2 à l'issue de l'accord du 4 novembre 1911. Le « Grand Cameroun » ainsi constitué a une superficie de plus de 750.000 km^2 quand survient la Première Guerre mondiale qui entraine son partage entre la France et la Grande Bretagne. C'est d'ailleurs dans le cadre des transactions entre ces deux puissances que les territoires cédés en 1911 au Cameroun allemand seront restitués à l'Afrique Equatoriale Française. Le rattachement ultérieur d'une partie du Cameroun britannique au Nigéria après le plébiscite des 11 et 12 février 1961 achève la fixation des frontières camerounaises qui ceinturent à ce jour une superficie de 475.000 km^2. Ces frontières héritées de la colonisation occidentale dès l'époque allemande, délimitent la souveraineté politique de l'Etat du Cameroun actuel. Elles tranchent avec la conception africaine de la frontière qui était à l'époque précoloniale une zone de contacts, d'échanges, de rivalités et rarement une ligne interdite.

B. L'organisation politique et administrative

L'unité territoriale héritée de la période allemande évolua de paire avec l'unité politique et administrative intrinsèque au modèle étatique. En métropole, c'est-à-dire au niveau de l'administration centrale, les colonies allemandes dépendent directement du Chancelier. C'est lui qui remplit les fonctions de ministre des colonies. Jusqu'en 1890, il les exerça sans l'assistance d'une administration centrale spécialement créée dans ce but ; c'était un ministre sans ministère. Le 1er avril 1890, une ordonnance impériale créa à l'Office des affaires étrangères un 4e section qui reçut le titre de section coloniale et de la quelle relevait toutes les branches de l'administration coloniale. La section coloniale ne relève du secrétaire d'Etat des affaires étrangères qu'en ce qui concerne les questions diplomatiques qui se rapportent aux colonies. Pour l'administration proprement dite, elle ne relève que du Chancelier lui-même. Elle remplit donc véritablement l'emploi d'un ministère des colonies. Il comprenait en 1901, un directeur, trois conseillers rapporteurs, six rédacteurs, et un officier, gouverneur en service, attribué à la section.

En outre, comme autre organe administratif relevant du Chancelier, mais indépendant de la section, il y a à l'Office des Affaires étrangères un Commandement supérieur des troupes impériales de protection dans les colonies africaines. Ce service comprend un directeur civil, ayant le titre de directeur à la section coloniale, et deux officiers dont un médecin. Une disposition impériale du 10 octobre 1890 créa un Conseil Colonial (Kolonial Rath) qui n'a que des attributions consultatives. En 1907, un ministère des colonies fut créé. Dernburg, son premier occupant y organisa quatre sections : affaires politiques, administration générale et justice – finances, budget, communications et questions techniques – personnel – administration militaire. Un Conseil agricole et un Conseil économique formés de fonctionnaires permanents remplacèrent le Conseil Colonial. Des instituts d'enseignement supérieur furent chargés de former des fonctionnaires compétents (Institut colonial de Hambourg, Ecole coloniale de Witzenhausen, Institut des maladies tropicales de Hambourg, etc.).

Sur place dans les colonies, des fonctionnaires impériaux, gouverneur, capitaines locaux ou fonctionnaires désignés pour les seconder assuraient l'administration. En 1902, le Cameroun comprenait trois districts (quatre districts en 1905 : Douala, Edea, Victoria et Kribi) avec un office de district où siégeait le chef de district ; il y avait également un chef de station, un juge à la tête de l'administration judiciaire. Il y avait encore pour l'administration générale un chef de service financier, un chef de service de la douane et un chef de bureau de la poste. Le personnel de la colonie comportait encore des fonctionnaires à attributions techniques c'est-à-dire les médecins du gouvernement, un ingénieur architecte, un ingénieur mécanicien et le directeur d'un jardin colonial. Ces fonctionnaires nommés, tantôt par l'Empereur, tantôt par le Chancelier, avaient le caractère de fonctionnaires de l'Empire. Ils voyaient leurs traitements imputés non au budget général de l'Empire, mais à celui de leur colonie. Etant fonctionnaires d'Empire, ils bénéficiaient de la loi du 31 mars 1873 sur l'Etat des fonctionnaires d'Empire ; ils se voyaient appliquer ses dispositions générales à l'égard de leurs droits et de leurs devoirs, notamment pour la mise en retraite, les pensions, les pensions aux veuves et orphelins, etc. Mais ils bénéficiaient en outre des dispositions qui leur étaient spéciales, et qui étaient exposées dans l'ordonnance du 3 août 1888 en ce qui concerne le Cameroun et le Togo. D'après cette ordonnance, tout fonctionnaire ayant plus d'un an de service aux colonies bénéficie ensuite d'un compte double de ses années de service. Il peut en tout temps, après cette année de service, demander sa mise à la retraite, et recevoir en attendant qu'il l'obtienne la solde d'attente légale. Les gouverneurs et les juges supérieurs ne pouvaient être révoqués que par l'Empereur ; les autres fonctionnaires, dont la mise à la retraite ou en disponibilité ou la révocation était proposée ou prononcée par les gouverneurs, avaient le droit de faire valoir leurs réclamations. Enfin, l'ordonnance impériale du 22 avril 1894 réglait les frais de voyage.

En 1910, le territoire du Cameroun comptait 19 circonscriptions administratives[626] dont 11 districts[627], 6 cercles militaires[628] et 2 résidences[629]. En 1913, cette organisation administrative connut une évolution à la suite de l'accord franco-allemand du 4 novembre 1911 agrandissant le Cameroun : le pays comptait 28 circonscriptions administratives reparties en trois catégories[630] : 18 districts et stations administratives[631], 6 stations militaires[632], 4 résidences[633]. L'ensemble de ces postes administratifs était coordonné à partir de la capitale par un gouverneur[634]. Ce système de déconcentration se renforça avec l'ordonnance du 3 juin 1908 plaçant dans les attributions du

---

626 Rio del Rey, Ossidingue, Johan-Albrechtschöhe, Victoria, Buéa, Duala, Baré, Jabassi, Edéa, Jaunde, Kribi, Ebolowa, Lomie, Dume-station, Dschang, Bamenda, Banjo, Adamaua (Garoua), Territoire allemand du lac Tchad (Kusseri). (Cf. Owona (Adalbert), *La naissance du Cameroun 1884-1914*, Ibid., p. 63).

627 Rio del Rey, Ossidingue, Johan-Albrechtschöhe, Victoria, Buéa, Duala, Baré, Jabassi, Edéa, Jaunde, Kribi. (Cf. Ibid., p. 64).

628 Ebolowa, Lomie, Dume-station, Dschang, Bamenda, Banjo. (Cf.,Ibid.).

629 Adamaua (Garoua) et le Territoire allemand du lac Tchad (Cf. Ibid.).

630 Ibid., pp. 64-65.

631 Ossidingue, Johan-Albrechtschöhe, Victoria, Buéa, Duala, Baré, Jabassi, Edéa, Jaunde, Kribi, Ebolowa, Lomie, Dume-station, Dschang, Banjo, Muni, Jokaduma, Basse-Sangha.

632 Bamenda, Wolen-Ntem, Ivindo, Moyenne-Sangha – Lobaje, Haute-Sangha-Uham, Haut-Logone).

633 Ngaoundéré, Adamaua (Garoua), Territoire allemand du lac Tchad (Mora), Rio del Rey.

634 De 1885 à 1915, le Cameroun allemand fut placé sous l'autorité de 6 Gouverneurs (cf. Ibid., p. 65) :
- Julius von Soden (16 mai 1885 – 14 février 1891).
- Eugen von Zimmerer (16 avril 1891 – 13 août 1895).
- Jesco von Puttkamer (13 août 1895 – 9 mai 1907).
- Dr Theodor Seitz (9 mai 1907 – 27 mai 1910).
- Dr Otto Gleim (28 août 1910 – 29 janvier 1912).
- Karl Ebermaïer (29 janvier 1912 – 14 février 1916).

Gouverneur le droit d'organiser l'administration locale et de déterminer les règles du droit des indigènes et du mode d'administration de la justice[635]. Désormais, il exerce son autorité sur le Cameroun, mais encore sur le Togo, car il est en même temps Commissaire supérieur de cette colonie dont le Commissaire lui est subordonné. En outre il a le titre et les fonctions de Consul général du golfe de Guinée et de l'Etat du Congo. Plus autonome et indépendant, le Gouverneur devenait le maître de la colonie... même si, préalablement, ses actes devaient être soumis à l'approbation du Chancelier via le ministère des colonies[636]. Il disposait du pouvoir exécutif, judiciaire et militaire. Par l'arrêté du 16 mars 1908, le personnel colonial civil et militaire[637] fut placé sous ses ordres ; tout comme, les institutions judiciaires organisées par les ordonnances des 7 avril et 25 décembre 1900[638]. Exceptés, l'administration financière et la législation sur la population indigène qui échappait à sa compétence, tous les fonctionnaires étaient responsables devant lui car il les nommait et mettait fin à leurs fonctions. Il était assisté d'un Chancelier et de son suppléant qui portait le titre de secrétaire général. Le gouverneur allemand était néanmoins assisté d'un conseil d'administration ou de Gouvernement[639] institué par un arrêté du Chancelier, pris le 24

[635] Ngongo (Louis), *Histoire des institutions et des faits sociaux,* op. cit., p. 47.

[636] Le Ministère allemand des Colonies fut créé en 1907. (cf. Dieudonné Oyono, *Colonie ou mandat international*, op. cit., p. 14).

[637] L'application de la politique de l'*Hinterland* nécessita des forces militaires et de police au Cameroun allemand. Pour Louis Ngongo (*Histoire des institutions et des faits sociaux,* op. cit., p. 65), la police permettait de camoufler l'aspect militaire de la colonisation et remplaçait l'armée dans les régions « pacifiées ». « En 1914, écrit-il, l'ensemble des forces militaires et de police se présente ainsi :

- 1 200 policiers sous les ordres de 30 Allemands.
- 1 550 militaires encadrés par 185 officiers. »

Il explique que « cet accroissement des forces de l'ordre s'explique par les difficultés rencontrées dans la conquête de l'Amadaoua et l'activisme de la société coloniale ».

[638] Le Gouverneur était l'instance judiciaire supérieure : « lui seul pouvait faire une remise de peines de prison jusqu'à six mois prononcées par le tribunal » (Louis Ngongo, *Histoire des institutions et des faits sociaux,* op. cit., p. 62).

[639] Ce conseil fut créé par le décret du 24 décembre 1903 et comprenait deux sortes de membres : des fonctionnaires et des particuliers (planteurs, commerçants, missionnaires, etc.) domiciliés dans le territoire, désignés en nombre égal par le Gouverneur, et comprenant au minimum trois membres de chaque catégorie. Le conseil, théoriquement nanti du seul pouvoir consultatif, joua en fait un rôle déterminant dans l'administration de la colonie, donnant des avis sur un éventail de problèmes dont le budget, l'administration, les transports, les impôts.

décembre 1903. Ce Conseil d'administration ou de gouvernement étaient formé de fonctionnaires, de commerçants, de planteurs, de missionnaires et de particuliers.

A côté de ces structures d'administration directe, les chefs de tribus indigènes gardaient certaines prérogatives d'administration indirecte. Toutefois, l'exercice de ces prérogatives n'était pas territorial, mais seulement personnel, car il se limite aux individus des tribus intéressés. Ces droits sont réglés par les traités d'acquisition des colonies et diffèrent selon les contrées. Ils sont souvent fixés d'une manière assez imprécise et il est difficile d'en présenter un tableau d'ensemble. « Le système n'associait pas directement les Camerounais à la haute administration du pays » écrit Adalbert Owona[640] qui ajoute : « Certes, les Allemands ont exclusivement pratiqué la méthode d'administration coloniale indirecte. Leur politique consistait à utiliser les chefs indigènes derrière lesquels ils pouvaient abriter des procédés administratifs dont ils n'osaient pas prendre la responsabilité (…). En réalité, les chefs indigènes, traditionnels ou nommés, remplissaient leurs fonctions sous la surveillance et le contrôle des administrateurs et fonctionnaires allemands ». Ainsi, pendant toute la période allemande, Njoya, le sultan des Bamoun avait gardé une certaine autonomie politique : aucun poste administratif ne fut établi en pays Bamoun. Deux agents envoyés par Njoya assuraient la liaison avec les militaires allemands établis à Bamenda, chef-lieu du district auquel le royaume était rattaché.

C. La population indigène ou les germes d'une identité camerounaise

Il existait au Cameroun comme dans les autres colonies allemandes trois catégories d'habitants : les citoyens de l'Empire (Reichsangehörige), les protégés (Schutzgenossen) et les indigènes (Eigengeborene). La première catégorie comprend exclusivement les individus possédant la nationalité d'un Etat confédéré allemand ou la nationalité territoriale en Alsace – Loraine. La seconde catégorie comprend tous les sujets de nations étrangères y résidant. La dernière catégorie comprend les autochtones ou indigènes. Dans un contexte où l'occupant se souciait peu de prendre en compte les intérêts des populations indigènes, la présence allemande fut curieusement l'occasion de l'amorce d'une évolution nationaliste. Ces populations pluriethniques se sentirent progressivement soudées contre l'occupant

---

[640] Owona (Adalbert), *La naissance du Cameroun 1884-1914*, op. cit., p. 67.

étranger, autour de causes communes dans le nouvel espace territorial devenu leur repère affectif commun. Nationaux allemands, les indigènes camerounais n'avaient pas le statut de citoyen. Dans les écrits de Bodin, de Hobbes et de Rousseau, il est pourtant constant qu'appartenir à l'Etat, c'est en être citoyen. « Dans un régime démocratique, écrit Philippe Braud, la nationalité entraîne la citoyenneté, c'est-à-dire la qualité autorisant l'exercice des droits liés à la participation politique »[641]. La nationalité est définie par la quasi totalité des auteurs comme l'appartenance juridique et politique d'une personne à la population constitutive d'un Etat. Deux conceptions de la nationalité sont traditionnellement dégagés de la littérature savante : La première dite ethnoculturelle, met l'accent sur les caractéristiques communes à un peuple conscient de son identité singulière (langue, histoire, religion, traditions et coutumes, etc.). La seconde, dite universaliste, souligne l'importance d'une qualification purement juridique du citoyen qui transcende ces clivages. Elle doit permettre d'assurer une totale égalité des droits au sein du même Etat, sans faire acception des différences de race, de langue, de culture ou de religion. Mais ceci est illusoire en situation coloniale où le national indigène se voit, en fait par une série de discriminations, traiter aussi défavorablement voire plus défavorablement qu'un étranger. Ici, la nationalité « apparaît comme l'instrument d'une stratégie faite d'exclusions, par la dissociation opérée entre nationalité et citoyenneté, de ne pas conférer des droits politiques aux indigènes »[642]. Ainsi, la discrimination statutaire fut un puissant levier du nationalisme camerounais dès la période allemande. En dépit de leurs différences ethniques, les indigènes étaient, dans le même espace territorial, sujets du même ordre de contrainte, soumis pareillement aux expropriations des terres, aux travaux forcés, aux châtiments corporels et autres vexations coloniales. C'est d'ailleurs pourquoi Rudolf Douala Manga Bell[643], dans sa lutte contre l'administration

---

[641] Braud (Philippe), *Penser l'Etat*, Paris, Editions du Seuil, 2004, p. 25

[642] Fortier (Vincente), « La nationalité française, instrument d'une stratégie coloniale ? », dans *La Justice et le Droit : Instruments d'une stratégie coloniale* (sous la direction du Professeur Bernard Durand), vol. 3, UMR 5815 Dynamiques du droit, Faculté de droit de Montpellier, 2001, p. 854

[643] Chaque année au Cameroun, le peuple *dwala* réactualise, à l'occasion d'une fête symbolique, l'assassinat de Rudolf Douala Manga Bell pendu le 8 août 1914 par les Allemands. Douala Manga Bell, figure emblématique du conflit politique, juridique et économique qui opposa les *Dwala* à l'administration coloniale allemande, reste célébré par sa communauté comme un héros. En 1929, Martin Lobé Bébé Bell

coloniale, pensa créer une vaste ligue anti-allemande avec d'autres chefs camerounais, en contactant par exemple Martin Paul Samba, Madola (Chef du grand Batanga) et le Sultan Njoya des Bamoun[644].

---

composa une chanson à sa mémoire intitulée *tetê ekombo* (père du peuple) devenu l'hymne des *Dwala*. En 1936, Alexandre Bell fit construire un obélisque à la mémoire de son père à côté de son tombeau où les fêtes annuelles ont lieu depuis ce temps-là. Jusqu'à aujourd'hui, il y a des efforts faits par les *Dwala* pour entretenir la mémoire de Rudolf, au moyen des livres populaires, des journaux et même des pièces de théâtre. C'est peu dire que Rudolf Douala Manga Bell marqua son peuple dans l'organisation de la résistance contre l'administration coloniale allemande. Né au quartier Bonanjo à Douala, le 24 avril 1873, Rudolf Douala Manga Bell était le fils aîné d'Auguste Manga Bell, c'est-à- dire le petit-fils de Ndoumb'à Lobé (King Bell) qui signa avec les firmes le "traité" du 12 juillet 1884. « Très tôt, raconte Adalbert Owona (*La naissance du Cameroun 1884-1914*, op.cit., p. 95), le jeune prince fréquente l'école officielle allemande de Douala, que dirige l'instituteur Theodor Christaller. Il va poursuivre ses études secondaires (...) au Wurtemberg, pays de von Brauchitsch, l'ami de son père, qui conseille à celui-ci d'envoyer le jeune Douala Manga Bell au lycée d'Ulm, et ensuite pour ses études de droit à l'Université de Bonn ». Revenu au pays, le prince Douala Manga Bell intégra aussitôt l'administration judiciaire allemande qu'il allait quitter trois années après pour « seconder son père dans la gestion de ses vastes plantations dans le Moungo ». Une initiation, sans doute, à l'administration du patrimoine de la chefferie. Une chefferie que le jeune prince allait assumer pleinement dès la mort de son père, le 2 septembre 1908. En effet, Douala Manga Bell monta au trône le 11 septembre 1908 ; il fut solennellement intronisé « chef supérieur des Dwala ». Le 2 mai 1910, redevenant ainsi fonctionnaire de l'administration coloniale allemande avec une solde mensuelle de 3 000 marks. Pension qui fut suspendue dès que Rudolf Douala Manga Bell entra en conflit avec la métropole coloniale. Puis, il fut destitué par une ordonnance du 4 août 1913 signée du chef de district nommé Roehm. Le 20 décembre 1913, Douala Manga Bell fut démis de ses fonctions de chef supérieur et de juge de paix. Le 10 mai 1914, Douala Manga Bell fut assigné, pour être interrogé et mis en détention pour « haute trahison ». Après son arrestation, il fut transféré au commissariat de police du quartier Bonanjo jusqu'au 7 août 1914, jour du procès. Procès présidé par le juge Niedermeir, et qui se solda expéditivement par la condamnation à mort. Le 8 août 1914, vers 3 heures de l'après midi, Rudolf Douala Manga Bell fut pendu, laissant à la postérité ces paroles :« Vous pendez un innocent, vous me tuez pour rien. Mais les conséquences de cet acte auront une suite mémorable. Maintenant, je quitte les miens ; mais maudits soient les Allemands. Dieu que j'implore, écoute ma dernière volonté : que ce sol ne soit plus jamais foulé par les Allemands ». Cf. Owona (Adalbert), *La naissance du Cameroun 1884-1914*, op.cit., p. 113. Lire aussi, *Douala Manga Bell : héros de la résistance Douala, Paris, 1977* (paru dans la série Grandes figures africaines).

644 « Le cas de Rudolf Douala Manga Bell, écrit Andréas Eckert, montre surtout les efforts (...) pour transformer une identité ethnique en une identité nationale en s'appuyant sur la résistance anti-coloniale de l'intéressé ». Il prit en effet contact avec Martin Paul Samba et Madola (chef du Grand Batanga). Au sultan Njoya des

En réplique, c'est pour neutraliser les micro-nationalismes en gestation que de nombreux indigènes furent exécutés[645]. De la sorte, l'Etat allemand entendait affirmer sa souveraineté, et par le moyen de la sanction, inscrire durablement le Cameroun dans le sillage du modèle juridique occidental.

Section 3 : Les premières traces de la culture juridique et judiciaire allemande au Cameroun

Comment et jusqu'à quelle proportion les Allemands vont-ils introduire des principes et des normes du droit occidental dans une société obéissant jusqu'alors à des concepts totalement différents ? Quel sera le sort des institutions et des coutumes africaines dans ce contexte ? A l'évidence, le phénomène de rationalisation du pouvoir et du droit en cours en Occident depuis le XVIe siècle va s'étendre dans ce nouveau territoire africain soumis à l'unicité et au centralisme d'une autorité coloniale **(A)** qui par la force ou la ruse de l'action coloniale pose, directement ou indirectement, les jalons du droit occidental. Ainsi en dépit du maintien des coutumes locales, la conception indigène du droit sera progressivement bouleversée du fait de l'introduction des normes méropolitaines **(B)** et de la réorganisation de la justice sur un modèle dualiste **(C)**.

A. La production normative sous le contrôle pyramidal de l'Empereur allemand

Dans sa théorie normativiste développée dans son ouvrage « *la théorie pure du droit* », l'éminent juriste Hans Kelsen soutient que la juridicité de la norme suppose que les assujettis y obéissent. En ce sens, le droit est un ordre de contrainte. Mais pour postuler vers cette efficacité, encore faut-il au préalable que la validité de la norme soit établie dans la hiérarchie des normes dont le sommet est la Constitution. La question ici est celle de la légalité, de la validité des

---

Bamoun, Douala Manga Bell envoya un émissaire nommé Ndané « pour l'inviter à commencer dans son pays la lutte contre les Allemands ». Bref, « l'expropriation des Douala devenait ainsi un facteur d'accélération du processus qui allait favoriser la lutte contre le colonialisme, en même temps qu'elle constituait le foyer de résistance à la présence et à la colonisation allemandes ». Cf. Eckert (Andréas), « mémoire anticolonialiste au Cameroun/la recherche vaine des « héros nationaux », dans *Histoire d'Afrique*, Paris, Karthala, pp. 479-483.

[645] Au sud Cameroun, « l'adjudant Martin Paul Samba fut fusillé presque en cachette dans un quartier retiré d'Ebolowa. Quant à ses compagnons de lutte, Madola et Edande Mbita, ils furent exécutés par pendaison à Bidou, non loin de Kribi (...). Le même sort fut réservé à Assako Nwa, le catéchiste d'Adjap, près d'Ebolowa ». Cf. Owona (Adalbert), *La naissance du Cameroun 1884-1914*, op.cit., p. 117.

actes par rapport à la loi fondamentale qu'est la Constitution qui symbolise l'échelle ultime de la pyramide juridique. Les colonies acquises à partir de 1884 ne font l'objet d'aucune disposition constitutionnelle. Si à la vérité certaines lois qui les concernent font mention de la constitution, ces lois peuvent toujours et facilement être modifiées par d'autres lois : en outre, elles n'assignent pas au pouvoir impérial des limites aussi étroites que pourraient le faire la constitution. Aussi, l'Empereur est-il le législateur ordinaire en matière colonial. Le paragraphe 1er de la loi du 17 avril 1886 dispose que le pouvoir protectoral (*schutzgewalt*) est exercé dans les territoires de protection (*schutzgebiete*) par l'Empereur au nom de l'Empire. La doctrine dit qu'il exerce ce pouvoir d'abord en vertu de la constitution impériale, et dans les limites où cette constitution lui a dévolu le pouvoir souverain, ensuite en vertu de la souveraineté de même de l'Empire sur les colonies. Ce texte fondamental, qui mentionne expressément et seulement l'Empereur comme détenteur unique du pouvoir souverain amènera donc aux conséquences suivantes: en principe, il n'y a pas de limites au pouvoir ainsi dévolu. L'Empereur agit de lui-même, sans qu'aucun autre organe de l'Empire, soit le Reichstag, le Bundesrath ou le Chancelier ait à intervenir. Par cela même, l'Empereur, sera en matière coloniale le législateur ordinaire, et toujours, en principe, il pourra, par voies d'ordonnances et de décrets, établir la législation dans les colonies.

Toutefois, d'autres textes apportent d'importantes limitations à ce pouvoir absolu :

- Les paragraphes 2 et 4 de la loi du 17 avril 1886 décident que le pouvoir législatif est retiré à l'Empereur en matière de droit civil, de droit criminel et de procédure judiciaire et que ce pouvoir est réservé au législateur ordinaire de l'Empire c'est-à-dire au Reichstag et au Bundesrath. Cette même loi du 17 avril 1886 décide en même temps qu'on appliquera aux colonies la loi sur les juridictions consulaires de 1879, en réservant toutefois à l'Empereur le droit de fixer le temps de la mise en vigueur de cette loi dans les nouvelles colonies.

- Les mêmes restrictions au pouvoir législatif de l'Empereur sont prévues également, et plus spécialement pour tout ce qui concerne l'état des personnes, en renvoyant la loi sur la célébration du mariage du 4 mai 1870. La loi du 17 avril 1886 s'appliquait aux sujets de l'Empire et aux protégés. La loi du 25 juillet 1900, qui, comme celle du 17 avril 1886, se rapporte à la législation coloniale, étend les précédentes dispositions à tous les individus autres que les indigènes séjournant aux colonies.

- Les prescriptions générales des lois de l'Empire et de la constitution ne peuvent être supprimées ni modifiées par l'Empereur

- La loi du 30 mars 1892 décide que le budget des colonies doit être présenté chaque année au Reichstag et au Bundesrath et être fixé par une loi. Tout emprunt ou toute entreprise d'une garantie doivent être autorisés par une loi d'Empire. Avant 1892, on se contentait d'établir un état des recettes et des dépenses, afin que le Reichstag connaisse le montant des crédits nécessaires.

- Tous les actes et toutes les décisions prises par l'Empereur en vertu de son pouvoir de protection doivent être contresignés par le Chancelier de l'Empire. La nécessité de ce contreseing est évidente, puisque ces décrets sont des actes de gouvernement au même titre que les autres actes de l'Empereur et ils tombent, par la suite, sous l'application de l'article 17 de la Constitution, d'après lequel le Chancelier de l'Empire doit contresigner les ordres et décisions impériaux.

En dehors de ces limitations, le pouvoir législatif de l'Empereur est illimité. D'ailleurs même en matière de droit judiciaire, l'Empereur conserve un certain pouvoir. En effet, la loi des juridictions consulaires n'est pas, du fait même de la loi de 1888, applicables aux colonies. Il faut pour qu'elle y pénètre, une décision de l'Empereur et ce dernier reste maitre de fixer le moment de cette décision. De même, la loi des juridictions consulaires n'était primitivement applicables qu'aux citoyens de l'Empire et aux protégés dans le sens des lois consulaires, c'est-à-dire aux sujets de nations étrangères qui, en l'absence d'un consul de leur nation, sont sous la protection consulaire allemande (Autrichiens, Suisses, Luxembourgeois). L'empereur restait alors maitre d'étendre à d'autres personnes le bénéfice de la loi du 10 juillet 1879. Depuis, la loi du 25 juillet 1900 a étendu les dispositions de la loi des juridictions consulaires et de la loi sur le mariage (4 mai 1870) à tous les individus autres que les indigènes résidant ou séjournant dans les colonies allemandes. De même aussi, d'après la loi sur l'organisation des colonies du 17 avril 1886 et la nouvelle loi sur les juridictions consulaires du 7 avril 1900, l'Empereur peut, pour les matières non prévues au Code pénal et s'appliquant aux colonies, prévoir des délits et prononcer des peines pouvant s'élever jusqu'à un an de prison. Il peut également prendre des dispositions en matière de droit civil et de procédure, en cas de silence de la loi des juridictions consulaires et aux lois qu'elle introduit avec elle dans les colonies des modifications tendant à en faciliter l'application, notamment en ce qui concerne les formes du mariage, le droit immobilier, l'exécution de la peine de mort, la prolongation des délais légaux et les formes de la procédure judiciaire. Les dispositions juridiques à prendre à l'égard des indigènes n'étant prévues ni par la loi des juridictions consulaires ni par celles de l'organisation des colonies restent naturellement dans les attributions de l'Empereur.

Les décrets que l'Empereur peut émettre se divisent en trois classes : la première classe contient les décrets équivalant à une loi (« décrets autonomes »). L'empereur les promulgue en vertu du pouvoir de protection, c'est-à-dire de la souveraineté à exercer aux colonies, que la loi lui confère. La deuxième classe contient les décrets que l'Empereur promulgue en vertu même de la loi et sur les points spécifiés par elle. Tels sont les décrets de nature pénale et les décrets qui modifient, dans la mesure où la loi l'autorise, le code civil, le code pénal et la procédure. La troisième classe comporte les décrets ordonnant l'exécution des lois concernant les colonies, si ces décrets ne sont pas laissés par la loi à l'initiative du Chancelier de l'Empire.

L'Empereur était autorisé, par la loi de 1886-1888, à déléguer le pouvoir d'émettre des décrets au Chancelier de l'Empire ou à des fonctionnaires coloniaux, lorsque ceux-ci ne les avaient pas déjà de par la loi. Cette délégation peut aussi avoir lieu en faveur de sociétés coloniales, soit en vertu de leurs chartes, soit autrement. Lorsque la loi donne au Chancelier de l'Empire le droit de promulguer les décrets, la délégation impériale devient inutile. Ainsi la loi coloniale de 1900 autorise le Chancelier à promulguer les décrets d'exécution des lois coloniales, à promulguer les prescriptions concernant la police et l'administration des colonies et à punir par la prison jusqu'à trois mois, par la contrainte, les amendes ou la confiscation, les contraventions à ces prescriptions. Le Chancelier a le droit de déléguer ces pouvoirs à une société coloniale ayant reçu une charte, ou à des fonctionnaires coloniaux. C'est en vertu de ce droit, inscrit déjà dans la loi coloniale de 1880-1888 que le Chancelier de l'Empire a fait la délégation suivante : par décision du 29 mars 1889, le fonctionnaire ayant la juridiction de deuxième instance au Cameroun et le fonctionnaire chargé de la justice au Togo furent autorisés, le premier dans les deux colonies et le deuxième au Togo, à prendre toutes les décisions relative à la police, à l'administration et à punir les contraventions par la prison jusqu'à trois mois, la contrainte, les amendes ou la confiscation.

En dehors du Chancelier de l'Empire, le fonctionnaire impérial chargé par lui de l'exercice de la juridiction dans les différentes colonies a également le droit de promulguer des ordonnances de police. Ce droit donné à ce fonctionnaire doit d'abord lui permettre de prendre des dispositions pour les cas que le droit criminel attribué au Consul ne prévoit pas ; mais les débats du Reichstag laissent voir que les droits du consul sont plus étendus. Ils le sont même à ce point qu'il peut modifier, par une décision, une loi qui serait inapplicable dans son ressort. En dehors de l'Empereur, le droit de promulguer ces décrets de nature pénale appartient au Chancelier de l'Empire, au fonctionnaire chargé de la juridiction dans la colonie dans les limites prévues par les textes.

Les droits de l'Empereur et des différents agents autorisés à promulguer des décrets de nature pénale sont subordonnés les uns aux autres, ce qui veut dire que les décrets des différents agents ne peuvent contredire ceux de l'Empereur, et ainsi de suite en suivant l'ordre hiérarchique. Il en résulte que chacun peut abroger les décrets signés par les échelons inférieurs à lui. Ces décrets de subordination ne s'appliquent qu'aux décrets réglant les matières judiciaires. Au contraire, en ce qui concerne les décrets réglant des matières d'administration, chaque autorité est sans action sur les décrets des autorités inférieures. Les premiers décrets doivent être publiés de façon que chacun puisse en avoir connaissance ; au contraire, les seconds, qui n'intéressent le public qu'indirectement, n'ont pas à être publiés qu'indirectement, n'ont pas à être publiés. Il en est donné connaissance aux intéressés par des circulaires, des journaux administratifs, etc. Toute autorité a le droit de faire des décrets administratifs concernant l'autorité subordonnée ; au contraire, un décret de nature judiciaire doit s'appuyer sur une loi, car d'après le droit constitutionnel, toutes les restrictions apportées à la liberté ou à la propriété des citoyens ne peuvent se faire que par voie légale ; par suite, toute autorité promulguant un décret de ce genre doit s'appuyer sur une loi. La loi sur la juridiction consulaire du 7 avril 1900 a étendu considérablement le pouvoir de l'Empereur en matière de décrets.

B. L'introduction des normes métropolitaines allemandes

L'organisation des colonies allemandes était comparable à celles des colonies anglaises. Les principes d'administration indirecte, qui laissait une certaine autonomie aux communautés indigènes furent également appliqués. En raison du maintien des systèmes traditionnels, on pourrait naturellement penser que l'Allemagne n'a pas influencé l'ordre juridique camerounais. Or, l'avènement des éléments constitutifs de l'Etat a entraîné un processus d'unification politique qui ne pouvait ne pas avoir de répercussion sur le plan juridique, notamment avec la codification des normes. Dans les systèmes de tradition romano-germanique, la codification conduit à mettre en ordre les règles de droit, mais également à façonner un modèle dont on pourrait déduire des solutions. Certes, pendant la période allemande, il est difficile de signaler, en matière civile notamment, beaucoup de règles d'ensemble à l'égard des indigènes. Toutefois, il existe des dispositions que prend à leur égard le Chancelier ou lorsqu'il y a lieu le Gouverneur de la colonie, lorsque les traités conclus avec les chefs indigènes n'ont pas attribué à ces derniers la juridiction sur les membres de leurs tribus[646]. Aussi, note-t-on l'ordonnance impériale du 25 février 1896 et la décision du Chancelier du 27 février de la même année (applicables dans l'Afrique orientale allemande, au Togo et au Cameroun) fixent les obligations des particuliers en matière civile et matière criminelle[647]. Cette tendance à la codification a pour conséquence d'enraciner un certain positivisme qui tend à considérer que le droit se confond avec la volonté du souverain.

En matière foncière, dès 1896, des lois avaient réglementé les concessions. Le gouvernement allemand a employé le moyen de l'expropriation pour cause d'utilité publique (décisions du 15 janvier 1913 et 8 septembre 1913) pour dépouiller les collectivités indigènes de leurs terrains. En matière contractuelle, l'ordonnance du 24 mai 1909 constitue un véritable code du travail. Elle fixe avec précision les conditions de recrutement des travailleurs, les éléments constitutifs d'un contrat de travail, les obligations de l'employeur, notamment la prévision du montant et du mode de paiement du salaire. Le Cameroun avait connu des difficultés de main d'œuvre pendant la période allemande et les autorités de l'époque avaient eu recours au

---

646 Cf. Lobstein (René), *Essai sur la législation coloniale de l'Allemagne*, Thèse pout le doctorat, Université de Poitiers, Faculté de droit, Paris, Librairie Marescq Ainé, A. Chevalier-Marescq & Cie Editeurs, 1902.

647 Cf. Chéradame (André), *La colonisation et les colonies allemandes*, Paris, Plon, 1905, p. 333.

travail forcé[648]. L'administration allemande dut réglementer le recrutement et le travail par des décrets en 1902, 1909 et 1913 pour obliger les employeurs à préciser dans les contrats, toutes les conditions d'emploi des ouvriers. Malgré cette législation « très en avance sur les autres colonies de l'ouest africain »[649], le travail forcé resta une pratique courante pendant la colonisation allemande.

En matière des droits de l'Homme, l'usage des peines corporelles était très courant[650]. C'est l'ordonnance du Chancelier d'Empire en date du 22 avril 1896[651] qui réglemente l'application aux indigènes des peines disciplinaires : celles-ci sont l'emprisonnement aux fers pour une durée de quatorze jours, la bastonnade et le fouet dans la limite respective de vingt-cinq coups[652]. En vertu de ce texte,

---

[648] Cf. Michel (Marc), « Les plantations allemandes du Mont Cameroun », dans *Revue Française d'histoire d'outre-mer*, Tome LVII, n° 207, 2e trimestre 1970, pp. 183-213.

[649] Ibid.

[650] Au Cameroun, le baron von Ludinghausen fustigeait brutalement avec un gros bâton ceux qui omettaient d'enlever leur chapeau sur son passage ». Cf. Lewin (Evans), *Le régime allemand*, Paris, Publication du comité de l'Afrique Française, p. 25. Lire aussi, Chéradame (André), *La colonisation et les colonies allemandes,* op. cit.

[651] Cf. Fr/C.A.O.M. / Fonds Ministériel/ série géographique Togo-Cameroun/ carton34/ dossier 330. Extraits de la législation pour le Cameroun – Juridiction sur les indigènes, *Décision du Chancelier d'Empire relative à l'exercice de la juridiction pénale et des pouvoirs disciplinaires à l'égard des Indigènes, dans les Territoires de protectorat allemand en Afrique orientale, au Cameroun et au Togo du 22 avril 1896.*

[652] Dans le texte du 22 avril 1896, on note : « L'emploi des châtiments corporels contre les Arabes et les Hindous est exclu. La bastonnade ou la flagellation ne peut être ordonnée contre une personne du sexe féminin. Il ne peut être ordonné que la flagellation contre toute personne de sexe masculin au-dessous de 16 ans. L'exécution de la bastonnade a lieu avec un instrument de correction approuvé par le Gouverneur, l'exécution de la flagellation a lieu avec un fouet ou une verge légers. La condamnation à la bastonnade ou à la flagellation peut comporter l'exécution en une ou deux fois. Il ne devra, à chaque exécution, être appliqué plus de 25 coups pour la bastonnade et plus de 20 coups pour la flagellation. La deuxième exécution ne devra pas avoir lieu avant l'écoulement d'un délai de deux semaines. Doivent toujours assister à l'exécution de la bastonnade et de la flagellation un Européen désigné à cet effet par le fonctionnaire muni de pouvoirs de juridiction pénale, ainsi qu'un médecin dans les lieux où il s'en trouve un. L'état de santé du condamné doit être examiné avant de commencer l'application du châtiment. Le médecin présent, ou à son défaut l'Européen assistant à l'exécution, a le droit d'interdire ou d'arrêter l'exécution de la bastonnade ou de la flagellation, dans le cas où l'état de santé du condamné semble l'exiger ». Cf. *Décision du Chancelier d'Empire relative à l'exercice de la juridiction pénale et des pouvoirs*

les indigènes qui sont en service ou en contrat de travail peuvent être punis disciplinairement de châtiments corporels ou d'un enchaînement n'excédant pas quatorze jours, par le fonctionnaire investi de l'exercice de la juridiction pénale sur demande de l'employeur[653]. Les peines disciplinaires appliquées aux indigènes sont motivées par divers manquements : paresse dans le service, attitude insolente à l'égard du maître, absence injustifiée du service, insubordination ou désobéissance à l'égard de leur patron, rupture de contrat, abandon de tâche, non-accomplissement du portage, faute grave dans le service ou le travail[654]. Une ordonnance ministérielle du 12 juillet 1907 précise que les peines corporelles doivent être surveillées et en aucun cas ne doivent être appliquées par la personne qui les a infligées[655]. Une circulaire du gouverneur datée du 28 octobre 1909[656] exige qu'à l'avenir le châtiment sur les indigènes n'ait lieu que sur des bases légales[657]. Elle rappelle également aux administrateurs et chefs de circonscription qu'ils doivent autant que possible, éviter d'infliger aux chefs indigènes les peines disciplinaires, pour ne pas porter atteinte à leur autorité sur les populations. Enfin, la circulaire du 22 octobre 1909 prescrit que, dans le cadre de la procédure de contrainte

---

disciplinaires à l'égard des Indigènes, dans les Territoires de protectorat allemand en Afrique orientale, au Cameroun et au Togo du 22 avril 1896, op. cit., pp. 2-3.

653 Ibid. La circulaire du Gouverneur en date du 5 janvier 1906 précise que les peines disciplinaires ne peuvent être prononcées que sur la demande du chef de service ou du « patron ». Cf. Fr/C.A.O.M. / Fonds Ministériel/ série géographique Togo-Cameroun/ carton34/ dossier 330. Extraits de la législation pour le Cameroun – Juridiction sur les indigènes, *Circulaire du Gouverneur concernant la juridiction pénale et disciplinaire sur les indigènes du 5 janvier 1906*.

654 Ibid.

655 Cf. Ngongo (Louis), *Histoires des institutions et des faits sociaux*, op.cit., p. 62-63.

656 Cf. Fr/C.A.O.M. / Fonds Ministériel/ série géographique Togo-Cameroun/ carton34/ dossier 330. Extraits de la législation pour le Cameroun – Juridiction sur les indigènes, *Circulaire du Gouverneur concernant la juridiction sur les Indigènes du 28 octobre 1909*.

657 Evans Lewin (*Le régime allemand en Afrique,* op. cit., p. 29) note à ce propos : « Ces « flagellations ne sont pas nécessairement données par ordre judiciaire. Elles sont fréquemment ordonnées par le caprice d'un fonctionnaire administratif, d'un propriétaire de plantations, d'un intendant, et il est établi sur des autorités irrécusables que, dans certaines colonies, il suffit d'envoyer un indigène à la station de police avec un mot disant « prière de roser un tel » pour que la chose soit faite sans enquête ».

administrative[658], il peut être fait mention comminatoire de la peine d'emprisonnement avec travail forcé, jusqu'à trois mois et dans les cas particuliers, de la bastonnade.

C. L'organisation de la justice au Cameroun allemand

Dès la prise de possession du Cameroun par les Allemands, l'un des premiers gestes est de retirer aux Anglais la présidence de la Cour d'Equité. L'Amiral Knorr se charge d'abolir ensuite cette cour d'arbitrage[659]. D'une manière générale, l'administration allemande, s'installant dans les colonies acquises par l'Empire, s'est préoccupée d'établir une justice[660] régulière, tant au civil qu'au criminel. La loi du 17 avril 1886, présentée au *Reichstag* sous le titre de « loi sur l'administration de la justice dans les territoires protégés allemands » a pour objet de satisfaire à cette nécessité. En présentant cette loi, le but du gouvernement est d'avoir le pouvoir d'instituer, par une série de décrets impériaux, une organisation judiciaire s'accordant autant que possible avec la loi du 10 juillet 1879 sur les juridictions consulaires. Le *Reichstag* a voulu ainsi limiter, par cette loi, les pouvoirs de l'Empereur. Dans ce sens, l'article 2 prescrivait que le droit civil, le droit criminel et la procédure, y compris l'organisation judiciaire seraient appliqués aux colonies conformément à la loi sur les juridictions consulaires de 1879 ou conformément aux lois allemandes ou prussiennes, dont la loi de 1879 prévoit les modifications nécessaires pour l'application aux colonies. Autrement dit, l'Empereur n'a plus le droit de fixer la date de la mise en vigueur de la loi sur les juridictions consulaires dans les différentes colonies. Désormais, la loi du 10 juillet 1879 règle seulement l'organisation des

---

[658] Celle-ci intervient notamment lorsque, dans l'intérêt public, une action doit être obtenue par la force. Il s'agit notamment des questions d'administration qui ne sont pas encore règlementées par une ordonnance ou bien lorsque, par exemple pour l'ordonnance concernant le paiement des impôts par les indigènes, il n'est pas expressément prévu de sanctions pour le non-accomplissement d'obligations publiques de droit. C'est dire, d'après cette circulaire du 22 octobre 1909, que tant qu'un règlement général sur l'obligation à la construction et l'entretien des routes n'a pas été édicté par voie d'ordonnance, les indigènes ne peuvent être appelés à l'entretien et à la construction de routes, que par voie de contrainte administrative, au moyen d'arrêtés, avec indication comminatoire de délais d'exécution et de sanction.

[659]« Par cet acte, écrit Rudin, fut effacé le dernier vestige de l'autorité anglaise au Cameroun ». (*Germans in Cameroons*, New Haven, 1938, p.138). Cité, Ngongo (Louis), *Histoire des Institutions et des faits sociaux*, op.cit., pp. 61-63

[660] Cf. Chéradame (André), *La colonisation et les colonies allemandes*, op. cit., pp. 238-252.

tribunaux consulaires. En ce qui concerne le droit civil, le droit criminel et la procédure, elle se contente de déclarer applicables, dans les ressorts de juridiction consulaire, les lois de la Confédération et les lois prussiennes sur la matière. Comme les ordonnances sur la procédure civile, sur la procédure de la faillite et sur la procédure criminelle ne paraissent pas applicables dans toutes leurs parties, la loi de 1879 y a apporté certaines modifications, afin de permettre leur introduction dans les ressorts des juridictions consulaires. Mais même avec les modifications, la loi de 1879 et les autres lois, soit allemandes, soit prussiennes, ne sont pas applicables aux colonies. Pour y rendre leur application possible, l'article 3 de la loi de 1886 prévoit un certain nombre de modifications à ces lois et de dispositions exceptionnelles que l'Empereur peut ordonner par voie de décret. Ainsi, par décret, l'Empereur peut :

- Soumettre à la juridiction coloniale des personnes non spécifiées dans la loi sur la juridiction consulaire
- Autoriser le fonctionnaire chargé de la justice dans une colonie à faire paraître des règlements de police, à prononcer, contre les contrevenants, la prison jusqu'à trois mois, la contrainte par corps, l'amende et la confiscation
- Soumettre aux tribunaux coloniaux des causes relevant de la cour d'assises
- Désigner comme cour d'appel ou comme tribunal de seconde instance, pour les causes civiles, pour les questions de faillites et pour les causes ne ressortissant pas à la juridiction ordinaire chargée du règlement des litiges, le tribunal hanséatique ou un tribunal consulaire, ou bien, pour les causes dans lesquelles sont impliquées les indigènes, soit comme appelants, soit comme appelés, un tribunal de colonie
- Prendre les décisions relatives aux oppositions, aux remises, à l'exécution des contraintes et aux frais.

Au Cameroun (et au Togo), c'est à partir du 1er octobre 1888 que la loi sur la juridiction consulaire a été introduite par le décret du 2 juillet 1888, ceci à l'égard de toutes les personnes, sauf des indigènes[661]. Ce décret édicte les mêmes prescriptions que celui du

[661] « Le bénéfice de la loi des juridictions consulaires n'était primitivement accordé qu'aux Allemands et aux protégés (Autrichiens, Suisses, Luxembourgeois), l'Empereur ayant le pouvoir de l'accorder aux sujets des autres nations civilisées, ce qui avait eu lieu pour toutes les colonies ; mais sous cette forme la loi avait une application personnelle et non territoriale. La loi du 25 juillet 1900 a modifié ce

décret du 13 juillet 1888, relatif à la Nouvelle-Guinée, en ce qui concerne les causes relevant de la cour d'assises, l'installation d'une juridiction de deuxième instance et l'application de la peine de mort. Il règle en outre, les questions de propriétés immobilières. La loi du 4 mai 1870 avait déjà été mise en vigueur à partir du 1er juillet 1886, par décret du 21 avril 1886, pour toutes les personnes non indigènes.

A l'égard des populations locales, une Décision du gouverneur impérial Zimmerer en date du 16 mai 1892 (modifiant un texte antérieur du 7 octobre 1890) institue un tribunal arbitral indigène, pour la tribu de Douala. Ce texte décide que les contestations entre indigènes des tribus *dwala* sont réglées par le chef indigène du défendeur si, en matière civile, l'objet de la contestation n'a pas une valeur supérieure à 100 marks, et si, en matière criminelle, la peine à prononcer ne dépasse pas 300 marks d'amende ou six mois de prison. L'appel contre les décisions des chefs est recevable devant un nouveau tribunal arbitral à constituer. Ce dernier est en même temps, compétent comme tribunal de première instance pour les causes qui ne sont pas du ressort des chefs, le crime de meurtre et de mort par suite de coups reste cependant en dehors de la juridiction du tribunal arbitral. Ce dernier n'a pas non plus pouvoir de prononcer la peine de mort ni une peine privative de liberté excédant deux années. La jurisprudence du tribunal arbitral est fondée sur les usages et coutumes du lieu. Les membres du tribunal arbitral indigène, ainsi que leurs suppléants sont nommés par le gouverneur impérial. La nomination est à tout moment révocable. Le tribunal arbitral nome un président qui dirige les débats ainsi qu'un secrétaire, qui rédige un procès-verbal de chaque cause. Le procès-verbal qui contenir la date de la séance, les noms des juges et des parties, l'objet et la cause du procès, ainsi que la décision prononcée, devra être signé par le président et le secrétaire. Les procès-verbaux de l'année doivent être réunis chronologiquement en un dossier et peuvent être examinés à tous moments par le gouverneur ou ses représentants. Le gouverneur est libre ainsi que le fonctionnaire qu'il déléguera, d'assister aux séances du tribunal indigène. L'appel contre les décisions du tribunal arbitral indigène est recevable entre les mains du gouverneur impérial ou de son représentant. L'appel doit être interjeté dans la semaine qui

---

principe en étendant l'application, dans toutes les colonies, de la loi de 1879 et celle du 7 avril 1900, à toutes les personnes non indigènes. Le caractère de ces lois devient donc à la fois personnel ». Cf. Lobstein (René), *Essai sur la législation coloniale de l'Allemagne,* op.cit., p. 99.

la suit la publication du jugement, soit par écrit, soit verbalement auprès du secrétaire du gouvernement. Les affaires qui ne sont pas soumises à la compétence du tribunal arbitral indigène, sont réservées à la juridiction du gouverneur impérial ou de son représentant.

Une décision du chancelier allemand en date du 27 février 1896[662] (pris en vertu d'un Décret impérial du 25 février 1896[663]) stipule que dans la procédure à l'égard des indigènes, les mesures autres que celles prescrites par les règlements de procédure allemande, pour l'obtention d'aveux ou de témoignages sont interdites. De même, l'application de peines extraordinaires, particulièrement de peines préventives est défendue.

En vertu du même décret impérial du 25 février 1896, une décision complémentaire du Chancelier d'Empire est prise le 22 avril 1896[664] relativement à l'exercice de la juridiction pénale et des pouvoirs disciplinaires à l'égard des indigènes[665]. Ce texte prévoit que dans les territoires de la côte, la juridiction pénale et la procédure pénale sur la population indigène est exercée par le gouverneur (chef du territoire), dans les circonscriptions le chef de circonscription (chef des services) est substitué au gouverneur. Ce dernier a le droit de déléguer ses pouvoirs sous sa propre responsabilité, aux fonctionnaires placés sous ses ordres, pour leur région administrative, mais il est tenu de rendre compte au gouverneur de la mesure dans laquelle il fait usage de ce droit. Les peines admises sont les châtiments corporels, les amendes, la prison avec travail forcé, l'enchainement, la peine de mort. L'emploi de châtiments corporels contre les Arabes et les Hindous est exclu. La bastonnade ou la flagellation ne peut être ordonnée contre une personne de sexe féminin. Il ne peut être ordonné que la flagellation contre toute personne de sexe masculin au dessous de 16 ans. L'exécution de la bastonnade a lieu avec un instrument de correction approuvé par le gouverneur, l'exécution de la flagellation a lieu avec un fouet ou une verge légers. La condamnation à la bastonnade ou à la flagellation peut comporter l'exécution en une ou deux fois. Il ne devra, à chaque exécution, être appliqué plus de 25 coups pour la bastonnade et plus

---

662 Disposition du chancelier de l'empire du 27 Février 1896 (Journal officiel de l'empire du 29 février 1896, n°53 annexe du journal colonial du 1er mars 1896)

663 Annulé par le Décret impérial du 3 juin 1906

664 Disposition du Chancelier de l'Empire des 22 Avril 1896

665 Pour les territoires de protectorat allemands en Afrique orientale, au Cameroun et au Togo.

de 80 coups pour la flagellation. La deuxième exécution ne devra pas avoir lieu avant l'écoulement d'un délai de deux semaines. Doivent toujours assister à l'exécution de la bastonnade et de la flagellation un Européen désigné à cet effet, par le fonctionnaire muni de pouvoirs de juridiction pénale, ainsi qu'un médecin dans les lieux où il s'en trouve un. L'état de santé du condamné doit être examiné avant de commencer l'application du châtiment. Le médecin présent ou, à son défaut l'Européen présent assistant à l'exécution a le droit d'interdire ou d'arrêter l'exécution de la bastonnade ou de la flagellation, dans le cas où l'état de santé du condamné semble l'exiger. Les amendes dépassant 300 marks ainsi que les peines d'emprisonnement excédant six mois, doivent être approuvées par le gouverneur à qui il doit être rendu compte immédiat du prononcé de la peine. L'exécution, si le retard impliqué ne la rend pas impossible, doit être suspendue jusqu'à l'arrivée de l'approbation. Le prononcé définitif de la peine de mort appartient uniquement et seulement au gouverneur. Dans le cas où le chef de circonscription (fonctionnaire en chef) a décidé cette peine, il doit en être rendu compte immédiatement au gouverneur, avec envoi du dossier. Le plus ancien du village doit être convoqué aux débats. Pour les crimes graves, le chef de circonscription doit convoquer plusieurs notables indigènes, sans que cesse pour cela la responsabilité du chef de circonscription. Il est établi un procès-verbal de débats. Le jugement doit être rédigé par écrit.

Pour les postes et les expéditions (missions) dans l'intérieur du pays, le texte prévoit que relativement à l'exercice de la juridiction, le chef de poste ou d'expédition (mission) est substitué au chef de circonscription. Lorsque dans les postes situés dans l'intérieur ou pour les expéditions (missions) qui s'y trouvent, le prononcé de la peine de mort ou son exécution immédiate semble s'imposer pour raison de force majeure (cas de soulèvement de coup de main ou d'une autre situation de danger), le chef de poste doit introduire autant que possible une procédure sommaire contre l'inculpé, en convoquant au moins deux assesseurs et il doit envoyer ensuite au gouverneur le procès verbal à tenir des débats, ainsi que le jugement prononcé avec les arguments et les raisons. Si les assesseurs prescrits n'ont pas pu être convoqués à la procédure sommaire, les raisons devront en être exposées au procès-verbal. Cette même procédure sommaire entre en vigueur à l'égard de tous les indigènes coupables lorsque dans une partie ou dans un lieu du territoire, l'état de guerre est décrété par le gouverneur impérial par le gouverneur impérial ou ses représentants, ou par un fonctionnaire du gouvernement indépendant ou bien par un commandant militaire indépendant.

Les indigènes qui sont en service ou en contrat de travail peuvent être punis disciplinairement de châtiments corporels concurremment et uniquement d'un enchainement n'excédant pas 14 jours, par le fonctionnaire investi de l'exercice de la juridiction pénale sur demande du distributeur de service ou de l'employeur pour infraction continuelle à ses devoirs et paresse, pour résistance ou abandon non fondé du service, ou du travail ou pour toutes autres infractions importantes aux conventions du service ou du travail.

Les chefs de circonscription et les chefs de poste, ainsi que le cas échéant les chefs d'expédition (mission) et, en cas d'absence de leur part, leurs représentants doivent rendre compte trimestriellement au gouverneur des peines exécutées. Ces rapports doivent être présentés au ministère des affaires étrangères (section coloniale).

A partir du 1er janvier 1900[666], de profonds changements s'opèrent dans les institutions juridiques de l'Allemagne, par la mise en vigueur du nouveau code civil allemand et des lois annexes, de l'ordonnance sur le cadastre du 24 mars 1897, de la loi du même jour sur les ventes par autorité de justice et sur les séquestres, ainsi que la loi sur la juridiction volontaire du 17 mai 1898. En même temps, entre en vigueur le code de commerce révisé du 10 mai 1897, la nouvelle procédure civile et la nouvelle procédure des faillites, ainsi que la nouvelle loi du 18 mai 1898 sur l'organisation de la justice. Dans la mesure où ces nouvelles lois doivent être exécutées aux colonies sous la même forme que dans la métropole, la nécessité s'est donc imposé de réviser la loi du 10 juillet 1879 sur les juridictions consulaires pour la mettre en harmonie avec les lois ultérieures et modifier les points qui, à l'usage sont devenus défectueux. C'est dans ce but qu'est promulguée l'ordonnance du 7 avril 1900[667] qui entre en vigueur le 1er janvier 1901,

---

[666] « Le droit civil prussien a disparu par la promulgation du code civil allemand qui a eu lieu le 1er janvier 1900, et par suite c'est ce dernier qui est applicable dans les juridictions consulaires et coloniales ». Cf. Lobstein (René), Essai sur la législation coloniale de l'Allemagne, op.cit., p. 98.

[667] « La loi que met en vigueur la législation coloniale est, comme on le sait, la loi sur les juridictions consulaires du 10 juillet 1879, modifiée elle-même par la loi du 7 avril 1900. Le droit à appliquer par ces juridictions et par suite par les tribunaux coloniaux était, d'après la loi de 1879, le droit des pays prussiens (Preussisches Landesrecht) et le droit criminel allemand (avec restrictions toutefois) ainsi que les procédures civile et criminelle prussiennes modifiées par ladite loi. La loi de 1900 a complété la loi de 1879 en ce sens qu'elle donne à l'Empereur le pouvoir, en

en vertu du décret impérial du 25 octobre 1900. Une ordonnance loi sur la justice aux colonies paraît le 25 juillet 1900. Cette nouvelle loi part de ce principe que la juridiction est une partie de ce pouvoir protectoral et présente comme ce pouvoir un caractère territorial. Par suite, toutes les personnes vivant dans la colonie peuvent lui être soumises. Par conséquent, il n'y a qu'à spécifier, dans la loi sur la justice aux colonies, les personnes qui ne lui seraient pas soumises. C'est ce qui a été fait pour les indigènes et les parties de la population à eux assimilés par décret impérial. Pour ceux-ci, l'Empereur a le choix de juridiction. Il peut soumettre à la juridiction consulaire, conformément à la loi à la loi du 7 avril 1900, ou régler d'une façon différente leur juridiction, par exemple en faisant juger par le Chancelier de l'Empire et les fonctionnaires placés sous les ordres de ce dernier. Enfin, l'Empereur est autorisé à fixer la date de la mise en vigueur des articles 2 à 7 de la loi du 25 juillet 1900 dans les colonies où la loi du 10 juillet 1879 et celle du 4 mai 1870 ne sont pas encore appliquées.

De l'ensemble de ces réformes[668], il résulte que la juridiction consulaire est exercée par le consul et le tribunal consulaire. Le consul reçoit du Chancelier de l'Empire les pouvoirs nécessaires pour exercer la juridiction. Le tribunal consulaire se compose du consul, président, et deux membres ayant voix délibératives. Dans certains cas spéciaux, la présence de quatre membres est prescrite. Si, pour un débat civil, il est impossible de réunir deux membres, le tribunal consulaire est remplacé par le consul. La nomination des membres du tribunal consulaire est faite par le consul pour une période d'une année. Celui-ci les choisit parmi les notables habitant dans le ressort judiciaire ou, à défaut, parmi les notables habitant dans le ressort, au nombre de quatre membres et deux suppléants au moins. Les membres prêtent serment à la première séance pour la durée de leur première année de charge. Le consul est compétent pour les causes relevant des *Amtsgerichte*[669] en vertu de la loi sur l'organisation de la justice et de l'ordonnance sur la faillite.

---

l'absence de prescriptions dans la loi de 1879, de prendre des dispositions en matière de droit et de procédure civils ». Cf. Lobstein (René), *Essai sur la législation coloniale de l'Allemagne,* Ibid.

[668] Cf. Chéradame (André), *La colonisation et les colonies allemandes*, op.cit, pp. 238-252.

[669] « Nous ne savons comment désigner en français ces tribunaux (la traduction littérale serait tribunaux de baillage, ce qui n'a pas de sens d'après l'organisation judiciaire actuelle) ; ils ont à régler les procès commerciaux, à déclarer les faillites ; mais ils ont aussi des attributions en matière civile ». Cf. Lobstein (René), *Essai sur la législation coloniale de l'Allemagne,* op.cit., p.100.

Quant au tribunal consulaire, il est compétent pour les causes relevant des tribunaux d'échevins (justices de paix) ou des *Landgerichte* (tribunaux de première instance). La compétence du consul s'étend encore aux questions relevant de la juridiction de conciliation, mais qui relèvent en première instance des *Amtsgerichte* ou des *Landgericht,* dans les parties du territoire prussien où le code général est en vigueur. Dans les colonies, alors que le tribunal consulaire est remplacé par le tribunal de la colonie, le consul est remplacé par le fonctionnaire ayant reçu délégation spéciale du chancelier de l'Empire les pouvoirs nécessaires à l'exercice de la justice[670].

En ce qui concerne la situation personnelle des juges aux colonies, aucune culture juridique n'est exigée du consul faisant fonctions de juge. Quant à la situation légale et disciplinaire des juges coloniaux, il faut leur appliquer, comme aux consuls faisant fonctions de juges, les prescriptions de la loi sur les juridictions consulaires et de la loi sur l'état des fonctionnaires. Seulement, la loi du 31 mai 1887 permet de mettre en disponibilité, à un moment quelconque, les gouverneurs, chanceliers et commissaires coloniaux. Les juges coloniaux ne jouissent donc pas de l'inamovibilité.

La loi du 10 juillet 1879 n'a pas prévu l'établissement d'un parquet près des tribunaux consulaires. Mais la loi sur l'organisation coloniale de 1886-1888 laisse à l'Empereur, dans l'article 3, paragraphe 4, le droit d'ordonner la création d'un parquet pour causes correctionnelles[671]. C'est en vertu de cet article de la loi que le décret impérial du 13 décembre 1897 a prescrit la coopération du ministère public au débat principal en première instance, à la production des voies de droit, et dans la procédure de deuxième instance, pour toutes les causes criminelles portées devant les tribunaux des colonies, qu'il s'agisse d'un crime ou d'un délit. Le procureur est nommé par le plus haut fonctionnaire de la colonie et il est choisi parmi les fonctionnaires

---

[670] Au Cameroun, Louis Ngongo (*Histoire des Institutions et des faits sociaux*, op.cit., pp. 61-63) rapporte que dans les circonscriptions administratives, les juges de cercle jouissent des pouvoirs du juge consulaire et statuent comme juges de première instance.

[671] « Près des tribunaux consulaires siégeant au criminel, il n'y a pas de parquet (Staatsanwaltschaft). Cet organe existe au contraire dans les colonies, et a le même rôle que dans la métropole, notamment en ce qui concerne l'instruction criminelle. Les cas qui en Allemagne sont réglés directement par la police sont aux colonies de la compétence des juges supérieurs ou de district, siégeant sans assesseurs ». Cf. Lobstein (René), *Essai sur la législation coloniale de l'Allemagne,* op.cit., p.102.

coloniaux[672]. En cas de nécessité, il peut être pris parmi les notables domiciliés dans le ressort. Le procureur est soumis à la surveillance et aux ordres du plus haut fonctionnaire. Les personnes qui doivent remplir les fonctions de greffier ou d'huissier sont désignées par le juge ainsi que les personnes qui agrée à titre révocable comme avocats-avoués[673]. Les titres 13-16 de la loi des juridictions consulaires sont consacrés à l'organisation de l'assistance judiciaire, à la police des audiences, à la langue en usage, à la délibération et au prononcé du jugement. Ces dispositions sont en vigueur dans les colonies. L'Empereur peut, par décret, instituer comme tribunal d'appel[674] ou de seconde instance, un tribunal consulaire ou un tribunal de la colonie. Il peut également fixer la procédure à suivre devant ces tribunaux et en fixer la compétence. Les personnes appelées à juger en deuxième instance ne peuvent être les mêmes que celles qui ont jugés en première instance. Une exception est cependant formulée à l'article 35 de la loi sur les juridictions consulaires pour les arrêts du consul en ce qui concerne les appels. La procédure en usage est la procédure ordinaire, mais avec des simplifications. Elle est analogue à celle en usage devant les *Amtsgerichte* où l'assistance d'un avocat ou d'un avoué n'est obligatoire.

L'article 4 du décret du 2 juillet 1888 sur la justice au Cameroun et au Togo, a institué une juridiction de première instance dans chacune des colonies. L'article 5 du même texte a également institué au Cameroun une juridiction de deuxième instance pour les deux colonies. Ce tribunal d'appel est composé d'un président et de quatre membres. Au Cameroun, les fonctionnaires capables de rendre la justice sont le

---

672 Au Cameroun, la fonction de ministère public est exercée dans les circonscriptions par le fonctionnaire le plus gradé du siège et auprès du tribunal supérieur par le référent du service judiciaire. Cf. Ngongo (Louis), *Histoire des Institutions et des faits sociaux*, op.cit., pp. 61-63.

673 « Les qualités d'avocat et d'avoué ne sont pas distinctes en Allemagne ; elles sont réunies chez une même personne qui a le titre de Rechtsanwalt (littéralement versé en droit) ; les plus anciens de ces Rechtsanwälte reçoivent le titre et les fonctions de notaire ». Cf. Lobstein (René), *Essai sur la législation coloniale de l'Allemagne,* Ibid., p.101.

674 « Appel des jugements prononcés par les tribunaux consulaires ne peut être porté que devant un tribunal compétent de l'Empire ; au contraire dans les colonies, il existe un tribunal spécial chargé d'examiner les appels et qui doit comprendre au moins quatre assesseurs et un président (ce tribunal est désigné sous le nom de Gerichtshof des Schutzgebietes, Cour de justice de la colonie) ». Cf. Lobstein (René), *Essai sur la législation coloniale de l'Allemagne,* Ibid., p. 101.

chancelier du Cameroun et le gouverneur[675] du Cameroun, respectivement pour la juridiction de première instance et pour la juridiction de deuxième instance.

Ainsi, la nouvelle loi sur la juridiction consulaire du 7 avril 1900 n'a pas modifié l'organisation de la justice instituée par la loi du 10 juillet 1879, et toutes ses prescriptions à ce sujet s'appliquent aux colonies en vertu de l'article 2 de la loi coloniale du 25 juillet 1900. D'après l'article 23 de la loi sur les juridictions consulaires sont jugés en premier et dernier ressort par le *Bundesrat*. Enfin, d'après l'article 49 de la loi du 10 juillet 1879, la justice militaire n'est pas modifiée par cette loi. Ce principe est reproduit dans la loi du 7 avril 1900, mais comme il figure dans la partie de la loi qui n'est pas applicable aux colonies, il a été reproduit de nouveau dans la loi coloniale du 25 juillet 1900 de sorte que toutes les personnes qui, d'après le code pénal militaire du 20 juin 1872, d'après la loi militaire du 2 mai 1874 ou d'après l'ordonnance sur la procédure criminelle militaire du 1er décembre 1898, sont soumises à la juridiction militaire, ne sont pas soumises à la juridiction des juges et tribunaux coloniaux. Le décret impérial du 26 juillet 1886 prescrit que les lois pénales militaires allemandes sont applicables aux militaires des troupes d'Afrique. Le décret impérial du 18 juillet 1900 règle la procédure criminelle, à l'égard des militaires des troupes coloniales, d'après les principes de l'ordonnance sur les tribunaux criminels militaires du 1er décembre 1898, mais avec quelques modifications.

En mai 1902[676], est pris un acte du gouverneur relatif à l'exercice de la juridiction à l'égard des indigènes. A à cet égard, il est prescrit que « la population de couleur » est soumise aux décisions sur la jurisprudence indigène. La procédure pénale ne doit être introduite que pour les actes pour lesquels au moment où l'acte a été commis est prévue au code pénal de l'empire ou dans d'autres lois d'empire ou encore un décret impérial, ou bien encore par une ordonnance. En ce qui concerne le genre et gravité de la peine les décisions de ces lois et décret sont applicables selon les cas, en tant que cette prescription n'aura pas apporté de modifications. Le Gouvernement du Cameroun se réserve de faire rédiger en langue populaire un tableau des faits

---

[675] Le gouverneur, incarnation de l'exécutif, est en même temps la plus grande instance judiciaire. Lui seul peut faire une remise des peines jusqu'à six mois prononcées par le tribunal. Cf. Ngongo (Louis), *Histoire des Institutions et des faits sociaux*, op.cit., pp. 61-63.

[676] Règlement du gouverneur de mai 1902.

punissables à envisager à chaque fois, pour le territoire. La peine de mort peut être prononcée:

- Dans tous cas pour lesquels le code pénal de l'empire ou une autre loi d'empire prévoit la peine, supérieur à dix années de privation de liberté.
- Dans les cas de rapt et de mise en péril d'un convoi de chemin de fer
- Dans les cas par exemple d'un viol lorsque l'acte a été commis sur une personne blanche
- Dans les cas d'attaque à main armée, conséquemment résistance envers un fonctionnaire allemand dans l'exercice de ses fonctions.

Les témoins ou experts de couleur qui avec intention témoignent faussement devant le tribunal sont punis dans la mesure appropriée pour faux témoignage en justice. Il peut être dans le jugement accordé au lésé ou aux parents de la victime une indemnité à payer par le coupable. Les poursuites pour acte délictueux sont laissées à l'appréciation professionnelle du fonctionnaire compétent investi de l'exercice de la juridiction. Le prononcé d'une peine ou de l'acquittement pour acte délictueux, ne peut avoir lieu que par voie de jugement rendu sur la base de débats publics et verbaux. Pour faire la preuve, il ne peut être fait usage que de témoins, d'experts, de l'apparence, de pièces justificative, de l'aveu de l'accusé en audience publique du tribunal appelé à juger. L'emploi de moyens coercitifs pour l'obtention de témoignages et d'aveux est interdit à tous les degrés de la procédure. Les témoins et experts indigènes ne prêtent pas serment, mais ils sont instruits à fond de leur devoir de témoigner selon la vérité ainsi que des sanctions. Il est permis à l'accusé de prendre un défenseur. Dans tous les cas où la peine de mort peut être prononcé, il doit lui être commis sur sa demande, un défenseur blanc. Il est dressé un court procès-verbal des débats dans lequel la personne de l'accusé et l'acte coupable est exactement désigné. Le gouverneur se réserve de surveiller l'exécution de ces prescriptions par la demande d'envoi de rapports et des dossiers et par l'inspection sur place.

Par une décision du gouverneur en date du 28 juin 1902[677], il est ordonné que les pénalités admises dans la décision du Chancelier d'empire du 22 Avril 1896 selon l'importance du cas, sont également applicables lorsque l'ordonnance édictant la peine applicable au fait ne contient pas de décision particulière à ce sujet. Une circulaire du

[677] Ordonnance du gouverneur du 28 Juin 1902

gouverneur en date du 5 janvier 1906[678] viendra donner des précisions concernant la juridiction pénale et disciplinaire sur les indigènes. Une autre circulaire du gouverneur en date du 28 octobre 1909[679] rappelle les bases légales des châtiments applicables aux indigènes. On y note que l'application de peines aux indigènes n'est possible que judiciairement[680], disciplinairement[681] et par voie de contrainte administrative[682].

On remarque ainsi que dès la prise de possession du territoire, les autorités allemandes se sont préoccupées d'organiser la justice. A côté de la justice indigène, des dispositions particulières ont été prises pour la justice concernant les ressortissants européens. Autrement dit, il existe pendant la période allemande deux sortes de tribunaux, l'un pour les Européens et l'autre pour les indigènes. Pour les Européens, on distingue deux instances, la deuxième jouant le rôle de cour d'appel en même temps pour le Togo. Les jugements sont souvent rendus par des non-juristes[683]. Les sanctions se réduisent aux amendes et en cas d'infraction grave entraînant six mois de prison, le coupable est rapatrié en Allemagne pour y purger sa peine. En matière de justice indigène, on distingue les tribunaux des chefs de villages et les tribunaux indigènes. Les premiers, présidés par les chefs des agglomérations lointaines,

---

678 Circulaire du gouverneur concernant la juridiction pénale et disciplinaire sur les indigènes du 5 janvier 1906

679 Circulaire du gouverneur concernant la juridiction sur les indigènes du 28 octobre 1909

680 Lorsqu'on se trouve en présence d'actes punis par le code pénal de l'Empire ou d'autres lois de l'Empire ou par des décrets impériaux ou des ordonnances du gouvernement

681 Lorsqu'on se trouve en présence d'actes punissables d'après le paragraphe 17 de la disposition du chancelier du 22 Avril 1896.

682 Lorsque, l'autorité appelée à l'exercice des pouvoirs de police dans l'intérieur de son ressort a pris, à l'égard d'un indigène ou d'une collectivité d'indigènes sous peine de sanction et dans un but administratif arrêté et que, dans le cas où une action doit être obtenue, il n'a pas été obtempéré à ce(t arrêté dans les délais fixés à l'arrêté même.

683 D'après Evans Lewin (*Le régime allemand*, op.cit., p. 34) « beaucoup de fonctionnaires allemands ont sans doute fait de leur mieux avec le système en vigueur. D'autres, comme Schmidt, le grand juge Meyer au Cameroun, Von Brauchitsch, le gouverneur Puttkamer, Von Rötberg, et combien d'autres, ont prostitué leur charge à des intérêts privés. Schmidt nomma sa maîtresse et procureuse indigène ''Jenufia'', ou Reine, lui conféra le droit de porter l'épée des fonctionnaires, et lui donna, avec le pouvoir de juger en première instance celui de lever des redevances jusqu'à 15 marks ».

connaissent de tous les procès civils et la plupart des infractions. Dans certains cas, les décisions sont soumises à l'homologation du chef de district qui sanctionne, lui seul, les faits de rébellion et de complot contre la souveraineté allemande. Les seconds institués au départ dans la région de Douala, vont s'étendre à Edéa et à Yaoundé. Désignés en «pidgin english » sous le nom « Mixed courts » et appelés par les Allemands « Schiedgeriechte », ils sont composés de trois membres. Ils jouissent d'une autonomie complète. Leur compétence se limite aux affaires civiles pourtant sur une valeur de moins de 300 marks et aux infractions susceptibles d'entraîner au maximum six mois d'emprisonnement et 100 marks d'amende. Au-dessus de ces deux premiers tribunaux, existent un tribunal du premier degré (présidé par un fonctionnaire européen, assisté de deux assesseurs indigènes nommés pour une année)[684] et un tribunal de circonscription (présidé par l'administrateur) qui connait de l'appel des tribunaux de premier degré et statue sur les infractions graves. La juridiction suprême est représentée par le gouverneur[685] qui se prononce en appel sur les causes soumises à la juridiction de second degré et qui jouit du droit d'évocation pour toutes les affaires importantes. Au régime pénal, se superpose un régime disciplinaire, c'est-à-dire un pouvoir de police administrative, pour punir les infractions légères analogues aux contraventions[686]. L'organisation judiciaire ainsi conçue a soulevé de nombreuses critiques dans les milieux coloniaux français.

---

[684] Ils sont juges d'appel des tribunaux indigènes et juges en premier ressort des affaires civiles excédant la compétence de ces tribunaux et des affaires pénales pouvant entraîner pour leurs auteurs une peine comprise entre six mois et dix années d'emprisonnement.

[685] Pour les indigènes, un tribunal de 1ère instance est créé en 1892. Il s'agit en fait d'un tribunal coutumier présidé par un des chefs. Ceux-ci peuvent infliger une peine de six mois de prison, mais n'ont aucune compétence pour tout crime ou délit passible de la peine de mort. L'appel se fait auprès du Gouverneur. La bastonnade (Nul ne doit subir deux bastonnades en moins de deux semaines. Par ailleurs, il est interdit d'infliger la bastonnade à une femme) constitue l'une des sanctions les plus courantes. Elle est administrée devant un médecin ou un représentant officiel du Gouverneur.

[686] A cet égard, l'ordonnance du chancelier d'Empire du 22 avril 1896 a prévu comme sanctions la peine d'emprisonnement avec la bastonnade et le fouet.

CHAPITRE 5

L'INFLUENCE COLONIALE FRANCO-BRITANNIQUE ET LA GESTATION DU BIJURIDISME ETATIQUE (1916-1961)

C'est la « Grande Guerre »[687] qui favorise le démantèlement du Cameroun allemand[688]. Le 21 septembre 1915, les Gouvernements français et britannique signent un accord établissant un condominium[689]

---

[687] Cf. Aymerich (Général de division), *La conquête du Cameroun*, Paris, Payot, 1933. Annet (Armand), *En colonne dans le Cameroun – notes d'un Commandant de compagnie (1914-1916)*, Paris, Editions René Debresse, 1949. Ngandè (Simon), *Le Kamerun et la France dans la première guerre (1914-1922)*, Thèse de doctorat 3e cycle, Université Paris VII, octobre 1976.

[688] Cf. Fr/ C.A.O.M./ Fonds ministériel / Série géographique Togo-Cameroun/ Carton 8 / dossier 77 - *Opérations de guerre : expéditions franco-anglaise sous les ordres du général anglais Dobell (Colonel Mayer commandant des troupes françaises)*, août 1914-juillet 1915. Ibid., dossier 165 – *Conquête du Cameroun* : (copies de documents politiques). Lire aussi, Aymerich (Général de division), *La conquête du Cameroun*, op.cit. Annet (Armand), *En colonne dans le Cameroun – notes d'un Commandant de compagnie (1914-1916)*, op.cit. Ngandè (Simon), *Le Kamerun et la France dans la première guerre (1914-1922)*, op.cit

[689] Dès les premiers temps de l'occupation, la France souffrait déjà d'un complexe d'infériorité militaire par rapport aux britanniques. Les troupes françaises se présentaient en effet comme les parents pauvres du corps expéditionnaire allié. Obsédée par la perspective d'une éventuelle prépondérance anglaise au Cameroun, la France avança dès le début des hostilités l'idée d'un *condominium*. « La méfiance et les craintes des Français, écrit Madiba Essiben, se basaient sur les faits et gestes des responsables britanniques au Cameroun. Ils étaient accusés d'esprit partisan, de travailler délibérément à l'élimination de la France. Le général Dobell était ainsi accusé de favoritisme, car il aurait, après la prise de Douala, attribué les meilleurs cantonnements au contingent anglais du corps expéditionnaire, tandis que les troupes françaises devaient se contenter des bas quartiers de la ville ». (Cf. Madiba (Essiben), «La France et la redistribution des territoires du Cameroun (1914-1916) », dans *Afrika Zamani*, revue d'histoire africaine, Yaoundé, décembre 1981, n° 12 et 13). En clair, la France craignait qu'à l'issue de la guerre, les Britanniques ne s'emparent de la totalité de la colonie allemande. Dès lors, s'ouvrirent des tractations diplomatiques dont l'enjeu était le suivant : le Cameroun conquis devait-il être immédiatement partagé, ou devait-il être simplement considéré comme un territoire occupé dont le sort dépendait uniquement de l'issue de la guerre ? Ainsi, la proposition du *condominium* vint concilier les positions françaises et anglaises, en attendant la fin de la guerre. Le 21 septembre 1915, les deux gouvernements signèrent un accord établissant un condominium au Cameroun. Accord qui déterminait les modalités d'administration conjointe et provisoire du territoire camerounais jusqu'à la fin des hostilités ; qui plus est, il prévoyait la nomination des

au Cameroun. Ils déterminent les modalités d'administration conjointe et provisoire du Territoire camerounais jusqu'à la fin des hostilités. Mais des divergences persistent entre Français et Britanniques sur l'application du condominium. Pour sortir du climat de suspicion entre les deux Gouvernements, la solution du partage s'impose[690]. Au terme de l'accord du 4 mars 1916, la France tire le maximum d'une situation qui ne lui était pas très favorable, en obtenant la plus grosse part du Territoire. Le partage du Territoire en 1916 est l'aboutissement d'une convoitise coloniale pour la Grande-Bretagne[691] et la France[692] depuis le XIXe siècle. De fait, leurs

---

commissions administratives dans lesquelles les deux pays seraient représentés. Plus sérieusement, le *condominium* supposait « l'indivision politique, administrative et financière, de façon qu'aucun des gouvernements co-associés ne supporte vis-à-vis de l'autre un préjudice matériel ou moral ». L'ancienne colonie allemande resta donc sous ce régime jusqu'à son partage. Cf. Madiba (Essiben), « La France et la redistribution des territoires du Cameroun (1914-1916) », dans *Afrika Zamani*, Ibid.

[690] Cf. Eyelom (Franklin), *Le partage du Cameroun entre la France et l'Angleterre*, Paris, L'Harmattan, 2003. Madiba (Essiben), « La France et la redistribution des territoires du Cameroun (1914-1916) », dans *Afrika Zamani*, op.cit. Fr/ C.A.O.M./ Fonds ministériel / Série géographique Togo-Cameroun/ Carton 21 / dossier 187 – *condominium du Cameroun. Lettre du Gouverneur général de l'AEF au Ministre des colonies en date du 6 octobre 1915 concernant l'organisation du Cameroun.*

[691] Depuis 1827, les Anglais s'étaient installés à *Fernando Pô* au large de la baie du Biafra ; de cette île, ils effectuèrent régulièrement des missions sur la côte camerounaise. James Beenoft en fut l'un des pionniers : à partir de 1848, il multiplia des visites régulières sur la côte du Cameroun, dans le territoire du *King Akwa* et de ses alliés. Mais le premier Anglais à se fixer sur les bords du *Wouri* fut John Lilley qui ouvrit en 1840 une maison commerciale dénommée la *maison John Holt and Cie*. La *maison Dayas*, autre firme anglaise, y fut également installée à la même période. De 1840 à 1883, l'influence anglaise sur la côte camerounaise était patente. Pendant cette période, une multitude de traités et accords commerciaux furent signés avec les chefs indigènes *douala*. Dans cette mouvance, ces derniers sollicitèrent le protectorat britannique pour mettre un terme à leurs rivalités claniques ; le 1er mars 1882, la Grande Bretagne répondit par la négative. Ce qui ne découragea pas les chefs *douala* qui restèrent dans l'expectative d'un revirement anglais ; d'autant que la Grande Bretagne parraina, le 29 Mars 1883, un accord de paix entre les clans *Akwa* et *Bell*. L'expectative indigène buta sur le désintéressement anglais ; raison pour laquelle les chefs indigènes se tournèrent opportunément vers les Allemands avec lesquels ils signèrent le Traité du 12 Juillet 1884. Le 19 juillet, soit 5 jours plus tard, le Consul anglais Edwart Eyde Hewett arriva sur la côte camerounaise… avec – curieusement – un accord favorable de son gouvernement autorisant le protectorat anglais. Mais il était trop tard !. Aussitôt à Douala, le consul Hewett donna des instructions au supérieur de la mission baptiste à Victoria, Thomas Lewis, pour qu'il proclame la petite enclave sur laquelle était bâtie la mission, partie intégrante des dominions de sa Majesté. Il convia « officiels allemands et chefs Douala à de

nombreuses réunions, mais ne réussit pas à convaincre King Bell de dénoncer le traité avec l'Allemagne. Par la suite, il s'en retourna à Victoria pour hisser le drapeau de l'Union Jack et formaliser l'annexion du territoire ». A Victoria et à Bonabéri notamment, les Anglais incitèrent les indigènes à la révolte. L'action de Stephen Rogozinski fut pour cela déterminante. Vers la fin de l'année 1884, la Grande Bretagne et l'Allemagne étaient presque au bord d'un affrontement par indigènes interposés ; Verkijika rapporte que « l'annexion par l'Allemagne de la région côtière de Douala et la mainmise effective des Britanniques sur Victoria inaugurèrent une course véritable pour contrôler d'autres territoires environnants, et conduisaient les deux puissances impériales au bord de l'affrontement, dans leur lutte pour l'hégémonie sur le Cameroun. Les Allemands entreprirent d'annexer la région du Mont Cameroun. Les Anglais commencèrent, de leur côté, à signer des Traités avec les chefs dont les territoires bordaient les protectorats allemands, de façon à prendre ces derniers en tenaille et les couper de l'arrière-pays, les empêchant ainsi de progresser vers l'hinterland ».

[692] Dès la seconde moitié du XIXe siècle, les firmes françaises entretiennent des relations commerciales avec le « *Cameroon* ». Elles ouvrent des stations de commerce au sud de Douala, à Malimba, à Big Batanga et à Campo. Leurs relations avec les marchands allemands évoluent de façon conflictuelle. Vers 1880, la progression des Français dans la région de Douala inquiète les Britanniques. En 1882, le Consul anglais Hewett plaide en faveur de l'annexion du Territoire s'étendant du Bénin au Cameroun, afin d'empêcher les Français de le faire. Le 19 avril 1883, le Français Godin passe avec le roi *malimba*, nommé Passall, une importante convention. Celle-ci restera sans suite et les Français se retireront des zones occupées dans le Sud-Cameroun après l'annexion allemande en 1884. En cette fin du XIXe siècle, des explorateurs français sillonnent également le Nord-Cameroun devenu l'un des points névralgiques de la compétition coloniale en Afrique. Forte de son implantation dans cette région, la France s'attire l'irritation germano-britannique, et plus tard, la farouche résistance du conquérant africain Rabbah. En 1893, l'explorateur Mizon proclame le protectorat français dans la région du Soudan central comprenant les Etats du Barghirmi, Wadai, et l'Emirat de l'Adamaoua au Nord-Cameroun. Ceci déplaît aux Allemands et aux Anglais qui engagent des négociations diplomatiques dès juillet 1893 pour expulser les Français de Yola. Par le traité du 15 novembre 1893, ils proclament la partition de l'Emirat de l'Adamaoua entre le Nigeria et le Cameroun. Évidemment, la France proteste avant de trouver un arrangement avec l'Allemagne, par le traité du 4 février 1894 qui lui concède quelques bandes de terres au nord-est du Cameroun. Mais, au début du XXe siècle, l'« affaire du Maroc » relance la rivalité franco-allemande : en 1911, le Sultan Moulay-Hafid assiégé dans Fez, fait appel aux Français qui prennent la ville et libérèrent le Sultan. L'Allemagne proteste aussitôt et envoie un navire de guerre devant Agadir. Cette protestation favorise des négociations entre la France et l'Empire allemand qui signent la convention du 4 novembre 1911 agrandissant le « Kamerun » en échange du retrait allemand du Maroc. Les Territoires cédés par la France en Afrique équatoriale cristallisent aussitôt l'anti-germanisme dans les milieux coloniaux français : les Français ont l'impression que tôt ou tard, le principe de « la liberté de circuler et de commercer dans le bassin du Congo », adoptée à la Conférence de Berlin en 1885, ne sera plus applicable. Ce qui serait une « menace

domaines coloniaux s'agrandissent[693] à la satisfaction de leur opinion publique et de leur classe politique[694]. Les autorités françaises, notamment, mettent tout en œuvre pour créer une situation irréversible en intégrant le Cameroun dans leur système colonial[695]. Après une

---

directe » contre la colonie française de l'AEF (Afrique Equatoriale Française). La « Grande Guerre » vient opportunément favoriser le rétablissement de la liberté et de la sécurité des communications en AEF. Cf. Lire Verkijika (G. Fanso), « Commerce et hégémonie sur la côte du Cameroun (1879-1887) », dans *Histoire du Cameroun (XIXe - début XXe siècle)*, op.cit, pp. 107-108.

693 En 1914, la France décuple son domaine colonial et se classe au deuxième rang après la Grande Bretagne. L'Empire colonial français passe de moins d'un million de kilomètres carrés et d'une population de moins de cinq millions d'habitants en 1871, à 14 416 000 km² et 48 millions d'habitants. Cf. Dareste (Pierre), *Traité de droit colonial*, Tome 1, Paris, 1931. Szramkiewicz (Romuald) & Bouineau (Jacques), *Histoire des institutions 1750-1914*, 4e édition, Paris, Ed. Litec, 1998, p. 481.

694 Les anciennes oppositions au « colonialisme » se sont en effet ralliées à l'idée de « la plus grande France ». C'est le cas du « Parti radical » dont le leader, Georges Clémenceau, était encore, à la fin du XIXe siècle, l'un des plus farouches opposants à l'expansion coloniale. Pourtant, arrivé au pouvoir, il poursuivra l'œuvre coloniale. Devenu dès 1905 Président du Conseil, il consolide l'idée « d'outre-mer » dans la tradition radicale. Jaurès, alors leader de la Gauche socialiste, se positionne contre la politique coloniale, mais adhère au principe de la « mission civilisatrice ». Il est favorable à l'idée de la « plus grande France », mais critique les modalités pratiques de la politique coloniale du Gouvernement en place. Le « Parti colonial » a particulièrement joué un rôle décisif dans la mobilisation de l'opinion publique en faveur d'une « plus grande France ». Cf. Girardet (Raoul), *L'idée coloniale en France de 1871 à 1962*, op. cit.. Blanchard (Pascal) et Lemaire (Sandrine), *Culture coloniale : la France conquise par son Empire*, Paris, Editions Autrement, Collection Mémoires n° 86, 2003. Bancel (Nicolas), Blanchard (Pascal) & Vergès (Françoise), *La République coloniale – Essai sur une utopie*, op. cit. Ageron (Charles-Robert), « Le parti colonial », dans la Revue *L'Histoire* n° 11 – Avril 2001 (Le temps des colonies). Fabre (Martine), « Le lobby colonial les coulisses de la stratégie », dans *La Justice et le Droit : Instruments d'une stratégie coloniale* (sous la direction du Professeur Bernard Durand), vol. 1, UMR 5815 Dynamiques du droit, Faculté de droit de Montpellier, 2001, pp. 147-158.

695 Cf. Fr/ C.A.O.M./ Fonds ministériel / Série géographique Togo-Cameroun / Carton 22 / dossier 197 - *Note de M. Angoulvant sur l'AEF et le Cameroun : « Pourquoi nous devons conserver le Cameroun » (8 octobre 1917)*. Dans le même esprit, le journal les *Annales coloniales*, dans un article du 29 janvier 1919, se positionne en ces termes : « Nous devons être maîtres de nos tarifs douaniers, des pays que nous administrons. Au Togo, au Cameroun, le droit des peuples à disposer d'eux-mêmes s'est manifesté spontanément en faveur de la France ». « En France, vers la fin de la guerre, rapporte Victor T. Le Vine, les sentiments expansionnistes étaient vifs et M. Simon, Ministre français des colonies, défendit la thèse de l'annexion pure et simple. Il soutenait que, puisque la France avait acquis le Togo et

« période d'incertitude juridique »[696], l'ancienne colonie allemande est placée sous mandat (1922-1946), puis sous tutelle (1946-1960/1961) de la France et de la Grande Bretagne[697]. De même que l'Allemagne y a exercé sa souveraineté de 1884 à 1914, les deux puissances occidentales ont pleins pouvoirs d'administration, de législation et de juridiction, sauf dispositions contraires au mandat ou à la tutelle internationale qui constituent les fondements juridiques de leur présence **(Section 1).** Elles vont donc y exporter leurs cultures juridiques[698] **(Section 2)**, tout en poursuivant l'œuvre de réorganisation de la justice sur le modèle étatique **(Section 3).**

Section 1 : Les fondements juridiques de la présence franco-britannique au Cameroun

Le 18 janvier 1919 s'ouvre à Versailles une « Conférence de paix » pour régler les problèmes résultant de la guerre, donc celui des anciennes colonies allemandes[699]. Deux thèses s'opposent : les représentants français, britanniques et japonais prônent l' « annexion des anciens Territoires allemands »[700], mais le représentant américain,

---

le Cameroun par la force des armes, elle n'était pas obligée de placer ces Territoires sous le contrôle de la Société des Nations. Dans un discours qu'il prononça à la Chambre des députés, le 7 septembre 1919, il désigna le nouveau Cameroun du nom d'Alsace-Lorraine coloniale et laissa entendre qu'il retournerait à la pleine souveraineté de la France ». Cf. Le Vine T. (Victor), *Le Cameroun du mandat à l'indépendance*, op. cit., pp. 63-64.

[696] Cf. Ngongo (Louis), *Histoire des institutions et des faits sociaux*, op.cit., p. 73.

[697] Cf. Ndam Njoya (Adamou), *Le Cameroun dans les relations internationales*, op.cit.

[698] Cf. Durand (Bernard), *Introduction historique au droit colonial, « Un ordre au gré des vents »*, Paris, Economica, 2015

[699] La guerre finie, la Conférence de paix considère que le sort des anciennes colonies allemandes est un problème essentiel de règlement urgent et aussi bien lui consacre-t-elle le 24 janvier 1919 sa toute première réunion politique.

[700] Les puissances coloniales, à peine sorties de la période de la prise de possession de la fin du XIXe siècle, voient là un moyen de prolonger leur conquête et d'assurer la sécurité de leur empire. Elles sont opposées par principe à tout contrôle international, de crainte de voir ce contrôle s'étendre à toutes les colonies quelles qu'elles soient. En France, ce courant annexionniste gravite autour de l' « Union coloniale et du Comité de l'Afrique française et du Maroc ». C'est dans cet esprit que M. Duchêne (qui sera le représentant accrédité du Gouvernement français à la SDN) note le 11 janvier 1918 : « D'ailleurs, en écartant pour l'Afrique tout régime international, la France restera fidèle à la ligne de conduite qu'elle s'est tracée depuis une dizaine d'années. Nous avons trop souffert des obligations internationales résultant des Actes de Berlin et de Bruxelles de 1885 et 1890 pour ne pas essayer de reprendre notre liberté. Dans ces entraves internationales, dans les

le Président Wilson, soutient un point de vue contraire[701]. Il considère que les anciennes possessions allemandes doivent être internationalisées[702]. En janvier 1919, les délégués des principales

limitations de souveraineté et le contrôle mutuel qui en est la conséquence, on trouve la première origine des conflits, des dissensions, des polémiques violentes dont le régime du Congo notamment a été l'objet ». Cf. Fr / C.A.O.M./ Fonds ministériel / 1 AFF POL / 2313/11, *Le système des mandats de la SDN.*

[701] Dans un message lu au Sénat américain le 8 janvier 1918, le Président Wilson développe un « programme de paix » qui, conçu en quatorze points, est basé sur le principe du « droit des peuples à disposer d'eux-mêmes ». Or le cinquième des « Quatorze points » consacré aux anciennes colonies allemandes est ainsi conçu : « Un ajustement libre, ouvert, absolument impartial de tous les Territoires coloniaux, se basant sur le principe qu'en déterminant toutes les questions au sujet de la souveraineté, les intérêts des populations concernées soient autant prises en compte que les revendications équitables du Gouvernement dont le titre est à déterminer ». Quel sera ce Gouvernement ? Celui qui a perdu le Territoire ou celui qui l'a conquis pendant la guerre ? Le Président Wilson n'envisage pas la première alternative mais il n'est pas non plus partisan de la seconde : l'annexion choque son souci des intérêts des indigènes et contrecarre le principe des nationalités. Et deuxième question, quelle définition sera donnée au titre ? Ces deux éléments dont les « Quatorze points » de Wilson ne précisent pas la constitution pratique qui s'impose au moment d'aménager la paix coloniale. Le Président américain se trouve amené, dès les premières séances de la Conférence, à suggérer l'idée du « mandat international » empruntée au Général Smuts de la République Sud-Africaine.

[702] Dès avant 1918, de nombreux projets prônent l'internationalisation de l'administration des colonies et en particulier de l'Afrique. Le juillet 1917, l'« Aborigène Protection Society » imagine de confier à une commission internationale le soin d'administrer les populations indigènes. A la même époque, M. Destre, député belge, fait paraître dans le journal « *Secole* » de Milan un article, dans lequel il est question de placer les Territoires africains dépendants des puissances alliées sous l'autorité commune de leurs administrateurs, de leurs tribunaux, de leur police avec une égalité complète de droits pour les nationaux de ces puissances. Un projet plus précis est présenté par le « Labour Party » britannique en la personne de M. L. Wolf, rapporteur du « *Committee of Labour research department* » dans son Rapport intitulé « *Empire and commerce in Africa* ». Plus tard, après l'armistice, un projet est présenté par le Gouvernement allemand. Il s'agit là aussi d'un projet de règlement colonial universel. La SDN super-Etat, personne morale de droit international, aurait en son ministère des colonies (Bureau mondial des colonies) et enverrait dans chaque colonie des délégués (Consuls de la SDN) chargés de surveiller si l'administration de l'Etat colonisateur est conforme aux règles établies par elle. Enfin, il faut citer les propositions du Gouverneur Général Van Vollenhoven dans un rapport du 22 septembre 1918 qui se demande : « Pourquoi ne tenterait-on pas une collaboration loyale et ne ferait-on pas sur nos rivages d'Afrique une expérience de cette ''Société des Nations'' vers laquelle vont tous nos espoirs et que l'on retrouve dans les discours des hommes d'Etat ? » Cf. Fr

puissances se rallient à un compromis et, le 28 juin 1919, le Traité de Versailles est signé, plaçant les anciennes colonies allemandes sous mandat franco-britannique[703] **(A)**. Après l'échec de la SDN, le Cameroun sera placé dès 1946 sous tutelle des deux puissances occidentales **(B)**.

A. Le Cameroun, territoire sous mandat franco-britannique

1. Les dispositions organisant le mandat franco-britannique au Cameroun

La déchéance coloniale de l'Allemagne ressort plus particulièrement dans les articles 118, 119 et 120 du Traité de Versailles :

« Art. 118 – Hors de ses limites en Europe, telles qu'elles sont fixées par le présent traité, l'Allemagne renonce à tous ses droits, titres ou privilèges quelconques sur ou concernant tous territoires lui appartenant, à elle ou à ses alliés, ainsi qu'à tous droits, titres ou privilèges ayant pu, à quelque titre que ce soit, lui appartenir vis-à-vis des puissances alliées et associées.

« Art. 119 – L'Allemagne renonce en faveur des principales puissances alliées et associées, à tous ses droits et titres sur ses possessions d'outre-mer.

« Art. 120 – Tous droits mobiliers ou immobiliers appartenant dans ces territoires à l'Empire allemand ou à un Etat allemand quelconque passeront au gouvernement exerçant l'autorité sur ces territoires ».

Dans l'exposé des motifs, les puissances alliées déclarent :

« L'échec de l'Allemagne dans le domaine de la civilisation a été trop évident pour que les puissances alliées et associées puissent autoriser cette puissance à entreprendre une deuxième tentative de ce genre, et abandonner, de ce fait, 12 millions d'indigènes à un sort dont la guerre les avait délivrés. (...) La tradition du gouvernement allemand, la manière dont les colonies allemandes ont été utilisées comme point de départ d'actes de brigandages contre le commerce de

---

/ C.A.O.M./ Fonds ministériel / 1 AFF POL / 2313/11, *Le système des mandats de la SDN*.

[703] Le 19 janvier 1919, le Gouvernement issu de l'Assemblée de Weimar tente de résister en déclarant inacceptables les conditions de paix des Alliés. Mais le 18 juin 1919, ceux-ci lui donnent cinq jours pour accepter leur compromis. Devant l'impossibilité de reprendre la guerre, l'Assemblée de Weimar s'incline par 237 voix contre 13, et, le 28 juin 1919, l'Allemagne signe le Traité de Versailles adoptant le régime des mandats.

la terre, mettant les puissances alliées et associées dans l'impossibilité de restituer à l'Allemagne ses colonies et de confier au Reich allemand l'instruction et l'éducation de leurs populations ».

Or bien qu'ils énumèrent les buts et les attributions de la SDN de même que les engagements des puissances mandatées, ni le préambule du Pacte[704] ni l'article 22[705] n'établissent avec netteté les principes de la nouvelle tutelle. L'autorité de la Grande-Bretagne et celle de la France – qui existe de fait depuis l'Accord franco-anglais de 1916 – est consacrée par la « Déclaration de Londres » du 10 juillet 1919[706]. La frontière entre le Cameroun français et le Cameroun britannique est définie sous réserve que la délimitation soit précisée sur le terrain[707]. Le 20 juillet 1922, le texte organisant le mandat français au Cameroun est signé à Londres[708]. La France et la Grande-Bretagne disposent de pouvoirs aussi étendus[709] que dans ses colonies, sous réserve de rendre compte de leur emploi et de respecter les obligations expressément mentionnées.

Dans l'article 22 du pacte de la Société des Nations, organisant le régime général des mandats. Cet article est ainsi libellé :

« 1. Les principes suivants s'appliquent aux colonies territoriales qui, à la suite de la guerre, ont cessé d'être sous la souveraineté des Etats qui les gouvernaient précédemment et qui sont

---

[704] Cf. Fr / C.A.O.M./ Fonds ministériel/Série géographique Togo-Cameroun/Carton 25 – dossier 218 – Pacte de la société des Nations.

[705] Ibid.

[706] Signée par le Ministre des colonies de la République française et par le Secrétaire d'Etat au Colonial Office de la Grande Bretagne. Cf. Déclaration franco-britannique du 10 juillet 1919 (J.O.C. 1924, p. 390). Voir aussi Archives SDN, Genève, C.449 (1) e. M.345 (e). 1922. VI., *Cameroun, Déclaration franco-britannique.*

[707] Ibid.

[708] Cf. Acte du 20 juillet 1922 donnant à la France mandat d'administrer le Cameroun (non publié au Cameroun, mais inséré comme préambule à la Convention franco-américaine du 13 février 1923, J.O.C. 1924, p. 388). Voir aussi, Archives SDN, Genève, C.449 (1) e. M.345 (e). 1922. VI., Mandat français sur le Cameroun. Fr/ C.A.O.M./ Fonds ministériel / Série géographique Togo-Cameroun / Carton XXIX / dossier 250- *Etude sur le mandat français au Cameroun 1928.*

[709] Aux termes de l'article 2 de l'Acte du 20 juillet 1922 le pays mandataire « sera responsable de la paix, du bon ordre et de la bonne administration du Territoire, accroîtra par tous les moyens en son pouvoir le bien-être matériel et moral et favorisera le progrès moral des habitants ». Dans le même esprit, l'article 9 dispose : « La puissance mandataire aura pleins pouvoirs d'administration et de législation sur les contrées faisant l'objet du mandat : ces contrées seront administrées selon la législation de la puissance mandataire, comme partie intégrante de son Territoire (…) ».

habités par des peuples encore incapables de se diriger eux-mêmes dans les conditions particulièrement difficiles du monde moderne. Le bien-être et le développement de ces peuples forment une mission sacrée de civilisation, et il convient d'incorporer dans le présent pacte des garanties pour l'accomplissement de cette mission.

« 2. La méthode pour réaliser pratiquement ce principe est de confier la tutelle de ces peuples aux Nations développées qui en raison de leurs ressources, de leur expérience ou de leur position géographique, sont le mieux à même d'assumer cette responsabilité et qui consentent à l'accepter. Elles exerceraient cette tutelle en qualité de mandataires et au nom de la société.

« 3. Le caractère du mandat doit différer suivant le degré de développement du peuple, la situation géographique du territoire, ses conditions économiques et toutes autres circonstances analogues.

« 4. Certaines communautés, qui appartenaient autrefois à l'Empire ottoman, ont atteint un degré de développement tel que leur existence comme nations indépendantes peut être reconnue provisoirement, à la condition que les conseils et l'aide d'un mandataire guident leur administration jusqu'au moment où elles seront capables de se conduire seules. Les vœux de ces communautés doivent être pris d'abord en considération pour le choix du mandataire.

« 5. Le degré de développement où se trouvent d'autres peuples, spécialement ceux de l'Afrique Centrale, exige que le mandataire y assume l'administration du territoire à des conditions qui, avec la prohibition d'abus, tels que la traite des esclaves, le trafic des armes et celui de l'alcool, garantiront la liberté de conscience et de religion, sans autres limitations que celles que peut imposer le maintien de l'ordre public et des bonnes mœurs, et l'interdiction d'établir des fortifications ou des bases militaires ou navales et de donner aux indigènes une instruction militaire, si ce n'est pour la police ou la défense du territoire, et qui assureront également aux autres membres de la société des conditions d'égalité pour les échanges et le commerce.

« 6. Enfin il y a des territoires, tels que le Sud Ouest africain et certaines îles du Pacifique austral qui, par suite de leur faible densité de population, de leur superficie restreinte, de leur éloignement des centres de civilisation, de leur contiguïté géographique au territoire du mandataire, ou d'autres circonstances, ne sauraient être mieux administrés que sous les lois du mandataire, comme une partie intégrante de son territoire, sous réserve des garanties prévues plus haut dans l'intérêt de la population indigène.

« 7. Dans tous les cas, le mandataire doit envoyer au conseil un rapport annuel concernant les territoires dont il a la charge.

« 8. Si le degré d'autorité, de contrôle ou d'administration à exercer par le mandataire n'a pas fait l'objet d'une convention antérieure entre les membres de la société, il sera expressément statué sur ces points par le conseil.

« 9. Une commission permanente sera chargée de recevoir et d'examiner les rapports annuels des mandataires et de donner au conseil son avis sur toutes questions relatives à l'exécution des mandats »[710].

D'après le texte organisant le mandat français sur le Cameroun, la France devait y assumer l'administration dans les limites territoriales arrêtées conjointement avec la Grande Bretagne[711].

L'article 2 précise que le pays mandataire, « sera responsable de la paix, du bon ordre et de la bonne administration du territoire, accroîtra par tous les moyens en son pouvoir le bien-être matériel et moral et favorisera le progrès moral des habitants »[712]. Il lui est ainsi recommandé de pourvoir à l'émancipation des indigènes.

L'article 4 prône la suppression de toute forme de commerce d'esclaves, l'interdiction du travail forcé ou obligatoire[713], la protection des indigènes contre la fraude et la contrainte, une surveillance attentive des contrats de travail et du recrutement ; le point 5 du même article oblige la puissance mandataire à prendre en considération les lois et coutumes indigènes dans l'établissement des règles relatives à la tenue et au transfert de la propriété foncière.

Propriété foncière indigène qui, suivant l'article 5, « ne pourra faire l'objet d'un transfert, excepté entre indigènes, sans avoir reçu, au préalable l'approbation de l'autorité publique »[714]. Qui plus est, « aucun droit réel ne pourra être constitué sur un bien foncier indigène

---

710 Cité, Ngongo (Louis), *Histoire des institutions et des faits sociaux,* op. cit., pp. 99-101.

711 Article 1er (cf. *Ibid.*, p. 101).

712 *Ibid.*, p. 102.

713 Sauf pour les travaux publics et services essentiels et sous condition d'une équitable rémunération.

714 Article 5.

en faveur d'un non-indigène, si ce n'est avec la même approbation »[715].

Dans le même esprit d'émancipation des indigènes, la formule du mandat B militait pour les libertés publiques : « La puissance mandataire assurera, dans l'étendue du territoire, la pleine liberté de conscience et le libre exercice de tous les cultes qui ne sont contraires ni à l'ordre public, ni aux bonnes mœurs »[716]. Le pays mandataire était également tenu de ne pas établir de base militaire et navale, de n'organiser aucune force militaire indigène – sauf pour assurer la police locale et la défense du territoire[717] – encore moins d'édifier une fortification sur le territoire camerounais[718].

Dans les principes, la SDN limitait, par ces dispositions, les pouvoirs d'administration et de législation[719] de la puissance mandataire ; c'est ainsi qu'elle s'attribua un droit de regard sur la gestion du territoire sous mandat. Aussi, l'article 10 souligne-t-il : « la puissance mandataire présentera au conseil de la Société des Nations un rapport annuel répondant à ses vues. Ce rapport devra contenir tous renseignements sur les mesures prises en vue d'appliquer les dispositions du présent mandat »[720].

Par ailleurs, compte tenu du statut international du Cameroun, la puissance mandataire a l'obligation de favoriser équitablement l'intégration des autres Etats membres de la SDN. L'article 6 insiste sur « leur accès et établissement dans le territoire, la protection de leurs personnes et de leurs biens, l'acquisition des propriétés mobilières et immobilières, l'exercice de leur profession ou de leur industrie, sous réserve des nécessités d'ordre public et de l'observation de la législation locale ». Cette égalité de traitement concernait notamment la liberté de transit et de navigation, les concessions pour le développement des ressources naturelles du territoire.

Du reste, l'article 12 prévoit que « tout différend, quel qu'il soit, qui viendrait à s'élever entre lui et un autre membre de la Société des

---

[715] Article 5.
[716] Article 7.
[717] Article 3. « Toutefois, précise le dit article, il est entendu que les troupes ainsi levées peuvent, en cas de guerre générale, être utilisées pour repousser une agression ou pour la défense du territoire en dehors de la région soumise au mandat ». (cf. *Ibid.*).
[718] Article 3.
[719] Article 9.
[720] Article 10.

Nations, relatif à l'interprétation ou à l'application des dispositions du mandat et qui n'est pas susceptible d'être réglé par des négociations, soit soumis à la Cour permanente de justice internationale, prévue par l'article 14 du pacte de la Société des Nations ».

Bref, par toutes ces dispositions, la formule du mandat B protégeait le Cameroun et ses indigènes des possibles abus de la puissance mandataire ; seulement, elle laissait entrevoir de probables contradictions qui méritent examen.

Historiquement, l'idée de *« mandat »* trouve sa source dans le droit romain. Il y était question « des directives intérieures à l'administration que l'Empereur romain envoyait à ses agents locaux pour leur donner des instructions administratives »[721]. Outre l'Empire romain, cette idée remonte aussi à une théorie politique de l'Espagne du XVIe siècle. « En droit civil, écrit Louis Ngongo, le mandat s'entend comme un pouvoir conféré à une personne appelée mandataire pour agir au nom d'une autre personne appelée mandant »[722].

Cette définition transposée en droit international suppose trois considérations essentielles d'après Dieudonné Oyono[723] : d'abord « le mandat est gratuit » ; cela sous-entend qu'en principe, le mandataire « ne doit tirer aucun profit économique personnel de la gestion du mandat ». Ensuite, « il est provisoire, car théoriquement, le mandataire doit progressivement acheminer les pays sous mandat vers la capacité de s'administrer eux-mêmes ». « Enfin, il a un but moral, sa mission étant d'assurer le bien-être des populations sous mandat ».

De là, Louis Ngongo en déduit que la notion de mandat telle qu'adoptée à la Conférence de Versailles traduisait une double exigence : « le rejet de l'idée d'annexion des anciennes colonies allemandes par une quelconque des puissances alliées et le placement de ces territoires sous le contrôle direct de la SDN qui en confie l'administration à une puissance développée »[724]. Autrement dit, les signataires de l'accord de Versailles se refusaient « à y voir une colonie qui viendrait accroître en extension les empires britannique et français »[725].

---

[721] Ngongo (Louis), *Histoire des institutions et des faits sociaux,* op. cit., p. 91.
[722] *Ibid.*
[723] Oyono (Dieudonné), *Colonie ou mandat international... op. cit.*, p. 17.
[724] Ngongo (Louis), *Histoire des institutions et des faits sociaux, op. cit.*, pp. 91-92.
[725] *Ibid.*, p. 94.

En effet, alors qu'en colonie, le colonisateur était maître de tout, les puissances mandataires étaient tenues à plusieurs devoirs dans le territoire sous mandat ; par exemple, elles ne pouvaient pas y installer une base militaire, ni constituer une armée comme en colonie. Ainsi, l'idée de *mandat*, novatrice en droit international, privilégiait théoriquement l'émancipation et la protection des indigènes. Seulement, en pratique, le risque de confusion entre « colonie » et « mandat » restait possible… à cause notamment de l'article 9 disposant :

« La puissance mandataire aura pleins pouvoirs d'administration et de législation sur les contrées faisant l'objet du mandat : ces contrées seront administrées selon la législation de la puissance mandataire, comme partie intégrante de son territoire, et sous réserve des dispositions qui précèdent.

« La puissance mandataire est, en conséquence, autorisée à appliquer aux régions soumises au mandat sa législation, sous réserve des modifications exigées par les conditions locales, et à constituer ces territoires en unions ou fédérations douanières, fiscales ou administratives avec les territoires avoisinants relevant de sa propre souveraineté ou placés sous son contrôle, à condition que les mesures adoptées à ces fins ne portent pas atteinte aux dispositions du présent mandat »[726].

2. Débats doctrinaux sur l'entité souveraine dans le Territoire sous mandat

Plusieurs thèses[727] doctrinales se sont opposées pour savoir qui détient le droit de souveraineté dans le Territoire sous mandat. La première théorie est celle de la « souveraineté du mandataire » soutenue par Henri Rolin[728], auteur belge pour qui, en vertu de l'article 119 de la Charte de la SDN, les puissances alliées et associées disposent des anciens Territoires allemands et y exercent leur souveraineté. A cette thèse, on oppose divers arguments de forme et de fond. Dans la forme, le Traité de Versailles désigne les mandataires

---

[726] Cité, Ibid., pp. 103-104.

[727] Ces thèses sont résumées dans un document intitulé : « *Le système des mandats de la SDN* » (Cf. FR/C.A.O.M../Fonds ministériel /1 AFF POL / 2313, pp. 38-44). Lire aussi la « Revue Togo-Cameroun », Magazine mensuel présenté par l'Agence économique des Territoires africains sous mandat, 1930, pp. 98-100.

[728] Cf. Rolin (Henri), *Le système des mandats coloniaux*, Revue de Droit international et de législation comparée, 1920. Cette théorie de la « souveraineté du mandataire » a été soutenue par les hommes politiques les plus influents (Lord Milner, Général Smuts, Lord Balfour, M. Barthou).

par l'expression « Gouvernement exerçant l'autorité ». Ensuite, l'article 127 du Traité de Versailles dispose que « les indigènes habitant les anciennes possessions allemandes d'outre-mer auront droit à la protection diplomatique du Gouvernement qui exerce l'autorité sur ces Territoires ». Ceci serait superflu si le Traité reconnaissait la souveraineté des mandataires sur ces possessions. Enfin, l'article 312 fait la distinction entre les puissances auxquelles « des Territoires allemands ont été cédés en Europe » et celles « administrant d'anciens Territoires allemands en tant que mandataires ». Les adversaires[729] de la théorie de la « souveraineté du mandataire » estiment qu'elle est contraire à l'esprit même des mandats : pourquoi parler de mandat s'il s'agit d'une annexion pure et simple ? En d'autres termes, la situation de la puissance mandataire n'est pas celle d'un propriétaire : elle n'est pas libre de gouverner dans son intérêt personnel comme le droit de conquête le lui permettrait. En acceptant un mandat, la puissance mandataire n'acquiert pas le droit d'annexion : elle s'oblige au devoir de tutelle. La deuxième théorie est celle de la « souveraineté de la SDN » selon laquelle l'Organisation internationale est l'héritière des Empires défunts[730]. C'est à elle qu'appartiendraient tous les Territoires détachés de ces Empires, et qui n'ont pu être constitués en Etats indépendants et, étant mandante, elle aurait le droit de souveraineté sur le Territoire soumis au mandat. Mais la SDN n'étant pas une personne de droit international, encore moins un super-Etat, comment, dans ces conditions, pourrait-elle exercer une souveraineté[731] ? La

---

[729] Parmi ceux-ci, figure Van Rees (vice-président de la Commission Permanente des Mandats) qui a publié sur la question deux ouvrages : *les mandats internationaux : le contrôle international de l'administration mandataire* (Paris, 1927) et *Les mandats internationaux : les principes généraux du régime des mandats* (Paris, 1928).

[730] Cette théorie a été élaborée notamment par les Allemands. Ceux-ci « ont inféré cette théorie uniquement de la disposition de l'article 22 qui prévoit que le mandataire à qui sera confiée la gestion d'une de ses colonies, exercera son mandat, en qualité de mandataire et au nom de la société des Nations. Puisque la réalité des pouvoirs souverains, disent-ils en substance, appartient au mandataire. C'est bien lui qui exerce la souveraineté, mais attendu qu'il l'exerce au nom de la Société des Nations, mandant à qui, au surplus, il est obligé de rendre compte, c'est en réalité la Société des Nations qui est souveraine ». Cf. Revue Togo-Cameroun, Magazine mensuel présenté par l'Agence économique des Territoires africains sous mandat, Paris, 1930, p. 99.

[731] Opposé à cette thèse de la « souveraineté de la SDN », Rolin (*Le système des mandats coloniaux, op. cit.*) précise le rôle de la SDN qui doit se borner à contrôler :

troisième théorie est celle de la « souveraineté des principales puissances alliées et associées » qui s'appuie de nouveau sur l'article 119 du Traité de Versailles : « Les anciens empires allemands et ottomans renoncent à leurs droits en faveur des principales puissances alliées et associées ». Ceci suppose que la « renonciation » à ces droits et titres implique le « transfert » de la souveraineté aux « principales puissances ». Mais on objecte que cette même formule de « renonciation » a été employée par le traité de Versailles pour tous les Territoires européens détachés de l'Allemagne et dont le sort définitif a été soumis à une décision ultérieure. Par conséquent, personne n'admet que les principales puissances exercent leur souveraineté sur ces Territoires[732]. La quatrième théorie est celle de la « souveraineté partagée » défendue par Robert Redslob[733]. Celui-ci distingue la « substance de la souveraineté » qui appartient à la SDN et l' « exercice de la souveraineté » qui revient aux Etats mandataires. Dans le même ordre d'idées, cette théorie envisage un partage de la souveraineté entre les habitants et le mandataire (mandat A) ou entre les habitants et la SDN (mandat B). Mais les adversaires de cette théorie objectent qu' « on ne peut pas faire de compromis sur une question de droit ». La cinquième théorie est celle de la « souveraineté suspendue » qui se fonde sur le caractère dynamique voire « évolutionniste » du système des mandats. Les partisans de cette thèse soutiennent qu'en créant le système du mandat, les puissances alliées ont tenu en suspens[734] la souveraineté sur les Territoires sous mandat pour une période équivalente à la durée des mandats respectifs, que la pleine souveraineté ne passera, en temps voulu, au

« Le Conseil de la SDN est en quelle sorte ici l'intendant, le régisseur ou l'agent général des nations associées, chargé de veiller à l'observation de leurs engagements internationaux, dans la mesure prévue par la charte ». M. Rouard du Card qui partage son opinion, répond, dans son livre *Les mandats français sur le Togoland et le Cameroun* (Paris, 1924) : « Les auteurs qui donnent une telle explication ne tiennent pas compte de l'article 119 du Traité de Versailles. Aux termes de cet article, l'Allemagne a renoncé à ses possessions d'outre-mer, non en faveur de la Société des Nations, mais en faveur des principales puissances alliées et associées ».

[732] Les principales puissances ont pris le rôle de « liquidateurs » des conséquences de la guerre et d' « administrateurs provisoires ».

[733] Cf. Redslob (Robert), *Le système des mandats internationaux*, dans Bulletin de l'Institut intermédiaire international, La Haye, 1926.

[734] Ce qui est en suspens dans le cas du mandat ce n'est que l'exercice des pouvoirs souverains. Le droit de souveraineté lui-même est reconnu implicitement aux peuples habitant les Territoires sous mandat, par le Pacte qui prévoit leur constitution future en unités indépendantes ».

Territoire que lorsque le peuple possédera la dignité d'un Etat indépendant[735]. On objecte que l'article 22 du Traité de Versailles n'est pas conçu en termes aussi clairs. De cette thèse de la « souveraineté suspendue », découle la théorie de la « souveraineté virtuelle » défendue par J. Stoyanovsky[736] pour qui les Territoires sous mandat appartiennent virtuellement aux populations ou communautés autochtones. L'exercice des attributs de la souveraineté est provisoirement confié à une puissance agissant en qualité de tuteur de ces « peuples mineurs » et qui en retire les pouvoirs nécessaires pour administrer le Territoire sous mandat. Cette tutelle est garantie par un contrôle international résultant du mandat confié à ladite puissance par la SDN. Cette dernière théorie correspond à l'idée du « droit des peuples à disposer d'eux-mêmes » défendue par le Président américain Wilson[737].

Bien que les puissances mandataires n'aient jamais réclamé leur souveraineté sur les Territoires sous mandat, elles ne s'y sont pas moins comportées comme dans leurs autres colonies[738]. Ainsi, pour la commodité de sa gestion, la Grande-Bretagne a rattaché son Togo sous mandat à sa colonie de la Côte de l'Or et son Cameroun sous mandat à sa colonie du Nigéria. Quant à la France, elle procède à l'extension de sa législation coloniale au Cameroun dès 1916, avant même que le statut de l'ancienne colonie allemande ne soit clarifié à la « Conférence de Paix ». En matière judiciaire, le Ministre des colonies Gaston Doumergue soutient que « l'absence d'autorité (…)

---

[735] Cette thèse de la « souveraineté suspendue » se trouve renforcée par l'exemple de la Sarre. Dans le cas d'espèce, l'article 49 du Traité de Versailles est ainsi conçu : « l'Allemagne renonce en faveur de la SDN, considérée ici comme fidéi Commissaire du Gouvernement du Territoire ci-dessous spécifié. A l'expiration d'un délai de quinze ans, à dater de la mise en vigueur du présent Traité, la population dudit Territoire sera appelée à faire connaître la souveraineté sous laquelle elle désirerait se voir placée ». Cf. FR/C.A.O.M./Fonds ministériel /1 AFF POL / 2313, pp. 41-42.

[736] Cf. Stoyanovsky (J.), *La théorie générale des mandats internationaux*, Paris, 1925.

[737] Cf. Wilson (W.), *La guerre. La paix*, Paris, 1918.

[738] Contrairement à la Grande-Bretagne qui a rattaché ses territoires sous mandat du Togo et du Cameroun à ses colonies voisines, la France a procédé différemment en érigeant ses Territoires sous mandat du Togo et du Cameroun en unités administratives distinctes de ses colonies de l'AOF et de l'AEF. Toutefois, le législateur français ira (après 1946) jusqu'à reconnaître aux indigènes du Togo et du Cameroun le droit d'être représentés au Parlement français, tout comme ceux d'AOF et d'AEF, bien qu'ils ne puissent être citoyens français.

dans la colonie du Cameroun, depuis l'évacuation du pays par les Allemands, oblige à assurer un fonctionnement suffisant de la justice dans les Territoires occupés par les forces armées de la République »[739]. En étendant ainsi sa législation coloniale par le biais de ses agents locaux, la France s'approprie de fait les attributs souverains de l'Allemagne, l'ancienne puissance coloniale. Les prérogatives législatives reconnues par l'article 9 de l'Acte du 20 juillet 1922 ont suffi à y justifier l'application du « régime des décrets »[740]. La théorie de la « souveraineté du mandataire » semble

---

[739] Le Ministre justifie ainsi dans son Rapport au Président la République le décret du 12 janvier 1917 portant réorganisation de la justice : « Les armées alliées ont complété, au début de 1916, la conquête de la colonie du Cameroun. Le Territoire placé sous l'autorité de la France est administré par deux Commissaires de la République qui ont été amenés à prendre des mesures en vue de rétablir, dans le pays occupé, le Service de la justice complètement désorganisé. En se retirant, l'ennemi avait emporté toutes ses archives et éloigné de leurs postes tous les fonctionnaires civils. Un premier décret du 6 mai 1916 réorganisait les tribunaux de l'ancien Cameroun ; M. le Gouverneur général de l'Afrique Equatorial française dans les Territoires du nouveau Cameroun qui dépendaient de l'Afrique Equatoriale Française avant l'accord franco-allemand du 4 novembre 1911. Le moment est venu de réunir en un seul texte les dispositions prises par chacun des Commissaires ». Pendant la guerre, le pouvoir législatif s'est exercé en vertu de l'article 43 du règlement annexé à la convention IV de La Haye du 18 octobre sur les droits et coutumes de la guerre qui oblige le conquérant à maintenir dans le pays conquis la législation antérieure. Cf. FR/ C.A.O.M./ Fonds ministériel/série géographique/ Togo-Cameroun carton 33/ dossier 304.

[740] Le « régime des décrets » est le droit commun de la législation coloniale française. Ce sont les dispositions de la loi de 1833, mais surtout, l'article 18 du Sénatus-consulte de 1854 qui ont permis au Chef de l'Etat d'être le législateur colonial ordinaire. Or depuis l'avènement de la IIIe République et la promulgation des lois constitutionnelles de 1875, le Parlement a obtenu le droit de légiférer, mais ces textes n'ont pas renouvelé le pouvoir législatif du Chef de l'Etat. Néanmoins en pratique, des décrets pris par le Président de la République ont continué à être édictés pour les colonies. Quelle est donc la nature juridique des actes pris par le chef de l'Etat ? Sont-ce des règlements ou des lois ? Cela revient à se demander si le Chef de l'Etat exerce le pouvoir législatif ou le pouvoir réglementaire. M. Bernard Durand (« Les décrets coloniaux sont-ils des Lois ou des Règlements ? », dans *La Justice et le Droit : Instruments d'une stratégie coloniale* (sous la direction du Professeur Bernard Durand), vol. 1, op. cit., pp. 85-128) pense que cette « querelle juridique » s'inscrit « à la frontière de deux régimes politiques », le régime républicain français et le régime impérial allemand. D'une manière générale, ceux – comme Pierre Dareste - qui sont favorables à l'exercice du pouvoir législatif du Chef de l'Etat, en tant qu'autorité législative, assimilent ses décrets à des lois. Ceux – comme Pierre Lampué - qui considèrent que le Chef de l'Etat ne peut exercer qu'un pouvoir réglementaire assimilent les décrets à des règlements, voire des actes

par conséquent l'emporter. Défenseur de cette thèse, Henri Rolin[741] ne conçoit pas l'autorisation d'exercer le Gouvernement avec pleins pouvoirs législatifs, administratifs et judiciaires sans la possession du droit de souveraineté.

B. Le Cameroun, territoire sous tutelle franco-britannique

Le 26 juin 1945, dans la salle de l'Opéra de la ville de San Francisco aux Etats-Unis d'Amérique, est signé le texte définitif de la Charte de l'ONU[742] qui remplace la SDN[743] et place le Cameroun sous le « régime international de tutelle »[744]. Le 19 janvier 1946, le Représentant français à l'ONU déclare que son « Gouvernement se propose de poursuivre l'exécution de la mission qui lui avait été confiée par la SDN »[745]. Or, tout comme il avait d'abord refusé le

---

administratifs. Il en découle qu'un recours pour excès de pouvoir peut être admis contre ces décrets. La jurisprudence s'est prononcée sur la nature juridique des décrets, et a tranché la difficulté du recours pour excès de pouvoir contre les décrets du Chef de l'Etat. Une évolution jurisprudentielle s'est néanmoins manifestée dans l'arrêt du Conseil d'Etat du 22 décembre 1933.

741 Rolin (Henri), *Le système des mandats coloniaux,* op. cit.

742 Long de 111 articles, ce document est précédé d'un préambule exprimant avec éclat les idéaux devant inspirer la conduite des membres des Nations unies. L'institution de la tutelle internationale est étroitement liée à la volonté des puissances victorieuses d'affermir la paix et la sécurité mondiale. La Charte des Nations unies contient 19 chapitres. La question des anciens Territoires sous mandat est évoquée dans les chapitres XII et XIII. Cf. Décret du 4 janvier 1946 portant promulgation de la Charte des Nations Unies contenant le statut de la cour internationale de justice, signée à San-Francisco, le 26 juin 1945. Voir aussi, *La Charte des Nations unies Commentaire article par article*, 2e édition, Paris, Economica. FR/C.A.O.M./Fonds ministériel /Agefom/ Carton 1006-dossier 3567-Cameroun – Accord de tutelle avec l'ONU – études générales sur le régime de tutelle 1946-1956.

743 Cf. Gerbet (Pierre), *Le rêve d'un ordre mondial de la SDN à l'ONU*, Paris, Imprimerie nationale éditions, 1996.

744 Les articles 75 à 85 (chapitre XII) de la Charte de l'ONU régissent le « régime international de tutelle ». L'article 75 de la Charte de l'ONU dispose : «L'organisation des Nations Unies établira, sous son autorité, un régime international de tutelle pour l'administration et la surveillance des Territoires qui pourront être placés sous ce régime en vertus d'accords particuliers ultérieurs. Ces Territoires sont désignés par l'expression « Territoires sous tutelle ».

745 « Considérant qu'il est dans l'esprit de la Charte que cette mission s'exerce désormais sous le régime de tutelle », le représentant français affirme que son Gouvernement « est prêt à étudier les termes de l'accord qui définira ce régime dans le cas du Togo et du Cameroun ». [Cf. « Le Cameroun sous tutelle française » - Notes documentaires et études. Documentation française n° 1182 -19 août 1949. Cité, Oyono (Dieudonné), *colonie ou Mandat International ?,* op.cit., p. 194]. Depuis 1940, le Cameroun est en réalité dans « une période intermédiaire sans statut

statut de « mandat » lors des débats à la Conférence de Versailles, le Gouvernement français commence par exprimer ses réticences à l'égard du nouveau système de tutelle. Alors que la Charte de l'ONU lui donne explicitement la mission de favoriser l'autonomie ou l'indépendance du Territoire sous tutelle[746], la France soumet à l'Assemblée générale de l'ONU un projet de convention prévoyant qu'elle administrerait le Cameroun comme « partie intégrante du Territoire français »[747]. Les nations « anticolonialistes » tentent désespérément de modifier les propositions françaises qu'elles jugent incompatibles avec l'esprit du système de tutelle. Le 13 décembre 1946, l' « Accord de tutelle pour le Territoire du Cameroun sous administration française »[748] est signé. Son article 4 dispose que

---

juridique précis ». [Imbert (Jean), *Le Cameroun*, op.cit., p. 43]. Le « mandat » a disparu dans la tourmente, même si de Gaulle a pris le soin d'informer la SDN moribonde : « J'ai l'honneur, écrit Charles de Gaulle à la Société des Nations, de vous informer que le 28 août 1940, à la suite du désir exprimé par la population et en ma qualité de chef de la France libre, j'ai pris en charge l'administration du Cameroun sous mandat, ainsi que les pouvoirs et obligations qui découlent du mandat. Le lieutenant colonel Leclerc remplira les fonctions de Commissaire en vue de maintenir l'ordre et de veiller au bien-être de la population et à la défense du Territoire » [Cité, Le Vine (Victor), *Le Cameroun du mandat à l'indépenda*nce , op. cit., p. 172].

[746] Aux termes de l'alinéa b de l'article 76 de la Charte de l'ONU, l'une des fins essentielles du régime de tutelle est de « favoriser le progrès politique, économique et social des populations des Territoires sous tutelle ainsi que le développement de leur instruction », de « favoriser également leur évolution progressive vers la capacité à s'administrer eux-mêmes ou l'indépendance, compte tenu des conditions particulières à chaque Territoire et à ses populations, des aspirations librement exprimées des populations intéressées et des dispositions qui pourront être prévues dans chaque accord de tutelle ».

[747] Cette option est défendue avec zèle dans l'édition du 18 janvier 1946 *de* « Marchés tropicaux » sous le titre « Jamais de Trusteeship sur les terres de l'Union française du Cameroun et du Togo » : « Pour nous la question est simple, nous sommes au Cameroun et au Togo comme nous sommes en Algérie ou au Sénégal. Nous y sommes depuis près de trente ans, nous leur avons donné des hommes de premier ordre, nous y avons dépensé des capitaux considérables. Pour nous, le Cameroun et le Togo font partie de l'Union française. Assez de discussions byzantines. L'union française existe. Le Cameroun et le Togo en font partie ; nous refusons d'admettre que l'on puisse discuter internationalement ce qui ne concerne que la nation française ». [Cité, Richard (Joseph), *Le mouvement nationaliste camerounais*, op. cit., p. 94].

[748] Cf. Accord de tutelle pour le Territoire du Cameroun sous l'administration française (J.O.C. 1948, p. 771). Le Gouvernement français s'engage, notamment, à présenter à l'Assemblée générale des Nations unies le Rapport annuel prévu à l'article 88 de la Charte, ainsi qu'à joindre à ce rapport les études qui lui seraient

l'autorité chargée de l'administration a « pleins pouvoirs de législation, d'administration et de juridiction » sur le Territoire et, sous réserve des dispositions de la Charte de l'ONU et de l'Accord de tutelle, l'administre « selon la législation française comme partie intégrante »[749]. Cette disposition conforte la Constitution du 27 octobre 1946 qui a anticipé l'intégration du Cameroun dans l'Union française comme « Territoire associé ». La loi fondamentale dispose dans son préambule que la France « entend conduire les peuples dont elle a pris la charge à la liberté de s'administrer eux-mêmes et de gérer démocratiquement leurs propres affaires », qu'elle « garantit à tous

---

éventuellement demandées par l'Assemblée générale ou le Conseil de tutelle. Il prend également l'engagement de faciliter les « visites périodiques » éventuelles du Territoire sous tutelle. L'article 3 dispose que l'Autorité chargée de l'administration doit être responsable de la paix, du bon ordre et de la bonne administration du Territoire. A ce titre, elle doit assurer sa défense en veillant à ce qu'il apporte sa contribution au maintien de la paix et de la sécurité internationales. A cet effet, la France peut établir au Cameroun des bases militaires, navales ou aériennes, y entretenir des forces nationales et lever des contingents de volontaires. Tout comme, elle est autorisée « en vue d'assurer une meilleure administration, à constituer ce Territoire, après avis conforme de l'Assemblée représentative territoriale, en union ou fédération douanière, fiscale ou administrative avec les Territoires avoisinants relevant de sa souveraineté ou placés sous son contrôle et à créer des services communs entre ces Territoires et le Territoire sous tutelle, à condition que ces mesures aient pour effet de promouvoir le but du système international de tutelle ». Par ailleurs, obligation est faite à la puissance tutrice de maintenir l'application des accords et conventions internationaux en vigueur sur le Territoire, ainsi qu'à y étendre les conventions et les recommandations faites par les Nations Unies ou les institutions spécialisées. Tous les Etats membres des Nations Unies et leurs ressortissants doivent bénéficier sur le Territoire de l'égalité de traitement en matière sociale, économique, industrielle et commerciale. Qui plus est, la France est chargée de prendre « les mesures nécessaires en vue d'assurer une participation des populations locales à l'administration du Territoire par le développement d'organes démocratiques représentatifs et de procéder, le moment venu, aux consultations appropriées, en vue de permettre à ces populations de se prononcer librement sur leur régime politique et d'atteindre les buts du régime international de tutelle. Doivent aussi être prises en considération, les lois et les coutumes locales dans l'établissement des règles relatives à la tenure du sol et du transfert de la propriété foncière. La France doit assurer dans l'étendue du Territoire la pleine liberté de pensée et le libre exercice de tous les cultes et des enseignements religieux qui ne sont contraires ni à l'ordre public, ni aux bonnes mœurs ; sous la seule réserve des nécessités de l'ordre public, la liberté de parole, de presse, de réunion et de pétition doivent être garanties. Voir aussi, FR/C.A.O.M./Fonds ministériel /Agefom/ Carton 1006-dossier 3567- Cameroun – Accord de tutelle avec l'ONU– études générales sur le régime de tutelle 1946-1956.

[749] Ibid.

l'égal accès aux fonctions publiques et l'exercice individuel ou collectif des droits et libertés». Dans l'esprit de l'article 76[750] de la Charte de l'ONU, l'indépendance est l'objectif ultime du régime de tutelle. Mais en vertu de l'article 4[751] de l'Accord de tutelle, la France et la Grande-Bretagne doivent se comporter en souveraine dans le territoire sous tutelle, et faire bénéficier les populations administrées de leur propre législation[752].

---

[750] « Conformément aux buts des Nations Unies, énoncés à l'Article 1 de la présente Charte, les fins essentielles du régime de tutelle sont les suivantes :
a- affermir la paix et la sécurité internationales
b- favoriser le progrès politique, économique et social des populations des Territoires sous tutelle ainsi que le développement de leur instruction ; favoriser également leur évolution progressive vers la capacité à s'adMinistrer eux-mêmes ou l'indépendance, compte tenu des conditions particulières à chaque Territoire et à ses populations, des aspirations librement exprimées des populations intéressées et des dispositions qui pourront être prévues dans chaque accord de tutelle;
c- encourager le respect des droits de l'homme et des libertés fondamentales pour tous, sans distinction de race, de sexe, de langue ou de religion, et développer le sentiment de l'interdépendance des peuples du monde;
d- assurer l'égalité de traitement dans le domaine social, économique et commercial à tous les Membres de l'Organisation et à leurs ressortissants; assurer de même à ces derniers l'égalité de traitement dans l'administration de la justice, sans porter préjudice à la réalisation des fins énoncées ci-dessus, et sous réserve des dispositions de l'Article 80 ».

[751] « En vue de remplir de remplir les obligations découlant de la charte et du présent Accord, l'Autorité chargée de l'administration :
- aura pleins pouvoirs de législation, d'administration et de juridiction sur le Territoire et, sous réserve des dispositions de la Charte et du présent Accord, l'administrera selon la législation française, comme partie intégrante du Territoire français,
- sera autorisée, en vue d'assurer une meilleure administration, à constituer ce Territoire après avis conforme de l'Assemblée représentative territoriale, en union ou fédération douanière, fiscale ou administrative avec les Territoires avoisinants relevant de sa souveraineté ou placés sous son contrôle et à créer des services communs entre ces Territoires et le Territoire sous tutelle, à condition que ces mesures aient pour effet de promouvoir le but que se propose le système international de tutelle (…) ».

[752] Aux termes de l'article 72 de la Constitution du 27 octobre 1946, le pouvoir législatif appartient au Parlement en ce qui concerne la législation criminelle, le régime des libertés publiques et l'organisation politique et administrative. En vertu du principe de la spécialité de la législation, les lois ne s'appliquent de plein droit dans les Territoires d'outre-mer que si elles sont faites pour ces Territoires ou si elles comportent une disposition les déclarant applicables. Cependant, certaines lois, qui sont nécessairement d'application générale font exception à la règle de spécialité : les textes portant organisation de l'Etat, les règles générales de compétence de pouvoirs publics sont, par exemple, sans prescription spéciale. Dans

Au « Cameroun français », les militants indépendantistes en ont tiré argument pour critiquer aussi bien l'insuffisance[753] de la représentation du Cameroun au sein des Assemblées parlementaires de la Métropole que la légalité de l'intégration du Cameroun dans l'Union française. Or cette question a suscité des débats et attiré l'attention des membres du Conseil de tutelle de l'ONU. Les critiques ont fait remarquer que la Charte de l'ONU et l'Accord de tutelle conclu pour le Cameroun ne contenant nulle mention d'une notion telle que l'Union française, on ne saurait justifier l'inclusion de ce Territoire dans l'Union française en invoquant le droit international. Dans son « avis » du 13 avril 1948[754], le « Comité juridique de

---

les matières qui ne sont pas de la compétence du Parlement, les lois peuvent être étendues outre-mer par décret du Président de la République après avis de l'Assemblée de l'Union française. Le pouvoir règlementaire appartient au Président du Conseil qui prend des décrets pour assurer l'exécution des lois. D'autre-part, le président de la République peut, par décret pris après avis de l'assemblée de l'union française soit étendre outre-mer les dispositions d'une loi métropolitaine non applicable, soit poser des règles originales spécialement élaborées pour les Territoires d'outre-mer. Les lois votées par l'Assemblée nationale – déjà promulguées par le chef de l'Etat – et les décrets émanant du Président de la République et du Gouvernement doivent faire l'objet d'une promulgation locale, par arrêté du Commissaire de la République. Seuls les textes d'application qui font exception à la règle de spécialité de législation échappent à la promulgation locale. Les textes promulgués ne deviennent exécutoires que lorsqu'ils ont été publiés, c'est-à-dire insérés au Journal officiel du Cameroun.

[753] « Il nous est loisible, écrit Um Nyobè le leader indépendantiste, de montrer que sur les 624 députés que compte l'Assemblée nationale de Paris, 4 députés sont élus par le Cameroun, dont 1 par les Français du Cameroun et 3 par les autochtones. Quelle majorité 3 députés peuvent-ils remporter sur 624 votants. En admettant même que la moitié des députés soit absente, que signifieraient 3 voix devant 312 votants ? Le Sénat français compte 320 membres, 3 sont élus par le Cameroun, dont 1 par les Français du Cameroun et deux par les autochtones. L'assemblée de l'Union française est une Assemblée consultative qui n'a aucun pouvoir législatif. Là aussi les autochtones du Cameroun sont représentés par 3 conseillers. Le Togo bénéficie d'une représentation moindre en raison de sa faible population. Comment les Territoires sous tutelle peuvent-ils donc tirer les avantages propres des assemblées parlementaires françaises ? » [Cf. Um Nyobè (Ruben), *Le problème national Kamerunais*, op. cit., p. 203].

[754] Cf. Fr/ C.A.O.M./ Fonds ministériel/ affaires politiques/ Carton 2313 / dossier 4 – *Relations avec les puissances étrangères : statut des Territoires sous tutelle – statut des habitants de ces Territoires 1921-1949.* Lire « Avis du Comité juridique relatif à la situation du Togo et du Cameroun par rapport à l'Union française ». Le « Comité juridique de l'Union Française » a été consulté sur la question de savoir si le Territoire du Cameroun peut être considéré comme faisant partie de l'Union Française au sens de la Constitution eu égard au régime international auquel il est

l'Union Française » concède qu'il n'y a pas de disposition législative spéciale prononçant expressément l'intégration du Cameroun dans l'Union française. Elle admet que les règles d'administration appliquées correspondent à une situation de fait découlant de l'interprétation de l'article 4 de l'Accord de tutelle qui dispose que « l'autorité chargée de l'administration aura pleins pouvoirs de législation et administrera le Territoire, sous réserve des dispositions de la Charte comme partie intégrante du Territoire français ». Il estime que les dispositions de l'article 4 de la Charte de l'ONU confèrent au Gouvernement français une habilitation extrêmement large dans les domaines législatif, administratif et judiciaire, qu'il n'y aurait, de ce seul point de vue, aucun obstacle à ce que le Cameroun soit administré comme les départements français d'outre-mer.

Le Comité soutient qu'aucune disposition de l'Accord de tutelle ne prévoit pour l'autoriser ou l'interdire la Représentation du Cameroun dans les Assemblées françaises et de l'Union Française. Mais dans le silence de la règle internationale, le Comité estime que c'est la contrepartie légitime de la soumission aux lois et au Gouvernement de la République Française. Il considère qu'on ne pourrait contester le bien-fondé de la représentation du Cameroun au Parlement français qu'en se référant, dans le silence des Accords de tutelle, à certaines règles du régime des mandats dont on peut estimer qu'elles sont passées dans l'institution nouvelle. Le Comité rappelle spécialement les résolutions du Conseil de la SDN[755] en date du 23

---

soumis. En d'autres termes, il s'agit d'apprécier si les dispositions contenues dans l' Accord de tutelle sont compatibles avec le régime juridique des Territoires faisant partie de l'Union Française. Présidé par M. Lampué (assisté de Camerlynck, Gros, de Lacharrière, Marion, Huet comme membres et de Foyer comme secrétaire), le « Comité » a examiné spécialement les pouvoirs de législation, d'administration et de juridiction exercés par la France, la représentation des ressortissants du Cameroun dans les assemblées françaises et le problème de leur nationalité, les pouvoirs du Gouvernement français en matière de défense commune, et enfin la conformité générale du cadre juridique de l'Union Française avec les buts de la tutelle définis par la Charte des Nations Unies.

[755] La délibération du Conseil de la SDN avait été provoquée par une divergence de vues au sein de la Commission permanente des mandats en ce qui concerne la nationalité des habitants du Sud-ouest africain. Renvoyée à la Commission plénière des mandats, la question y avait fait l'objet d'un accord aboutissant à la recommandation « que les habitants indigènes des Territoires sous mandat B et C reçoivent un statut national nettement distinct de celui des nationaux de la puissance mandataire ». Cf. Fr/ C.A.O.M/ Fonds ministériel/ affaires politiques/ Carton 2313 / dossier 4 – *Relations avec les puissances étrangères : statut des Territoires sous*

Avril 1923, concernant les mandats B et C, qui disposent que « le statut des habitants indigènes d'un Territoire sous mandat est distinct de celui des nationaux de la puissance mandataire, et ne saurait être assimilé à ce statut par aucune mesure de portée générale », que « les habitants indigènes d'un Territoire sous mandat n'acquièrent pas la nationalité de la puissance mandataire par suite de la protection dont ils bénéficient ». D'après le Comité, la première de ces deux règles n'est assurément pas claire, du moins considérée isolement : « Si on lui donnait une valeur absolue, explique-t-on, elle se trouverait démentie par les accords qui permettent à la puissance tutrice d'administrer les pays qui lui sont confiés selon sa législation et comme partie intégrante de son Territoire. Il y a en toute hypothèse un élément extrêmement important du statut des populations sous tutelle, à savoir le régime législatif, administratif et judiciaire auquel elles sont soumises, qui échappe à l'interdiction portée contre l'assimilation ». Le Comité estime donc qu'on ne peut interpréter cette interdiction dans un sens général, ou il la faudrait alors tenir pour contredite et abrogée. La seule portée qu'on puisse lui conserver réside en la condamnation d'une assimilation forcée et complète, soit dans le domaine des institutions du droit privé, soit dans celui des institutions politiques. Or, d'une part, l'appartenance à l'Union Française ménage la diversité des statuts personnels. D'autre part, la Constitution a voulu respecter la situation particulière des Territoires sous tutelle dans son originalité politique en prévoyant, parmi les éléments de l'Union Française, une catégorie spéciale dénommée « Territoires associés ». Dans ces conditions, le Comité assure qu'il ne semble pas que puisse être tenue pour critiquable la représentation du Cameroun au Parlement et à l'Assemblée de l'Union Française. « Bien au contraire, cette représentation apparaît comme le corollaire, dans un système démocratique, de l'intégration législative et administrative prévue par les accords de tutelle. Elle confère aux populations intéressées une faculté politique supplémentaire d'exprimer leurs points de vue en participant à l'activité du système politique dont elles dépendent. Elle s'inscrit à ce titre dans la poursuite des fins de la tutelle »[756]. S'il est donc interdit à la puissance mandataire de conférer par mesure générale sa nationalité aux

tutelle – statut des habitants de ces Territoires 1921-1949, lire « Avis du Comité juridique relatif à la situation du Togo et du Cameroun par rapport à l'Union française ».

[756] Ibid.

habitants autochtones du Territoire sous tutelle, « il n'est pas de liaison nécessaire entre la nationalité et l'exercice des droits politiques ». Le Comité estime que la détermination des personnes habilitées à exercer des droits politiques dans le cadre de ses institutions constitue pour chaque Etat une décision relevant de sa compétence exclusive, qu'aucune règle de droit international n'oblige l'Etat à en limiter le bénéfice à ses nationaux.

En matière de défense commune, le Comité soutient que le Gouvernement français est autorisé à établir des bases militaires navales et aériennes au Cameroun, à y entretenir des forces nationales, et à prendre toutes les mesures propres à assurer le respect de l'ordre intérieur et la défense extérieure des Territoires. Ces compétences correspondent à celles qui sont attribuées dans l'Union Française au Gouvernement de la République qui, selon l'article 62 de la Constitution, assume la responsabilité et la direction de la défense commune. Une seule difficulté pourrait être soulevée à cet égard : la Constitution prévoit que les membres de l'Union Française mettent en commun la totalité de leurs moyens pour garantir la défense de l'ensemble de l'Union, et ne comporte aucune restriction au pouvoir de coordination et de direction attribué au Gouvernement de la République. Or, l'Accord de tutelle, en disposant que la France est autorisée à lever des contingents de volontaires au Cameroun, exclut la possibilité d'y établir une conscription obligatoire. Il n'y aurait donc pas une correspondance complète entre les pouvoirs conférés au Gouvernement français par la règle internationale et ceux qui doivent lui appartenir sur des Territoires faisant partie de l'Union Française. Pour le Comité, cet argument n'est cependant pas décisif à l'examen, car les règles internationales qui peuvent limiter les droits d'un Gouvernement en matière de défense nationale sur certains Territoires dont il a la charge ne portent pas atteinte au principe de sa compétence et de sa responsabilité exclusive en ce domaine. Ainsi l'interdiction conventionnellement établie de ne pas armer ou fortifier telle région déterminée n'a jamais été considérée comme plaçant cette région hors de l'unité nationale. De la même façon, les compétences que détient le Gouvernement de la République en matière de défense sur l'ensemble de l'Union Française peuvent être restreintes en leur exercice par une obligation internationale sur un Territoire et à un point de vue déterminé sans être pour autant atteintes en leur principe, étant donné que le Gouvernement français conserve, malgré cette restriction, une responsabilité et des pouvoirs exclusifs en ce domaine. Au surplus, en posant la règle que les membres de l'Union Française mettent en commun la totalité de leurs moyens pour la défense de l'Union, la Constitution n'a pas entendu que ce concours comporte nécessairement une participation à la défense commune par voie de conscription obligatoire en chaque Territoire. C'est ainsi que les modalités de cette collaboration à la défense commune de la part des Etats associés, déterminées par l'acte qui unit ces Etats à la France, ne comprennent pas obligatoirement la levée de contingents par voie de conscription forcée. Elles peuvent revêtir d'autres formes lorsque celles-ci apparaissent d'une efficacité suffisante. Le Comité en déduit que le régime du Cameroun n'est pas différent à cet égard de celui d'un Etat associé qui apporte sa contribution en hommes à la défense commune de l'Union par le droit reconnu au Gouvernement de la République de lever des contingents de volontaires sur son Territoire.

Ainsi, le Comité établit une corrélation entre les fins de la tutelle et celles de l'Union française. Il estime que dans les deux cas, c'est l'intérêt des populations administrées qui est poursuivi tant dans le sens de l'émancipation politique que du progrès économique et social. En ce qui concerne spécialement l'émancipation politique, le Comité affirme que l'Union française offre aux populations qui en font partie la voie de l'intégration progressive dans la République française à égalité de droits et de devoirs. Cette possibilité d'assimilation « amène à la majorité politique complète » les populations qui la souhaitent, en « les associant à la vie politique d'un pays libre ». Les fins de la tutelle ne seraient donc nullement contradictoires avec les principes de l'Union Française : elles pourraient au contraire être entièrement atteintes dans ce cadre. Le Comité mentionne, en définitive, que si, le moment venu, les populations sous tutelle amenées à se prononcer librement sur leur régime politique souhaitaient réaliser leurs aspirations hors du cadre de l'Union Française, l'intégration dans l'Union n'y mettrait pas obstacle.

L' « avis » du « Comité juridique de l'Union française » a été constamment relayé à l'ONU par le Représentant français. En général, les observations[757] de l'Organisation internationale s'en tiennent à s'assurer que, malgré l'intégration du Cameroun dans l'Union

---

[757] Cf. Nations Unies, *Rapport spécial du conseil de tutelle sur les unions administratives concernant les Territoires sous tutelle et sur le statut du Cameroun et du Togo sous administration française, tel qu'il résulte de l'appartenance de ces Territoires à l'union française*, Assemblée générale, documents officiels : septième session, supplément n° 12 (A/2151), New-York, 1952.

française, l'esprit du régime de tutelle est respecté. C'est ainsi qu'à sa quatrième session, le Conseil de tutelle de l'ONU se félicite de l'importante assurance que lui a donnée le Représentant français selon laquelle les habitants auront le droit, le moment venu, de décider de leur plein gré s'ils doivent continuer à faire partie de l'Union française ou assumer, hors du cadre de cette Union, un statut d'indépendance[758]. Le Conseil de tutelle prend acte de la déclaration du Représentant français suivant laquelle « la France tend à instaurer un régime de plus en plus démocratique, qui accordera une liberté de plus en plus complète aux populations, dans le vote même des lois s'appliquant à leur Territoire »[759]. Lors de sa septième session, le Conseil de tutelle observe que les habitants autochtones du Cameroun ont acquis le statut de citoyens de l'Union française, tout en conservant la liberté de choisir entre leur statut propre « d'administrés sous tutelle française » et le statut de citoyens français qu'ils peuvent acquérir par naturalisation[760]. « En qualité de citoyens de l'Union française, note le Conseil de tutelle, ils jouissent des droits et des libertés fondamentales garantis par la Constitution de 1946. Ils participent en outre à la vie politique du Territoire et, sur le plan de l'Union française, à celle du Territoire métropolitain. En tant qu'administrés sous tutelle française, ils ne sont pas astreints à certaines obligations, notamment au service militaire »[761]. Répondant à la résolution 563 (VI) du 18 janvier 1952 de l'Assemblée générale de l'ONU[762], le Conseil de tutelle affirme « qu'il n'existe aucun fait indiquant que l'application pratique des accords administratifs intervenus entre les Territoires sous tutelle administrés par la France et l'Union française est inconciliable avec la Charte des Nations Unies et les Accords de tutelle relatifs à ces Territoires »[763]. En outre, le Conseil de tutelle est d'avis que les relations existant entre le Territoire sous tutelle et l'Union française

---

758 Ibid., p. 56.
759 Ibid.
760 Ibid., p. 57.
761 Ibid.
762 Par cette résolution, l'Assemblée générale de l'ONU a invité le Conseil de Tutelle « afin de permettre à l'Assemblée générale de parvenir à des conclusions relativement aux unions administratives existantes qui concernent les Territoires sous tutelle, à soumettre à l'Assemblée générale à sa septième session ordinaire un rapport spécial contenant une étude complète … du statut du Cameroun et du Togo sous administration française, tel qu'il résulte de leur appartenance à l'Union française.
763 Ibid., p. 59.

paraissent être conformes aux dispositions de la Charte et de l'Accord de tutelle[764]. Il déclare cependant qu'il ne se considère pas compétent pour porter un jugement sur les principes de droit constitutionnel sur lesquels pourraient reposer les accords intervenus entre les Territoires sous tutelle administrés par la France et l'Union française[765]. Cette position révèle les limites du principe d'autorité de l'ONU[766] et la prééminence du droit constitutionnel français en ce qui concerne les modalités d'administration du Cameroun. C'est donc en toute légalité que la France tout comme la Grande-Bretagne ont pu étendre leur influence juridique au Cameroun.

Section 2 : L'influence du droit français et du droit britannique au Cameroun

En effet, l'extension de la souveraineté des deux puissances occidentales au Cameroun a eu pour effet d'y transposer leur conception de la justice et du droit. Ainsi, sans qu'elles ne soient parvenues à une assimilation absolue des autochtones en raison de la résistance des coutumes locales, les politiques coloniales de la France **(A)** et de la Grande-Bretagne **(B)** ont néanmoins sérieusement

[764] Ibid.

[765] Ibid. Devant la quatrième Commission de l'ONU en 1953, le leader indépendantiste Ruben Um Nyobè (*Le Problème national Kamerunais*, op. cit., p. 224) demande « en vertu de quel acte conclu entre le Cameroun et la France » le Territoire sous tutelle est-il intégré dans l'Union française ? En réalité, il n'a existé aucun acte de cette nature, et c'est en vertu de l'article 4 de l'accord de tutelle que la France a intégré le Cameroun dans l'union française.

[766] Dans l'esprit du chapitre XII de la Charte de l'ONU, le Conseil de tutelle exerce un contrôle sur la puissance tutrice désignée à dessein, dans l'article 81, « autorité chargée de l'administration ». L'article 88 précise :« Le Conseil de tutelle établit un questionnaire portant sur les progrès des habitants de chaque Territoire sous tutelle dans les domaines politique, économique et social et dans celui de l'instruction ; l'autorité chargée de l'administration de chaque Territoire sous tutelle relevant de la compétence de l'assemblée générale adresse à celle-ci un rapport annuel fondé sur le questionnaire précité ». Pour Guillaume Pambou Tchivounda (« Article 75 », dans *La Charte des Nations unies Commentaire article par article*, 2e édition Economica, pp. 1109-1110), le système de la tutelle internationale évoque celui de la décentralisation administrative de droit interne dont le fonctionnement met en présence deux types de collectivités : « La fonction de la tutelle de droit interne, écrit-il, équivaut à celle de l' « autorité » dans les rapports qui s'établissent entre les puissances administrantes et l'ONU. Les deux termes désignent l'ensemble des moyens de contrôle mis en œuvre par les organes d'une collectivité sur ceux d'une autre collectivité de niveau inférieur. Dans l'esprit du chapitre XII tout se passe comme s'il en était ainsi puisque l'organisation internationale contrôle l'action des Etats qui administrent un Territoire sous tutelle ».

influencé la vie juridique locale. Nombreux sont les spécialistes qui ont essayé d'établir des comparaisons entre les deux systèmes : « Si la France et la Grande-Bretagne, observe Véronique Dimier[767], ont pu exporter outre-mer leurs systèmes administratifs, elles y ont également transféré les études comparées portant sur ces systèmes. Les politiques, les sociologues et les historiens ont ainsi souvent opposé le modèle de construction étatique et le système administratif des deux pays : l'un centralisé, bureaucratique, assimilateur, basé sur une autorité étatique démesurée issue directement de l'époque napoléonienne, voire de l'ancien régime ; l'autre plus décentralisé, pragmatique, respectueux de la diversité des cultures, plus souple et libéral dans son rapport avec la société, au point que l'on hésite à parler d'Etat britannique »[768].

---

[767] Cf. Dimier (Véronique), *Le gouvernement des colonies, regards croisés franco-britanniques,* Editions de l'université de Bruxelles, 2004, p. 9. Lire aussi, du même auteur, *Le discours idéologique de la méthode coloniale chez les Français et les Britanniques de l'entre-deux guerre à la décolonisation (1920-1960)*, Centre d'Etude d'Afrique Noire- Institut d'Etudes politiques de Bordeaux, Collection Travaux et Documents, n° 58-59, 1998.

[768] A ce sujet, le juriste Arthur Girault (*Principes de colonisation et de législation coloniale*, 5e édition, Paris, Sirey, 1927, I, p. 107) écrit : « L'autonomie convient à des Anglo-saxons (…). Nous, les Français, nous sommes des Latins. L'influence de Rome a pétri nos esprits pendant des siècles. Nous ne pouvons nous soustraire à cette obsession et ce serait forcer notre nature que de sortir de la voie qu'elle nous a tracée. Nous ne savons faire, et par suite nous ne devons faire, que de l'assimilation ». M. Bernard Durand (« Originalités et conformités de la justice coloniale sous la troisième République », dans *Le juge et l'outre-mer Les roches bleues de l'Empire colonial* , op. cit., pp. 7-42) estime que cette vision « politique » pêche par le lien qu'elle suggère entre domination et assimilation : « L'entreprise de colonisation, note-t-il, a souvent été présentée comme une entreprise de domination et d'assimilation, deux démarches qui auraient été intimement liées. Il y aurait eu, de la part du pouvoir colonial, le souci d'accompagner sa domination d'une stratégie quasi ''totalitaire'', à savoir chercher, par l'assimilation, la contagion culturelle, le démantèlement des autorités traditionnelles, l'inflexion des forces religieuses, par la substitution des modes de pensée, par l'éducation, par la diffusion des techniques modernes, etc., à pénétrer la société toute entière dans le but de la transformer ». Pour lui, cette vision relève davantage d'une analyse théorique que des réalités. Son point de vue s'appuie sur les remises en cause intellectuelles qui ont propagé l'idée que « la pluralité des civilisations, le relativisme des cultures, ne peut appuyer l'idée de supériorité de la civilisation européenne ». Il en déduit que « l'idée d'assimilation ne peut être considérée comme l'enjeu premier de l'entreprise coloniale et qu'elle ne peut subsister que pour les régions pour lesquelles l'assimilation est déjà réalisée ». En vérité, ces comparaison ont surtout été produites du côté britannique et n'ont pas toujours fait l'unanimité côté français où certains analystes coloniaux ont tenté de

A. L'influence du droit français au Cameroun

1. En matière législative et administrative

Avant même que le statut de ce Territoire ne soit clarifié à la Conférence de Versailles (1919), les autorités françaises ont déjà pris en main l'héritage allemand. Elles mettent tout en œuvre pour créer une situation irréversible en intégrant les Camerounais dans leur système colonial. De fait (1916-1922), le domaine colonial français s'agrandit à la satisfaction de son opinion publique et de sa classe politique, quasiment unanimes autour de l'idée de la « plus grande France ». L'avènement du régime de mandat (1922-1946), puis de tutelle (1946-1959) confirme la souveraineté française au Cameroun. Durant cette période, la France conserve sa domination politique en adaptant les cadres institutionnels (« Union française », « Etat sous tutelle ») aux mutations du temps, en ne renonçant en aucune manière à ses pouvoirs régaliens. Par la force des armes, elle soumet les résistances locales (*Bapé*, *Kirdi*). Par la ruse, les chefs indigènes sont inféodés à son administration jacobine et vidés de leurs prérogatives politiques. Parallèlement, elle favorise la montée d'une nouvelle catégorie d'élites scolarisées concurrentes des notables traditionnels. « Divisant pour mieux régner », son but est de maintenir le Cameroun dans le giron français afin que se perpétuent son rayonnement, sa grandeur et son prestige face aux autres puissances impériales. L'administration reste fidèle à l'idéologie de la présence française au point qu'elle entretient une politique déficitaire pour l'économie métropolitaine au lendemain de la Deuxième Guerre mondiale. Piégé par sa propagande impériale depuis l'Exposition coloniale de 1931, le Gouvernement français n'ose résister à l'imaginaire de son opinion publique qui croit toujours à la rentabilité des Territoires d'outre-mer. Pour « ne pas briser la cohésion de l'Empire », il s'enlise dans une politique qui fige les colonies dans la production des matières premières alors que des études recommandent leur industrialisation. Mais comme celle-ci a pour revers de favoriser l'autonomie des Territoires d'outre-mer, le Gouvernement français préfère injecter des capitaux massifs dont la rentabilité est incertaine, se rassurant en

---

minimiser au contraire les différences entre les deux systèmes. Cf. Dimier (Véronique), *Le gouvernement des colonies, regards croisés franco-britanniques*, op.cit. Lire aussi, du même auteur, *Le discours idéologique de la méthode coloniale chez les Français et les Britanniques de l'entre-deux guerres à la décolonisation (1920-1960)*, op.cit.

s'imaginant que son interventionnisme peut entretenir le mythe impérial.

Avant 1946, le ségrégationnisme permet à la puissance coloniale de consolider sa présence dans un Territoire plus ou moins hostile du fait de la conquête armée. L'extension des libertés aurait eu pour effet d' « armer » les indigènes contre la Métropole, et de réduire à néant la présence française. C'est pourquoi la liberté d'association est quasi inexistante et le régime de la presse dispose que la publication de tout journal ne peut avoir lieu sans autorisation du Commissaire de la République[769]. Il n'est pas étonnant que la « Gazette du Cameroun » soit demeurée le seul « journal indigène » pendant l'entre-deux Guerres. Si la liberté de conscience est proclamée, elle reste discriminatoire pour les Missions indigènes - comme la « Native Baptist Church » - qui ne peuvent créer de postes secondaires[770]. Le législateur impose le « travail obligatoire »[771] parce qu'il estime que les indigènes sont « naturellement paresseux ». Il considère comme une infraction « l'insoumission aux réquisitions de l'administration pour des travaux publics essentiels », « le vagabondage »[772], l'abandon de service, sans motif valable, pour les porteurs, piroguiers, convoyeurs, guides, ouvriers ou employés de chantiers publics », la « mauvaise volonté de s'acquitter des prestations » ou « le refus d'effectuer des plantations vivrières ». Les administrateurs peuvent, en vertu des dispositions autorisant l'indigénat, infliger des sanctions disciplinaires aux indigènes « non citoyens français » et « non justiciables des tribunaux français ». Ils disposent à ce titre d'un pouvoir discrétionnaire et leurs décisions ne peuvent faire l'objet d'aucun recours devant le Conseil du contentieux administratif, encore moins devant le Conseil d'Etat. Seul le Commissaire de la République peut réviser les peines prononcées. Le pouvoir des « administrateurs-juges » est d'autant plus important que les indigènes ne bénéficient pas des droits politiques reconnus aux citoyens français. Le droit de pétition qui leur est accordé par le mandat international est limité par

[769] Cf. Décret du 27 octobre 1923 rendant applicable au Cameroun la loi du 29 juillet 1881 sur la liberté de la presse et des lois modificatives des 12 décembre 1893 et 28 juillet 1894 (J.O.C. 1924, p. 9).

[770] Cf. Arrêté du 24 avril 1930 règlementant l'installation des postes secondaires des Missions religieuses confiées à des indigènes (J.O.C. 1930, p. 301).

[771] Cf. Arrêté du 26 décembre 1938 réglementant le travail public obligatoire au Cameroun (J.O.C. 1939, p. 83-86).

[772] Cf . Décret du 6 mai 1924 portant répression du vagabondage au Cameroun.

le fait que leurs pétitions sont transmises à la SDN par l'intermédiaire du Gouvernement français. En droit privé, le législateur maintient le statut personnel indigène, certes parce que le mandat international l'y oblige, mais aussi par réalisme du fait des résistances coutumières. En matière civile et commerciale, la justice, à l'égard des indigènes ne possédant ni la nationalité française ni le statut de nationaux européens, est administrée par des juridictions appliquant exclusivement les coutumes des parties. On distingue par conséquent deux ordres de juridictions : l'une pour les citoyens français, et l'autre pour les indigènes animistes ou musulmans. Au premier niveau ou en appel (tribunal du deuxième degré et Chambre d'homologation), la procédure n'admet pas le ministère d'avocat. En matière pénale, les juridictions de droit local appliquent un droit spécial qui s'inspire à la fois des réalités locales et du Code pénal français. La justice pénale est d'autant plus dérogatoire que le Commissaire de la République dispose de prérogatives judiciaires qui remettent en cause le principe de la séparation des pouvoirs.

Avec la Constitution de 1946, le régime d'exception est maintenu sur quelques points. L'article 72 prolonge le « régime des décrets » qui admet la compétence législative du chef de l'Etat français dans les colonies. L'article 82 précise que les « citoyens qui n'ont pas le statut civil français conservent leur statut personnel tant qu'ils n'y ont pas renoncé ». Le système du double collège perpétue la distinction entre « citoyens » et indigènes pour les sièges à pourvoir lors des élections aux Assemblées locales. En vertu de l'égalité civique, le ségrégationnisme est de moins en moins affirmé, mais subsiste dans la réalité. Sa base paternaliste s'adapte au contexte de la décolonisation, et le législateur conçoit l' « Union française » comme le cadre idéal pour l'apprentissage des valeurs démocratiques. Il justifie la représentation du Cameroun au Parlement français comme le moyen de former aux responsabilités publiques les hommes qui, le moment venu, auront la « maturité » nécessaire pour décider de leur avenir. La loi-cadre du 23 juin 1956 est une manifestation supplémentaire du paternalisme français : l'autonomie interne ne s'exerce que sous le regard bienveillant de la puissance tutélaire. Alors qu'en Métropole le Premier Ministre émane de la majorité parlementaire, c'est le Haut-Commissaire de la République qui désigne le chef du Gouvernement camerounais. Certes, ceci semble conforme au régime de tutelle qui autorise la France à conduire progressivement les Camerounais « à la capacité de se diriger eux-mêmes ». Mais ce paternalisme a pour revers de maintenir le Cameroun sous l'emprise impériale de la France. Les indigènes doivent par conséquent se laisser guider par leurs maîtres, seuls juges de leurs progrès. Dès lors, la mission civilisatrice apparaît, non comme une fin, mais comme un long processus d'occidentalisation du droit et des mœurs, dont l'Etat colonial n'a pas été l'artisan exclusif.

Dans cette perspective dynamique, la France a introduit ses valeurs et principes juridiques au Cameroun, en pratiquant une politique d'assimilation. Le français est imposé comme langue officielle dans les écoles publiques et confessionnelles. Les Missions chrétiennes poursuivent l'œuvre d'évangélisation entamée bien avant la période allemande. Le développement simultané de l'éducation laïque et du christianisme bouscule les droits traditionnels en mettant en cause leurs fondements contraires aux idées libérales de la philosophie occidentale. La « Déclaration des droits de l'homme et du citoyen » est considérée comme la norme suprême, et le droit local doit s'y conformer. Pour matérialiser ce principe, le législateur proclame que les coutumes doivent être « conformes à la civilisation ». Le décret du 31 juillet 1927[773] organisant la justice indigène prévoit que tout jugement contraire à cette règle est soumis à la Chambre d'homologation pour y être annulée. La jurisprudence a même tendance à substituer les éléments de droit français aux règles coutumières[774]. C'est le cas en matière successorale où on passe progressivement de l'héritier unique à la pluralité des successibles. D'ailleurs, quand la coutume est muette sur un sujet ou quand il y a opposition entre la coutume et le droit français, c'est le Code civil qui est appliqué[775]. Pour donner aux coutumes une forme écrite, le législateur les codifie, prenant ainsi le risque de les dénaturer[776]. Les assesseurs nommés pour assister les « juges français » n'ont en général que voix consultative et leur petit nombre est insignifiant par rapport à la prodigieuse diversité des coutumes. C'est le cas de la Chambre d'homologation qui, appelée à statuer sur les décisions des tribunaux indigènes, ne compte qu'un seul assesseur pour tout le

---

[773] Cf. Décret du 31 juillet 1927 portant réorganisation de la justice indigène dans les Territoires du Cameroun (J.O.C. 1927, p. 429).

[774] Cf. Arrêt de la Chambre d'homologation du Cameroun en date du 28 septembre 1933 (Penant 1934, p. 157, 2e espèce).

[775] Ibid.

[776] Cf. Arrêté du 26 décembre 1922 règlementant le mariage des indigènes (J.O.C., 1923, p. 13).

Territoire. En remplaçant les tribunaux traditionnels par un système hiérarchisé de juridictions de droit local, le législateur s'assure un meilleur contrôle de la justice et une mainmise sur les coutumes. Il distingue clairement le civil et le pénal, alors que l'autonomie de ces matières n'est pas évidente en droit traditionnel. Comme en Métropole, les tribunaux du premier degré, du deuxième degré et la Chambre d'homologation correspondent aux tribunaux de première instance, à la Cour d'appel et à la Cour de cassation. Qui plus est, de nombreuses institutions judiciaires de droit français sont étendues au Cameroun. Ce sont, en matière civile, le préliminaire de la conciliation et l'exemption des frais pour les indigents ; en matière répressive, il s'agit de l'introduction de nouvelles infractions, la constitution de la partie civile, le privilège de juridiction pour certaines catégories de prévenus, la mise en liberté provisoire, la défense gratuite de l'indigène accusé de crime, le non-cumul des peines, l'admission de circonstances atténuantes, l'imputation de la détention préventive sur la durée de la condamnation, le recours en grâce devant le chef de l'Etat, et la libération conditionnelle.

Au nom de la protection de l'individu, le législateur interdit la mise en gage de personnes de sexe féminin, réprime sévèrement la traite et l'anthropophagie[777]. Pour affirmer la personnalité de la femme, une série de textes[778] interdisent le mariage des filles

---

[777] Cf. Décret du 26 avril 1923 relatif à la répression de la traite et de l'anthropophagie au Cameroun (J.O.C. 1923, p. 179) promulgué par arrêté du 28 juin 1923.

[778] Cf. Arrêté du 26 décembre 1922 règlementant le mariage des indigènes (J.O.C., 1923, p. 13). Décret du 30 novembre 1926 édictant des pénalités dans les cas de mariage prématuré (J.O.C., 1926, p. 99). Arrêté du 11 octobre 1928 modifiant l'arrêté du 26 décembre 1922 sur les mariages fétichistes. Circulaire du 4 décembre 1933 (J.O.C. 1933, pp. 730-731). Arrêté du 26 mai 1934 portant réglementation du mariage indigène au Cameroun (J.O.C., 1934, p. 372). Arrêté du 11 février 1935 complétant celui du 26 mai 1934 portant réglementation du mariage indigène au Cameroun (J.O.C. 1935, p. 203). Arrêté du 11 janvier 1936 modifiant l'arrêté du 26 mai 1934 sur le mariage indigène au Cameroun. Décret ministériel du 13 novembre 1945 sur le mariage entre indigènes (J.O.C., 1946, p. 528). Décret du 19 novembre 1947 modifiant ou complétant les articles 12, 264, 302, 312, 317, 331, 337, 339, 340, 341, 360, 405 et 483 du Code pénal applicable au Cameroun (J.O.C., 1948, p. 10). Décret du 14 septembre 1951 relatif à certaines modalités du mariage entre personnes de statut personnel en Afrique Occidentale Française, au Togo et au Cameroun (J.O.C. 1951, p. 1494). Circulaire ministérielle du 18 octobre 1954 relative à l'option de législation par mariage et à l'engagement de monogamie. [Cf. Bouvenet (Gaston) & Bourdin (René), *Codes et lois du Cameroun* , tome 2, op. cit.]

impubères, exigent le consentement de la femme au lien matrimonial, limitent le montant de la dot, encouragent la publicité des mariages pour en faciliter la preuve et admettent l'éventualité du divorce. Cette promotion de l'individu est renforcée par l'adoption d'un état civil indigène obligatoire[779]. La jurisprudence tend à considérer que les seuls mariages valides sont ceux retranscrits dans les registres de l'état civil[780]. Le législateur donne même la possibilité aux indigènes d'opter pour le mariage monogamique célébré par l'officier d'état civil[781]. Les époux peuvent ainsi se soustraire aux pratiques communautaires du mariage coutumier en nouant un contrat individuel. Dans le domaine foncier, le législateur étend le principe français de la propriété en règlementant le régime de la transcription, en permettant aux indigènes de faire constater leurs droits coutumiers. Parallèlement, il aménage le régime de l'immatriculation dont la procédure a pour effet de confirmer les droits individuels ou de les rendre absolus sous le régime du Code civil français. Il en résulte pour les détenteurs d'un titre foncier, la possibilité soit d'aliéner la terre au profit d'un tiers, soit d'obtenir un crédit hypothécaire, soit un crédit sur les récoltes pendantes. Quoique limitée dans la pratique, la libéralisation de la propriété foncière intervient dans un contexte où l'irruption de l'économie monétaire tend à désarticuler les liens coopératifs de famille et à favoriser une dynamique individuelle du profit. Pour « protéger » les indigènes contre les pratiques usurières et

---

[779] Cf. Arrêté du 15 juillet 1930 organisant au Cameroun un état civil indigène obligatoire et en réglementant le fonctionnement (J.O.C., p. 508).

[780] Cf. Arrêt de la Cour d'Appel de Yaoundé en date du 23 septembre 1953, d'après lequel « il ne peut y avoir poursuites pour abandon de domicile conjugal que si le mariage a été célébré par un officier d'état civil indigène et si le plaignant naturellement rapporte la preuve de mariage, par la production d'un acte d'état civil ». Cet Arrêt a été finalement contredit par celui du 13 octobre 1956 qui considère qu' « en l'absence de production d'un acte d'état civil régulier, les parties qui se déclarent mariées, conformément à la coutume, devront apporter la preuve de leur mariage par tous moyens devant le Tribunal de droit local compétent, qui vérifiera en outre si le mariage est conforme aux exigences imposées au nom de l'ordre public par les décrets du 13 novembre 1945 et 14 septembre 1951».Par conséquent, le défaut d'enregistrement a seulement pour conséquence de priver les parties d'une preuve préconstituée et de les rendre passibles de sanctions pénales. Cf. Basse (Jacques), *Les délits relatifs au mariage dans le Sud-Cameroun : L'abandon du domicile conjugal et l'escroquerie de la dot,* op. cit., pp. 1-45.

[781] Circulaire ministérielle du 18 octobre 1954 relative à l'option de législation par mariage et à l'engagement de monogamie. [Cf.Bouvenet (Gaston) & Bourdin (René), *Codes et lois du Cameroun* , tome 2, op. cit.]

remédier à leur « imprévoyance naturelle », le législateur crée les Sociétés de prévoyance et de prêts mutuels agricoles. Les conceptions coutumières s'adaptent aux formes contractuelles du Code civil qui garantissent la preuve et la sécurité des engagements. Pour l'exécution des contrats, le législateur introduit le régime de la contrainte par corps. Que ce soit chez les animistes, ou chez les musulmans, la force des obligations ne se limite plus au respect de la « parole donnée », mais se fonde peu à peu sur des actes écrits. Par conséquent, le contrat de travail est une nouveauté remarquable qui implique la notion de salaire, impensable en droit traditionnel. La proclamation de la liberté du travail[782] par la loi du 11 avril 1946 constitue une étape charnière, non seulement pour la modernisation du droit du travail, mais aussi pour l'extension, au Cameroun, des libertés publiques et individuelles de la France républicaine.

En effet, en droit public, les indigènes, qui n'avaient d'opinion que celles de leurs chefs à l'époque précoloniale, jouissent des droits garantis par la Constitution de l'« Union française »[783]. Déjà, le décret du 7 août 1944[784] a légalisé le syndicalisme et ouvert la société indigène aux courants idéologiques des « centrales parisiennes ». La liberté d'association (loi du 1er juillet 1901)[785] favorise la naissance de partis politiques dont l'UPC qui exploite le nouveau cadre pluraliste pour critiquer la présence française et promouvoir des idées

---

[782] Cf. Loi du 15 décembre 1952 instituant un Code du travail dans les Territoires et Territoires associés relevant du ministère de la France d'outre-mer (J.O.C. 1953, p. 49).

[783] Cf. FR/C.A.O.M./Fonds ministériel /Mémoires des élèves de l'Ecole coloniale/3ECOL 83 D4- Unger (Roger)- L'évolution de la société indigène du stade primitif à la période actuelle dans le Sud – Cameroun.

[784] Cf. Décret du 7 janvier 1944 portant réglementation du travail indigène au Cameroun (J.O.C. 1944, p. 47). Arrêté d'application du 14 février 1944 (J.O.C. 1944, p. 171).

[785] Cf. Décret du 13 mars 1946 rendant applicables à l'AEF, à l'AOF, à Madagascar et dépendances, à la Côte française des Somalies, aux Etablissements français de l'Inde et de l'Océanie, à la Nouvelle Calédonie et dépendances, au Togo et au Cameroun, les titres I et II de la loi du 1er juillet 1901 (J.O.C. 1946, p. 549). Voir aussi, Décret du 16 avril 1946 rendant applicable à l'AEF, à l'AOF, à Madagascar et dépendances, à la Côte française des Somalies, aux Etablissements français de l'Inde et de l'Océanie, à la Guyane, à la Nouvelle Calédonie et dépendances, au Togo et au Cameroun le titre 1er du décret du 16 août 1901 portant règlement d'administration publique pour l'exécution de la loi du 1er juillet 1901 relative au contrat d'association (J.O.C. 1946, p. 549 et 634).

indépendantistes. La liberté de la presse[786] et la liberté de réunion[787] sont rendues applicables en vertu des dispositions de la Constitution française. La liberté de conscience, le principe d'indépendance de la magistrature coloniale, le droit de pétition et le droit de vote sont également consacrés. Représentés au Parlement français[788], les Camerounais s'initient aux rouages de la démocratie occidentale. En matière pénale, seules les juridictions françaises connaissent des infractions commises par les indigènes. Sur le modèle de la Métropole, des institutions démocratiques sont aménagées dans le Territoire[789]. Les communes de moyen et de plein exercice[790] remplacent progressivement les communes mixtes urbaines[791] et rurales[792], traduisant ainsi les progrès de l'urbanisation. L'implication

---

[786] Cf. Décret du 12 avril 1945 rendant applicable l'ordonnance du 26 août 1944 sur l'organisation de la presse française (J.O.C. 1944, p. 694 et J.O.C. 1945, p. 338). Décret du 27 septembre 1946 modifiant le décret du 12 avril 1945 étendant au Togo et au Cameroun les dispositions de l'ordonnance du 26 août 1944 sur l'organisation de la presse française (J.O.C. 1946, p. 1175). Décret du 27 septembre 1946 rendant applicable aux Territoires relevant du ministère de la France d'outre-mer autres que l'Indochine l'ordonnance du 13 septembre 1945 modifiant la loi du 29 juillet 1881 sur la liberté de la presse (J.O.C. 1946, p. 1175).

[787] Cf. Décret du 11 avril 1946 rendant applicable aux Territoires relevant du ministère de la France d'outre-mer la législation métropolitaine sur la liberté de réunion (J.O.C. 1946, p. 1110).

[788] Cf. Loi du 23 mai 1951 relative à l'élection des députés à l'Assemblée nationale dans les Territoires relevant du ministère de la France d'outre-mer (J.O.C. 1951, p. 797).

[789] Cf. Décret du 25 octobre 1946 portant création d'une Assemblée Représentative au Cameroun (J.O.C. 1946, p. 1302). Loi du 6 février 1952 (complétée par la loi du 17 avril 1952) relative à la formation des assemblées de groupe et des assemblées locales d'Afrique Occidentale Française et du Togo, d'Afrique Equatoriale Française et du Cameroun, de Madagascar et des Comores (J.O.C. 1952, p. 188 et 937). Décret du 16 avril 1957 portant statut du Cameroun (J.O.R.F du 18 avril 1957-J.O.C. du 9 mai 1957, p. 655).

[790] Cf. Loi du 18 novembre 1955 relative à la réorganisation municipale en Afrique occidentale française, en Afrique équatoriale française, au Togo, au Cameroun et à Madagascar (J.O.C. 1956, p. 4).

[791] Cf. Décret du 23 avril 1941 organisant le régime des communes mixtes au Cameroun. Arrêté du 25 juin 1941 portant création d'une commune à Douala et à Yaoundé (J.O.C. 1941, p. 447). Décret du 19 novembre 1947 portant réorganisation du régime municipal du Cameroun. (J.O.C. 1947, p. 1401).

[792] Cf. Arrêté du 21 août 1952 instituant au Cameroun, dans les subdivisions de Djounngolo, Mfou, Essé, Okola, Saa, Nanga-Eboko, Akonolinga, Mbalmayo, Ebolowa, Ambam, Sangmélima, et Djoum, des communes rurales (J.O.C. 1952, 1376).

des Camerounais dans la gestion des affaires publiques du Territoire est renforcée par l'existence d'une Assemblée locale élue. A la suite de la loi-cadre du 23 juin 1956, le Cameroun est érigé au statut d'« Etat sous tutelle »[793] doté d'une citoyenneté propre, d'une Assemblée législative, d'un Gouvernement, d'un drapeau, d'une devise et d'un hymne. Ainsi s'enracinent les prémices d'un « Etat-nation » dans un espace originellement hétérogène du fait de la multiplicité ethnique. Dans la continuité de l'unité territoriale amorcée pendant la colonisation allemande, la France a contribué à la fondation d'une société politique moderne.

2. En matière judiciaire

L'administration française qui prend possession du territoire en 1916, reproche au régime allemand de « laisser aux juges indigènes une trop grande liberté, qui favoriserait les dénis de justice et les exactions »[794]. Elle estime, par ailleurs, que la juridiction suprême représentée par le gouverneur allemand, était inapte à jouer le rôle régulateur qu'on doit attendre d'un organisme de ce genre. Il s'agit alors pour l'administration française de reprendre en main les tribunaux dirigés par des chefs titulaires de l'autorité traditionnelle sur les indigènes. Mais la réforme n'est pas réalisée immédiatement, et on préfère procéder par étapes. Par conséquent, les « tribunaux de village » et les « tribunaux de race » existants sont maintenus provisoirement. Par décret du 6 mai 1916[795], la France réorganise au Cameroun le service de la justice à l'égard des citoyens français, des étrangers alliés ou neutres et des indigènes des colonies ou possessions françaises jouissant dans leur pays d'origine du statut métropolitain. Le texte crée à Douala un tribunal à juge unique fonctionnant comme des justices de paix à compétence étendue de l'AEF (Afrique Equatoriale Française). Les fonctionnaires ou officiers commandants des circonscriptions peuvent être chargés, dans l'étendue de leur circonscription, des fonctions de juge de paix par arrêté du Commissaire de la République et dans les conditions

---

[793] Cf. Décret du 16 avril 1957 portant statut du Cameroun (J.O.R.F du 18 avril 1957- J.O.C. du 9 mai 1957, p. 655). Ordonnance du 30 décembre 1958 portant statut du Cameroun.

[794] Cf. Costedoat (René), *Le mandat français et la réorganisation des Territoires du Cameroun*, Thèse pour le doctorat, Université de Dijon, Faculté de droit, Besançon, Imprimerie Jacques et Demontrond, 1930, pp. 111-117. Labouret (Henri), *Le Cameroun,* op.cit., pp. 60-76.

795 Promulgué par arrêté du 8 août 1916.

indiquées dans ces arrêtés. Ils président également les tribunaux indigènes[796] rétablis ou institués au chef lieu de chaque circonscription. En dehors de la compétence dévolue au Conseil de guerre en matière criminelle, ce tribunal créé par le décret du 6 mai 1916 connait de toutes les affaires civiles et commerciales ainsi que des affaires correctionnelles. Il relève en cas d'appel de la Cour d'Appel de Brazzaville[797]. Ce tribunal juge suivant les lois et la procédure en vigueur pendant l'occupation allemande. En cas d'empêchement, il applique la loi et la procédure française. Cette dernière solution jurisprudentielle a été entérinée[798] législativement par décret du 12 janvier 1917[799] qui réorganise la justice au Cameroun. Ce texte conforte le Conseil de guerre dans sa compétence criminelle, maintient le tribunal de Douala, institue des justices de paix[800] à compétence étendue ou à compétence ordinaire et des tribunaux indigènes.

Un arrêté du 21 avril 1917 réorganise la justice indigène. Il est institué des tribunaux indigènes aux chefs-lieux de circonscription et de subdivision[801]. Ces tribunaux sont présidés par les chefs de ces

---

796 En matière indigène, la coutume indigène est appliquée.
797 La Compétence de cette cour est fixée par le décret du 16 avril 1913.
798 Aux termes de son article 5, « les tribunaux du Cameroun jugent suivant les lois et la procédure avant l'occupation du pays par les forces armées de la République ».
799 « Alors que le décret de 1916 organisait les tribunaux de l'ancien Cameroun, le Gouverneur général de l'AEF, prenait, de son côté, un arrêté instituant des tribunaux français dans les territoires du nouveau Cameroun. Les inconvénients de la dualité de la législation n'échappèrent pas au pouvoir central qui réunit et harmonisa les dispositions édictées pour chacun dans un décret du 12 janvier 1917 ».
800 L'originalité du décret du 12 janvier 1917 consiste dans le pouvoir laissé Commissaire de la République de créer les justices de paix à compétence étendue assistées d'un officier du ministère public. Par circulaire du 24 mars 1917 (J.O.C. 1917, p.62), le Commissaire de la République estime que le moment n'est pas propice pour l'institution des tribunaux français dans les circonscriptions. Le président du tribunal de Douala conserve donc sa compétence sur l'ensemble du territoire. Les dossiers des affaires instruites par les chefs de circonscription, en leur qualité d'officiers de police judiciaire lui sont soumis avant transfèrement des inculpés. Suivant l'importance de l'affaire et sa nature, il ordonne le renvoi devant son tribunal ou fait nommer, par arrêté, un juge de paix à compétence étendue et un greffier ad hoc.
801 « Sa compétence, en premier et en dernier ressort, comprenait toutes les affaires civiles et toutes les infractions. Et, malgré les craintes d'exactions et de déni de justice que représentaient à l'époque les tribunaux purement indigènes à l'autonomie complète, les « mixed courts », appelés désormais « tribunaux de races », continuèrent de fonctionner provisoirement à Douala, à Edéa et à Yaoundé. Il y en

unités administratives, assistés de deux assesseurs indigènes[802]. En matière civile et commerciale, ils connaissent en premier et dernier ressort de tous les litiges dont ils sont saisis par les individus non justiciables des juridictions françaises. En matière répressive, ils connaissent de toutes les atteintes portées aux personnes ou aux biens commises par des personnes au préjudice des personnes non justiciables des juridictions françaises. Ils connaissent de tous les crimes. Ils jugent suivant la coutume des parties, à condition que celle-ci ne soit pas « contraire aux principes de la civilisation française ». En matière répressive, les décisions prononçant des peines supérieures à deux ans de prison doivent être soumises à l'examen et à l'approbation du commissaire de la République. Les peines que peuvent prononcer ces tribunaux indigènes sont l'emprisonnement, l'amende sans limite, l'interdiction de séjour (qui ne peut dépasser vingt ans) et la peine de mort qui ne peut être appliquée toutefois que par décision du Président de la République française. Dans le cas où les châtiments corporels sont prévus par la coutume, l'emprisonnement leur est substitué.

Un autre arrêté du 21 avril 1917 fixe les conditions dans lesquelles peuvent continuer de fonctionner provisoirement les tribunaux indigènes proprement dits (« tribunal de village »[803] et « tribunal de race » [804] et « les institutions judiciaires coutumes »[805])

---

avait neuf pour la circonscription de Douala, trois pour celle d'Edéa, et une pour la circonscription de Yaoundé. Leur compétence, par contre se restreignit aux délits de faible importance ; leurs décisions intervenaient toujours à charge d'appel. Le régime disciplinaire persista ; l'emprisonnement simple et l'amende remplacèrent, en principe, les châtiments corporels » . Cf. Cagan (Roger) « Contribution à l'histoire de la justice au Cameroun », dans *PENANT*, n°636, Janvier 1956, p.7).

802 Ils sont choisis parmi les chefs et notables dont la liste est dressée à la fin de chaque année pour approbation au commissaire de la République. Un arrêté du 21 avril 1917 fixe leur rémunération.

803 En matière civile et commerciale, le chef de chaque village juge en premier ressort tous les litiges où sont parties les indigènes de son village lorsque la valeur du litige ne dépasse pas cent francs. En matière répressive, le chef de village connait en premier ressort des délits commis sur l'étendue de son village lorsque la peine ne dépasse pas 15 jours de prison et 100 francs d'amende. L'appel des jugements des chefs de village peut être porté dans les 24 heures devant le « tribunal de race ».

804 Il est composé d'un président, deux assesseurs, un ou deux secrétaires, un interprète. Ce tribunal connait en premier ressort lorsque sont parties ou en cause les indigènes appartenant au même groupe ethnique. En matière civile et commerciale, il connait des litiges dont la valeur dépasse 100 francs. En matière répressive, il connait des délits qui sont sanctionnés par des peines inférieures à 300 francs d'amende et à 6 mois d'emprisonnement. Les jugements rendus par les tribunaux de

et détermine ainsi leur organisation et leur compétence. Par circulaire du 5 mai 1917, le Commissaire de la République insiste pour qu'aucun tribunal purement indigène autre que ceux existants ne puisse être autorisé à l'avenir.

Un arrêté du commissaire de la République en date du 18 avril 1918 rend applicable au Cameroun le fonctionnement de la justice française en Afrique Equatoriale Française[806]. Un autre arrêté du 18 avril 1918 réorganise la justice indigène au Cameroun[807]. Avec la fin de la *Grande Guerre*, la compétence criminelle du Conseil de guerre est restreinte. Par décret du 8 août 1920, la justice de paix à compétence étendue de Douala est remplacée par un Tribunal de

---

race sont susceptibles d'appel devant le tribunal de circonscription ou de subdivision.

805 Ces institutions continuent à fonctionner comme par le passé avec ce correctif toutefois : en matière répressive, toute condamnation supérieure à 6 mois d'emprisonnement ou à 300 francs d'amende est soumise obligatoirement à l'homologation du commissaire de la République.

806 Sont désormais applicables les dispositions :
du décret du 16 avril 1913 portant réorganisation de la justice en Afrique Equatoriale Française,
de l'arrêté du gouverneur général de l'Afrique Equatoriale Française du 11 mai 1914 fixant la compétence des justices de paix à compétence étendue de l'Afrique Equatoriale française, leurs attributions et la procédure en matière répressive,
De l'arrêté du gouverneur général de l'AEF du 11 mai 1914 réglant la procédure en matière civile et commerciale devant la cour d'appel et les tribunaux de toute catégorie de l'AEF
De l'Arrêté du gouverneur général de l'AEF du 11 mai 1914 concernant les fonctions d'agent d'exécution.
De l'arrêté du gouverneur général de l'AEF du 3 octobre 1916 portant tarif général des émoluments et honoraires en matière civile et criminelle devant les tribunaux français de l'AEF. Mais les frais de justice tels qu'ils sont prévus par la loi du 20 mai 1898 en vigueur dans les territoires occupés de l'ancien Cameroun avant l'occupation continueront à être perçus au profit de l'Etat.

807 Ce texte précise que les dispositions du décret du 16 avril 1913 réorganisant la justice en AEF en ce qui concerne la justice indigène sont désormais applicables. Mais il prescrit que sont maintenus en vigueur :

- Le titre III de l'arrêté du 30 décembre 1916 fixant les conditions de perception des taxes en matière de justice indigène
- L'arrêté local du 19 avril 1917 réglementant l'exercice de la contrainte par corps
- L'arrêté du 21 avril 1917 fixant les conditions dans lesquelles pourront continuer à fonctionner les tribunaux indigènes proprement dits avec cette restriction toutefois qu'en matière répressive, toute condamnation supérieure à six mois de prison ou à 300 francs d'amende est soumise obligatoirement à la procédure d'homologation.

première instance[808] rattaché à la cour d'appel de Brazzaville, composé d'un juge Président, d'un Procureur de la République, d'un lieutenant de juge et d'un juge suppléant[809]. Un décret du 13 avril 1921 supprime les « tribunaux de village », et pose que les indigènes sont tous justiciables des « tribunaux de races ». Il institue, en outre, au-dessus des tribunaux de circonscription et de subdivision, un organisme de contrôle, dit « tribunal d'homologation », présidé par un magistrat de carrière, le Président du tribunal européen, d'un magistrat nommé par le chef du Territoire et d'un assesseur indigène également désigné par le Commissaire de la République. La justice française au Cameroun est réorganisée par un décret du 29 décembre 1922 qui supprime le rattachement du tribunal de première instance à Douala à la cour de Brazzaville et crée à Douala un Conseil d'appel[810] à juge unique, une Cour criminelle[811] et des justices de paix ordinaires. Entre

---

808 L'étendue des biens séquestrés ajoutée aux nombreuses affaires soumises à la justice de paix à compétence étendue de Douala ont motivé la transformation de cette juridiction

809 Le principe du juge unique est cependant maintenu et le tribunal est rattaché à l'Afrique Equatoriale Française.

810 Le Conseil d'appel est une juridiction mixte dans laquelle, à côté d'un juge unique ayant le titre de président, deux assesseurs, choisis parmi les fonctionnaires en service dans la colonie, sont appelés à rendre la justice. Le Conseil d'appel se complète par un procureur de la République, chef du service judiciaire et un greffier (décret du 22 décembre 1922). Les décrets des 3 mai et 15 juillet 1927, transformeront le Conseil d'appel à juge unique en un Tribunal supérieur d'appel, composé de trois magistrats de carrière, institueront une chambre des mises en accusation à Douala et une justice de paix à compétence étendue à Garoua (qui sera transférée à Yaoundé). Le décret du 11 mai 1934, entré en vigueur le 1er janvier 1935, supprimera le Tribunal supérieur d'appel et le territoire du Cameroun fera à nouveau partie du ressort de la Cour d'appel de Brazzaville.

811 La Cour criminelle comprend les membres du Conseil d'appel et deux assesseurs ayant voix délibérative sur la question de la culpabilité, d'application de la peine et des dommages - intérêts. A défaut de chambres de mises en accusation, la Cour criminelle est saisie directement par le procureur de la République qui décerne contre l'accusé, cité par lui, une ordonnance de prise de corps. A cet effet, les instructions criminelles, une fois terminées, sont remises au substitut expressément chargé du ministère public près le tribunal. Le substitut rend une ordonnance de transmission de la procédure au Procureur de la République à qui la partie civile et l'accusé adressent leur mémoire en défense s'ils le jugent utiles. Si le Procureur de la République est d'avis de traduire l'accusé devant la Cour criminelle, il cite dans les mêmes formes qu'en matière correctionnelle. En sa qualité de chef du service judiciaire, il peut charger, par voie de réquisition, tout juge d'instruction de son choix de compléter toute information même à l'occasion des faits commis hors du ressort de sa compétence. Il peut, en outre, autoriser la mise en liberté avec ou sans

temps, les châtiments corporels appliqués sous la domination allemande[812] ont été supprimés et remplacés par des peines d'emprisonnement[813], tout comme est désormais interdite par arrêté du 18 août 1917 la mise en gage des personnes indigènes de sexe féminin. Par arrêté du 14 mars 1917[814], les peines spéciales à

---

caution même dans le cas où cette mise en liberté a été refusée par le magistrat chargé de l'instruction. Le règlement des dossiers d'information correctionnelle est effectué par le substitut. Pour attaquer les jugements en dernier ressort, il existe une seule voie de recours : le pourvoir en cassation.

812 Cf. Fr/C.A.O.M. / Fonds Ministériel/ série géographique Togo-Cameroun/ carton34/ dossier 330. Extraits de la législation pour le Cameroun – Juridiction sur les indigènes, Décision du Chancelier d'Empire relative à l'exercice de la juridiction pénale et des pouvoirs disciplinaires à l'égard des Indigènes, dans les Territoires de protectorat allemand en Afrique orientale, au Cameroun et au Togo du 22 avril 1896. Lire aussi, Ibid., Circulaire du Gouverneur concernant la juridiction pénale et disciplinaires sur les indigènes du 5 janvier 1906. Circulaire du Gouverneur concernant la juridiction sur les Indigènes du 28 octobre 1909.

813 La circulaire du 6 juillet 1917 du Commissaire Fourneau est très nette à cet égard : « En vous rappelant qu'aucun texte organisant, soit la justice indigène, soit le régime des peines disciplinaires dans les Territoires occupés de l'Ancien Cameroun, ne prévoit l'application de punitions corporelles, j'ai l'honneur de vous faire connaître que je m'oppose formellement au maintien de pratiques en usage sous l'ancienne administration allemande, mais que notre méthode de colonisation se refuse à employer. Je vous prie donc de donner des instructions précises à vos subordonnées pour rejeter l'emploi de tout moyen brutal de correction ; les peines régulières d'amende ou de prison, prévus pour la répression des délits de l'indigénat, mis à votre disposition doivent amplement suffire pour tous les cas ne relevant que des juridictions indigènes. Chaque fois que je serai mis au courant des faits de cette nature, je n'hésiterai pas à prendre des sanctions sévères. Je tiens à préciser d'autre part que, seuls les chefs de circonscription et de subdivision, nommément désignés par arrêté ont le pouvoir d'appliquer des peines disciplinaires. Il m'a été signalé que des sous-officiers en tournée avaient condamné à des peines de prison et d'amende en même temps, des indigènes, et qu'ils leur infligeaient des châtiments corporels. Je vous prie de prendre des dispositions énergiques pour mettre fin à cette façon de procéder. J'invite les commandants de région à veiller strictement à l'exécution de ces prescriptions ». Cité, Costedoat (René), Le mandat français et la réorganisation des Territoires du Cameroun, op.cit., p. 114.

814 Cf. Arrêté du Commissaire de la République du 14 mars 1917 déterminant les infractions spéciales à l'indigénat (J.O.C. 1er octobre 1917) complété par arrêté du 26 octobre 1917 (J.O.C. 1er novembre 1917). Lire aussi, Circulaire du 18 août 1917 du Commissaire de la République française relative à l'application de l'arrêté déterminant les infractions de l'indigénat (Journal officiel de l'ancien Cameroun du 1er octobre 1917). Circulaire du 6 mars 1919 du Commissaire de la République au sujet de l'exercice des pouvoirs disciplinaires (Journal officiel de l'ancien Cameroun du 1er avril 1919).

l'indigénat[815] ont été introduites au Cameroun[816]. Ce régime, confirmé par un décret spécial du 8 août 1924[817], permet aux administrateurs de bénéficier des prérogatives juridictionnelles.

---

815 Il s'agit d'un régime prévoyant des infractions particulières, réprimées par des peines spéciales, généralement infligées par l'autorité administrative qui dispose de pouvoirs disciplinaires et judiciaires étendus. Lire, Merle (Isabelle), « Retour sur le régime de l'indigénat. Genèse et contradictions des principes répressifs dans l'Empire français », French Politics, Culture and Society, vol. 20, n° 2, 2002, pp. 77-97. Cet article présente les dynamiques du régime de l'indigénat, à la fois au niveau impérial et local.

816 Le régime de l'indigénat est introduit au Togo par Arrêté du 24 mai 1923 (Cf. Recueil de législation coloniale, 1923, p. 263). Dans les possessions françaises, ce type de répression administrative a pris ses sources en Algérie par décret du 29 août 1874. L'indigénat est étendu à la Cochinchine par décret du 25 mai 1881, à la Nouvelle-Calédonie par décret du 18 juillet 1887, à l'AOF par décret du 30 septembre 1887, à l'Annam, au Tonkin-Laos par décret du 5 février 1897, au Cambodge par décret du 6 mai 1898, à Madagascar par arrêté du 13 novembre 1899, à l'AEF par arrêté du 12 février 1907 (complété par décret du 31 mai 1910), à la Côte des Somalies par décret du 19 juillet 1912. [Cf. Morandeau-Couderc (Stéphanie), « Le régime de l'indigénat dans les colonies françaises », dans La Justice et le Droit : Instruments d'une stratégie coloniale (sous la direction du Professeur Bernard Durand), vol. 3, UMR 5815 Dynamiques du droit, Faculté de droit de Montpellier, 2001, pp. 927-957]. Les peines d'indigénat et les pouvoirs disciplinaires reconnus aux administrateurs seront respectivement supprimés par les décrets du 22 décembre 1945 et du 20 février 1946.

817 Cf. Décret du 8 août 1924 déterminant au Cameroun l'exercice des pouvoirs disciplinaires. Le Rapport du Ministre des Colonies le justifie en ces termes :« L'ordonnance du Chancelier d'Empire en date du 22 avril 1896 réglementait au Cameroun, sous la domination allemande, l'application aux indigènes des peines disciplinaires : les peines prévues étaient l'emprisonnement aux fers pour une durée de quatorze jours et la bastonnade et le fouet dans la limite respective de vingt-cinq coups. Depuis le 14 mai 1916, le Commissaire du Gouvernement dans les Territoires occupés du Cameroun substituait aux châtiments prévus par la réglementation allemande des peines plus conformes à nos principes de civilisation : l'emprisonnement simple et l'amende. L'année suivante, un arrêté en date du 14 mars 1917 déterminait, dès l'instauration d'un régime administratif régulier, les infractions spéciales à l'indigénat. Enfin, le décret du 22 mai 1924, qui rend exécutoire dans le Territoire du Cameroun les lois et décrets promulgués en Afrique équatoriale française antérieurement au 1er janvier 1924, est venu récemment doter notre pays sous-mandat du régime de l'indigénat en vigueur dans cette Colonie. Toutefois, malgré les analogies certaines, les races indigènes qui peuplent le Cameroun présentent avec celles de l'Afrique équatoriale française des différences sensibles ; leur niveau social et moral, paraît, dans l'ensemble, plus élevé. Il semble, dans ces conditions, qu'il y ait intérêt à réglementer par un décret spécial cette importante question en nous inspirant du texte déjà intervenu dans le Territoire du Togo ». [Cf. Fr/ C.A.O.M./ Fonds ministériel / Série géographique

Les décrets des 3 mai et 15 juillet 1927, transforment le Conseil d'appel à juge unique en un Tribunal supérieur d'appel, composé de trois magistrats de carrière, instituent une chambre des mises en accusation à Douala et une justice de paix à compétence étendue à Garoua (qui sera transférée à Yaoundé). Le décret du 11 mai 1934, entré en vigueur le 1er janvier 1935, supprimera le Tribunal supérieur d'appel et le territoire du Cameroun fera à nouveau partie du ressort de la Cour d'appel de Brazzaville. Par décret du 31 juillet 1927[818], l'administration française réorganise la justice indigène. Les tribunaux de races à compétence absolue et sans appel sont remplacés par des tribunaux du premier degré et des tribunaux du deuxième degré[819], ceux-ci recevant l'appel des affaires jugées au premier degré[820]. La Chambre d'homologation instituée en 1921, est confirmée comme instance suprême de la justice indigène. Le texte de 1927, mis en application par arrêté du 11 septembre 1928, sera complété par celui du 26 juillet 1944 instituant en AEF et au Cameroun des juridictions

---

Togo-Cameroun / Carton 30/ dossier 262 – Décret du 8 août 1924 déterminant les pouvoirs disciplinaires des administrateurs, 1924-1939]. Lors de son audition, en 1925, à la Commission Permanente des Mandats, le représentant français (M. Duchêne) explique que le décret du 8 août a un but de « coordination et de simplification » : « Il prépare, réalise ou fait prévoir l'intervention de l'autorité judiciaire dans l'application des peines disciplinaires infligées aux indigènes, comme sanction de certaines contraventions ou de délits spéciaux. Cette tendance ne se manifeste pas seulement au Cameroun. Le régime de l'indigénat, dans les Territoires soumis à la France, est, depuis quelques années, considéré comme étant de nature exceptionnelle et comme devant être transformé graduellement. Ce régime est exceptionnel, en ce sens que l'autorité administrative punit de certaines pénalités des faits qui, s'ils sont reconnus répréhensibles, devraient être sanctionnés par l'autorité de droit commun. On a jugé plus expéditif, ou même nécessaire, de pouvoir frapper tout de suite, dans les formes simples, la population indigène, lorsqu'il s'agit de mesures prises par l'autorité administrative ou de faits dont la répression doit être immédiate. Bien que cette intervention de l'autorité administrative ait quelque chose d'anormal, il ne semble pas possible de supprimer ce régime exceptionnel, non seulement dans les Territoires sous mandat, mais ailleurs encore ». Cf. Archives de la SDN, C.386. M. 132. 1925. VI, Procès verbaux de la sixième session de la commission permanente des mandats tenue à Genève, du 26 juin au 10 juillet 1925, p. 41.

[818] Cf. Décret du 31 juillet 1927 portant réorganisation de la justice indigène dans les Territoires du Cameroun (J.O.C. 1927, p. 429).

[819] Les tribunaux du premier degré, du deuxième degré et la Chambre d'homologation peuvent être comparés respectivement aux tribunaux de première instance, cour d'appel et cour de cassation.

[820] Chauleur (Pierre), *L'œuvre de la France au Cameroun*, Yaoundé, Imprimerie du Gouvernement, 1936, p. 95.

indigènes coutumières. De la combinaison des décrets du 31 juillet 1927[821] et du 26 juillet 1944[822], on retient qu'en matière civile et commerciale, la justice est administrée à l'égard des indigènes ne possédant ni la nationalité française, ni le statut de nationaux européens, par des juridictions appliquant « exclusivement la coutume des parties, à la condition que celle-ci ne reste pas silencieuse sur le point litigieux, ou qu'elle ne soit « pas contraire aux principes de la civilisation ». On distingue par conséquent deux ordres de juridictions : l'une pour les citoyens français, et l'autre pour les indigènes animistes ou musulmans[823].

Avec la Constitution de 1946, le dualisme de la justice civile se poursuit avec l'article 82 qui précise que les « citoyens qui n'ont pas le statut civil français conservent leur statut personnel tant qu'ils n'y ont pas renoncé ». Par contre, en matière pénale, la justice indigène est supprimée au Cameroun décret du 30 avril 1946[824]. Dès le 1er juillet 1946, seules les juridictions françaises connaissent de toutes les infractions pénales[825]. A partir de la même date est abrogé le décret du 17 juillet 1944 instituant un Code pénal indigène[826]. L'organisation de la justice de droit français est reprise en totalité par les décrets des 27 novembre 1946[827], 22 octobre[828] et 27 novembre 1947[829]. Le Cameroun, jusqu'alors rattaché du point de vue judiciaire à l'AEF, reçoit une organisation autonome par la création et l'installation à

---

821 Cf. Décret du 31 juillet 1927 portant réorganisation de la justice indigène dans les Territoires du Cameroun (J.O.C. 1927, p. 429).

822 Cf. Décret du 26 juillet 1944 instituant et organisant en Afrique Equatoriale Française et au Cameroun des juridictions indigènes coutumières (J.O.C. 1944, p. 726).

823 Cf. Lampué (Pierre), *La justice coutumière dans les pays africains francophones*, Extrait de la Revue juridique et politique Indépendance et Coopération, n°1/1979.

824 Cf. Décret portant suppression de la justice indigène en matière pénale dans les Territoires relevant du ministère de la France d'Outre-mer (J.O.C. 1946, pages 706 et 779).

825 L'article 3 précise néanmoins que « toutes les infractions commises antérieurement à la publication du présent décret resteront passibles des peines prévues par la législation indigène lorsque celles-ci étaient moins sévères ». Ibid.

826 Cf. Décret du 17 juillet 1944 un code pénal indigène pour l'Afrique Occidentale Française, l'Afrique Equatoriale française, le Cameroun et le Togo.

827 Cf. Décret du 27 novembre 1946 portant réorganisation judiciaire au Cameroun (J.O.C. 1947, p. 1397). Décret modifié par ceux des 30 juin et 16 octobre 1946.

828 Le décret du 22 octobre 1947 créée treize justices de paix à compétence étendue en sus du tribunal de Douala déjà existant.

829 Cf. Décret du 27 novembre 1947 portant réorganisation de la justice de droit français en AEF (J.O.C. 1948, p. 118).

Douala d'un tribunal supérieur d'appel et d'une Cour criminelle. Dans le même temps sont créées des justices de paix à compétence ordinaire[830] ou à compétence correctionnelle limitée au siège de chaque subdivision[831], et des justices de paix à compétence étendue au chef-lieu de chaque région. De nouvelles justices de paix à compétence étendue sont créées par décrets du 10 mai 1951. Des tribunaux de première instance sont installés à Yaoundé et à Garoua, en plus de celui qui a d'abord été créé à Douala. Une Cour d'appel est établie à Yaoundé par le décret du 11 avril 1951[832] et installée le 13 janvier 1952. Enfin, le décret du 5 janvier 1954[833] crée de nouveaux tribunaux de première instance à Dschang, Maroua, Ebolowa et Bertoua en remplacement des justices de paix à compétence étendue de Dschang, Maroua, Ebolowa, Batouri, Bétaré-oya. L'organisation judiciaire comprend, depuis la promulgation du décret du 5 janvier 1954[834] : une Cour d'appel[835], une Cour criminelle[836], sept tribunaux

---

[830] Cf. Arrêté du 27 avril 1948 portant création de justice de paix à compétence ordinaire (J.O.C. 1948, p. 506). Arrêté du 19 septembre 1953 portant ouverture d'une justice de paix à compétence ordinaire à Mbouda (J.O.C. 1953, p. 1577)

[831] Cf. Arrêté du 29 juillet 1948 investissant certains chefs de subdivision, juges de paix à compétence ordinaire, des attributions des tribunaux correctionnels [Modifié par arrêté du 7 février 1952 (J.O.C. 1952, p. 197) et par décret du 4 janvier 1954 (J.O.C. 1948, p. 845)].

[832] Cf. Décret du 11 avril 1951 portant suppression du tribunal supérieur de Douala et création d'une Cour d'appel à Yaoundé. (J.O.C. 1952, p. 37)

[833] Cf. Décret du 5 janvier 1954 portant modification au tableau A annexé au décret du 22 août 1928 déterminant le statut de la magistrature d'outre-mer (Cameroun). (J.O.C. 1954, p. 1750).

[834] Cf. Décret du 5 janvier 1954 portant modification au tableau A annexé au décret du 22 août 1928 déterminant le statut de la magistrature d'outre-mer (Cameroun). (J.O.C. 1954, p. 1750)

[835] La Cour d'Appel siège à Yaoundé, et est composée de quatorze membres (un président de Cour, deux présidents de Chambre, six conseillers, un Procureur général, deux avocats généraux et deux Substituts généraux). Elle connaît sur appel des parties ou du ministère public des affaires civiles et commerciales jugées en première instance par des tribunaux de première instance et les justices de paix à compétence étendue du Territoire, des affaires de police correctionnelle jugées en première instance par les tribunaux de première instance et les justices de paix à compétence correctionnelle. Les arrêts rendus par cette juridiction peuvent être soumis à la Cour de cassation qui siège à Paris, sur pourvoi des parties. La Cour d'Appel, constituée en Chambre d'annulation, connaît sur pourvoi des parties des décisions rendues en matière de simple police et, dans les limites de la compétence des juges de paix, en matière civile et commerciale, des décisions des justices de paix à compétence ordinaire, des justices de paix à compétence étendue et des tribunaux de première instance. Auprès de la Cour d'Appel, siège une Chambre de

de première instance[837], quatorze justices de paix à compétence étendue[838], quatre justices de paix à attributions correctionnelles[839] et

---

mise en accusation composée de deux conseillers à la Cour d'Appel désignés par le président et d'un magistrat de tribunal de première instance. Elle constitue la juridiction d'appel des décisions rendues par les juridictions d'instruction du Territoire. En matière criminelle, une fois l'instruction achevée, elle décide si les inculpés doivent être mis en accusation et traduits devant la Cour criminelle. Ses attributions sont définies par le Code d'instruction criminelle français. Le ministère public est représenté auprès de la Cour d'appel par un procureur général, chef du service judiciaire, assisté de deux avocats généraux et de deux substituts généraux.

[836] La Cour criminelle se compose normalement de trois membres de la Cour d'appel et de deux assesseurs autochtones si l'un des accusés est autochtone, ou de deux assesseurs européens si l'accusé est de statut européen. Les assesseurs sont tirés au sort sur deux listes de dix notables désignés par le Haut-Commissaire. Cette Cour criminelle siège normalement à Yaoundé. Elle peut se déplacer, si cela est nécessaire, en d'autres points du Territoire. Dans ce cas, elle est présidée par un membre de la Cour d'appel et comprend deux magistrats du lieu où elle se trouve et deux assesseurs tirés au sort sur une liste de huit notables locaux européens ou africains selon le statut de l'accusé. L'accusation est soutenue devant elle par un membre du Parquet général ou le Procureur de la République du lieu. Cette Cour criminelle connaît de tous les crimes commis dans le Territoire du Cameroun sous tutelle française. Ses arrêts peuvent être soumis à la Cour de cassation.

[837] Les tribunaux de première instance siègent à Yaoundé, Douala, Garoua, Maroua, Dschang, Ebolowa, Bertoua. Ils sont composés d'un président jugeant seul, d'un ou deux juges chargés des fonctions de juges d'instruction et de juges suppléants. Les juges d'instruction des tribunaux instruisent les crimes et les délits commis dans leur ressort. Les fonctions du Ministère public sont assurées auprès des tribunaux de première instance par un procureur de la République assisté de substituts.

[838] Les justices de paix à compétence étendue sont composées chacune d'un seul magistrat siégeant à Nkongsamba, Foumban, Bafia, Bafoussam, Kribi, Edéa, Abong-Mbang, Ngaoundéré, Eséka, Nanga-Eboko, Sangmélima, Fort-Foureau, Mokolo, Yabassi et Yagoua. L'unique magistrat cumule les fonctions de procureur, de juge d'instruction et de président. Lorsque, par suite de l'importance et du nombre d'affaires, il est adjoint au juge de paix à compétence étendue un suppléant, c'est ce juge suppléant qui remplit les fonctions de juge d'instruction. Le procureur de la République a droit de réquisition devant les justices de paix à compétence étendue de son ressort, notamment pour le règlement des procédures criminelles. Au même titre que les tribunaux de première instance, les juges de paix à compétence étendue connaissent en première instance de tous les délits et contraventions commis dans leur ressort par des Européens ou des Africains. Ils connaissent également en première instance, sans limitation de compétence des affaires civiles et commerciales lorsqu'au moins une des parties en cause est de statut civil de droit commun. En 1957, les compétences de la justice de paix à compétence étendue ont été supprimées mais des sections des tribunaux dans le ressort de ces derniers avec à leur tête des présidents auxquels la loi confère le pouvoir de juger les affaires qu'ils ont instruites.

vingt-cinq justices de paix à compétence ordinaire[840]. Ces juridictions sont compétentes pour juger, en matière pénale, tout individu habitant le Territoire, de quelque statut qu'il soit, selon la loi française. Une ordonnance du 17 décembre 1959 fixe l'organisation judiciaire de l'Etat tandis qu'un décret du 18 décembre détermine les mesures transitoires pour son application[841]. Au sommet de cette nouvelle organisation juridictionnelle se trouve la Cour suprême qui assure le rôle qui revenait jusque-là à la cour de cassation française. Au niveau du deuxième degré, l'ordonnance du 17 décembre 1959 a prévu la création de quatre cours d'appel dont les sièges sont à Douala, Dschang, Yaoundé et Garoua[842]. En première instance, sont prévus

---

839 Les justices de paix à compétence correctionnelle, au nombre de quatre, siègent à Banyo, Yoko, Moloundou et Tibati. Yagoua est devenue justice de paix à compétence étendue. Les fonctions de juge de paix sont remplies dans ces juridictions par un fonctionnaire de l'ordre administratif, le chef de subdivision du lieu où siège la justice de paix. Ces juridictions ne sont compétentes que pour connaître des délits. Leur persistance se justifie par leur éloignement.

840 Les justices de paix à compétence ordinaire siègent au chef-lieu des subdivisions administratives. Elles sont au nombre de vingt-cinq en 1955 (Cf. Rapport français de 1955 à l'ONU, p. 49). Les fonctions de juge de paix sont remplies par un fonctionnaire de l'ordre administratif, le Chef de Subdivision du lieu où siège la justice de paix. Ces juridictions ne connaissent en matière pénale que des contraventions de simple police (un à quinze jours d'emprisonnement, six cents à douze mille francs d'amende). En matière civile, elles ont la même compétence que les justices de paix à compétence ordinaire de la Métropole (en dernier ressort jusqu'à cinq cent francs, à charge d'appel jusqu'à trois mille francs). Les jugements des justices de paix à compétence ordinaire peuvent être frappés d'appel par les parties et soumis aux tribunaux de première instance ou aux justices de paix à compétence étendue. Chaque juridiction est assistée d'un greffier et de commis-greffiers s'il y a lieu.

841 L'article 62 de l'ordonnance de 1962 prévoit en effet qu' « au cas où le gouvernement se trouverait dans l'impossibilité temporaire soit d'installer tout ou partie des juridictions nouvelles, soit d'appliquer certaines des règles édictées par la présente ordonnance », la date de mise en application pourrait être reportée par décret. Cf. « L'organisation judiciaire du Cameroun», dans *PENANT*, n°723, Janvier-Février-Mars 1969, p.43)

842 Jusqu'alors, il n'existait que la Cour de Yaoundé qui avait remplacé le Tribunal supérieur de Douala. « La composition et le ressort de chacune de ces cours ont été fixés par le décret n°59/246 du 18 décembre 1959 modifié par le décret n°62/317 du 6 septembre 1962. Chaque Cour comprend théoriquement 1 président, 1 procureur général, 1 ou 2 substituts généraux, 2 ou 3 juges suppléants. De plus les cours de Douala et Yaoundé disposent de 3 sièges de vice-président. Dans la pratique, de nombreux postes ne sont pas pourvus et les cours de Dschang et Garoua se composent d'un unique magistrat qualifié de « président », le ministère public étant commun à la cour d'appel et au tribunal de grande instance ». Cf. « L'organisation

des tribunaux de conciliation[843] et des tribunaux de première instance[844]. En matière administrative, le décret n°59-83 du 4 juin 1959 a défini le contentieux administratif et institué un Tribunal d'Etat[845] qui est juge de droit commun en premier et en dernier ressort dans tous les litiges administratifs. En matière répressive, l'ordonnance du 17 décembre 1959 est restée muette sur l'organisation des tribunaux correctionnels et des tribunaux de simple police. Mais elle a prévu la création au chef-lieu de chaque département d'une cour criminelle, et la possibilité pour celle-ci de siéger, lorsque les circonstances ou les nécessités du service l'exigent, dans une autre localité désignée par ordonnance du président de la cour d'appel sur proposition du procureur général. Déjà, antérieurement à l'ordonnance du 17 décembre 1959, une loi du 22 mai 1959 a donné au gouvernement le pouvoir d'établir par décret là où il jugeait nécessaire, des cours criminelles spéciales en cas de trouble répétés portant atteinte à l'ordre public, pour une période de huit mois, prorogeables après avis conforme de l'Assemblée législative. Composées du président du tribunal de première instance, président, de quatre assesseurs, du procureur de la République et d'un greffier, ces juridictions connaissent des crimes contre la sécurité intérieure de l'Etat et d'une manière générale de tous crimes commis avec port d'armes et usage de violences contre la paix publique, les personnes ou les biens ainsi que les crimes et délits connexes. Elles

---

judiciaire du Cameroun», dans *PENANT*, n°723, Janvier-Février-Mars 1969, op.cit., p. 48)

843 Prévus par l'article 6 de l'ordonnance, ces tribunaux ont pour mission de concilier les parties en toutes matières civile et commerciale, à l'exception des conflits de travail. « Leur composition, un juge unique et des suppléants évoque partiellement les anciens tribunaux de même nom car le président est choisi parmi les chefs coutumiers, notables, fonctionnaires en retraite ou personnalités privées jouissant de l'estime et de la confiance de la population ». Cf. « L'organisation judiciaire du Cameroun», Ibid., p. 44.

844 Ces tribunaux évoquent les tribunaux du même nom existant avant la réforme. L'ordonnance de 1959 a prévu la mise en place de 48 tribunaux de première instance (la plupart à un juge) pour environ 30 départements. Parallèlement à ces tribunaux de première instance, l'ordonnance de 1959 a prévu la création dans toutes les localités où la concentration économique, commerciale, industrielle ou ouvrière le justifie, des tribunaux de travail. Dans toutes les autres localités, les conflits individuels de travail sont réglés par le tribunal de première instance.

845 Ce Tribunal d'Etat est composé d'un président et deux assesseurs, un commissaire du gouvernement donnant ses conclusions sur chaque affaire.

peuvent également sur réquisition du ministère public se saisir d'office de tous crimes et délits se révélant au cours des débats. Les cours criminelles spéciales peuvent être saisies par ordonnance de renvoi du juge d'instruction et même par la procédure du flagrant délit. Elles jugent en dernier ressort et sans recours en cassation. Les condamnations à la peine capitale doivent être exécutées sur les lieux du forfait et en public. Une ordonnance du 31 décembre 1959 sur les juridictions militaires crée un tribunal militaire permanent à Yaoundé en temps de paix, composé d'un magistrat du siège de la Cour d'appel, président, de deux officiers de l'armée camerounaise, d'un commissaire du gouvernement officier, magistrat ou fonctionnaire licencié en droit et d'un greffier. Ces traits fondamentaux de l'organisation judiciaire du Cameroun français seront maintenus dans le cadre de l'Etat fédéral qui a tout autant intégré l'héritage juridique et judiciaire du Cameroun britannique[846].

B. L'influence juridique britannique au Cameroun

1. En matière administrative et législative

Après le partage du Territoire en 1916, les Anglais ont fait du Cameroun méridional une région intégrante du Nigéria. Le « Cameroun britannique » est placé sous la responsabilité d'un Lieutenant-Gouverneur résident à Enugu au Nigéria. Tous les rapports britanniques sur le Cameroun sont adjoints à ceux du Nigéria. Le chef de l'exécutif britannique au Cameroun qui reçoit le titre de « Résident » et dont le quartier général est à Buéa s'occupe de l'administration locale, mais est responsable devant le Lieutenant-Gouverneur qui à son tour rend compte de la situation du Cameroun au Gouverneur à Lagos. Pour simplifier l'administration, les anglais divisent le Cameroun en provinces et en départements (Victoria, Kumba, Mamfe, Bamenda) à la tête desquels sont nommés des chefs de départements ou des assistants responsables devant le résident. Ainsi contrairement à la période précédente où le Gouverneur allemand avait de contacts directs avec Berlin, le « Résident »

[846] « Si les deux systèmes juridiques, français et anglais, se caractérisent par les conceptions individualistes et libérales qui dans chaque Etat sont à la base du droit, s'ils ont une même origine commune (droit romain et philosophie du XVIIIe siècle), les techniques de mise en application des principes juridiques diffèrent profondément d'un pays à l'autre. La France, et sa suite le droit camerounais oriental, font de la loi écrite la source principale du droit, tandis que le droit camerounais occidental, à la suite du droit britannique, a pour essentielle la coutume ». Cf. « L'organisation judiciaire du Cameroun», dans *PENANT*, n°723, Janvier-Février-Mars 1969, op.cit., p.34).

britannique au Cameroun doit passer par une multitude de fonctionnaires installés au Nigéria. Sur le plan législatif, les premiers administrateurs britanniques au Cameroun appliquent les lois du Nigéria auxquelles ils se sont familiarisés et adoptent certaines ordonnances telles que l'ordonnance de 1914 sur les tribunaux indigènes, l'ordonnance sur l'autorité indigène de 1916, et la politique d'administration indirecte conçue pour être appliquée au Nigéria. Pour administrer le Cameroun, les autorités britanniques proclament en octobre 1921 le système d' « administration indirecte »[847] copié sur le modèle nigérian.

Dès 1922, les autorités indigènes, les tribunaux indigènes et les trésoreries locales deviennent les instruments de cette politique dont le bien-fondé est d'éduquer les populations locales dans la conduite de leurs propres affaires et de développer, à partir de leurs institutions, un modèle de Gouvernement qui conviendrait aux modèles « civilisés ». Avec la publication de l'ordonnance n°3 de 1924 organisant administrativement le Cameroun britannique, les lois en vigueur au Nigéria s'appliquent au Cameroun[848] et complètent quelques reliefs de

---

[847] « La politique anglaise était plus libérale. D'abord, le Gouverneur exerçait ses pouvoirs en conseils, conseil législatif pour les ordonnances à prendre, et conseil exécutif pour la gestion des services. Ces conseils, composés à l'origine exclusivement de haut fonctionnaires, ont été complétés peu à peu, surtout après la guerre de 1914-1918, par des personnages non officiels, pris parmi les Européens, et même parmi les Africains. Les Délégués européens au Conseil législatifs étaient élus de sorte que ce conseil prenait un peu figure de Parlement, et que les colons avaient la liberté de discuter les lois et le budget. En revanche, les non-officiels associés à l'exécutif étaient nommés par le Gouverneur, il n'y avait pas encore de cabinet ministériel responsable devant l'Assemblée. Les Africains étaient moins bien traités : leurs délégués au conseil législatif étaient désignés, et non librement élus. Les indigènes retrouvaient plus de libertés dans l'administration locale, qui était laissée à leurs institutions traditionnelles (…) ». Cf. Brethe de la Gressaye (J.), « Politique coloniale comparée », dans *PENANT*, Recueil Général de Jurisprudence, de Doctrine et de Législation d'Outre-mer, Paris, 1953, n° 606, pp. 1-10 (Doctrine). Lire aussi, Pinto (Roger), *Le Gouvernement de l'Empire colonial britannique depuis la guerre*, dans PENANT, Recueil Général de Jurisprudence, de Doctrine et de Législation Coloniales et Maritimes, Paris, 1948, n° 559, pp. 85-98 (Doctrine).

[848] Comme le note Emmanuel Chiabi [« Administration britannique et nationalisme dans le ''Southern Cameroons'' (1914-1954) », dans *Histoire du Cameroun (XIXe - début XXe siècle)*, op. cit., pp. 243-284], « cette initiative administrative était techniquement illégale et, par conséquent, problématique parce que le Nigéria était une colonie britannique et le Cameroun un territoire sous mandat de la SDN. L'intégration du Cameroun au Nigéria signifiait que la Grande-Bretagne continuerait d'administrer le Cameroun comme s'il était une colonie britannique, et

la législation allemande encore pratiquée dans certaines régions. Ainsi, l'arrêté du Chancelier d'Empire en date du 21 février 1902[849] est appliqué au « Cameroun britannique » jusqu'au 28 février 1924, lorsque l'ordonnance nigériane sur l'abolition de l'esclavage y est étendue. L'administration britannique souligne dans son Rapport de 1924 à la SDN[850] qu' « en pratique, depuis 1916, aucun fonctionnaire n'a reconnu d'une manière quelconque le statut de l'esclavage, sous sa forme sociale ou sous une autre forme ». Mais c'est légalement à partir de l'ordonnance du 28 février 1924 que l'existence juridique de l'esclavage est complètement supprimée et que toute personne née ou à naître, ou amenée dans le Territoire est libre[851]. Le Gouvernement britannique considère cependant, que la non-reconnaissance par l'administration du statut légal n'implique pas une égale non reconnaissance de ce statut dans l'esprit des indigènes[852]. Il a, par conséquent, dans certains cas, permis aux tribunaux indigènes de fournir aux personnes de naissance servile les moyens de se débarrasser de leur condition. Pour la même raison, il autorise les paiements faits en vue de l'émancipation des personnes serviles, et en principe un certificat de libération est délivré à celui qui en fait la demande, donc même aux personnes mises en gage[853].

Comme les Français, les Britanniques, ont toujours présenté la situation du travail au Cameroun de manière positive. Dans leurs Rapports à la SDN, ils ont rarement reconnu avoir eu recours au travail forcé. Lors de la séance du 5 novembre 1928 de la Commission

---

ce malgré le fait que des rapports annuels devaient être examinés par la Commission permanente des mandats ».

[849] Qui étend à tout le Territoire la coutume en vertu de laquelle les enfants d'esclaves deviennent affranchis et les enfants de ces derniers naissent libres. Si elle reconnaît juridiquement qu'il existe des esclaves, cette réglementation interdit formellement de réduire à nouveau une personne en esclavage pour quelque cause que ce soit. Elle défend également l'échange, la vente ou la donation des esclaves de case, ainsi que la domesticité pour dettes. Dans le cas où le maître ne remplit pas ses devoirs envers l'esclave, il est déchu de ses droits. L'arrêté de 1902 prévoit des sanctions allant jusqu'à trois mois de prison et 1000 marks d'amende. Cité, Franceschi (Roger), *Le mandat français au Cameroun*, Université de Paris, Faculté de droit, Recueil Sirey, 1929, pp. 57-58.

[850] Cf. Archives de la SDN, C.648. M. 237. 1925. VI. (C.P.M./ 7e session / P.V.), Procès verbaux de la neuvième session tenue à Genève du 19 octobre au 30 octobre 1925, Genève, 1925, p. 43.

[851] Ibid.

[852] Ibid., p. 150.

[853] Ibid.

des mandats de la SDN[854], l'administration britannique soutient que dans la partie du Cameroun placée sous son mandat « le seul travail forcé (…) consiste en un travail communal entrepris suivant la coutume indigène », qu' « on ne recrute pas les travailleurs », que « le portage est obligatoire, mais les porteurs ne sont jamais engagés pour plus d'une semaine ou deux, et on les considère comme des travailleurs temporaires »[855]. En d'autres termes, « on n'use pas du travail forcé pour la construction de routes, mais seulement pour l'entretien des pistes entre villages »[856]. L'administration britannique explique que le principe suivi pour la construction des routes est de donner une certaine somme d'argent aux chefs, à la condition qu'ils fassent construire tant de milles de routes[857]. La somme ainsi déboursée est partagée entre les groupes des villages qui ont pris part aux travaux. On ne peut savoir si le partage de l'argent a donné satisfaction ou non que par l'attitude des populations à l'égard des nouveaux projets de constructions des routes. En agissant ainsi, l'administration britannique estime qu'elle ne fait que suivre les coutumes indigènes : « Ceux-ci avaient coutume d'entretenir des communications entre eux et les débouchés commerciaux ou les tribus avec lesquelles ils désiraient établir des relations amicales[858] ». Pour l'administration britannique, les chefs n'usent d'aucun moyen de coercition, sauf à déférer devant le tribunal indigène le sujet récalcitrant[859].

En 1931, une assemblée délibérante est créée à Limbé où elle a son siège permanent. Les trois chefs de districts de Limbé, de Buéa et de Balong s'y retrouvent pour débattre des questions financières et d'autres préoccupations administratives. Si les dirigeants traditionnels apparaissent comme un maillon de la chaîne administrative coloniale, ils ne s'occupent en réalité que des « affaires locales ». L'administration indigène est donc, comme au « Cameroun français », soumise à l'administration coloniale britannique qui prend d'importantes décisions politiques et en contrôle l'exécution.

---

[854] Cf. Déclaration de M. Arnett (Résident au Cameroun britannique) devant la commission permanente des mandats (Archives SDN, Genève, CPM, 1928, pp. 150-151).
[855] Ibid.
[856] Ibid.
[857] Ibid.
[858] Ibid.
[859] Ibid.

L'administrateur Yves Rodrigue[860] a noté que si l'« indirect rule » (administration indirecte) britannique est une garantie pour les sultans du Nigéria et *a fortiori* du « Cameroun britannique », le système d'administration directe français en fait des fonctionnaires ou diminue leurs pouvoirs ». Ceci est exact à la nuance près que dans les deux systèmes d'administration coloniale, les chefs ont perdu leur souveraineté politique et ne sont que des instruments de l'autorité britannique ou française[861]. D'ailleurs dans la forme, les deux puissances coloniales se sont pareillement appuyées sur les institutions indigènes qu'elles ont trouvées sur place. Ainsi au « Cameroun britannique », les autorités ont maintenu les chefs traditionnels et les chefs de districts (dans l'actuel Nord-ouest) qui semblaient prédisposés à l'administration indirecte. Dans la région littorale où les systèmes politiques centralisés sont peu connus, l'administration coloniale britannique s'est appuyée sur les « Conseils des Anciens » qui s'étaient effacés devant les chefs nommés par les autorités allemandes au moment où celles-ci administraient le Cameroun.

2. En matière judiciaire

La justice indigène continue de reposer sur les « *Native Courts* », constitués de juges indigènes dans les régions où l'autorité traditionnelle est restée puissante et disposée à l'administration indirecte[862]. Ces tribunaux sont censés appliquer en matières civiles comme répressives les lois et coutumes du pays « tant qu'elles ne sont pas contraires aux principes de justice et d'humanité ». Le gouverneur et ses délégués, les administrateurs coloniaux doivent bien entendu vérifier l'application de ce principe, en revoyant éventuellement les peines en matières pénales et criminelles.

---

860 Cf. Rodrigue (Yves), « Chez le sultan de Rey-Bouba », dans *La France d'outre-mer (1930-1960). Témoignages d'administrateurs et de magistrats* (sous la direction de Jean Clauzel), Paris, Karthala, 2003, pp. 293-298.

861 Cf. Dimier (Véronique), *Cultures nationales et politiques coloniales dans les années 1930-1940 : pour une révision des comparaisons franco-britanniques", Revue Internationale de Politique Comparée,* Vol 7, n° 3, 2000. De la même auteure, *Le discours idéologique de la méthode coloniale chez les Français et les Britanniques de l'entre-deux guerre à la décolonisation (1920-1960)*, op. cit.

862 Au « Cameroun britannique » comme dans les autres colonies de la Couronne, les juridictions traditionnelles ne connaissent que des procès civils et répressifs entre indigènes exclusivement ». Cf. Audier (Gilbert), *Le conflit colonial de juridiction*, Université de Paris, Faculté de droit, Paris, Les Editions Domat-Montchrestien, 1941, p. 50]

Les juridictions locales[863] qui appliquent les règles coutumières dans tout différent opposant des « *natives* »[864], sont constituées par les « *alkali courts* » et les « *customary courts* ». Les « *alkali courts* » (kumba, Ndop et Nkambe) sont compétentes pour juger de tous les litiges où les musulmans sont intéressés. L'appel de ces décisions est porté devant les « *districts officers* » (Nso, Bamenda et Nkambe). Un deuxième appel éventuellement devant le « *senior district officer* »[865].

Les « *customary courts* » (environ 74) connaissent des litiges intéressant les personnes non musulmanes soumises au droit et aux coutumes locales. Elles sont reparties en « *customary courts* » de première[866] et de seconde classe[867] (encore appelées juridictions du degré A et du degré B). Elles ont « *ratione materie* une double compétence civile et répressive, variable, définie par le ''warrant'' qui

---

[863] Cf. « L'organisation judiciaire du Cameroun», dans *PENANT*, n°723, Janvier-Février-Mars 1969, op.cit., pp. 63-67).

[864] « L'expression *''native ''* a en effet été prise dans plusieurs acceptions. Pour la fédération de Nigéria est ''native'' tout Africain d'une région du continent où les institutions tribales ont existé que ses parents soient tous deux ''natives'' ou seulement l'un d'entre eux, ce qui permet d'étendre le terme aux métis. Il résulte de cette définition qu'elle englobe des Noirs d'Amérique ou des Indes, mais qu'elle ne peut être étendue aux personnes morales. Pour les provinces de l'Est Nigéria (actuel Cameroun) est ''native'' toute personne dont les parents étaient membres d'une ou plusieurs tribus de Nigeria et les descendants de ces personnes ou toute autre personne dont un de ces parents était membre d'une telle tribu. Le terme se trouve enfin pris dans un troisième sens dans une matière spécifique « *The tenure of land* » dans les ''l*aw''* of Nigeria de 1948. Est ''*native*'' toute personne dont les parents (ou l'un d'entre eux) étaient membres d'une tribu des provinces du Nord ou du ''Cameroons'' et les descendants de ces personnes. (...) Le terme peut être étendu aux personnes issues d'une autre tribu d'Afrique, avec accord des autorités, lorsqu'elles fixent leur domicile dans ces régions ». Cf. « L'organisation judiciaire du Cameroun», dans *PENANT*, n°723, Janvier-Février-Mars 1969, op.cit., p. 63)

[865] Sous le régime fédéral, des recours devant le premier ministre du Cameroun occidental sera prévus par les textes, mais ils seront plus théoriques que pratiques, car il sera exceptionnel qu'une affaire jugée par un « district officer » fasse l'objet d'un recours.

866 Les « customary courts » de première classe, grade A, connaissent en matière civile de toutes les demandes d'une valeur inférieure à 138.400 F et en matière répressive des infractions réprimées au maximum par une peine de 34.600 F d'amende ou d'un an d'emprisonnement ou l'équivalent en droit coutumier.

867 Les « *customary courts* » de deuxième classe, grade B, connaissent en matière civile des infractions réprimées au maximum par une peine de 17.300 F d'amende ou de 6 mois d'emprisonnement (à l'exception des affaires de vol de produits vivriers ou de bétail pour lesquelles la peine d'emprisonnement peut aller jusqu'à 12 mois ».

crée la « court ». Ces juridictions ont compétence exclusive et illimitée pour toutes les questions ayant trait au droit de la famille (mariage, filiation), aux successions et au droit foncier. Par contre, elles ne peuvent ni imposer de châtiments corporels, ni connaître en matière répressive des infractions les plus graves. : Trahison, sédition, meurtre...[868].

Le souci qui a présidé à l'installation de ces juridictions coutumières est le désir de maintenir une justice proche du justiciable, aussi simple et peu onéreuse que possible. Les juges souvent nombreux (3 à 10) participent eux-mêmes aux interrogatoires des parties qui doivent comparaitre en personne, le ministère des avocats étant interdit. La coutume autorise cependant, avec l'accord de la « *court* », le mari à représenter sa femme, le maîtrc son employé, ou à déléguer un membre de la famille en qualité de représentant. L'audience est publique et le jugement est rendu à la majorité des voix. Le rôle de greffier est tenu par un secrétaire. L'appel qui se fait dans un délai de 30 jours, est porté devant les « *customary courts* » d'appel (environ 25) ou dans certaines circonstances devant les « *magistrates courts* » ou la « *High court* ». Toutefois dans les matières réservées aux juridictions coutumières (mariage, filiation, succession...), l'appel ne peut être porté devant les juridictions de « *common law* » que si le « warrant » de la « court » qui reçoit l'appel le prévoit expressément. Lorsque l'appel est porté devant les « *customary courts of appeal* », si les parties veulent interjeter un nouvel appel, elles doivent adopter la voie administrative. Elles portent leur différend devant le « *district officer* » (sous-préfet) et enfin devant le premier du Cameroun occidental. Ces fonctionnaires saisis des litiges peuvent annuler ou modifier un jugement ou une décision. Ils peuvent également transférer le « cas » d'une « *customary court* » à une autre « *customary court* », lorsque la première est récusée par les parties, ou à une « *magistrate Court* » ou à la « High Court » selon la « *Customary's Court Ordonnance* » d'octobre 1965.

Parallèlement aux « *customary courts* » existent des juridictions de « *common law* », qui ne peuvent cependant être comparées aux juridictions de droit écrit du Cameroun oriental. Ces juridictions ont compétence générale pour tous les ressortissants. Toutefois lorsque

868 Cette limitation sera étendue par la legal notice n° 8 de 1961 aux détournements de deniers publics qui sont de la compétence des « magsitrates' courts ».

l'une des parties invoque la coutume, l'autre la loi, la « *Court* » doit rechercher qu'elle a été, selon les indices dont elle dispose, l'intention commune des parties. Le bénéfice du droit coutumier ou du droit ex-anglais ne peut être réclamé ni par l'une ni par l'autre des parties en l'absence d'accord exprès. Cependant, la présomption semble en faveur de la loi, sauf si son application entraine une trop grande injustice pour l'une des parties. La « *Court* » est toujours gouvernée par les principes supérieurs d'équité et de bonne conscience.

Ces juridictions de type anglais[869] se répartissent en « *Magistrates' Courts* », en une « *High Court* » et une « *Court of appeal* ». Les « *Magsitrates'Court* » ont été organisés par la « *Magistrates Courts* (Southern Cameroons) law, 1955 ». Ce sont des juridictions à juge unique (le « magistrate » assisté de son greffier, « *registrar* », connait seul les affaires dont il est saisi) qui ont la double compétence civile et commerciale d'une part, et répressive d'autre part. Aux termes de l'article 3 du texte de 1955, le « *chief justice* » peut diviser le territoire en plusieurs ressorts juridictionnels, dont chacun relèverait de la compétence exclusive d'une « *Magsitrate Court* »[870].

La M.C.S.C Law de 1955 a aussi prévu un système complexe de compétence fondé sur un classement hiérarchique des « magistrates » en quatre degrés : en matière civile, le taux de compétence est de 500 livres sterling pour un « chief magistrate », et, respectivement, de 200, 100 et 25 livres pour les « magistrates » de premier, deuxième et troisième degrés. Des distinctions du même ordre sont faites en matières pénales (M.C.S.C. Law, articles 18 à 28). En matière pénale, les « *magistrates* » ont une triple compétence. Ils connaissent directement et exclusivement les « *summary offenses* », passibles

---

869 Cf. « L'organisation judiciaire du Cameroun», dans *PENANT*, n°723, Janvier-Février-Mars 1969, op.cit., pp. 67-71).

870 « Mais en fait, le « *chief justice* » n'a jamais fait usage de son droit de créer une pluralité de « magistraterial districts », et l'ensemble du territoire du Cameroun occidental ne forme qu'un seul ressort juridictionnel, au niveau des « Magsitrates' Courts » aussi bien qu'au niveau de la « *Supreme Court* ». Toutefois, pour des raisons de commodité pratique, la plupart des « magistrates » (qui sont au total au nombre d'une dizaine) sont stationnés en dehors de Buéa, dans les centres les plus importants de l'Etat fédéré. C'est ainsi que des « résidings magistrates » sont en fonctions à Victoria, Kumba, Mamfé, Bamenda et Nkambe, tandis que chacun d'eux tient également des audiences foraines (dites de circuit) dans des localités autres que celle de sa résidence ». Cf. « L'organisation judiciaire du Cameroun», dans *PENANT*, n°723, Janvier-Février-Mars 1969, Ibid., p. 68).

d'une peine d'emprisonnement inférieure ou égale à cinq ans. Ils peuvent connaître des « indictables offenses », si le prévenu ou l'autorité chargée des poursuites ne demandent pas que l'affaire soit portée en première instance devant la « *High Court* ». Enfin, pour les infractions les plus graves, relevant de la compétence exclusive de la « *High Court* ». Ils procèdent à l'information préalable. La « *préliminary investigation* » a lieu en audience publique et à son issue, le « magistrate » décide souverainement si le prévenu doit être ou non déféré devant la Haute Cour « *Committed for trial* ».

La « *High Court* » du Cameroun occidental est organisée suivant les règles de la « *Southern Camerooons High Court Law 1955* » (S.C.H.C. Law) et constitue à l'intérieur de la « *Supreme Court* », suivant une règle traditionnelle de l'organisation judiciaire britannique, le premier degré de juridiction. La « *High Court* » est une juridiction à juge unique. Elle n'a cependant pas de personnel propre, tout « juge » pouvant être appelé à siéger à l'instance d'appel aussi bien qu'en première instance. Le personnel judiciaire est donc à ce niveau celui de la « *supreme Court* »[871] et il siège à l'une ou l'autre des deux formations de cette haute juridiction. En matière civile, la « High Court » siège pratiquement sans discontinuité dans l'un ou l'autre centre. En matière pénale, elle tient dans les mêmes centres des assises dites de « quater sessions » ainsi nommés parce que leur périodicité est en principe trimestrielle. La S.C.H.C. Law de 1955 accorde à la « *High Court* » la plénitude de juridiction tant en matière civile que répressive. C'est la seule juridiction de droit commun du Cameroun occidental qui peut être rapprochée dans le système du Cameroun oriental du tribunal de première instance. Sa compétence n'est limitée que par la compétence d'attribution conférée aux juridictions d'exception que sont les « *Customary Courts* » et les « *Magistrates Courts* ». La « *High Court* » fonctionne comme juridiction de première instance, juridiction d'appel ou juridiction compétente spéciale. Comme juridiction de première instance, « original juridiction » elle connait de toutes les affaires sans limite de

---

[871] En 1969 « la « *Supreme Court* » se compose du « *Chief justice* » et de trois « judges ». Ces quatre magistrats doivent donc se partager la charge des audiences civiles et pénales de la « *High Court* ». En temps normal, un juge réside en permanence, pour des raisons de commodité, à Bamenda tandis que ses collègues basés à Buéa tiennent des audiences dites de « circuits » dans les centres urbains importants tels Victoria, Tiko et Manfé ». Cf. « L'organisation judiciaire du Cameroun», dans *PENANT*, n°723, Janvier-Février-Mars 1969, op.cit., p. 69).

taux, tant au civil qu'au pénal avec seulement une exclusion en ce qui concerne les questions relevant du droit coutumier. Comme juridiction d'appel, « *appellate jurisdiction* » elle reçoit les appels formés contre les jugements rendus par les « *Magistrates' Courts* ». Enfin à ces compétences d'ordre général en première instance et en appel s'ajoutent des compétences particulières calquées sur celles de la Haute Cour d'Angleterre et qui sont d'ailleurs d'ordre administratif plutôt que juridictionnel[872]. Les appels des décisions rendues par la « *High Court* » sont portés devant la « *Court of appeal* »[873] de Lagos qui sera transférée à Buea par l'ordonnance fédérale du 16 octobre 1961.

---

[872] « L'ordonnance fédérale du 16 octobre 1961 lui attribue par ailleurs une compétence qui la conduit à se prononcer soit sur la validité de l'élection d'un candidat à l'assemblée, soit sur la vacance d'un siège de représentant élu à la même assemblée, soit enfin sur toute réclamation touchant au respect des droits fondamentaux de la personne humaine ». Cf. « L'organisation judiciaire du Cameroun», dans *PENANT*, n°723, Janvier-Février-Mars 1969, Ibid., p. 70).

[873] Elle constitue l'échelon d'appel de la « *Supreme Court* » et est la seule juridiction du Cameroun occidental, à l'exception des « *Customary Courts* » dont la composition soit collégiale. Elle est en principe présidée par le « *chief justice* » et deux « *puisne judges* » qui n'ont pas connu l'affaire en première instance. Elle siège à Buea lors des sessions ordinairement bi-annuelles. Le « chief justice » de cette court détient des pouvoirs très étendus, indépendamment de ses fonctions juridictionnelles dans le domaine purement administratif. C'est d'abord lui qui fixe les limites de la compétence des « magistrates ». C'est ensuite lui qui arrête le calendrier des diverses juridictions, les lieux et les dates de sessions d'assises ou des audiences foraines. Il est beaucoup plus que le président de la « *Court of appeal* ». Il est le chef du service judiciaire « *judicial department* ». Le droit appliqué dans les juridictions de type anglais englobe l'ensemble de la « Common law », de l' « equity » et des statutes mais bien des points demeurent incertains en ce qui concerne la portée des « précédents ». Les « chiefs justice » qui se sont succédés à la tête du « *judicial department* » du Cameroun occidental sont eux-mêmes hésitants sur la force obligatoire des « cas » jugés par le privy Council, la Chambre des Lords, la « West africa Court of appeal » avant 1961, la Cour suprême du Cameroun oriental depuis cette date. Ils préfèrent en leur qualité d'étrangers (antillais, irlandais, Américains d'Amérique centrale) éviter de prendre position.

CONCLUSION

LA CONSTRUCTION NATIONALE À L'ÉPREUVE DE LA RÉALITÉ HISTORICO-ANTHROPOLOGIQUE DE L'ETAT ET DU DROIT AU CAMEROUN

A l'instar des autres Etats d'Afrique, le Cameroun s'est construit depuis la période coloniale sur le modèle étatique et juridique occidental, considérant le droit traditionnel africain comme un obstacle au progrès[874]. L'inféodation des chefferies traditionnelles[875] à l'administration s'est poursuivie après l'Indépendance sous la forme d'un enrôlement dans le parti gouvernant, les vidant de leur substance[876]. Le législateur postcolonial considère « comme nuls, tous les mariages conclus en l'absence de l'officier d'état civil »[877]. Le Président de la République peut même « interdire dans tout ou partie du Territoire la célébration des mariages coutumiers »[878]. Le versement total ou partiel de la dot coutumière est sans effet sur la validité du mariage[879]. Depuis les ordonnances du 6 juillet 1974[880],

---

[874] Cf. Gonidec (P.– F.), *Les droits africains Evolution et sources*, op. cit.

[875] Cf. Décret du 15 juillet 1977 portant organisation des chefferies traditionnelles au Cameroun.

[876] M. Jean-Pierre Fogui (*L'intégration politique au Cameroun : Une analyse centre-périphérie*, Paris, L.G.D.J., 1990, p. 27), écrit en ce sens : « Au lieu d'abdiquer devant les autorités traditionnelles, au lieu de leur déclarer une guerre ouverte, les dirigeants camerounais s'en sont ''servi'' comme instruments d'intégration politique, en exploitant leurs positions d'intermédiaires entre le centre et la périphérie ». Lire aussi, Nach Mbach (Charles), « La chefferie traditionnelle au Cameroun : ambiguïtés juridiques et dérives politiques » dans *Africa Development*, vol XXV, no 3 et 4, 2000, 77-117. Fopoussi Fotso (Evariste), *Faut-il brûler les chefferies traditionnelles ?,* Yaoundé, SOPECAM, 1999. Mouiche (Ibrahim), *Autorités traditionnelles et démocratisation au Cameroun. Entre centralité de l'Etat et logiques de terroir*, Münster-Berlin-Hamburg-London-Wien 2005.

[877] Cf. Youego (C.), *Etude critique de la loi du 11 juin 1968 relative à l'organisation de l'état civil au Cameroun*, thèse de Master's Degree, Yaoundé, 1979.

[878] Cf. Ordonnance du 26 juin 1981 portant organisation de l'état civil et diverses dispositions relatives à l'état des personnes physiques.

[879] Article 70, Ibid.

[880] Cf. Ordonnance du 6 juillet 1974 fixant le régime foncier. Ordonnance du 6 juillet 1974 fixant le régime domanial. Ordonnance du 6 juillet 1974 relatif à la

l'immatriculation est devenue le seul mode d'accession à la propriété foncière. Autrement dit, le titre foncier est l'unique preuve d'acquisition du droit de propriété en droit camerounais. La logique d'assimilation juridique a été poursuivie par le législateur postcolonial, qui a choisi de conserver les juridictions traditionnelles[881] « à titre provisoire » à côté des structures appliquant le droit occidental[882], a étendu les matières réservées aux tribunaux modernes dans les domaines de compétence des juges traditionnels[883], a subordonné la compétence des juridictions traditionnelles à l'acceptation de toutes les parties (et en particulier du défendeur)[884]. En Cour d'appel et en Cour suprême, le législateur n'a nullement envisagé la présence d'assesseurs[885]. Ceux-ci ne sont admis qu'en

---

procédure d'expropriation pour cause d'utilité publique et aux modalités d'indemnisation.

[881] Les tribunaux traditionnels du Cameroun indépendant ont été créés par décret du 19 décembre 1969 et incorporés dans l'ordre judiciaire, en application de l'ordonnance du 26 août 1972 portant organisation judiciaire du Cameroun.

[882] D'après la Constitution de 1972 et sa révision de 1996, la justice est rendue « au nom du peuple camerounais » par les juridictions de droit traditionnel, les tribunaux de première instance, les tribunaux de grande instance, les tribunaux militaires, Les Cours d'appel, la Cour de sureté de l'Etat, la Haute Cour de justice, la Cour suprême. En application de l'ordonnance n° 72/4 du 26 août 1972 portant organisation judiciaire au Cameroun, les tribunaux traditionnels sont des tribunaux en sursis dont les structures provisoires sont appelées, à plus ou moins brève échéance, à disparaître au profit des juridictions de droit moderne, et partant, de droit écrit. L'article 26 de cette ordonnance dispose que « l'organisation et la procédure des justices de paix à attribution correctionnelle, des juridictions traditionnelles à l'exclusion de la compétence pénale des *Customary Courts* sont provisoirement maintenues ». Ainsi, les tribunaux sont rangés dans la catégorie de juridictions spéciales tandis que les autres sont des juridictions de droit commun.

[883] En principe, l'article 2(2) du décret du 19 décembre 1969 fixant l'organisation et la procédure devant les juridictions dispose que les juridictions traditionnelles sont compétentes pour connaître des procédures civiles et commerciales que les textes en vigueur ne réservent pas aux juridictions de droit moderne. Curieusement, dans l'énumération des matières pouvant être portées devant ces juridictions, on trouve mentionnés à l'article 4 du décret du 19 décembre 1969, aussi bien les droits réels immobiliers que les demandes en recouvrement de créances civiles et commerciales indépendamment du support de la créance, les litiges relatifs aux contrats sans précision de nature, l'état civil. Face à ces affaires presque exclusivement connues du droit moderne, les assesseurs ont un rôle insignifiant.

[884] Cf. Article 2 (3) du décret du 19 décembre 1969 fixant l'organisation et la procédure devant les juridictions.

[885] Le régime des appels contre les jugements a été modifié d'abord par l'ordonnance du 17 décembre 1959, puis par le décret du 19 décembre 1969. Ce dernier texte prévoit dans son article 28 alinéa 3 que « les jugements des tribunaux de premier

première instance, mais sont souvent insuffisants[886] ou sans rapport avec les origines des parties au procès[887]. Les assesseurs qui sont appelés à siéger ignorent, en général, les dispositions législatives relatives à l'abstention[888], c'est-à-dire le droit de s'abstenir lorsqu'ils estiment qu'ils ne joueraient au sein du tribunal qu'un rôle de complément d'effectif, ne pouvant pas prendre part activement aux

---

degré et des tribunaux coutumiers peuvent être frappés d'appel », mais ne donne aucune précision particulière quant à la composition de la Cour d'appel statuant sur les matières de droit traditionnel. L'ordonnance du 26 août 1972 portant organisation judiciaire n'a, non plus, prévu la présence d'assesseurs dans la composition de la Cour d'appel. C'est donc à juste titre que Mme Youego (observations sous jugement n° 1011 du 9 mai 1985, *Revue de législation et de jurisprudence Camerounaise*, n° 4, octobre, novembre, décembre 1990) écrit : « Dans la pratique, l'appel contre les jugements des tribunaux de premier degré ou coutumiers est porté devant la Cour d'appel siégeant en une simple formation dénommée chambre coutumière. Généralement, un magistrat de la Cour d'appel y siège avec un greffier, sans aucun assesseur, car aucun texte ne l'exige ». L'ordonnance du 26 août 1972 qui organise la Cour suprême ne prévoit dans aucune de ses dispositions, la présence d'assesseurs. Pour la jurisprudence, la coutume constitue un simple fait « dont la constatation appartient au seul juge de fond et à laquelle la Cour suprême ne saurait contredire, dès lors qu'elle n'est pas contraire à l'ordre public, ni aux principes généraux de droit » [Cf. Cour suprême C.O, 22 mai 1962 P. 315, cs co 11 janvier 1963 R.P. 1966, p. 76].Voir aussi, Pougoué (Paul Gérard), *« Considérations sur le droit traditionnel devant la Cour suprême »*, Paris, Economica, 1989.

886 M. Samuel Tepi (*L'ineffectivité de la représentation des coutumes devant les juridictions de droit traditionnel au Cameroun*, http ://www.afrilex.u-bordeaux4.fr/pdf/2doc9tepi.pdf.) observe que « très peu de juridictions traditionnelles ont en leur sein les six assesseurs permanents que la loi indique ». Il explique que ceci se justifie « en milieu urbain par le fait qu'il est parfois impossible de trouver dans la ville où siège la juridiction, des assesseurs de la coutume à laquelle appartiennent les plaideurs ».

887 M. Samuel Tepi (Ibid.) rapporte plusieurs jugements du tribunal de premier degré de Yaoundé qui attestent ce propos. Il en est ainsi par exemple :

- Du jugement n° 797 du 4 mars 1991 (affaire Ndengue Faustin) où les parties étaient de coutumes beti et les assesseurs bassa et bamiléké.
- Du Jugement n° 546 du 18 janvier 1988 : les assesseurs sont notables de coutume beti et bamiléke alors que les parties sont de coutume musulmane.
- Du Jugement n° 1167 du 21 juillet 1988 : assesseurs, beti et bassa, parties régies par la coutume bamoun.
- Du Jugement n° 832 du 2 avril 1987 : Assesseurs de coutume béti et bamiléké, parties de coutume bassa.
- Du Jugement n° 253 du 14 novembre 1988 : Assesseurs béti et bamiléké, parties de coutume bakoko et bassa.
- Du Jugement n° 1066 du 02 avril 1984 : Assesseurs béti et bassa, parties, bamiléké

888 Cf. Décret du 3 décembre 1971 relative à l'abstention et à la récusation.

délibérations. De leur côté, les parties dont les coutumes ne sont pas représentées ne savent pas qu'elles peuvent récuser les assesseurs qui, bien qu'ignorant leurs coutumes, acceptent de siéger au sein du tribunal[889]. Qui plus est, les qualités requises pour être assesseur sont imprécises[890] et les agents de l'Etat[891] gardent une emprise sur l'activité des représentants de la coutume. L'introduction et la généralisation des magistrats de carrière[892] dans la justice traditionnelle a ouvert aux justiciables la possibilité de se faire représenter par des avocats professionnels[893]. Or, ces juristes sont formés[894] dans des universités qui ignorent l'enseignement du droit

---

[889] Ibid.

[890] C'est l'article 10 du décret du 19 décembre 1969 qui règle les modalités de choix des assesseurs dans les juridictions de l'ex-Cameroun français. Il dispose que les représentants coutumiers doivent être des notables ou des chefs traditionnels, résidant dans la localité ou à proximité, jouissant de l'estime publique et connaissant bien la coutume. Il est en outre précisé que l'assesseur ne doit pas être un fonctionnaire ou un employé rétribué sur le budget de l'Etat.

[891] Les assesseurs sont nommés « par le Ministre de la justice sur proposition conjointe du préfet et du président du tribunal de première instance du ressort ». Cf. Article 10 alinéa 2 du décret du 19 décembre 1969).

[892] En principe [Articles 7(1) et 8(1) du décret du 19 décembre 1969], la gestion des juridictions traditionnelles échappe à toute emprise des magistrats professionnels. A titre exceptionnel, il est indiqué à l'article 9 du décret de 1969 que le Ministre de la justice peut, par arrêté, rattacher la présidence d'un tribunal traditionnel à celle du tribunal de première instance du ressort. Cette mesure a été généralisée si bien qu'on ne compte plus de nos jours aucun tribunal de premier degré qui ne soit administré par un fonctionnaire. De même les tribunaux traditionnels restés sous la présidence des chefs traditionnels sont devenus vraiment rares.

[893] Aux termes de l'article 43 du décret du 19 décembre 1969, le législateur précise que par dérogation à l'article 15 alinéa 2 qui interdit la présence d'avocats devant les juridictions traditionnelles, les avocats défenseurs sont autorisés à assister ou à représenter les parties. J. Paul Kouam [*Le droit traditionnel dans une société en pleine évolution : cas du district de Baham (province de l'Ouest)*, Mémoire de 1974, p. 6] en tire le commentaire suivant : « Dans la mesure ou les Avocats - Défenseurs spécialistes du droit écrit sont admis à apporter d'une façon ou d'une autre leurs concours aux parties, on ne peut que conclure à une application substantielle du droit écrit devant les juridictions traditionnelles officielles. Ce qui amène les justiciables, partis pour entendre appliquer leur droit coutumier, à prendre de plus en plus connaissance du droit écrit ».

[894] Cf. Niyonzima (Matthias), « La formation du juriste africain », dans *Perméabilité des ordres juridiques*, Rapports présentés à l'occasion du colloque-anniversaire de l'Institut suisse de droit comparé, Schulthess Polygraphischer Verlag, Zürich 1992, pp. 361-371.

traditionnel[895]. L'hégémonie des droits européens prolonge, par conséquent, le processus d'acculturation[896] amorcé dès le XVe siècle, mais de manière plus décisive avec la colonisation de la fin du XIXe siècle.

Depuis l'époque allemande, l'Etat souverain de type occidental est donc devenu l'épicentre de la production du droit, soumettant la société toute entière aux normes produites par ses organes centraux. Sans remettre en cause cette perspective, le partage du territoire en 1916 entre la France et la Grande-Bretagne a engendré un bijuridisme étatique, notamment en matière judiciaire. Ainsi, à la suite de la

---

[895] Matthias Niyonzima (Ibid.) observe que « les règles de base qui sont enseignées dans les facultés de droit en Afrique sont celles du système juridique reçu à travers la colonisation et non celles des droits traditionnels (musulman et/ou coutumier), ces dernières étant généralement méconnues ». « On sait cependant, poursuit-il, que dans la pratique la plus large majorité de la population africaine vit selon les normes traditionnelles. Les systèmes d'enseignement du droit en Afrique ressemblent donc mutatis mutandis à ceux du Moyen-Age européen pendant lequel, à Bologne par exemple, on enseignait le droit romain, alors que les populations vivaient selon des coutumes qui n'avaient rien à voir avec le droit romain. (...). On peut donc dire que les juristes africains ont une formation juridique de base qui n'est pas fondamentalement différente, de par sa nature, de celle de leurs homologues des facultés des anciennes métropoles coloniales. On remarque que l'enseignement du droit traditionnel (musulman ou coutumier), en dépit de son rôle considérable dans la pratique juridique, occupe une place négligeable dans les programmes des facultés de droit. Il suffit pour s'en convaincre d'analyser les programmes des facultés de droit concernés ». Lire aussi, Thiam (Samba), « La mise en place de l'enseignement du droit au Sénégal », dans *Le juge et l'outre-mer Tome 7, Le Retour d'Orphée*, (sous la direction de Bernard Durand, Mamadou Badji, Samba Thiam, Sandra Gerard-Loiseau), Lille, Publication du Centre d'Histoire judiciaire éditeur, 2014, pp. 245-276. Kom (Ambroise), « S'approprier l'Université sortir de la subalterneité », dans *Bulletin du CODESRIA* n° 1&2, 2005, pp. 5-8. Dans le même bulletin, lire Shivji (Issa), « Où va l'Université ? », Ibid., pp. 3-4.

[896] « Le juriste africain, à l'exception sans doute de celui qui est formé au droit musulman dans une institution moderne ou traditionnelle spécialisée et de celui qui a eu la possibilité de procéder à une remise en cause totale de sa personnalité et du contexte socio-culturel dans lequel il a été éduqué, apparaît à nombre d'observateurs comme faisant l'objet d'une colonisation mentale dont les droits exogènes sont l'agent principal. Comment pourrait-il en être autrement lorsqu'on constate la place des systèmes juridiques importés dans sa formation. Cette place est évidente, lorsqu'il est formé à l'étranger, mais elle est également dans son pays où l'importance quantitative et qualitative des droits endogènes (…) dans les programmes de cours est extrêmement réduite ». Cf. Vanderlinden (Jacques), « Développer la connaissance des droits africains pour développer les droits africains», dans *Symposium "La connaissance du droit en Afrique"*, (Bruxelles, 2-3 décembre 1983), Académie Royale des Sciences d'Outre-Mer, pp. 347-379 (1985).

Réunification intervenue le 1er octobre 1961, l'ordonnance fédérale du 16 octobre 1961 crée la « *Court of Appeal de Buea* » qui fait office de Cour suprême du Cameroun occidental parallèlement à la Cour suprême du Cameroun oriental[897] qui existait déjà avec l'ordonnance n°59/86 du 17 décembre 1959. En plus des deux juridictions supérieures des Etats fédérés, la Cour Fédérale de Justice[898] voit le jour au cours de l'année 1961, suivant la loi portant révision constitutionnelle n°61/24 du 1er septembre 1961. Faisant suite au référendum du 20 mai 1972, l'ordonnance n°72/4 du 26 août 1972 portant organisation judiciaire de l'Etat réalise une synthèse des deux systèmes judiciaires hérités de la colonisation française et britannique. Le passage en 1984 de la « République unie du Cameroun » à la « République du Cameroun » n'a pas théoriquement remis en cause ce bijuridisme étatique. Encore moins la révision constitutionnelle du 18 janvier 1996 qui consacre le français et l'anglais comme langues officielles[899], au détriment des langues locales[900]. Plus de cinquante ans après l'Indépendance et la Réunification, le Code civil français et la *Common law* britannique demeurent, en principe, les bases du système judiciaire camerounais[901].

Or, voici qu'en fin 2016, des revendications corporatistes surgissent dans les deux régions anglophones du Cameroun pour réclamer la traduction en langue anglaise des Actes Uniformes OHADA[902] et la préservation de la spécificité du système judiciaire et

---

[897] Elle a une compétence purement judiciaire et connaît des pourvois formés contre les jugements rendus en dernier ressort par les tribunaux de première instance et du travail et contre les arrêts de même espèce rendus par les Cours d'appel et les cours criminelles.

[898] Elle siège à Yaoundé et est composée du premier président et du procureur général de la cour suprême du Cameroun oriental respectivement premier président et procureur général de cette haute juridiction et de quatre juges fédéraux.

[899] Cf. Article 1er de la Loi n° 96-06 du 18 janvier 1996 portant révision de la Constitution du 2 juin 1972.

[900] Cf. Kum'a Ndumbe III (Prince), *Faut-il abolir le français et l'anglais comme langues primaires et principales d'enseignement dans nos écoles au Cameroun ?*, Conférence inaugurale sur le cycle de la politique des langues, AfricAvenir, Douala, 25 mars 2004. www.africavenir.org.

[901] Kuate Tameghe (Sylvain Sorel), *La justice, ses métiers, ses procédures*, Paris, L'Harmattan, 2019.

[902] En avril 1991, à Ouagadougou au Burkina Faso, les Ministres des Finances de la Zone Franc décidaient sur la base d'observations faites par les opérateurs économiques et de leurs propres constatations, d'organiser une réflexion sur la faisabilité d'un projet de mise en place progressive d'un droit harmonisé des affaires

du système éducatif anglo-saxon. Malgré les mesures[903] prises par le gouvernement du Cameroun à l'issue des concertations, le conflit se durcit dans la violence entre l'armée nationale et les groupes séparatistes qui déclarent, le 1er octobre 2017, l'indépendance symbolique de l'ancien Cameroun britannique. Des groupes plus modérés anglophones revendiquent soit le retour au fédéralisme, soit

---

afin de rationaliser et d'améliorer l'environnement des affaires qui était alors marqué par l'insécurité juridique et judiciaire. L'insécurité juridique s'expliquait notamment par la vétusté, dans certains Etats africains, des textes juridiques en vigueur : la plupart d'entre eux dataient du temps de la colonisation. De plus, l'on faisait face à l'énorme difficulté à connaître, dans un cas déterminé, le contenu du droit applicable. L'insécurité juridique découlait d'une dégradation de la façon dont était rendue la justice. Elle avait pour source, notamment, un manque de moyen matériels, une formation insuffisante de magistrats et des auxiliaires de justice. Au-delà de l'amélioration de l'environnement juridique des affaires, le projet OHADA (Organisation pour l'Harmonisation du Droit des Affaires en Afrique) visait en profondeur l'intégration économique, l'essor économique, la création des emplois et de manière plus globale le développement des pays concernés. Après diverses réunions préparatoires, le Traité créant l'OHADA fut signé, le 17 octobre 1993, à Port-Louis (Iles Maurice), avec des instances tels un Conseil des Ministres, une Cour commune de justice et d'arbitrage, un secrétariat permanent et une Ecole régionale de la Magistrature. Les Etats membres qui étaient au départ 14 et aujourd'hui 17 (Bénin, Burkina Faso, Cameroun, Centrafrique, Comores, Congo, Côte d'Ivoire, Gabon, Guinée, Guinée Bissau, Guinée Equatoriale, Mali, Niger, République Démocratique du Congo, Sénégal, Tchad, Togo), acceptaient un transfert voire un abandon de compétences dans des domaines quelquefois considérés comme régaliens : exécutif, législatif et judiciaire. En vue d'accompagner ses objectifs, neuf Actes Uniformes furent été adoptés par le Conseil des Ministres des Etats signataires.

[903] Parmi ces mesures, on note:
- La traduction en langue anglaise des textes OHADA
- La création d'une Section de la *Common Law* à la Cour Suprême, afin de connaitre des pourvois formés contre les décisions des juridictions inférieures, dans les affaires relevant de la *Common Law*.
- La création, au plan de la formation des Magistrats, d'une Section de la *Common Law* à l'Ecole Nationale d'Administration et de Magistrature. Cette mesure a été accompagnée d'un programme de recrutement des Auditeurs de justice et des Greffiers d'expression anglaise.
- Un recrutement spécial d'Enseignants bilingues dans l'Enseignement secondaire
- Au plan judiciaire, l'arrêt des poursuites ordonné en faveur de certaines personnes interpellées dans le cadre des premières revendications des ressortissants de ces deux régions.
- La création d'une Commission Nationale pour la Promotion du Bilinguisme et du Multiculturalisme, afin notamment d'examiner en profondeur l'ensemble des sources de frustrations de nos compatriotes des régions du Nord-Ouest et du Sud-Ouest.

la mise en oeuvre rapide et concrète de la décentralisation prévue par la révision constitutionnelle de 1996.

Force est de constater que dans ce conflit, les facteurs justifiant les récriminations des ressortissants des deux régions anglophones se situent dans le processus de décolonisation du Cameroun britannique et la gestion de la Réunification des deux Cameroun[904]. A cela, d'autres y associent la « mauvaise gouvernance » et une « centralisation excessive » du pouvoir politique. Par exemple, les évêques de la province ecclésiastique de Bamenda (qui coïncide avec les régions anglophones du Nord-Ouest et Sud-Ouest) ont rédigé en décembre 2016 un mémorandum à l'attention du chef de l'État camerounais pour indiquer quelques unes des causes du mécontentement des ressortissants de la zone Anglophone: « La sous-représentation des anglophones dans les jurys des concours d'entrée aux grandes écoles, dans les ministères, dans le gouvernement ; L'anglais (pourtant langue officielle au même titre que le français) n'est pas toujours employé dans les examens d'État, des documents publics, ou par les fonctionnaires qui se rendent dans les régions anglophones ; Une majorité de magistrats, personnel enseignant ou sanitaire, francophones dans ces régions ; La négligence des infrastructures de l'Ouest anglophone ; L'incompréhension du sous-système éducatif anglophone et du système juridique par les

---

[904] « Ce problème, commente Piet Konings, remonte à 1961 quand les élites politiques de deux territoires avec des legs coloniaux différents – l'un français et l'autre britannique – sont tombés d'accord pour former un Etat fédéral. Contrairement aux attentes des anglophones, le fédéralisme n'a pas permis une parité stricte pour ce qui concerne leur héritage culturel et ce qu'ils considèrent comme leur identité d'anglophone. Il s'est révélé n'être qu'une phase transitoire de l'intégration totale de la région anglophone dans un Etat unitaire fortement centralisé. Cette situation a graduellement favorisé une prise de conscience anglophone fondée sur le sentiment d'être "marginalisé", " exploité" et "assimilé" par un Etat dominé par les francophones. Avec le processus de libération politique des années 1990, une partie de l'élite anglophone s'organise pour protester contre sa prétendue position subordonnée et demander une plus grande autonomie en réclamant d'abord le retour à l'Etat fédéral et en adoptant ensuite des positions sécessionnistes devant le refus du régime de discuter d'une réforme constitutionnelle. Elle a par ailleurs essayé d'obtenir une reconnaissance internationale en se présentant comme une minorité opprimée dont le territoire a été "annexé. En réponse à ce défi, le gouvernement de M. Biya a minimisé, voire nié le "problème anglophone" ». Cf. Konings (Piet), « Le "problème anglophone" au Cameroun dans les années 1990 », dans *Politique africaine*, n°62, Juin 1996, op.cit., p. 25.

fonctionnaires francophones ; La marginalisation des anglophones dans l'admission à certaines grandes écoles »[905]. Selon l'analyse de ces évêques, ce sont des signes d'une lente asphyxie de la culture anglophone, qui va bien au-delà de l'utilisation de la langue anglaise. Il s'agit d'« un noyau de valeurs, croyances, coutumes et modes de relation à l'autre, hérité des Britanniques qui ont gouverné cette région de 1916 à 1961 »[906]. En d'autres termes, les Camerounais anglophones demandent que leur culture soit préservée, même s'ils représentent une minorité dans l'ensemble national, et que la Constitution reconnaisse leurs droits comme ceux de toute autre minorité. Toutefois, au-delà de la démarcation linguistique entre « anglophones » et « francophones », perdurent de part et d'autre de solides liens communautaires africains que la culture importée (allemande, française ou anglaise) n'a pu effacer. Tout comme de nombreux « francophones » sont désormais « anglophones », et vice-versa.

Toujours est-il que c'est la problématique du « pluralisme »[907] au sein de l'Etat et celle du dialogue des sources du droit qui sont au coeur du débat sur la construction nationale au Cameroun. Il ne s'agit pas seulement de modifier la Constitution pour y reconfigurer l'Etat

---

[905]Cf. « Cameroun : le "problème anglophone" vu par les évêques » sur *catholique.fr*, 3 janvier 2017. https://mission-universelle.catholique.fr/sinformer/afrique/294368-cameroun-le-probleme-anglophone-vu-par-les-eveques/

[906] Ibid.

[907] « Qu'est-ce que le pluralisme? L'existence au sein d'une société dont la cohésion provient d'une culture et un sentiment d'identité communs, de groupes ethniques, linguistiques, religieux, politiques et sociaux d'origine diverses. Ces communautés reconnaissent leurs particularismes respectifs et renoncent à s'arroger une position dominante en se procurant notamment des avantages institutionnels permanents ». Cf. Reszler (André), « Le pluralisme comme phénomène social: Quelques remarques préliminaires», dans *Droit et pluralisme,* Actes du colloque de Caen organisé par le Centre de recherche sur les droits fondamentaux et les évolutions du droit (C.R.D.F.E.D.) les 30 novembre et 1er décembre 2006, (sous la direction de Lauréline Fontaine), Collection Droit et Justice n°76, Bruxelles, Nemesis & Bruylant, 2007, p. 17. Cet auteur, dans le même article, dresse une série de traits caractéristiques de « l'esprit des sociétés pluralistes » (Ibid., pp. 26-27), tout comme il fait état de leur dispositif institutionnel avec « de nombreux pouvoirs intermédiaires », « des politiques de décentralisation plus ou moins radicales », des « réseaux de communications horizontaux », « les initiatives concernant l'Etat ou les divers secteurs de la vie (…) prises à tous les échelons des hiérarchies », « l'Etat et la société civile (…) dans un état de mobilisation permanente », les éléments « marginaux » qui « accaparent souvent l'attention générale et occupent, pendant quelques temps le devant de la scène ». Cf Ibid., pp. 27-28.

en transposant un modèle d'organisation décentralisée, régionaliste ou même fédéraliste[908], mais davantage de poser, comme alternative au monisme dominant mais ineffectif[909], « le pluralisme comme théorie des normes »[910]. De la sorte, il n'est plus seulement question d'admettre que les sources du droit sont plurielles (constitution, traité, loi, coutume, jurisprudence, doctrine) et de les organiser dans un ordre pyramidal qui conforte l'Etat central, mais qui discrimine voire étouffe la société. Avec cette nouvelle « théorie normative de la gouvernance »[911], il est question désormais d'aller au-delà de la dogmatique et de la nomenclature traditionnelle pour renouveler la théorie des sources du droit sans totalement remettre en cause la conception classique du droit[912]. Procédant d'un véritable changement

---

908 Lauvaux (Philippe), « Le principe fédératif: première théorie constitutionnelle du pluralisme?», dans *Droit et pluralisme,* Actes du colloque de Caen organisé par le Centre de recherche sur les droits fondamentaux et les évolutions du droit (C.R.D.F.E.D.) les 30 novembre et 1er décembre 2006, (sous la direction de Lauréline Fontaine), Collection Droit et Justice n°76, Bruxelles, Nemesis & Bruylant, 2007, pp. 125-160.

909 Matala-Tala (Léonard), « L'ineffectivité du droit positif en Afrique subsaharienne», dans *Civitas Europa* 2013/2 (n°31), pp. 239-260. Ce texte est issu d'une communication faite au sein de l'Atelier n° 4, « Droit constitutionnel et droit comparé » lors du VIIIe Congrès de l'AFDC, tenu à Nancy les 16, 17 et 18 juin 2011. Lire aussi, Commaille (Jacques), « Effectivité » dans *Dictionnaire de la culture juridique*, sous la direction de Denis Alland et Stéphane Rials, Paris, Lamy PUF, 2003, pp. 583-585. Carbonnier (Jean), « Effectivité et ineffectivité de la règle de droit », dans *L'année sociologique*, LVII, 1958, pp. 3-17. Lascoumes (P.) et Severin (E.), « Théories et pratiques de l'effectivité du droit », dans *Droit et société*, n° 2, 1986.

910 Fontaine (Lauréline), « Le pluralisme comme théorie des normes », dans *Droit et pluralisme,* Actes du colloque de Caen organisé par le Centre de recherche sur les droits fondamentaux et les évolutions du droit (C.R.D.F.E.D.) les 30 novembre et 1er décembre 2006, (sous la direction de Lauréline Fontaine), Collection Droit et Justice n°76, Bruxelles, Nemesis & Bruylant, 2007, pp. 125-160. Au terme de cette réflexion, l'auteur constate que la question du statut du pluralisme dans la théorie du droit ne peut être envisagée que si l'on parvient à ébranler le dogme de la captation de toute norme par l'Etat. Ce qui implique que soient réglées les questions de savoir comment articuler les différents ordres juridiques, comment procéder à la validation des normes ainsi qu'à leur légitimation, fonctions jusque-là remplies par l'Etat.

911 Cf. *Méthodologie du pluralisme juridique*, (sous la direction de Ghislain Otis), Paris, Karthala, 2012. Lire aussi, *Les pluralismes juridiques,* Cahiers d'anthropologie du droit 2003, Laboratoire d'anthropologie juridique de Paris, Paris, Khartala, 2003.

912 « L'exclusion de la possibilité du pluralisme par la théorie du droit vient de ce qu'il s'agit toujours de se demander si, en fin de compte, on peut faire une théorie positiviste du pluralisme. A cette question, la réponse est nécessairement négative

épistémologique, la démarche pluraliste propose de repenser l'Etat à partir du paradigme de la légitimité et de l'effectivité du droit[913]. On passe ainsi d'une dialectique étroite « droit-Etat » à celle plus ouverte « droit(s)-société(s) » pour opérer un meilleur ancrage social des politiques publiques. Par un processus de « déconstruction-reconstruction », le défi est d'ordonner le multiple sans pour autant le

---

puisqu'il s'agit d'analyser un phénomène à partir d'une théorie qui, consubstantiellement, en exclut les caractères comme relevant de son objet. Pour sortir de l'impasse, il faut peut-être cesser de poser la question de savoir si on peut faire une théorie positiviste du pluralisme, ce qui est une façon pour les positivistes de condamner par avance toute tentative en ce sens. En revanche, ne faut-il pas se demander s'il est possible de penser pluralisme par ou à l'aide d'une théorie du droit même positiviste? En bref, peut-on penser le pluralisme comme une véritable théorie des normes, c'est-à-dire comme un ensemble de propositions, éventuellement ordonnées et cohérentes, propres à expliciter la notion de norme juridique et les liens entre les normes ? Si la réponse est négative, et sans aucun doute l'est-elle en l'état actuel des données de la science positiviste du droit, ne devrait-on pas se poser la question de savoir si les postulats de l'approche positiviste sont les bons, s'ils permettent effectivement une meilleure compréhension de l'objet droit, en excluant le phénomène pluraliste. Même non réductible au droit tout entier, le pluralisme juridique est assurément un élément qui tend à faire du droit un objet un peu différent de celui que la science positiviste traditionnelle du droit présente ». (Cf. Ibid., pp. 130-131) C'est dans ce sens que Mireille Delmas-Marty a élaboré le concept de « pluralisme ordonné » en analysant les incidences du phénomène pluraliste sur le droit par d'autres biais: « Les acteurs économiques privés, écrit-elle, concurrencent désormais les Etats en élaborant leurs propres normes, par autorégulation. Si l'Etat demeure sujet "fondamental" du Droit international et principal producteur des normes, il n'est plus le seul acteur et son territoire n'est plus le seul espace normatif». Cf. Demas-Marty (Mireille), *Les forces imaginantes du droit. Le pluralisme ordonné*, Paris, Seuil, 2006, p. 27.

913 « Pour la majorité des juristes, prédomine actuellement encore une vision positiviste et formelle du Droit, réduisant ce dernier aux normes juridiques édictées, interprétées et appliquées par les autorités compétentes. François Ost et Michel van de Kerchove interrogent cette vision fort légaliste du droit et rappellent que celui-ci ne saurait se réduire à la légalité, mais que deux autres sphères lui sont essentielles: la légitimité et l'efficacité. Dans un monde où émergent des régulations concurrentes au droit et où l'on assiste à une véritable "lutte globale" pour le droit" (…), ces sphères deviennent de plus en plus importantes. Les approches de la gouvernance les remettent sérieusement au goût du jour, que cela plaise aux juristes ou que cela les déconcerte. Une approche du Droit entre légalité, légitimité, et efficacité inspirée par celle de François Ost et Michel van de Kerchove permet d'ouvrir la compréhension du Droit du juriste pour lancer un pont vers les réalités de plus en plus présentes de la gouvernance ». Cf. Eberhard (Christoph), *Oser le plurivers, pour une globalisation interculturelle et responsable,* Editions Connaissances et Savoirs, 2013, p. 129.

réduire à l'unité ou l'abandonner à la dispersion[914]. Il s'agit d'extérioriser les sources du droit par rapport à l'Etat, d'admettre que l'Etat souverain est concurrencé en tant que puissance normative dans une société camerounaise plurielle du fait de sa diversité anthropologique et de son ouverture au monde depuis au moins la période coloniale. De ce « bouleversement de la théorie des sources du droit »[915], l'Etat camerounais reconfiguré tiendra mieux compte de la pluralité des valeurs ou d'intérêts, produira mieux des règles adaptées à ces valeurs et intérêts. Comment dès lors réagencer dans le cadre institutionnel le bijuridisme étatique issu de l'héritage colonial franco-britannique, tout en valorisant les coutumes de la société traditionnelle africaine[916]? Quelle hiérarchie établir d'une part entre

---

[914] Cf. Ost (François) & van de Kerchove (Michel), *Le système juridique entre ordre et désordre*, Paris, PUF, 1988, p. 135.

[915] Cf. *Les sources du droit revisitées*, sous la direction de Isabelle Hachez, Yves Cartuyvels, Hugues Dumont, Philippe Gérard, François Ost et Michel van de Kerchove, Bruxelles, Anthemis & Université Saint-Louis de Bruxelles, 2012. Cette recherche collective publiée en quatre volumes ambitionne de revisiter les sources du droit, en ce compris les sources "nouvelles" dont on rend généralement compte sous le label de "soft law". Le premier volume qui porte sur les normes internationales et constitutionnelles étudie plus précisément la nouvelle nomenclature des sources du droit européen, les principes généraux du droit et les coutumes de rang constitutionnel, ainsi que les actes de soft law qui se multiplient à tous ces niveaux. Le deuxième volume qui a pour objet les normes internes infraconstitutionnelles étudie les actes, de nature hard ou soft, qui relèvent de la fonction normative aux niveaux législatif et règlementaire. On y trouve aussi les contributions consacrées aux fonctions administrative, juridictionnelle et contractuelle. Le troisième volume se penche sur les normativités concurrentes. On y trouve l'analyse des sources en principe dépourvues de caractère obligatoire, comme la doctrine, l'équité, la pratique ou les codes de conduites, sans oublier le droit comparé et le dialogue des jurisprudences. Le quatrième volume relève plus directement de la théorie du droit et traite des questions transversales de l'ouvrage. Y sont abordées, outre la notion même de sources et la difficulté, voire l'impossibilité, d'identifier une source "méta", des sources qui viennent renouveler, éclairer ou encore contester la théorie classique des sources. Ce volume contient également les conclusions générales de l'ouvrage, elles-mêmes précédées d'un triple regard porté sur les sources du droit: celui de l'historien, de la romaniste et du jusnaturaliste.

[916] Le Cameroun a donné à la coutume une base constitutionnelle dans la loi du 18 janvier 1996 portant révision de la Constitution du 2 juin 1972 : « La République du Cameroun, note-t-on dans l'alinéa 2 de l'article 1er, est un Etat unitaire décentralisé. Elle est une, indivisible, laïque, démocratique et sociale. Elle protège et reconnaît les valeurs traditionnelles conformes aux principes démocratiques, aux droits de l'homme et à la loi ». Lire à ce sujet, Sietchoua Djuitchoco (Célestin), *Du nouveau pour la coutume en droit positif camerounais : la constitutionalisation des coutumes*

les sources coloniales d'inspiration française et britannique, et les sources traditionnelles (y compris l'islam) des peuples du Cameroun d'autre part? Quel rôle les organes de l'Etat, tel le Juge[917], peuvent-ils jouer pour mettre en relation voire en cohérence les différentes sources du droit camerounais[918] ? Tel est l'enjeu du véritable « Dialogue National » au Cameroun où, à ce jour, la régulation des sources du droit par l'Etat laisse transparaître une prédominance de l'héritage juridique français, une insuffisance du droit issu de la colonisation britannique et une négligence flagrante du droit traditionnel malgré sa résistance sociologique. Fondamentalement, au-delà des Assises qui se sont tenues au Palais des Congrès de Yaoundé du 30 septembre au 4 octobre 2019, le « Dialogue National » est davantage un processus historique qui s'impose désormais dans l'espace public camerounais pour reconnecter l'Etat à la société[919]. C'est une « palabre »[920] ininterrompue sur une longue durée où la

---

et ses conséquences, dans Revue juridique Thémis, Vol. 34, Numero 1, non daté. Lire aussi, Zambo Zambo (Dominique Junior), « Compte à rebours pour la coutume (Eléments pour une théorie de la "scripturalisation" du droit camerounais) », dans *Le droit au pluriel – Mélanges en hommage au Doyen Stanislas Meloné*, sous la direction de Jeanne Claire Mebu Nchimi, Yaoundé, Presses Universitaires d'Afrique, 2018, pp. 173-190.

[917] Cf. Hourquebie (Fabrice), « Le Juge à la jonction d'un pluralisme désordonné en Afrique centrale », dans *Le juge et le dialogue des cultures juridiques*, (sous de Ghislain Otis), Paris, Karthala, 2013.

[918] Cf. Okani (Rachel-Claire), « Etudes des sources du système juridique camerounais », dans *Mode de production des droits africains et Common law*, Première rencontre de droit comparé du CICLEF, été 1993, Ecole de droit, Université de Moncton. « Au Cameroun, les sources du droit en tant qu'outils de production du droit obéissant à une classification préalable, traduisant leur valeur inégale. Effectivement, la loi occupe une place prépondérante par rapport à la coutume, la jurisprudence et la doctrine. Mais dans la pratique il se trouve que la jurisprudence joue un rôle plus important que celui qui, lui est normalement dévolu. Elle gagne du terrain, en ce qu'elle a finalement un rôle non seulement régulateur, mais également créateur de la norme juridique » (Ibid., p. 75).

[919] Dans un article publié en 1996, le Professeur Luc Sindjoun faisait observer que « le mythe de l'Etat omniscient et ordonnateur du social semble avoir vécu dans une certaine mesure, au Cameroun ». Pour lui, « la présidentialisation et la bureaucratisation du régime sont allés de pairs avec la clientélisation de la société (...). Ressource politique, le clientélisme issu de la maîtrise de l'"ascenseur social" rattache ainsi étroitement l'Etat et la société ». Cf. Sindjoun (Luc), « Le champ social camerounais: désordre inventif, mythes simplificateurs et stabilité hégémonique de l'Etat », dans *Politique africaine*, n°62, Juin 1996, Paris, Karthala, pp. 57-67.

[920] Cf. Bidima (Jean-Godefroy), *La palabre une juridiction de la parole*, op.cit.

parole citoyenne devra de plus en plus se libérer pour questionner l'Etat sur la cohésion sociale. C'est un revirement dialectique en vue de refonder ou de renforcer l'unité nationale au Cameroun à partir d'une réappropriation historique[921] et anthropologique des repères qui fondent l'identité des citoyens de ce pays. C'est l'amorce d'une dynamique institutionnelle qui devra faire cohabiter « pluralisme et unité »[922] dans le même espace public[923], ceci dans l'optique de réconcilier le droit et la société[924].

Car comme partout en Afrique, l'inflexion institutionnelle vers le modèle étatique a certes, permis de décloisonner les sociétés traditionnelles en les ouvrant aux valeurs occidentales, mais a rendu les Africains étrangers à eux-mêmes, en occultant la richesse de leur

---

[921] Lonsdale (J.), « Le passé de l'Afrique au secours de son avenir », dans *Politique africaine*. L'Afrique autrement, n° 39, septembre 1990.

[922] Mathieu-Izorche (Marie-Laure), « Pluralisme et unité », dans *Droit et pluralisme,* Actes du colloque de Caen organisé par le Centre de recherche sur les droits fondamentaux et les évolutions du droit (C.R.D.F.E.D.) les 30 novembre et 1er décembre 2006, (sous la direction de Lauréline Fontaine), Collection Droit et Justice n°76, Bruxelles, Nemesis & Bruylant, 2007, pp. 105-124.

[923] « Longtemps portée par les anthropologues du droit accusés de vouloir se passer d'Etat, l'analyse plurale propose de penser la refondation de ce dernier au vu de sa plus grande effectivité à partir du paradigme inverse de celui posé par l'Etat moderne (diversité dans l'unité): comment l'Etat peut-il incarner l'unité dans la diversité? C'est tout l'enjeu de l'approche plurale du droit qui interroge l'organisation de l'Etat et la normativité qu'il produit sans se restreindre à la dialectique droit-Etat mais ouvrant celle droits-sociétés ». Cf. Bellina (Séverine), « L'analyse plurale du droit: enjeux épistémologiques et responsabilité du jeune chercheur », dans *Méthodologie du pluralisme juridique*, (sous la direction de Ghislain Otis), Paris, Karthala, 2012, p. 28.

[924] « Ainsi, très logiquement, au lendemain des indépendances, le système juridique hérité de la puissance coloniale a servi de modèle pour la création d'un droit nouveau destiné à promouvoir le développement de la société africaine. Cette prééminence d'un droit que l'on peut qualifier de moderne dans les différents pays d'Afrique (…) a eu pour conséquence de creuser le décalage entre "l'officiel et le réel". Il y a d'un côté le droit officiel hérité qui se donne pour objectif (et pour alibi?) d'accompagner les pays d'Afrique (…) sur la voie de la démocratie, de la construction de l'Etat de droit et de l'apaisement politique (pour le droit public), et sur la voie de l'encadrement des rapports interindividuels ainsi que l'apaisement social (pour les différentes branches du droit privé). De l'autre, la situation réelle, qui échappe à ce droit "venu d'ailleurs" et qui continue de puiser sa légitimité et son acceptation dans les sources alternatives de droit (coutume, la religion, etc.) ». Cf. Hourquebie (Fabrice), « Le Juge à la jonction d'un pluralisme désordonné en Afrique centrale », dans *Le juge et le dialogue des cultures juridiques*, (sous de Ghislain Otis), op.cit., p.153.

altérité, en modifiant leurs modes de pensée et de production, en déconnectant le droit des réalités locales[925]. Comme on l'a constaté, bien avant même que les éléments constitutifs de l'Etat moderne occidental y soient progressivement importés[926], le processus d'occidentalisation du droit avait déjà commencé[927] depuis la découverte des côtes africaines au XVe siècle. A la suite de la *Conférence de Berlin*[928] (15 novembre 1884 - 26 février 1885), les puissances coloniales occidentales procèdent au façonnement territorial du continent africain qu'elles morcèlent en fixant de nouvelles frontières dans la perspective des Etats - nations. Les territoires nouvellement formés impliquent le dépassement des logiques sociales communautaires (tribu, clan, ethnie, etc.) pour devenir des regroupements politiques où les individus fondent leur identité sur un rapport d'allégeance à un centre qui monopolise l'autorité. A partir de la fin du XIXe siècle, l'Etat occidental s'enracine en Afrique, et devient idéologiquement le vecteur de l'unification nationale par le droit qui se professionnalise. Désormais, le juriste formé dans les Facultés de droit des universités devient un agent de l'Etat, indispensable à la régulation de l'activité juridique et judiciaire. Il entreprend de substituer la coutume, l'ancienne source privilégiée de droit populaire, par le sien qui est soit doctrinal, jurisprudentiel ou législatif[929]. Un pseudo pluralisme juridique est mis

---

925 En marge de l'Etat, se perpétuent en effet des structures sociales héritées de la période précoloniale (famille, clan, tribu, ethnie, royaume) qui rendent difficile l'édification de l'Etat-Nation occidental en Afrique. Alors que se développe théoriquement l'idéologie de l'Etat et de la loi, le corps social africain se trouve disloqué entre diverses traditions endogènes qui font encore autorité. Il en résulte une fracture entre le droit et la société, notamment l'importante frange de la population demeurée rurale.

926 Badie (Bernard), *L'Etat importé - Essai sur l'occidentalisation de l'ordre politique*, Paris, Fayard, 1992.

927 Cf. J. R. Brutsch, *Les Traités Camerounais,* op.cit. pp. 9-42.

928 Cf. Brunschwig (Henri), *Le partage de l'Afrique noire*, op.cit. L'acte final, qui n'autorise aucun partage, le déclenche dans les faits. Il proclame la liberté de navigation sur les grands fleuves africains, le Niger et le Congo. Il permet aux Etats européens déjà présents sur le littoral africain d'annexer l'arrière-pays correspondant. « Compétions, conflits et ententes entre grandes puissances ; multiplications de traités avec les chefs africains ». Cf. M'Bokolo (Elikia), *Afrique noire histoire et civilisations*, tome II, Paris, Hatier- Aupelf, 1994, p. 281.

929 Cette démarche du juriste n'est pas propre à l'Afrique. Jacques Vanderlinden (« Rendre la production du droit aux "peuples" », dans *Politique africaine*, n°62, Juin 1996, Paris, Karthala, p. 85) cite, « entre autres, la substitution de la doctrine à la coutume dans l'histoire du droit romain, son remplacement par la *Common law*

en place : les coutumes locales sont reconnues à la condition qu'elles soient conformes à la « civilisation », c'est-à-dire à l'ordre juridique colonial[930]. Celui-ci « exige que le dernier mot lui appartienne en cas d'application qu'il estimerait non pertinente de l'un ou l'autre mécanisme juridique inclus dans les ordres juridiques précoloniaux dont il a confirmé le maintien en vigueur »[931]. Mais l'Etat postcolonial fera disparaître ce pseudo pluralisme « en élaborant des législations unificatrices » qui ne laissent même plus aux droits précoloniaux « un espace de semi autonomie »[932]. Sacralisée dans les systèmes juridiques africains post coloniaux[933], l'occidentalisation du droit poursuit son expansion. Dans les pays d'Afrique francophone[934], par exemple, le Code civil français introduit pendant la colonisation a gardé une place de choix dans les entreprises de législation de droit privé[935] qu'il s'agisse du droit des personnes, du droit des biens, du

---

dans l'histoire du droit anglais et, dans l'histoire du droit français, la transformation de la coutume en loi à l'occasion de la rédaction officielle des coutumes». « Dans chacun de ces exemples, précise-t-il, le juriste ne peut tolérer que le dernier mot revienne à un producteur, le ''peuple'', et donc à une source, la coutume, sur lesquels il n'a pas prise et qui se trouvent en concurrence avec son propre mode de production et donc ses propres sources de droit. Il lui faut soit éliminer l'un en tant que producteur, l'autre en tant que source, soit les intégrer à son mode de production dominant en leur accordant une reconnaissance soigneusement contrôlée. Ainsi sont nés en Afrique - mais aussi en Amérique et en Asie – ce que les juristes coloniaux ont appelé les droits coloniaux » (Ibid.).

[930] Cf. Badji (Mamadou), « Considérations sur l'application de la coutume devant les magistrats de la Cour d'Appel de Dakar de 1903 à 1960 », dans *La Justice et le Droit : : Instrument d'une stratégie coloniale*, Vol. 3, op. cit., pp. 1075-1110.

[931] Rude-Antoine (Edwige) & Chrétien-Vernicos (Geneviève), *Anthropologies et Droits - Etat des savoirs et orientations contemporaines*, op.cit., p.27.

[932] Cf. Vanderlinden (Jacques), « Production pluraliste du droit et reconstruction de l'Etat africain», dans *Afrique contemporaine*, 2001, (211), pp. 78-84. Texte repris et publié par le même auteur, dans « Les pluralismes juridiques », Bruxelles, Editions Bruylant, 2013, pp. 191-199.

[933] Cf. Gonidec (P.– F.), *Les droits africains Evolution et sources*, op. cit. Lire aussi, Boukongou (Jean Didier), «L'esprit des droits africains », dans *De l'esprit du droit africain*, Mélanges en l'honneur de Paul Gérard Pougoué, Wolters Kluwer & CREDIJ, 2014, pp. 87-113.

[934] Cabanis (André) et Cabanis (Danielle), « L'influence du droit français liée au processus de colonisation – décolonisation », dans *Le rayonnement du droit français dans le monde*, (sous la direction d'André Carboneill), Revue juridique de l'Océan indien, N° spécial 2005, Presses de l'Université des sciences sociales de Toulouse, pp. 11-31.

[935] Cf. Métraux (Béatrice) et Rieben (Anne-Sophie), « Influence du droit privé français dans les pays d'Afrique francophone », dans *Perméabilité des ordres*

droit des contrats ou de la responsabilité. Sans atteindre le prestige du Code civil, le droit administratif français exerce également dans ces pays une influence indéniable[936]. En droit constitutionnel, « l'idée de gouvernance démocratique et d'Etat de droit, que ce soit par conviction idéologique ou par volonté de paraître partager le système des valeurs dominant et donc de se voir insérés dans la communauté internationale »[937], a entraîné en Afrique subsaharienne l'extension des droits de la citoyenneté et la limitation formelle des pouvoirs selon les canons empruntés en Occident[938]. Malgré des résistances coutumières, notamment en matière familiale et foncière[939], la présence occidentale a provoqué une série de mutations dans la conception africaine du droit. Les caractères « paysan », « collectiviste », « inégalitaire », « sacré » et « oral » du droit traditionnel africain se sont altérés[940] au contact des « piliers » du

---

juridiques, Rapports présentés à l'occasion du colloque-anniversaire de l'Institut suisse de droit comparé, Schulthess Polygraphischer Verlag, Zürich 1992.

[936] Sur la question, le Profeseeur Magloire Ondoa a développé "une thèse iconoclaste"; celle de l'autonomie formelle et matérielle des droits africains en général, et camerounais, en particulier, par rapport au droit français, depuis leurs origines. Lire à ce sujet, Ondoa (Magloire), *Introduction historique au ddroit camerounais: La formation initiale. Eléments pour une théorie de l'autonomie des droits africains,* Yaoundé, Les Editions Le Kilimandjaro, 2013.

[937] Cabanis (André) et Martin (Michel Louis), *Le constitutionalisme de la troisième vague en Afrique francophone*, Collection Publications de l'Institut universitaire André Rycmans, n°4, Bruylant – Académia, 2010, p. 7.

[938] « Ce qui implique non seulement un régime de limitation des pouvoirs et de protection des droits du citoyen, mais encore l'idée de la supériorité de ce régime comme fondement du pouvoir et de l'action de l'Etat, avec son corollaire: la croyance que nul ne saurait s'en soustraire, du moins sans précautions – ce qui par voie de conséquence, garantit la validité des règles – sauf à risquer d'être exposé à la sanction du juge et par-delà, confronté à la vindicte publique et à l'opprobre de la communauté internationale ». Ibid.

[939] Cf. Pougoué (Paul Gérard), *La famille et la terre, essai de contribution à la systématisation du droit privé au Cameroun,* Thèse de doctorat d'Etat, Droit, Bordeaux, 1977. Meloné (Stanislas), *La parenté et la terre dans la stratégie de développement, l'expérience camerounaise*, Etude critique, Edition Klinksieck, 1972. Kouassigan (Guy A.), *Quelle est ma loi ? Tradition et modernisme dans le droit privé de la famille en Afrique noire francophone*, op.cit. Lire aussi, Atangana-Malongue (Thérèse), «La réception des institutions traditionnelles dans la codification du droit de la famille au Cameroun. A propos de l'adoption coutumière », dans *De l'esprit du droit africain*, Mélanges en l'honneur de Paul Gérard Pougoué, Wolters Kluwer & CREDIJ, 2014, pp. 87-113.

[940] En vertu du principe de l'égalité devant la loi, les femmes participent au suffrage universel au même titre que les hommes, les chefs coutumiers répondent des

droit occidental que sont le « libéralisme », l'« individualisme », le « rationalisme », la « laïcité » et la « démocratie »[941].

Seulement, dans un environnement où le droit est tantôt mal compris[942], tantôt inadapté à son contexte[943], le droit positif africain

---

infractions qu'ils commettent à l'encontre de leurs sujets. La laïcité a désacralisé les institutions coutumières en affirmant la liberté de conscience, en distinguant le spirituel du temporel, en opposant, aux notables traditionnels, des élites imprégnées d'idées républicaines. La « communion avec les ancêtres » a cédé au christianisme et à la rationalité de l'Occident. Les limites de l'oralité ont obligé le droit paysan à s'adapter aux formes contractuelles des sociétés modernes.

[941] Cf. Bayart (Jean François), « La démocratie à l'épreuve de la tradition en Afrique subsaharienne », dans *Pouvoirs*, n° 129, 2009

[942] « Il apparaît par conséquent qu'un véritable progrès de l'enseignement et de la connaissance du droit en Afrique passera nécessairement par une importance accrue du droit coutumier dans les programmes d'enseignement et par l'introduction progressive des langues africaines comme langues d'enseignement du droit. Cela sera nécessaire pour la démocratisation de l'enseignement du droit en Afrique, en vue de le rendre plus accessible. Cette démocratisation est à son tour indispensable pour l'établissement et le maintien de l'Etat de droit parce que ce dernier exige, me semble-t-il, un nombre minimum de personnes qui comprennent et suivent les règles en vigueur ». Cf. Niyonzima (Matthias), « La formation du juriste africain », dans *Perméabilité des ordres juridiques*, Rapports présentés à l'occasion du colloque-anniversaire de l'Institut suisse de droit comparé, Schulthess Polygraphischer Verlag, Zürich 1992, p. 371.

[943] Par exemple, la multiplication des juridictions de droit moderne pour rapprocher la justice du justiciable a certes entrainé un phénomène d' « explosion judiciaire » caractérisé par la saisine de plus en plus des juridictions. Mais, outre les nombreux dysfonctionnements qui mettent à mal l'efficacité de cette justice, il apparaît nettement que le modèle de justice mis en place est étranger à une très large majorité des Africains qui restent encore attachés à la justice traditionnelle ou alors ont recours à une justice « parallèle » devant la crise de la justice de l'Etat.

Au Nord-Cameroun par exemple, on constate « les comportements contradictoires du justiciable vis-à-vis de l'autorité chargée du règlement des conflits. (…) Il privilégie, presque spontanément, le règlement des différends endogènes, alors même qu'il affirme faire de moins en moins confiance, aux autorités traditionnelles parce qu'elles ne détiennent plus le pouvoir coercitif. En effet, celui-ci, très souvent assimilé aux forces de police, est un monopole de l'Etat mis au service de la justice étatique. Pour la majorité des interlocuteurs, cette absence de coercition amenuise la force exécutoire des décisions rendues par le ''roi''. Et pourtant ce handicap n'empêche pas le maintien de cette autorité dans ses fonctions de restitution de l'ordre dans la mesure où elle le fait en conformité avec les coutumes et les manières d'être de la population du Nord Cameroun ». Cf. Gafsia (Nawel), Lamine (Haoua) et Sara Liwerant (O.), « Trois vois sur la juridicité », dans *La quête anthropologique du droit- Autour de la démarche d'Etienne Le Roy*, Paris, Karthala, 2006, p.549. Lire aussi, John-Nambo (Joseph), « Quelques héritages de la justice coloniale en Afrique noire », dans *Droit et Société*, n°51/52, 2002, pp.325-344. Le roy (Etienne), hérité du modèle occidental de l'Etat ne peut prétendre être l'unique source de régulation des rapports sociaux[944]. De sa « pyramide », il doit accepter de s'insérer dans un « réseau »[945] refondateur d'un ordre nouveau auquel les Africains adhèrent parce qu'ils y trouvent un intérêt[946]. D'ailleurs, devant l'incapacité des Etats postcoloniaux africains de matérialiser leur prétention au monopole de la production réaliste du droit, l'on assiste ces dernières années au développement de toutes sortes d'ordres juridiques dits informels, parallèles[947] ou non officiels[948], tout comme se manifestent des velléités de résurrection des modes de production coutumier[949]. D'où l'intérêt pour les

---

Les Africains et l'institution de la justice. Entre mimétismes et métissages, Paris, Dalloz, 2004.

944 Cf. Tshiyembe (M.), « L'Etat en Afrique, crise du modèle importé et retour aux réalités. Essai sur la théorie de l'Etat multinational », dans *Mélanges en l'honneur de François Borella*, Nancy, Presses Universitaires de Nancy, 1999.

945 Cf. Ost (François) et Van de Kerchove (M.), *De la pyramide au réseau ? Pour une théorie dialectique du droit*, Bruxelles, Publications des Facultés universitaires Saint-Louis, 2002.

946 Cf. Vanderlinden (Jacques), « Production pluraliste du droit et reconstruction de l'Etat africain », dans *Afrique contemporaine*, op.cit., pp. 191-199.

947 Nkou Mvondo (Prosper), « La justice parallèle au Cameroun : la réponse des populations à la crise de la justice de l'Etat », dans *Droit et Société*, n°51/52-2002, pp. 369-381. Lire aussi, Tchouambia Tomtom (Louis Jean Bedel), « "Justice populaire" et droits de l'homme au Cameroun: Etude socio-juridique », dans *Le droit au pluriel – Mélanges en hommage au Doyen Stanislas Meloné*, sous la direction de Jeanne Claire Mebu Nchimi, Yaoundé, Presses Universitaires d'Afrique, 2018, pp. 415-435.

948 Cf. Le Roy (Etienne) & Wade (Mamadou), « La formation des droits "non étatiques" », dans Encyclopédie juridique de l'Afrique, Tome 1, Abidjan, Nouvelles éditions africaines, 1982. Lire aussi, Deumier (Pascale), *Le droit spontané*, Paris, Economica, 2002.

949 Au moment des Indépendances, les nouvelles « Républiques africaines » voyaient dans les rois et chefs les reliques d'un passé révolu. Ce mouvement de désacralisation du chef africain avait été amorcé par le pouvoir colonial qui projetait de saper complètement les fondements du pouvoir traditionnel. Mais, ces dernières années, l'institution royale ou cheffale revient en force dans l'esprit des Africains. A cet égard, Jean-Pierre Warnier (« Chefs de l'ouest et formation de l'Etat au Cameroun », dans *Le Retour des rois : Les Autorités traditionnelles et l'État en Afrique contemporaine,* sous la direction de Claude-Hélène Perrot & François-Xavier Fauvelle-Aymar, Paris, Khartala, 2003, p. 9) constate que « l'opposition entre Etat et chefferie, qui fut la constante de l'organisation coloniale, se résorbe dans une puissante synergie ». Presque partout en Afrique, les rois et chefs sont issus des nouvelles élites dont le parcours s'est effectué le plus souvent en ville, dans les services publics, l'administration, la diplomatie, et même dans les entreprises privées. Vu d'un œil favorable par les villageois, cet engouement pour

sociétés africaines de réinventer leur propre voie juridique[950] pour ainsi redevenir souveraines de leur destin dans l'histoire universelle[951]. Et ceci n'est possible qu'avec une nouvelle génération de juristes formés non plus exclusivement à la technique positiviste[952], mais qui doivent s'ouvrir aux autres champs de connaissance de la réalité sociale[953], comme l'histoire et l'anthropologie, en vue de

---

des fonctions traditionnelles de la part des élites citadines est, d'après Elisée Soumoni, « *accentué par les tristes performances des pouvoirs politiques dits modernes* ».

[950] Cf. *Repenser les droits africains pour le* XXIe siècle (sous la direction de Camille Kuyu Mwissa), Yaoundé, Editions Menaibuc. Davakan (B.-A.), *Repenser les nations africaines. Identité, citoyenneté et démocratisation en Afrique subsaharienne*, Paris, L'Harmattan, 2011.

[951] Prince Kum'a Ndumbe III, « *L'Afrique s'annonce au Rendez-vous, la tête haute* », Editions Africavenir, 2012. Ki-Zerbo (Joseph), *A quand l'Afrique ? Entretien avec René Holenstein,* op.cit.

[952] « La technocratie est un nouvel idéalisme juridique. Le gouvernement des techniciens remplace celui des juristes, qui avaient supplanté celui des théologiens. Après le règne de l'Eglise, celui du Droit ; après celui du Droit, celui de la technique. Non qu'il faille en revenir au jus, ars boni et aequi, qui est une autre forme d'idéalisme, une autre manière d'appréhender la réalité non en elle-même, mais la représentation que s'en font les juristes. Mais il faut néanmoins reconnaître que l'avènement de l'ère des technocrates coïncide avec la disparition du face à face des juristes et de la société ; les protagonistes sont d'une part ceux qui détiennent les techniques, et d'autre part ceux qui les servent. Les seuls besoins pris en considération sont ceux des premiers ; le rôle des autres est réduit à celui des pions que les tenants du pouvoir manœuvreraient à leur gré s'il ne tenait qu'à eux. La plus précieuse et prometteuse réaction contre cet ordre est constituée par le développement d'une nouvelle structure mentale ». Cf. Arnaud (André-Jean), *Les juristes face à la société du XIXe siècle à nos jours*, Paris, Presses Universitaires de France, 1975, pp. 204-205.

[953] « Il devient de plus en plus inéluctable pour le juriste de ''reconnaître que le droit ne se suffit pas à lui-même et qu'il participe de la relation sociale , en tant que cadre d'action socialement construit en même temps que producteur des relations sociales''. Le juriste doit s'ouvrir aux différents champs de connaissance de ce social que le droit encadre et contribue à construire. La complexification de cette réalité, l'enchevêtrement et la porosité des différentes normativités qui l'enserre, rend encore plus incontournable ce constat et plus impérieux le besoin d'interdisciplinarité ». Cf. *Droit, arts, sciences humaines et sociales : (dé) passer les frontières disciplinaires,* (Sous la direction de Sandrine Chassagnard-Pinet, Pierre Lemay, Céline Regulski, Dorothée Simonneau), Droit et société Recherches et Travaux 28, Paris, LGDJ – Lextenso Editions, 2013, p. 11. Lire aussi, Dumont (Hugues) & Bailleux (Antoine), « Esquisse d'une théorie des ouvertures interdisciplinaires accessibles aux juristes», dans *Droit et Société* n°75/2010, pp. 275-293.

construire un droit africain réaliste[954], « vivant »[955], porteur de justice et d'équité. Car, « le phénomène de la violence, la recherche de la paix, l'insaisissable notion de justice, le travail de mémoire par rapport au passé, celui de promesse pour renouer l'avenir »[956], sont des questionnements qui interpellent l'Afrique contemporaine et le Cameroun en particulier dans sa quête de l'unité nationale.

---

[954] Mbombog Nkoth Bisseck notait à cet égard que « tout projet de démocratisation des structures politiques africaines qui tend à nier, à marginaliser, à s'aliéner ou à faire disparaître la réalité que constitue le pouvoir traditionnel africain conspire contre l'intégrité socioculturelle, la paix, la perspective de développement harmonieux et d'intégration positive de ces peuples dans la modernité et l'universalité ». Cf. Mbombog Nkoth Bisseck, « Démocratie et structures politiques traditionnelles au Cameroun », dans *Vous avez dit Démocratie ? Le processus de démocratisation au Cameroun : Défis et perspectives, sous la direction de Kum'a Ndumbe III,* Editions AfricAvenir/Exchange & Dialogue, 2008, pp. 25-85.

[955]Le juriste autrichien Eugen Ehrlich déclarait en 1913 (« *Grundlegung der Soziologie des Rechts* ») que « le centre de gravité du droit ne réside point, même à notre époque, comme en tout temps, dans la législation ni dans la science juridique ni dans la jurisprudence des tribunaux, mais plutôt dans la société elle-même ». C'est ce qu'il appelait « le droit vivant ». C'est dans le même esprit que Jacques Chevallier (« Pour une sociologie du droit constitutionnel » *dans Mélanges en l'honneur de Michel Troper, L'architecture du droit*, Paris, Economica, 2006, p.283) affirme que la science du droit ne saurait être cantonnée, dans la perspective qui est celle de Hans Kelsen, à la seule étude des normes posées: « Les juristes ne peuvent se désintéresser des processus sociaux et politiques de production et d'application du droit, sauf à sombrer dans un formalisme desséchant, ignorant tous des enjeux dont la norme juridique est porteuse ; pas plus d'ailleurs qu'ils ne peuvent se désintéresser des valeurs sous-jacentes à l'ordre juridique et qui déterminent la légitimité de la norme juridique »

[956] Younes (Carole), « *Le pluralisme juridique : penser l'homme pour penser le droit* », dans *Les pluralismes juridiques,* op.cit., p. 48.

BIBLIOGRAPHIE

1. Accord de tutelle pour le Territoire du Cameroun sous l'administration française (J.O.C. 1948, p. 771)
2. Acte du 20 juillet 1922 donnant à la France mandat d'administrer le Cameroun (non publié au Cameroun, mais inséré comme préambule à la Convention franco-américaine du 13 février 1923, J.O.C. 1924, p. 388)
3. Adonon (Akuavi), « Justice et oralité: le fonctionnement d'une justice négociée », dans *Le droit en action*, Cahiers d'anthropologie du droit 2006, Paris, Karthala, pp. 267-282
4. Ageron (Charles-Robert), « Le parti colonial », dans la Revue *L'Histoire* n° 11 – Avril 2001 (Le temps des colonies)
5. Alexandre (P.) et Binet (J.), *Le groupe dit Pahouin*, PUF, 1958
6. Alimen (H.), *Préhistoire de l'Afrique*, Paris, Editions N. BOUBEE et Cie, 1955
7. Alliot (Michel), « Anthropologie et juristique, sur les condition de l'élaboration d'une science du droit », dans *Bulletin de liaison du Laboratoire d'anthropologie juridique de Paris,* n°6, pp. 83-117, 1983. Republié en 2003 dans *Le droit et le service public au miroir de l'anthropologie*, textes choisis et édités par Camille Kuyu (Paris, Karthala)
8. Alliot (Michel), *Provocation : prêts ? Partez !,* dans *La quête anthropologique du droit, autour de la démarche d'Etienne Le Roy*, (Sous la direction de Christophe Eberhard et Geneviève Vernicos), Paris, Karthala, 2006
9. Annet (Armand), *En colonne dans le Cameroun – notes d'un Commandant de compagnie* (1914-1916), Paris, Editions René Debresse, 1949
10. Arambourg (Camille), La genèse de l'humanité, Paris, PUF, collection Que sais-je ?, 6e édition, 1961
11. Archives de la SDN, C.386. M. 132. 1925. VI, Procès verbaux de la sixième session de la commission permanente des mandats tenue à Genève, du 26 juin au 10 juillet 1925
12. Archives de la SDN, C.648. M. 237. 1925. VI. (C.P.M./ 7e session / P.V.), Procès verbaux de la neuvième session tenue à Genève du 19 octobre au 30 octobre 1925, Genève, 1925
13. Archives SDN, Genève, C.449 (1) e. M.345 (e). 1922. VI., *Cameroun, Déclaration franco-britannique*
14. Archives SDN, Genève, C.449 (1) e. M.345 (e). 1922. VI., *Mandat français sur le Cameroun*
15. Aristote, *La Politique*, I, 2, 1253 a.

16. Arnaud (André-Jean), *Les juristes face à la société du XIXe siècle à nos jours,* Paris, Presses Universitaires de France, 1975
17. Arrêt de la Chambre d'homologation du Cameroun en date du 28 septembre 1933 (Penant 1934, p. 157, 2e espèce)
18. Arrêté d'application du 14 février 1944 (J.O.C. 1944, p. 171)
19. Arrêté du 11 février 1935 complétant celui du 26 mai 1934 portant réglementation du mariage indigène au Cameroun (J.O.C. 1935, p. 203)
20. Arrêté du 11 janvier 1936 modifiant l'arrêté du 26 mai 1934 sur le mariage indigène au Cameroun
21. Arrêté du 11 octobre 1928 modifiant l'arrêté du 26 décembre 1922 sur les mariages fétichistes
22. Arrêté du 15 juillet 1930 organisant au Cameroun un état civil indigène obligatoire et en réglementant le fonctionnement (J.O.C., p. 508)
23. Arrêté du 19 septembre 1953 portant ouverture d'une justice de paix à compétence ordinaire à Mbouda (J.O.C. 1953, p. 1577)
24. Arrêté du 21 août 1952 instituant au Cameroun, dans les subdivisions de Djounngolo, Mfou, Essé, Okola, Saa, Nanga-Eboko, Akonolinga, Mbalmayo, Ebolowa, Ambam, Sangmélima, et Djoum, des communes rurales (J.O.C. 1952, 1376)
25. Arrêté du 24 avril 1930 règlementant l'installation des postes secondaires des Missions religieuses confiées à des indigènes (J.O.C. 1930, p. 301)
26. Arrêté du 26 décembre 1922 règlementant le mariage des indigènes (J.O.C., 1923, p. 13).
27. Arrêté du 26 décembre 1938 réglementant le travail public obligatoire au Cameroun (J.O.C. 1939, p. 83-86).
28. Arrêté du 26 mai 1934 portant réglementation du mariage indigène au Cameroun (J.O.C., 1934, p. 372).
29. Arrêté du 27 avril 1948 portant création de justice de paix à compétence ordinaire (J.O.C. 1948, p. 506).
30. Arrêté du 29 juillet 1948 investissant certains chefs de subdivision, juges de paix à compétence ordinaire, des attributions des tribunaux correctionnels [Modifié par arrêté du 7 février 1952 (J.O.C. 1952, p. 197) et par décret du 4 janvier 1954 (J.O.C. 1948, p. 845)]
31. Arrêté du Commissaire de la République du 14 mars 1917 déterminant les infractions spéciales à l'indigénat (J.O.C. 1er octobre 1917) complété par arrêté du 26 octobre 1917 (J.O.C. 1er novembre 1917)
32. Atangana (Charles), « Une étude sur la chefferie », dans Abbia n° 23, sept.-déc., 1969, pp. 87-94
33. Atangana-Malongue (Thérèse), « La réception des institutions traditionnelles dans la codification du droit de la famille au Cameroun. A propos de l'adoption coutumière », dans *De l'esprit du droit africain,*

Mélanges en l'honneur de Paul Gérard Pougoué, Wolters Kluwer & CREDIJ, 2014, pp. 87-113

34. Atias (Christian), *Devenir juriste – Le sens du droit*, Paris, LexisNexis, 2011.

35. *Atlas du Cameroun*, Paris, Editions Jeune Afrique, 2010

36. *Atlas historique de l'Afrique,* Paris, Editions du Jaguar, 1992

37. Aubert (Jean-Luc), *Introduction au droit et thèmes fondamentaux du droit civil*, Paris, Armand Colin, 10e édition, 2004

38. Aubert (Jean-Luc), *Introduction du droit*, Paris, PUF, que sais-je ?, 1979

39. Audier (Gilbert), *Le conflit colonial de juridiction*, Université de Paris, Faculté de droit, Paris, Les Editions Domat-Montchrestien, 1941

40. Austin (John), *Lectures on Jurisprudence or The Philosophy of Positive Law*, Londres, John Murray, Albemarle Street, 1885, 2 vol. J. Austin, The Province of Jurisprudence Determined, Explications préliminaires, Indianapolis/Cambridge, Hackett Publishing Company, 1954

41. Aymerich (Général de division), *La conquête du Cameroun*, Paris, Payot, 1933

42. Badie (Bernard), L'Etat importé - Essai sur l'occidentalisation de l'ordre politique, Paris, Fayard, 1992

43. Badji (Mamadou), « Considérations sur l'application de la coutume devant les magistrats de la Cour d'Appel de Dakar de 1903 à 1960 », dans *La Justice et le Droit : Instruments d'une stratégie coloniale* (sous la direction du Professeur Bernard Durand), vol. 3, UMR 5815 Dynamiques du droit, Faculté de droit de Montpellier, 2001

44. Bama Njock (Philippe Robert), *Droit religieux et droit humain dans la tradition Bassa du Cameroun*, Mémoire du diplôme d'études approfondies d'histoire du droit, de l'économie et de la société, Université de Paris 2

45. Bancel (Nicolas), Blanchard (Pascal) & Vergès (Françoise), *La République coloniale – Essai sur une utopie*, Paris, Albin Michel, 2003

46. Barraud (Boris), La recherche juridique, Sciences et pensées du droit, Paris, L'Harmattan, 2016

47. Basse (Jacques), Les délits relatifs au mariage dans le Sud-Cameroun : L'abandon du domicile conjugal et l'escroquerie de la dot, Thèse de doctorat en droit, Paris, 1957

48. Bauzon (Stéphane), *Le métier de juriste – du droit politique selon Michel Villey*, Québec, Les Presses de l'Université Laval, 2003

49. Bayart (Jean François), « La démocratie à l'épreuve de la tradition en Afrique subsaharienne », dans *Pouvoirs*, n° 129, 2009

50. Bayart (Jean-François), *L'Etat au Cameroun*, Paris, Presses de la fondation nationale des sciences politiques, 1985

51. Bekombo-Priso, « Essai sur le peuplement de la région côtière du Cameroun : les populations dites Dwala », dans *Contribution de la recherche ethnologique à l'Histoire des civilisations du Cameroun*, Paris, CNRS, 1981, Vol II
52. Bellina (Séverine), « L'analyse plurale du droit: enjeux épistémologiques et responsabilité du jeune chercheur », dans *Méthodologie du pluralisme juridique*, (sous la direction de Ghislain Otis), Paris, Karthala, 2012
53. Benoit (Jean-Pascal), Kirdi au bord du monde, un médecin lyonnais au Cameroun, Paris, René Julliard, 1957
54. Bertaut (Maurice), *Le droit coutumier des Boulous – monographie d'une tribu du Sud Cameroun*, Editions Doumat – Montchrétien. F. Loviton et Co, Paris, 1935
55. Bidima (Jean Godefroy), *La palabre une juridiction de la parole*, Paris, Michalon, 1997
56. Bidima (Jean-Godefroy), « Discours philosophiques africains : où en est le problème du droit ? » (dans *Droit et Cultures*, n° 40, 2000/2, pp. 165-186
57. Billier (Jean-Cassien) & Maryoli (Aglaé), *Histoire de la philosophie du droit,* Paris, Armand Colin, 2001
58. Binet (Jacques), « Le commandement chez les Bamoun », dans *Le monde non-chrétien*, n° 24, oct-déc 1952, Paris
59. Binet (Jacques), *Aspects du mariage dans le sud Cameroun*, Bibliothèque Penant, Paris, Editions de l'Union française, 1952
60. Biyogo (Grégoire), Dictionnaire des connaissances philosophiques de l'Egypte antique, Imhotep, octobre 2017
61. Blanchard (Pascal) et Lemaire (Sandrine), *Culture coloniale : la France conquise par son Empire*, Paris, Editions Autrement, Collection Mémoires n° 86, 2003
62. Bouchaud (Joseph), *Histoire et géographie du Cameroun sous mandat français*, imprimé par les Etablissements J. Wadsworth, Grange Printing Works, Grange-Over-Sands, Lancs., England. Pour la Procure du Vicariat apostolique, Douala, Cameroun, Nouvelle édition, 1944
63. Bouchaud (Joseph), La côte du Cameroun dans l'Histoire et la Cartographie, des origines à l'annexion allemande (1884), Yaoundé, Institut Français d'Afrique Noire (IFAN), 1952
64. Boukongou (Jean Didier), « L'esprit des droits africains », dans *De l'esprit du droit africain*, Mélanges en l'honneur de Paul Gérard Pougoué, Wolters Kluwer & CREDIJ, 2014, pp. 87-113
65. Boulet (J.), « Les groupes humains », dans *Le Nord Cameroun – des hommes, une région*, Paris, Orstom, 1984
66. Bouopda Kamé (Pierre), *La crise anglophone au Cameroun*, Paris, L'Harmattan, 2018

67. Boutrais (J.), « Les sociétés musulmanes (les Mandara-Foulbé) », dans *Le Nord Cameroun – des hommes, une région*, Paris, Orstom, 1984
68. Bouvenet (Gaston) & Bourdin (René), *Codes et lois du Cameroun* , 5 tomes, Yaoundé, Haut-Commissariat de la République française au Cameroun, 1956-1958
69. Braud (Philippe), *Penser l'Etat*, Paris, Editions du Seuil, 2004
70. Brethe de la Gressaye (J.), « Politique coloniale comparée », dans *PENANT*, Recueil Général de Jurisprudence, de Doctrine et de Législation d'Outre-mer, Paris, 1953, n° 606, pp. 1-10 (Doctrine)
71. Bretone (Mario), *Histoire du droit romain*, Paris, Editions Delga, 2016
72. Brunschwig (Henri), *Le partage de l'Afrique Noire*, Paris, Flammarion, 1971
73. Brutsch (J. R.), « Fernandoo Poo et le Cameroun », dans *Etudes Camerounaises*, n°43-44, Mars-Juin 1954
74. Brutsch (J. R.), « Les Traités camerounais », dans *Etudes Camerounaises*, n°43-44, Mars-Juin 1955, pp. 9-42
75. Brutsch (Jean-René), « Les relations de parenté chez les Duala » dans *Etudes Camerounaises*, Revue trimestrielle, Tome III, septembre-décembre 1950, n° 31-32, IFAN, Centre Cameroun
76. Cabanis (André) et Cabanis (Danielle), « L'influence du droit français liée au processus de colonisation – décolonisation », dans *Le rayonnement du droit français dans le monde*, (sous la direction d'André Carboneill), Revue juridique de l'Océan indien, N° spécial 2005, Presses de l'Université des sciences sociales de Toulouse, pp. 11-31.
77. Cabanis (André) et Martin (Michel Louis), *Le constitutionalisme de la troisième vague en Afrique francophone*, Collection Publications de l'Institut universitaire André Rycmans, n°4, Bruylant – Académia, 2010
78. Cagan (Roger) « Contribution à l'histoire de la justice au Cameroun », dans *PENANT*, n°636, Janvier 1956
79. Cameroun : le "problème anglophone" vu par les évêques » sur *catholique.fr*, 3 janvier 2017. https://mission-universelle.catholique.fr/sinformer/afrique/294368-cameroun-le-probleme-anglophone-vu-par-les-eveques/
80. Capeller (Wanda), « Droits infligés et ''chantiers de survivances'' : De quel lieu parle-t-on ? », dans *Une introduction aux cultures juridiques non occidentales* – Autour de Masaji Chiba (sous la direction de Wanda Capeller / Takanori Kitamura), Bruxelles, Bruylant, 1998
81. Carbonnier (Jean), « Droits », n°11, 1990
82. Carbonnier (Jean), « Effectivité et ineffectivité de la règle de droit », dans *L'année sociologique*, LVII, 1958, pp. 3-17.

83. Carbonnier (Jean), *Flexible droit*, Paris LGDJ, 8e édition, 1995
84. Chauleur (Pierre), *L'œuvre de la France au Cameroun*, Yaoundé, Imprimerie du Gouvernement, 1936
85. Chéradame (André), La colonisation et les colonies allemandes, Paris, Plon, 1905
86. Chevallier (Jacques), « Pour une sociologie du droit constitutionnel », dans *Mélanges en l'honneur de Michel Troper, L'architecture du droit*, Paris, Economica, 2006
87. Chiabi (Emmanuel, « Administration britannique et nationalisme dans le ''Southern Cameroons'' (1914-1954) », dans Histoire du Cameroun (XIXe - début XXe siècle), Paris, L'Harmattan, 1989
88. Cohen-Tanugi (Laurent), *Le droit sans l'Etat*, Paris, 2e édition « Quadrige », 2007
89. Collin (Denis), « Qu'est-ce qu'un citoyen » ?, dans *Grand dictionnaire de la philosophie* (sous la direction de Michel Blay), Paris, Larousse-CNRS Editions, 2003
90. Commaille (Jacques), « Effectivité » dans *Dictionnaire de la culture juridique*, sous la direction de Denis Alland et Stéphane Rials, Paris, Lamy PUF, 2003
91. Commaille (Jacques), *A quoi nous sert le droit?*, Paris, Gallimard, 2015
92. Comprendre l'autre. Les textes fondamentaux », Le point Mai-Juin 2011
93. Conti (L.), « L'Eglise catholique et la traite négrière », dans *La traite négrière du XVe au XIXe siècle*, Documents de travail et compte rendu de la Réunion d'experts organisée par l'Unesco à Port-au-Prince, Haïti, 31 janvier – 4 février 1978, Unesco, 1985
94. Coquery-Vidrovitch (Catherine), *Petite histoire de l'Afrique*, Paris, Edition La Découverte, 2001
95. Coquery-Vidrovitch (Catherine), « Le postulat de la supériorité et de l'infériorité noire », dans *Le livre noir du Colonialisme* (sous la direction de Marc Ferro), Paris, Robert Laffont, 2003
96. Cornevin (Marianne), *Secrets du continent noir révélés par l'archéologie*, Paris, Maisonneuve & Larose, 1998
97. Cornevin (Robert), « Le Cameroun en mutation – Un Triple héritage : allemand, anglais et français », dans *Le Monde diplomatique*, Avril 1985, pp. 22-23
98. Cornevin (Robert), *Histoire de l'Afrique*, t. I, *Des origines au XVIe siècle*, Paris, Payot , 1967
99. Cornu (Gérard), *Vocabulaire juridique*, Paris, Quadrige/PUF, 9e édition, 2011
100. Costedoat (René), *Le mandat français et la réorganisation des Territoires du Cameroun*, Thèse pour le doctorat, Université de Dijon, Faculté de droit, Besançon, Imprimerie Jacques et Demontrond, 1930

101. Cour suprême C.O, 22 mai 1962 P. 315, cs co 11 janvier 1963 R.P. 1966, p. 76.
102. Coutumier Juridique de l'AOF, Paris, Larose, 1939
103. Dareste (Pierre), *Traité de droit colonial*, Tome 1, Paris, 1931
104. Darwin (Charles), The Origin of Species by Means of Natural Selection ; or the preservation of favoured races in the struggle for life and the descent of man and selection in relation to sex, Londres, Murray, 1859 (éd. Moderne : La Filiation de l'homme et la sélection liée au sexe, Paris, ICDI, Syllepse, 2000)
105. Daumas (François), *Les Dieux de l'Egypte,* Paris, PUF, collection Que sais-je ?, 1977.
106. Davakan (B.-A.), Repenser les nations africaines. Identité, citoyenneté et démocratisation en Afrique subsaharienne, Paris, L'Harmattan, 2011
107. David (René) et Jauffret-Spinosi (Camille), *Les systèmes de droit contemporains*, 11e édition, Paris, Dalloz
108. *De l'esprit du droit africain*, Mélanges en l'honneur de Paul Gérard Pougoué, Paris, Wolters Kluwer & CREDIJ, 2014
109. *De la Traite à l'esclavage*, actes du colloque international sur la traite des Noirs, Nantes 1985, Tome I (Ve – XVIIIe siècles) & Tome II (XVIIIe – XIXe siècles), édités par Serge Daget, Société de Recherche sur l'Histoire du Monde Atlantique et la Société Française d'Histoire d'Outre-Mer, 1988
110. Décision du Chancelier d'Empire relative à l'exercice de la juridiction pénale et des pouvoirs disciplinaires à l'égard des Indigènes, dans les Territoires de protectorat allemand en Afrique orientale, au Cameroun et au Togo du 22 avril 1896.
111. Déclaration de M. Arnett (Résident au Cameroun britannique) devant la commission permanente des mandats (Archives SDN, Genève, CPM, 1928, pp. 150-151).
112. Déclaration franco-britannique du 10 juillet 1919 (J.O.C. 1924, p. 390).
113. Decoeur (Henri), Maât, entre cosmologie et mythe : le principe constitutionnel d'un Etat chtonienne en ancienne Egypte., Revue juridique Thémis, 45-2 (2012-01-01)
114. Décret du 11 avril 1946 rendant applicable aux Territoires relevant du ministère de la France d'outre-mer la législation métropolitaine sur la liberté de réunion (J.O.C. 1946, p. 1110).
115. Décret du 11 avril 1951 portant suppression du tribunal supérieur de Douala et création d'une Cour d'appel à Yaoundé. (J.O.C. 1952, p. 37)
116. Décret du 12 avril 1945 rendant applicable l'ordonnance du 26 août 1944 sur l'organisation de la presse française (J.O.C. 1944, p. 694 et J.O.C. 1945, p. 338).

117. Décret du 13 mars 1946 rendant applicables à l'AEF, à l'AOF, à Madagascar et dépendances, à la Côte française des Somalies, aux Etablissements français de l'Inde et de l'Océanie, à la Nouvelle Calédonie et dépendances, au Togo et au Cameroun, les titres I et II de la loi du 1er juillet 1901 (J.O.C. 1946, p. 549).
118. Décret du 14 septembre 1951 relatif à certaines modalités du mariage entre personnes de statut personnel en Afrique Occidentale Française, au Togo et au Cameroun (J.O.C. 1951, p. 1494).
119. Décret du 15 juillet 1977 portant organisation des chefferies traditionnelles au Cameroun.
120. Décret du 16 avril 1946 rendant applicable à l'AEF, à l'AOF, à Madagascar et dépendances, à la Côte française des Somalies, aux Etablissements français de l'Inde et de l'Océanie, à la Guyane, à la Nouvelle Calédonie et dépendances, au Togo et au Cameroun le titre 1er du décret du 16 août 1901 portant règlement d'administration publique pour l'exécution de la loi du 1er juillet 1901 relative au contrat d'association (J.O.C. 1946, p. 549 et 634).
121. Décret du 16 avril 1957 portant statut du Cameroun (J.O.R.F du 18 avril 1957- J.O.C. du 9 mai 1957, p. 655).
122. Décret du 16 avril 1957 portant statut du Cameroun (J.O.R.F du 18 avril 1957- J.O.C. du 9 mai 1957, p. 655).
123. Décret du 17 juillet 1944 un code pénal indigène pour l'Afrique Occidentale Française, l'Afrique Equatoriale française, le Cameroun et le Togo.
124. Décret du 19 novembre 1947 modifiant ou complétant les articles 12, 264, 302, 312, 317, 331, 337, 339, 340, 341, 360, 405 et 483 du Code pénal applicable au Cameroun (J.O.C., 1948, p. 10).
125. Décret du 19 novembre 1947 portant réorganisation du régime municipal du Cameroun. (J.O.C. 1947, p. 1401).
126. Décret du 23 avril 1941 organisant le régime des communes mixtes au Cameroun. Arrêté du 25 juin 1941 portant création d'une commune à Douala et à Yaoundé (J.O.C. 1941, p. 447).
127. Décret du 25 octobre 1946 portant création d'une Assemblée Représentative au Cameroun (J.O.C. 1946, p. 1302). Loi du 6 février 1952 (complétée par la loi du 17 avril 1952) relative à la formation des assemblées de groupe et des assemblées locales d'Afrique Occidentale Française et du Togo, d'Afrique Equatoriale Française et du Cameroun, de Madagascar et des Comores (J.O.C. 1952, p. 188 et 937).
128. Décret du 26 avril 1923 relatif à la répression de la traite et de l'anthropophagie au Cameroun (J.O.C. 1923, p. 179) promulgué par arrêté du 28 juin 1923.
129. Décret du 26 juillet 1944 instituant et organisant en Afrique Equatoriale Française et au Cameroun des juridictions indigènes coutumières (J.O.C. 1944, p. 726).

130. Décret du 27 novembre 1946 portant réorganisation judiciaire au Cameroun (J.O.C. 1947, p. 1397). Décret modifié par ceux des 30 juin et 16 octobre 1946.
131. Décret du 27 novembre 1947 portant réorganisation de la justice de droit français en AEF (J.O.C. 1948, p. 118).
132. Décret du 27 octobre 1923 rendant applicable au Cameroun la loi du 29 juillet 1881 sur la liberté de la presse et des lois modificatives des 12 décembre 1893 et 28 juillet 1894 (J.O.C. 1924, p. 9).
133. Décret du 27 septembre 1946 modifiant le décret du 12 avril 1945 étendant au Togo et au Cameroun les dispositions de l'ordonnance du 26 août 1944 sur l'organisation de la presse française (J.O.C. 1946, p. 1175).
134. Décret du 27 septembre 1946 rendant applicable aux Territoires relevant du ministère de la France d'outre-mer autres que l'Indochine l'ordonnance du 13 septembre 1945 modifiant la loi du 29 juillet 1881 sur la liberté de la presse (J.O.C. 1946, p. 1175).
135. Décret du 30 novembre 1926 édictant des pénalités dans les cas de mariage prématuré (J.O.C., 1926, p. 99)
136. Décret du 31 juillet 1927 portant réorganisation de la justice indigène dans les Territoires du Cameroun (J.O.C. 1927, p. 429).
137. Décret du 31 juillet 1927 portant réorganisation de la justice indigène dans les Territoires du Cameroun (J.O.C. 1927, p. 429)
138. Décret du 31 juillet 1927 portant réorganisation de la justice indigène dans les Territoires du Cameroun (J.O.C. 1927, p. 429).
139. Décret du 5 janvier 1954 portant modification au tableau A annexé au décret du 22 août 1928 déterminant le statut de la magistrature d'outre-mer (Cameroun). (J.O.C. 1954, p. 1750).
140. Décret du 5 janvier 1954 portant modification au tableau A annexé au décret du 22 août 1928 déterminant le statut de la magistrature d'outre-mer (Cameroun). (J.O.C. 1954, p. 1750)
141. Décret du 7 janvier 1944 portant réglementation du travail indigène au Cameroun (J.O.C. 1944, p. 47)
142. Décret impérial du 3 juin 1906
143. Décret ministériel du 13 novembre 1945 sur le mariage entre indigènes (J.O.C., 1946, p. 528).
144. Décret portant suppression de la justice indigène en matière pénale dans les Territoires relevant du ministère de la France d'Outre-mer (J.O.C. 1946, pages 706 et 779)
145. Delacampagne (Christian), *Une histoire du racisme : des origines à nos jours*, Paris, Librairie Générale Française - France Culture, 2000
146. Delarozière (R.), Les institutions politiques et sociales des populations dites Bamiléké, Institut français d'Afrique Noire, 1950
147. Demas-Marty (Mireille), Les forces imaginantes du droit. Le pluralisme ordonné, Paris, Seuil, 2006

148. Denoix de Saint Marc (Renaud), *Histoire de la loi*, Paris, Editions Privat, 2008
149. Deumier (Pascale), *Le droit spontané*, Paris, Economica, 2002
150. *Dictionnaire de l'ethnologie et de l'anthropologie* (sous la direction de Pierre Bonte et Michel Izard), Paris, Quadrige/PUF, 2013
151. Dictionnaire des civilisations africaines, Paris, Fernand Hazan Editeur, 1968
152. *Dictionnaire des grandes œuvres juridiques* (sous la direction de Olivier Cayla & Jean-Louis Halperin), Paris, Dalloz, 2010
153. Dika-Akwa, *Eléments de corpus Douala : le mariage*, Paris, Laboratoire d'anthropologie juridique, 1966
154. Dimier (Véronique), « Cultures nationales et politiques coloniales dans les années 1930-1940 : pour une révision des comparaisons franco-britanniques », dans *Revue Internationale de Politique Comparée*, Vol 7, n° 3, 2000
155. Dimier (Véronique), Le discours idéologique de la méthode coloniale chez les Français et les Britanniques de l'entre-deux guerre à la décolonisation (1920-1960), Centre d'Etude d'Afrique Noire- Institut d'Etudes politiques de Bordeaux, Collection Travaux et Documents, n° 58-59, 1998
156. Dimier (Véronique), *Le gouvernement des colonies, regards croisés franco-britanniques*, Editions de l'université de Bruxelles, 2004
157. Diop (Cheikh Anta), Antériorité des civilisations nègres : Mythe ou vérité historique ?, Paris, Présence africaine, 1967
158. Diop (Cheikh Anta), *Civilisation ou Barbarie* », Paris, Présence africaine, 1981
159. Diop (Cheikh Anta), Etude comparée des systèmes politiques et sociaux de l'Europe et de l'Afrique, de l'Antiquité à la formation des états modernes, 1957.
160. Diop (Cheikh Anta), *L'Afrique noire précoloniale,* Paris, Présence africaine, 1960
161. Diop (Cheikh Anta), *L'unité culturelle de l'Afrique noire,* Paris, Présence Africaine, 1959
162. Diop (Cheikh Anta), Les domaines du patriarcat et du matriarcat dans l'antiquité, 1956
163. Diop (Cheikh Anta), *Les fondements économiques et culturels d'un état Etat fédéral d'Afrique Noire*, Paris, Présence Africaine, 1960. Edition revue et corrigée en 1974
164. Diop (Cheikh Anta), *Nations nègres et culture*, Paris, Présence Africaine, 1954
165. Diop (Cheikh Anta), Parenté génétique de l'égyptien pharaonique et des langues négro-africaines, Dakar, IFAN-NEA, 1977

166. Disposition du chancelier de l'empire du 27 Février 1896 (Journal officiel de l'empire du 29 février 1896, n°53 annexe du journal colonial du 1er mars 1896)

167. Disposition du chancelier du 22 Avril 1896

168. *Douala Manga Bell : héros de la résistance Douala*, Paris, 1977 (paru dans la série Grandes figures africaines)

169. Doumbè-Moulongo (Maurice), « Origines et migrations des Duala », dans *Abbia*, n°20, juin 1968, pp. 79-150.

170. Doumbé-Moulongo (Maurice), *Les coutumes et le Droit au Cameroun*, Yaoundé, Editions Clé, 1972

171. *Droit, arts, sciences humaines et sociales : (dé) passer les frontières disciplinaires,* (Sous la direction de Sandrine Chassagnard-Pinet, Pierre Lemay, Céline Regulski, Dorothée Simonneau), Droit et société Recherches et Travaux 28, Paris, LGDJ – Lextenso Editions, 2013

172. Duby (R.), *Coutumier civil des Douala*, Circonscription de Douala, Wouri, Bibliothèque académie de sciences d'outre-mer, Paris, non daté.

173. Ducos (Michèle), *Rome et le droit*, Paris, Librairie Générale Française, 1996

174. Dugast (I.), *Inventaire ethnique du Sud Cameroun*, Mémoire I, série populations, Paris, 1949

175. Dumont (Hugues) & Bailleux (Antoine), « Esquisse d'une théorie des ouvertures interdisciplinaires accessibles aux juristes», dans *Droit et Société* n°75/2010, pp. 275-293.

176. Durand (B.), *Droit musulman, droit successoral*, Paris, Litec, 1991

177. Durand (Bernard), « Les décrets coloniaux sont-ils des Lois ou des Règlements ? », *La Justice et le Droit : Instruments d'une stratégie coloniale* (sous la direction du Professeur Bernard Durand), vol. 1, UMR 5815 Dynamiques du droit, Faculté de droit de Montpellier, 2001

178. Durand (Bernard), « Originalités et conformités de la justice coloniale sous la troisième République », dans *Le juge et l'outre-mer, Les roches bleues de l'Empire colonial* (sous la direction de Bernard Durand et Martine Fabre), Lille, Publication du Centre d'Histoire judiciaire éditeur, 2004

179. Durand (Bernard), Chêne (Christian) & Leca (Antoine), *Introduction historique au droit*, Paris, Montchrestien, 2004

180. Durand (Bernard), Histoire comparative des institutions, NEA, 1983

181. Durand (Bernard), *Introduction historique au droit colonial*, « Un ordre au gré des vents », Paris, Economica, 2015

182. Durkheim (Emile), De la division du travail, 1893

183. Dworkin (Ronald), *Law's Empire* (1986), Trad. Fr, PUF, 1994

184. Eberhard (Christoph), Le droit au miroir des cultures. Pour une autre mondialisation, Paris, L.G.D.J, 2010

185. Eberhard (Christoph), Oser le plurivers, pour une globalisation interculturelle et responsable, Editions Connaissances et Savoirs, 2013
186. Eckert (Andréas), « mémoire anticolonialiste au Cameroun/la recherche vaine des « héros nationaux », dans *Histoire d'Afrique*, Paris, Karthala, pp. 479-483.
187. Ehrlich (Eugen), « Grundlegung der Soziologie des Rechts », 1913
188. Elikia (M'Bokolo), *Afrique noire – Histoire et civilisations*, T.2 : 19 ^e^ et 20e siècle, Paris, Hatier, 1992
189. Erman (A.) & Ranke (H.), *La civilisation égyptienne*, Paris, Payot, 1982
190. Esquisse ethnologique pour servir à l'étude des principales tribus des Territoire du Cameroun sous mandat français, Bulletin de la société d'Etudes camerounaises, juillet 1943 (2e édition), IFAN, centre local Cameroun, Douala
191. *Etude sur la question de la peine de mort*, présentée par le groupe de travail sur la peine de mort en Afrique conformément à la résolution ACHPR/Res.79 (XXXVIII) 05, adoptée par la commission africaine des droits e l'homme et des peuples lors de sa 50ème session ordinaire (du 24 octobre au 7 novembre 2011), Banjul)
192. Evans-Pritchard (E.E.), Les Nuer – Description des modes de vie et des institutions politiques d'un peuple nilote, Paris, Gallimard, 1994
193. Eyelom (Franklin), Le partage du Cameroun entre la France et l'Angleterre, Paris, L'Harmattan, 2003.
194. Fabre (Martine), « Le lobby colonial les coulisses de la stratégie », dans *La Justice et le Droit : Instruments d'une stratégie coloniale* (sous la direction du Professeur Bernard Durand), vol. 1, UMR 5815 Dynamiques du droit, Faculté de droit de Montpellier, 2001, pp. 147-158.
195. Fabre-Magnan (Muriel), *Introduction au Droit*, Paris, Puf, Collection Que sais-je?, 2010
196. Fasso (guido), Histoire de la philosophie du droit XIXe et XXe siècles, Paris, LGDJ, 1976
197. Favry (Nathalie), « Nome», dans *Dictionnaire de l'Antiquité* (sous la direction de Jean Leclant), op.cit., pp. 1534-1535.
198. Ferro (Marc), Histoire des colonisations des conquêtes aux indépendances XIIIe – XXe siècle, Paris, Editions du Seuil, 1994
199. Fogui (Jean-Pierre), L'intégration politique au Cameroun : Une analyse centre-périphérie, Paris, L.G.D.J., 1990
200. Fontaine (Laurélie), Qu'est-ce qu'un "grand" juriste? Essai sur les juristes et la pensée juridique moderne, Paris, Lextenso Editions, 2012
201. Fontaine (Lauréline), « Le pluralisme comme théorie des normes », dans *Droit et pluralisme,* Actes du colloque de Caen organisé par le Centre de recherche sur les droits fondamentaux et les évolutions du droit (C.R.D.F.E.D.) les 30 novembre et 1er décembre 2006, (sous la

direction de Lauréline Fontaine), Collection Droit et Justice n°76, Bruxelles, Nemesis & Bruylant, 2007, pp. 125-160.

202. Fopoussi Fotso (Evariste), *Faut-il brûler les chefferies traditionnelles ?,* Yaoundé, SOPECAM, 1999

203. Fortier (Vincente), « La nationalité française, instrument d'une stratégie coloniale ? », dans *La Justice et le Droit : Instruments d'une stratégie coloniale* (sous la direction du Professeur Bernard Durand), vol. 3, UMR 5815 Dynamiques du droit, Faculté de droit de Montpellier, 2001

204. Fr/ C.A.O.M./ Fonds ministériel / Série géographique Togo-Cameroun / Carton XXIX / dossier 250- Etude sur le mandat français au Cameroun 1928.

205. Fr/ C.A.O.M./ Fonds ministériel / Série géographique Togo-Cameroun / Carton 30/ dossier 262 – Décret du 8 août 1924 déterminant les pouvoirs disciplinaires des administrateurs, 1924-1939].

206. Fr/ C.A.O.M./ Fonds ministériel/ affaires politiques/ Carton 2313 / dossier 4 – Relations avec les puissances étrangères : statut des Territoires sous tutelle – statut des habitants de ces Territoires 1921-1949.

207. FR/ C.A.O.M./ Fonds ministériel/série géographique/ Togo-Cameroun carton 33/ dossier 304.

208. Fr/ C.A.O.M/ Fonds ministériel/ affaires politiques/ Carton 2313 / dossier 4 – Relations avec les puissances étrangères : statut des Territoires sous tutelle – statut des habitants de ces Territoires 1921-1949, lire « Avis du Comité juridique relatif à la situation du Togo et du Cameroun par rapport à l'Union française ».

209. FR/C.A.O. M./Fonds ministériel /Agefom/ Carton 1006-dossier 3567- Cameroun – Accord de tutelle avec l'ONU – études générales sur le régime de tutelle 1946-1956.

210. Fr/C.A.O.M. / Fonds Ministériel/ série géographique Togo-Cameroun/ carton34/ dossier 330. Extraits de la législation pour le Cameroun – Juridiction sur les indigènes, Décision du Chancelier d'Empire relative à l'exercice de la juridiction pénale et des pouvoirs disciplinaires à l'égard des Indigènes, dans les Territoires de protectorat allemand en Afrique orientale, au Cameroun et au Togo du 22 avril 1896.

211. FR/C.A.O.M./Fonds ministériel /Agefom/ Carton 1006-dossier 3567- Cameroun – Accord de tutelle avec l'ONU– études générales sur le régime de tutelle 1946-1956.

212. FR/C.A.O.M./Fonds ministériel /Mémoires des élèves de l'Ecole coloniale/ 3ECOL 144D3 – Doo-Kinguè (Constance)- *Quelques traditions camerounaises en matière de mariage 1958-1959.*

213. FR/C.A.O.M./Fonds ministériel /Mémoires des élèves de l'Ecole coloniale/3ECOL 83 D4- Unger (Roger)- L'évolution de la société indigène du stade primitif à la période actuelle dans le Sud – Cameroun.
214. Franceschi (Roger), *Le mandat français au Cameroun*, Université de Paris, Faculté de droit, Recueil Sirey, 1929
215. Frémeaux (Jacques), Les empires coloniaux dans le processus de mondialisation, Paris, Maisonneuve et Larose, 2002
216. Froelich (J.-C.), « Le commandement et l'organisation sociale chez les Foulbé de l'Adamaoua (Cameroun)», dans *Etudes Camerounaises*, sept. déc.1954, n° 45-46, IFAN.
217. Gafsia (Nawel), Lamine (Haoua) & Sara Liwerant (O.), « Trois voix sur la juridicité », dans *La quête anthropologique du droit, autour de la démarche d'Etienne Le Roy*, (Sous la direction de Christophe Eberhard et Geneviève Vernicos), Paris, Karthala, 2006, pp. 547-559
218. Gambaro (Antonio), Sacco (Rodolfo) & Vogel (Louis), *Le droit de l'occident et d'ailleurs*, Paris, LGDJ, 2011
219. Gardi (René), *Kirdi,* Paris, Albin Michel, 1957.
220. Gaudemet (Jean), *Les institutions de l'Antiquité*, Paris, Montchrestien, 7e édition, 2002
221. Gaudemet (Jean), *Les naissances du droit*, 3e édition, Paris, Montchrestien, 2001
222. Gény (François), Méthode d'interprétation et sources en droit privé positif, 2 volumes, 1ère édition, 1899
223. Gény (François), *Science et technique en droit privé positif*, 4 volumes, Paris, Sirey, 1914-1927
224. Georges Vedel, *Indéfinissable mais présent*, « Droits », n°11, 1990
225. Gerbet (Pierre), *Le rêve d'un ordre mondial de la SDN à l'ONU*, Paris, Imprimerie nationale éditions, 1996
226. Ghomsi (Emmanuel), « Résistance africaine à l'impérialisme européen : le cas des Douala au Cameroun », dans *Africa Zamani* (revue d'Histoire africaine), Yaoundé, juillet 1975, n° 4
227. Ghomsi (Emmanuel), *Les Bamiléké du Cameroun (essai d'étude historique des origines à 1920)*, Thèse de doctorat 3e cycle, Université de Paris – Sorbonne, 1972
228. Girardet (Raoul), *L'idée coloniale en France de 1871 à 1962*, Paris, Table Ronde, 1972
229. Girault (Arthur), Principes de colonisation et de législation coloniale, 5e édition, Paris, Sirey, 1927
230. Gobineau (Arthur), Essai sur l'inégalité des Races humaines, 1854
231. Goerg (Odile), Martineau (Jean-Luc) et Nativel (Didier), *Les Indépendances en Afrique – L'évènement et ses Mémoires 1957/1960-2010* (sous la direction de), Presses Universitaires de Rennes, 2013
232. Goltzberg (Stefan), *Les sources du droit*, Collection Que sais-je?, Paris, Puf, 2016

233. Gonidec (P.– F.), *Les droits africains Evolution et sources*, T. 1, 2e édition Paris, LGDJ, 1976
234. Gouellain (Réné), *Douala, ville et histoire*, Paris, Institut d'ethnologie, 1975
235. Goyard-Fabre (Simone), *Les fondements de l'ordre juridique*, Paris, PUF, 1992
236. Guillaume (Pierre), *Le monde colonial, XIXe – XXe siècle*, Paris, Armand Colin, 1974 et 1999
237. Guillemette Andreu-Lanoë (L'Histoire n° 352), cité dans « Atlas des Afriques » (L'Histoire, Août 2016, p.15)
238. Habermas (Jürgen), *Ecrits politiques*, culture, droit, histoire, Paris, Flammarion, 1999
239. Hagenbucher – Sacripanti (Frank), « Les arabes dits "suwa" du Nord Cameroun », dans dans *Cahiers de l'Orstom*, Vol. XIV, n° 3, Paris, Orstom, 1977
240. Halpérin (Jean-Louis), « Le droit et ses histoires », dans *Droit et Société* n°75/2010
241. Halpérin (Jean-Louis), *Profils des mondialisations du droit*, Paris, Dalloz, 2009
242. Hampaté Bâ (Amadou), *Aspects de la civilisation africaine*, Paris, Présence africaine, 1972
243. Hardy (Georges), La politique coloniale et le partage de la terre au 19e et 20e siècle, Paris, 1937
244. Harouel (Jean-Louis), « *Islam et déficit de légitimité* de l'Etat », dans *Mélanges en l'honneur du Professeur Michel Ganzin*, Contributions réunies par Éric Gasparini et François Quastana, Paris, Editions La Mémoire du Droit, 2016, pp. 1025-1036
245. Hart (Herbert), *Le concept de droit*, Bruxelles, Publications des Facultés universitaires Saint-Louis, 1976
246. Hegel, *La Philosophie de l'histoire*, Nouvelle édition, sous la direction de Myriam Bienenstock. Paris, LGF, Collection : La Pochothèque, 2009
247. Henri (Batiffol), *La philosophie du droit,* Paris, PUF, que sais-je ?, 1960
248. Hepp (Bernard), *Coutumes des Peuls de l'Adamaoua*, Thèse en droit, Université de Paris, 1948
249. *Histoire générale de l'Afrique noire* (sous la direction d'Hubert Deschamps), Paris, Presses universitaires de France, 1970
250. Holmes (Oliver), *The Common law*, 1881
251. Holmes (Oliver), *The Parth of the law*, 1897
252. Hourquebie (Fabrice), « Le Juge à la jonction d'un pluralisme désordonné en Afrique centrale », dans *Le juge et le dialogue des cultures juridiques*, (sous de Ghislain Otis), Paris, Karthala, 2013

253. Hurault (J.), « Histoire du Lamidat peul de Banyo (Cameroun) », dans *Compte rendus trimestriels des séances de l'Académie des Sciences d'outre-mer* [séance du 20 juin 1975], Tome XXXV – 1 – 1975, pp. 421- 463.
254. Hurault (Jean), *La structure sociale des Bamiléké*, Le Monde d'Outre-mer, Passé et présent, Deuxième série, Documents I, Paris, Mouton & Co, La Haye, 1962
255. Iliffe (John), *Les Africains Histoire d'un continent*, Paris, Flammarion, 2009
256. Imbert (Jean), *Le Cameroun*, Paris, PUF, Que sais-je ?, 1973
257. Individu et justice sociale- Autour de John Rawls, Paris, Editions du Seuil, 1988
258. International Crisis Group, « Crise anglophone au Cameroun : comment arriver aux pourparlers, dans *Rapport Afrique* N°272 /2 mai 2019
259. Jestaz (Philippe), *Le droit*, Paris, Dalloz, 2012
260. John-Nambo (Joseph), « Quelques héritages de la justice coloniale en Afrique noire », dans *Droit et Société*, n°51/52, 2002, pp.325-344
261. Joseph (Richard), *Le mouvement nationaliste au Cameroun*, Paris, Khartala, 1986
262. Jouanna (Arlette), « Race », dans *Dictionnaire de l'Ancien Régime* (sous la direction de Lucien Bély), Paris, PUF, 2003
263. *Justice et sorcellerie*, Colloque international de Yaoundé, organisé sous la direction d'Eric de Rosny (17-19 mars 2005), Presses de l'UCAC & Editions Karthala, 2005.
264. Kanga (Victor Jean-Claude), *Le droit coutumier Bamiléké au contact des droits européens*, Thèse pour le Doctorat, Faculté de droit, Université de Paris, 1957
265. Kant (Emmanuel), *Observations sur le sentiment du beau et du sublime*, 1764, 2e édition, Paris, J. Vrin, 1980
266. Kant (Emmanuel), *Physische geographie* (géographie physique), édition bilingue, Paris, Aubier, 1999
267. Kelsen (Hans), « *Théorie pure du droit* » (Traduction de la deuxième édition par Ch. Eisenmann), Dalloz, collection « philosophie du droit », 1962
268. Kesteloot (Lilyan), *Anthologie négro-africaine,* Paris, EDICEF, 1997
269. Ki-Zerbo (Joseph), *A quand l'Afrique ? Entretien avec René Holenstein,* Lausanne, Editions d'en bas, 2013
270. Ki-Zerbo (Joseph), *Histoire de l'Afrique*, Paris, Hatier, 1972
271. Kom (Ambroise), « S'approprier l'Université sortir de la subalterneité », dans *Bulletin du CODESRIA* n° 1&2, 2005

272. Konings (Piet), « Le “problème anglophone” au Cameroun dans les années 1990 », dans *Politique africaine*, n°62, Juin 1996, Paris, Karthala, pp. 25-34.
273. Kouam (J. Paul), Le droit traditionnel dans une société en pleine évolution : cas du district de Baham (province de l'Ouest), Mémoire, 1974
274. Kouassigan (Guy A.), Quelle est ma loi ? Tradition et modernisme dans le droit privé de la famille en Afrique noire francophone, Paris, Editions Pedone, 1974
275. Kuate Tameghe (Sylvain Sorel), *La justice, ses métiers, ses procédures*, Paris, L'Harmattan, 2019
276. Kum'a Ndumbe III (Prince), « *L'Afrique s'annonce au Rendez-vous, la tête haute* », Editions Africavenir, 2012
277. Kum'a Ndumbe III (Prince), *Faut-il abolir le français et l'anglais comme langues primaires et principales d'enseignement dans nos écoles au Cameroun ?*, Conférence inaugurale sur le cycle de la politique des langues, AfricAvenir, Douala, 25 mars 2004, www.africavenir.org.
278. Kuyu (Camille), Les institutions de la démocratie et de l'Etat de droit. Point de vue anthropologique, Symposium international de Bamako, 2000
279. Kwayeb (Enock Katté), Les institutions de droit public du pays Bamiléké (Cameroun). Evolution et régime actuel, Paris, L.G.D.J., 1960
280. L. Lalèyê (Issiaka-Prosper), *20 questions sur la philosophie africaine*, Paris, L'Harmattan, 2010
281. L'âme de l'Afrique, dans *Le point Références*, Novembre-Décembre 2012
282. L'organisation judiciaire du Cameroun, dans *PENANT*, n°723, Janvier-Février-Mars 1969
283. La Charte des Nations unies Commentaire article par article, 2e édition, Paris, Economica
284. *La civilisation de la femme dans la tradition africaine,* Rencontre organisée par la Société Africaine de Culture, Abidjan, 3-8 juillet 1972, Paris, Présence Africaine
285. *La quête anthropologique du droit, autour de la démarche d'Etienne Le Roy*, (Sous la direction de Christophe Eberhard et Geneviève Vernicos), Paris, Karthala, 2006
286. *La traite négrière du XVe au XIXe siècle,* Documents de travail et compte rendu de la Réunion d'experts organisée par l'Unesco à port-au-Prince, Haïti, 31 janvier – 4 février 1978, Unesco, 1985
287. *La vengeance*, Dir. R. Verdier, 4 t., Paris, Cjas, 1981-1984
288. Labouret (Henri), *Le Cameroun,* Paris, L'Hartmann, 1937

289. Laburthe-Tolra (Philippe), « Christianisme et ouverture au monde. Le cas du Cameroun (1815-1915*),* dans *Revue française d'Histoire d'outre-mer*, Tome LXXV, n° 279, 2e trimestre 1988, pp. 207-221
290. Laburthe-Tolra (Philippe), *Minlaaba, Histoire et société traditionnelle chez les Béti du Sud Cameroun*, Thèse de doctorat, Paris V, 1975, Diffusion Libraire Honoré Champion, 1977.
291. Laburthe-Tolra (Philippe), Vers la lumière ? ou le désir d'Ariel : A propos des Beti du Cameroun, Sociologie de la conversion, Paris, Karthala, 1999
292. Lacroix (Pierre-François), « Matériaux pour servir à l'histoire des Peuls de l'Adamawa », dans *Etudes Camerounaises*, Revue trimestrielle, Tome V, sept-déc.1952, n° 37-38, IFAN, Centre du Cameroun
293. Lampué (Pierre), *La justice coutumière dans les pays africains francophones*, Extrait de la Revue juridique et politique Indépendance et Coopération, n°1/1979
294. Laplantine (François), *L'anthropologie*, Paris, Editions Payot et rivages, 1995
295. Lascoumes (P.) et Severin (E.), « Théories et pratiques de l'effectivité du droit », dans *Droit et société*, n° 2, 1986
296. Lauvaux (Philippe), « Le principe fédératif: première théorie constitutionnelle du pluralisme?», dans *Droit et pluralisme,* Actes du colloque de Caen organisé par le Centre de recherche sur les droits fondamentaux et les évolutions du droit (C.R.D.F.E.D.) les 30 novembre et 1er décembre 2006, (sous la direction de Lauréline Fontaine), Collection Droit et Justice n°76, Bruxelles, Nemesis & Bruylant, 2007, pp. 125-160.
297. Le Cameroun et le droit international. Colloque des cinquantenaires de l'indépendance et de la réunification du Cameroun, (Sous la direction de Jean-Louis Atangana Amougou), Ngaoundéré, 2-3 mai 2013, Paris, Pedone, 2015
298. *Le Cameroun sous tutelle française* - Notes documentaires et études. Documentation française n° 1182 -19 août 1949.
299. *Le juge et le dialogue des cultures juridiques*, (sous la direction de Ghislain Otis), Paris, Karthala, 2013
300. Le Roy (Etienne) & Wade (Mamadou), « La formation des droits "non étatiques" », dans Encyclopédie juridique de l'Afrique, Tome 1, Abidjan, Nouvelles éditions africaines, 1982
301. Le roy (Etienne), *Les Africains et l'institution de la justice. Entre mimétismes et métissages*, Paris, Dalloz, 2004.
302. Le traité Douala-Allemand du 12 juillet 1884, 2e édition, CNRS/Paris, 1975
303. Le Vine T. (Victor), *Le Cameroun du mandat à l'indépendance*, Paris, Présence africaine, 1984

304. Lebeuf (Annie M. D.), Les principautés Kotoko. Essai sur le caractère sacré de l'autorité, C.N.R.S., 1969

305. Leca (Antoine), La fabrique du droit français, Naissance, précellence et décadence d'un système juridique, Presses universitaires d'Aix-Marseille, 2007

306. Leca (Antoine), *La genèse du droit (Essai d'introduction historique au droit)*, Presses universitaires d'Aix-Marseille, 1998

307. Leca (Antoine), La République européenne introduction à l'histoire des institutions publiques et des droits communs d'Europe, tome 1 : l'unité perdue (476-1806), Librairie de l'Université d'Aix-en-Provence et Presses universitaires d' Aix - Marseille, 2000

308. Leca (Antoine), Le Code était presque parfait, introduction historique au droit, Paris, LexisNexis, 2013

309. Lecoq (Raymond), *Les Bamiléké, une civilisation africaine*, Présence africaine, 1953

310. Legendre (Pierre), « Ce que nous appelons le droit. Entretien avec Pierre Legendre », *Le Débat*, 1993/2 (n° 74)

311. Lembezat (B.), *Kirdi, les populations païennes du Nord Cameroun,* Mémoire de l'Institut français d'Afrique Noire (centre du Cameroun), 1950

312. Lembezat (B.), *Les populations païennes du Nord Cameroun*, Paris, Mémoire de l'Institut français d'Afrique Noire, Centre du Cameroun, 1958

313. Les Administrations coloniales XIXe – XXe siècles Esquisse d'une histoire comparée, (sous la direction de Samia El Mechat), Presses universitaires de Rennes, 2009

314. *Les peuples Bantu Migrations, expansion et identité culturelle*, Tome I & II, (sous la direction de Théophile Obenga), Paris, L'Harmattan, 1989

315. *Les pluralismes juridiques,* Cahiers d'anthropologie du droit 2003, Laboratoire d'anthropologie juridique de Paris, Paris, Khartala, 2003

316. *Les sources du droit revisitées*, sous la direction de Isabelle Hachez, Yves Cartuyvels, Hugues Dumont, Philippe Gérard, François Ost et Michel van de Kerchove, Bruxelles, Anthemis & Université Saint-Louis de Bruxelles, 2012

317. Lescuyer (Georges), *Histoire des idées politiques*, 14e édition, Paris, Dalloz

318. Lévi-Strauss (Claude), *Anthropologie structurale*, Paris, Plon, 1995

319. Levy-Bruhl (Henri), *Sociologie du droit*, Paris, PUF, que sais-je, 5e édition, 1976

320. Lewin (Evans), *Le régime allemand*, Paris, Publication du comité de l'Afrique Française

321. Lobstein (René), *Essai sur la législation coloniale de l'Allemagne*, Thèse pout le doctorat, Université de Poitiers, Faculté de droit, Paris, Librairie Marescq Ainé, A. Chevalier-Marescq & Cie Editeurs, 1902
322. Loi du 15 décembre 1952 instituant un Code du travail dans les Territoires et Territoires associés relevant du ministère de la France d'outre-mer (J.O.C. 1953, p. 49)
323. Loi du 18 novembre 1955 relative à la réorganisation municipale en Afrique occidentale française, en Afrique équatoriale française, au Togo, au Cameroun et à Madagascar (J.O.C. 1956, p. 4).
324. Loi du 23 mai 1951 relative à l'élection des députés à l'Assemblée nationale dans les Territoires relevant du ministère de la France d'outre-mer (J.O.C. 1951, p. 797)
325. Lonsdale (J.), « Le passé de l'Afrique au secours de son avenir », dans *Politique africaine*. L'Afrique autrement, n° 39, septembre 1990
326. Louis-Vincent (Thomas) et Luneau (René), *Les religions d'Afrique noire*, Paris, Stock, 1995
327. M'Bokolo (Elikia), *Afrique noire histoire et civilisations*, tome II, Paris, Hatier- Aupelf, 1994
328. Mabcuso (Salvatore), « Langues et droits en Afrique », dans *Le droit au pluriel – Mélanges en hommage au Doyen Stanislas Meloné*, sous la direction de Jeanne Claire Mebu Nchimi, Yaoundé, Presses Universitaires d'Afrique, 2018, pp. 123-135
329. Madiba (Essiben), « La France et la redistribution des territoires du Cameroun (1914-1916) », dans *Afrika Zamani*, revue d'histoire africaine, Yaoundé, décembre 1981, n° 12 et 13
330. Malaurie (Philippe), *Anthologie de la pensée juridique*, 2e édition, Paris, Editions Cujas, 2001
331. Manga Bekombo Priso, *Penser l'Afrique, Regards d'un ethnologue Dwala*, Paris, Société d'ethnologie, 2009
332. Manga Bekombo, *La société familiale Douala*, Thèse de 3e cycle, Université de Paris/Nanterre, 1969
333. Martens (Paul), *Théories du droit et pensée juridique contemporaine*, Bruxelles, Editions Larcier, 2003
334. Martin (J.Y.), « Essai sur l'histoire précoloniale de la société Matakam », dans *contribution de la recherche ethnologique à l'histoire des civilisations du Cameroun*, Paris
335. Matala-Tala (Léonard), « L'ineffectivité du droit positif en Afrique subsaharienne », dans *Civitas Europa* 2013/2 (n°31), pp. 239-260. Communication faite au sein de l'Atelier n° 4, « Droit constitutionnel et droit comparé » lors du VIIIe Congrès de l'AFDC, tenu à Nancy les 16, 17 et 18 juin 2011
336. Mathieu-Izorche (Marie-Laure), « Pluralisme et unité », dans *Droit et pluralisme,* Actes du colloque de Caen organisé par le Centre de recherche sur les droits fondamentaux et les évolutions du droit

(C.R.D.F.E.D.) les 30 novembre et 1er décembre 2006, (sous la direction de Lauréline Fontaine), Collection Droit et Justice n°76, Bruxelles, Nemesis & Bruylant, 2007, pp. 105-124.

337. Maurice Hauriou, « *Aux sources du droit. Le pouvoir, l'ordre et la liberté* », Cahiers de la nouvelle journée, Paris, Bloud &Gay, 1933

338. Mauro (Didier), *Afrique secrètes*, Anako Editions, 2001

339. Mayi-Matip (Théodore), *L'univers de la parole, Yaoundé*, Editions Clé, 1983

340. Mbaye (Kéba), *Sources et évolution du droit africain*, dans « L'Etat moderne : horizon 2000 Aspects internes et externes », Mélanges offerts à P.-F. Gonidec, Paris, LGDL, 1985, pp. 341-357.

341. Mbog Bassong, La théorie du droit en Afrique, concept, objet, méthode et portée, MeduNeter, 2016

342. Mbombog Nkoth Bisseck, « Démocratie et structures politiques traditionnelles au Cameroun », dans *Vous avez dit Démocratie ? Le processus de démocratisation au Cameroun : Défis et perspectives*, sous la direction de Kum'a Ndumbe III, Editions AfricAvenir/Exchange & Dialogue, 2008, pp. 25-85.

343. Mboui (Joseph), *Essai sur la vie domestique bassa*, Thèse de doctorat lettres, Bordeaux, 1971

344. Meloné (Stanislas), La parenté et la terre dans la stratégie de développement, l'expérience camerounaise, Etude critique, Edition Klinksieck, 1972

345. Menu (Bernadette), Egypte pharaonique. Nouvelles recherches sur l'histoire juridique, économique et sociale de l'ancienne Egypte, Paris, L'Harmattan, 2004

346. Menu (Bernadette), *Maât l'ordre juste du monde*, Paris, Editions Michalon, Collection « Le bien commun », 2005

347. Merle (Isabelle), « Retour sur le régime de l'indigénat. Genèse et contradictions des principes répressifs dans l'Empire français », French Politics, culture and Society, vol. 20, n°2, 2002, pp. 77-97

348. *Méthodologie du pluralisme juridique*, (sous la direction de Ghislain Otis), Paris, Karthala, 2012

349. Métraux (Béatrice) et Rieben (Anne-Sophie), « Influence du droit privé français dans les pays d'Afrique francophone », dans *Perméabilité des ordres juridiques*, Rapports présentés à l'occasion du colloque-anniversaire de l'Institut suisse de droit comparé, Schulthess Polygraphischer Verlag, Zürich 1992

350. Meva'a M'Eboutou (Michel), *J'ai vu mourir une civilisation, Monographie sociologique de mon village*, non daté, Bibliothèque Académie des sciences d'outre-mer de Paris

351. Michel (Marc), « Les plantations allemandes du Mont Cameroun », dans *Revue Française d'histoire d'outre-mer*, Tome LVII, n° 207, 2e trimestre 1970, pp. 183-213

352. Michel (Villey), La formation de la pensée juridique moderne, Paris, PUF, 2003
353. Midant-Reynes (Béatrix) & Valbelle (Dominique), « Egypte», dans *Dictionnaire de l'Antiquité* (sous la direction de Jean Leclant), Paris, PUF, 2005
354. Mohammadou (Eldridge), *Introduction historique à l'étude des sociétés du Nord-Cameroun*, Abbia, Revue culturelle camerounaise, Mars-juin 1966, Yaoundé, pp. 233-271.
355. Mohammadou (Eldridge), Ray ou Rey-Bouba, traditions historiques des Foulbé de l'Adamâwa, Paris, CNRS, 1979
356. Mokhtar (G.), *Afrique Ancienne*, t. II, *Histoire générale de l'Afrique*, Présence Africaine/Edicef/Unesco, 1987
357. Montesquieu, De l'Esprit des lois, 1748
358. Morandeau-Couderc (Stéphanie), « Le régime de l'indigénat dans les colonies françaises », dans *La Justice et le Droit : Instruments d'une stratégie coloniale* (sous la direction du Professeur Bernard Durand), vol. 3, UMR 5815 Dynamiques du droit, Faculté de droit de Montpellier, 2001, pp. 927-957
359. Moreau de Bellaing (Cédric), « Un bon juriste est un juriste qui ne s'arrête pas au droit. Controverses autour de la réforme de la licence de droit de mars 1954 », dans *Droit et Société*, n°83, Paris, LGDJ & Lextenso Editions, 2013, pp. 83-97.
360. Mouiche (Ibrahim), Autorités traditionnelles et démocratisation au Cameroun. Entre centralité de l'Etat et logiques de terroir, Münster-Berlin-Hamburg-London-Wien 2005
361. Mousongo (H.), *Histoire des Bassa* – manuscrit.
362. Mpouma (S.), *Histoire des Bassa – manuscrit*, IFAN – III – 37, Douala
363. Mveng (Engelbert), *Histoire du Cameroun*, Paris, Présence africaine, 1963
364. Mvogo (Wenceslas), La mission de l'Eglise au Cameroun en général et les Béti en particulier de 1890 à 1961, Thèse 3e cycle, Faculté de théologie de Strasbourg, 1979
365. Nach Mbach (Charles), « La chefferie traditionnelle au Cameroun : ambiguïtés juridiques et dérives politiques » dans *Africa Development*, vol XXV, no 3 et 4, 2000, 77-117.
366. Nantet (Bernard), Dictionnaire d'Histoire et civilisations africaines, Paris, Larousse, 1999
367. Nations Unies, Rapport spécial du conseil de tutelle sur les unions administratives concernant les Territoires sous tutelle et sur le statut du Cameroun et du Togo sous administration française, tel qu'il résulte de l'appartenance de ces Territoires à l'union française, Assemblée générale, documents officiels : septième session, supplément n° 12 (A/2151), New-York, 1952

368. Ndam Njoya (Adamou), Le Cameroun dans les relations internationales, Paris, L.G.D.J., 1976

369. Ndébi Biya, Etre, Pouvoir et Génération. Le système Mbok chez les Bassa du Sud Cameroun, Paris, L'Harmattan, 1987

370. Ndoumbouk, *Du droit dans les proverbes bassa du Cameroun*, Mémoire pour le Diplôme d'Etudes Approfondies de philosophie du droit, Université Panthéon-Assas, Paris 2, 1995

371. « Nègre », dans *Encyclopédie ou dictionnaire raisonné des sciences, arts et des métiers*, publiée par Denis Diderot et Jean d'Alembert (1751-1772)

372. Ngandè (Simon), *Le Kamerun et la France dans la première guerre (1914-1922)*, Thèse de doctorat 3e cycle, Université Paris VII, octobre 1976

373. Ngando (Blaise Alfred), « Kéba Mbaye et l'universalité des droits de l'homme: Les enseignements du droit traditionnel sur la peine de mort », *Mélanges en l'honneur du juge Kéba Mbaye – Administrer la justice Transcender les frontières du droit*, Etudes réunies par le Professeur Mamadou Badji et le Docteur El Hadji Omar Diop, Presses de l'Université Toulouse 1 Capitole, 2018

374. Ngando (Blaise Alfred), « La ''charte'' de Kurukan Fuga de 1236 ou la Constitution de l'Empire Manding : acte authentique ou légende ? », dans le *Gnomon » - Revue Internationale d'histoire du Notariat*, n°192, juillet-septembre 2017

375. Ngando (Blaise Alfred), « La ''signature'' du ''traité'' germano-camerounais du 12 juillet 1884 : un contrat de dupes ? », dans le *Gnomon » - Revue Internationale d'histoire du Notariat*, n°200, juillet-septembre 2019

376. Ngando (Blaise Alfred), « La présence française au Cameroun 1916-1959. L'analyse d'un juriste camerounais », dans *Présences françaises outre-mer (XVIe – XXIe siècles)*, tome 1, Histoire : périodes et continents (sous la Direction de Philippe Bonnichon, Pierre Gény et Jean Nemo de l'Académie des Sciences d'outre –Mer), Paris, Karthala, 2012, pp. 813-821

377. Ngando (Blaise Alfred), « Les "justices occidentales" sur la côte camerounaise avant la période coloniale », dans *Le juge et l'outre-mer, Phinée le devin ou les leçons du passé*, Tome I, Histoire de la justice, Lille, 2005, publié sous la codirection de Mme Martine Fabre et du Doyen Bernard Durand (UMR 5815 - Université de Montpellier I), pp. 89-102.

378. Ngando (Blaise Alfred), « Regard sur le sens de la présence coloniale française au Cameroun en matières juridiques», dans *Rio dos Camaroes* (Revue camerounaise d'histoire et des traditions), Paris, L'Harmattan, Juin 2010

379. Ngando (Blaise Alfred), *L'anthropologie juridique serait-elle la vraie science universelle du droit ?,* dans « Le droit au pluriel – Mélanges en hommage au Doyen Stanislas Meloné », sous la direction de Jeanne Claire Mebu Nchimi, Yaoundé, Presses Universitaires d'Afrique, 2018, pp. 231-248

380. Ngando (Blaise Alfred), La France au Cameroun 1916-1939 Colonialisme ou Mission civilisatrice ?, Paris, L'Harmattan, 2002

381. Ngando (Blaise Alfred), *La présence française au Cameroun 1916-1959 : Colonialisme ou Mission civilisatrice ?*, Thèse de Doctorat en Droit, Presses Universitaires d'Aix-Marseille, Décembre 2008

382. Ngoa (H.), Le mariage chez les Ewondo. Etude sociologique, Paris, FLSH, 1968

383. Ngoa *(*Henri*)*, « Historico-généalogique des Ewondo, étude critique *»*, dans *Abbia*, mai-août 1969, n° 22, pp. 65-88.

384. Ngongo (Louis), Histoire des forces religieuses au Cameroun de la première guerre mondiale à l'indépendance, Paris, Karthala, 1982

385. Ngongo (Louis), *Histoires des institutions et des faits sociaux*, T.1, 1884-1945, Paris, Berger-Levrault, 1987

386. Nicol (Yves), *La Tribu des Bakoko*, Thèse pour Doctorat en droit, Université de Paris, Paris, Librairie coloniale et continentaliste, Larose, 1929

387. Niyonzima (Matthias), « La formation du juriste africain », dans *Perméabilité des ordres juridiques*, Rapports présentés à l'occasion du colloque-anniversaire de l'Institut suisse de droit comparé, Schulthess Polygraphischer Verlag, Zürich 1992, pp. 361-371

388. Njokou (M.), La condition juridique de la femme en société traditionnelle, Mémoire licence en droit, 1974

389. Njoya (Sultan), *Histoire et coutumes des Bamoun*, Mémoire de l'institut français d'Afrique Noire, 1952

390. Nkili (Robert), *Le pouvoir administratif et politique dans la région du Nord Cameroun sous la période française (1919-1960)*, Tome 1, Thèse de doctorat d'état es lettre – Histoire –, Université de Provence (Institut d'histoire des pays d'outre-mer), Aix-en-Provence, octobre 1985

391. Nkili Abessolo, *Famille, mariage et dot chez les Boulou*, Thèse de droit, Aix-en Provence, 1954

392. Nkou Mvondo (Prosper), « La justice parallèle au Cameroun : la réponse des populations à la crise de la justice de l'Etat », dans *Droit et Société*, n°51/52-2002, pp. 369-381

393. Nsamè Mbongo, « *Rationalité juridique et philosophie des conflits - Le cas germano-duala: 1884-1914* », Conférence présentée le 05 mars 2002 dans le cadre du Programme AfricAvenir de séjour et d'études des étudiants de l'Institut d'Etudes Politiques de l'Université Libre de Berlin au Cameroun

394. Ntoné Kouo (Martin), « Aspects des relations entre les Douala et les Européens au XIXe siècle », dans Africa Zamani (revue d'Histoire africaine), Yaoundé, avril 1974, n° 2

395. Okani (Rachel-Claire), « Etudes des sources du système juridique camerounais », dans *Mode de production des droits africains et Common law*, Première rencontre de droit comparé du CICLEF, été 1993, Ecole de droit, Université de Moncton

396. Olawale (Elias), *La nature du droit coutumier africain*, Paris, Présence africaine, 1961

397. Olinga (Alain Didier), Qu'est-ce être juriste? – Eléments pour une dogmatique éthique, Yaoundé, Editions Clé, 2013

398. Ondoa (Magloire), Introduction historique au droit camerounais: La formation initiale. Eléments pour une théorie de l'autonomie des droits africains, Yaoundé, Les Editions Le Kilimandjaro, 2013

399. Ondoa (Magloire), *Traité de Droit constitutionnel et institutions politiques du Cameroun*, 5 tomes, Yaoundé, Les Editions Le Kilimandjaro, 2018

400. Oppetit (Bruno), *Philosophie du droit*, 1ère édition, Paris, Dalloz, 1999

401. Ost (François) & van de Kerchove (Michel), *Le système juridique entre ordre et désordre*, Paris, PUF, 1988

402. Ost (François) et Van de Kerchove (M.), *De la pyramide au réseau ? Pour une théorie dialectique du droit*, Bruxelles, Publications des Facultés universitaires Saint-Louis, 2002

403. Owona (Adalbert), *La Naissance du Cameroun 1884-1914*, Paris, L'Harmattan, 1996

404. Owono Nkoudou (J.R.), « Le problème du mariage dotal au Cameroun français », dans *Etudes camerounaises* , revue trimestrielle, Tome VI, mars-juillet 1953, n° 39-40, Institut Français d'Afrique Noire, pp. 41-83.

405. Oyono (Dieudonné), Colonie ou mandat international, la politique française au Cameroun de 1919 à 1946, Paris, L'Harmattan, 1992

406. Pambou Tchivounda (Guillaume), « Article 75 », dans *La Charte des Nations unies Commentaire article par article*, 2e édition, Paris, Economica

407. Pare (Isaac), « Les Allemands à Foumban », dans *Abbia* 12-13, 1906, pp. 211-231

408. Perono (Julien), «Les Bassa», dans *Bulletin de la Société d'études camerounaises*, novembre 1943, 2e édition, Institut français d'Afrique Noire, Centre local Cameroun, Douala

409. Petit précis de remise à niveau sur l'histoire africaine à l'usage du président Sarkozy, (Sous la direction de Adama Ba Konaré), Paris, Editions La Découverte, 2009

410. Pinto (Roger), *Le Gouvernement de l'Empire colonial britannique depuis la guerre*, dans PENANT, Recueil Général de Jurisprudence, de Doctrine et de Législation Coloniales et Maritimes, Paris, 1948, n° 559, pp. 85-98 (Doctrine)

411. Poirat (Florence), « Etat », dans *Dictionnaire de la culture juridique*, sous la direction de Denis Alland et Stéphane Rians, Paris, PUF, pp. 642-648

412. Poliakov (L.), *Histoire de l'antisémitisme, Tome 2,* Paris, Calmann-Lévy, coll. Points, 1991

413. Posner (R.), Economic Analysis of law, 1972

414. Pougoué (Paul Gérard), « Considérations sur le droit traditionnel devant la Cour suprême », Paris, Economica, 1989

415. Pougoué (Paul Gérard), La famille et la terre, essai de contribution à la systématisation du droit privé au Cameroun, Thèse de doctorat d'Etat, Droit, Bordeaux, 1977

416. Pouka (Louis Marie), « Les Bassa du Cameroun », dans *Les cahiers d'outre-mer*, Tome III, 1950, IFOM de Bordeaux

417. Pouka (Louis-Marie), Le régime des peines et délits dans le droit coutumier des Bantous du Cameroun, non daté, Académie des sciences d'outre-mer de Paris

418. Prevault (J.), La doctrine juridique de Kelsen, Lyon, 1965

419. Prouzet (Michel), *Le Cameroun*, Paris, Librairie générale de droit et de jurisprudence, 1974

420. Rapport annuel adressé par le Gouvernement français au Conseil de la Société des Nations sur l'administration sous mandat du Cameroun pour l'année 1922, Paris, 1922

421. Rapport présenté au Conseil supérieur de l'Instruction publique, le 23 juillet 1896, sur un projet d'arrêté portant réorganisation de l'agrégation des Facultés de droit par A. Esmein, membre du Conseil

422. Rawls (John), *A Theory of justice*, 1971, Trad. Fr. C. Audard, Seuil, 1987.

423. Raynal (Maryse), *Justice traditionnelle, justice moderne, le devin, le juge, le sorcier,* L'Harmattan, Collection « Logiques juridiques », Paris, 1994

424. Redslob (Robert), *Le système des mandats internationaux*, dans Bulletin de l'Institut intermédiaire international, La Haye, 1926

425. Renault (François) et Daget (Serge), *Les traites négrières en Afrique*, Paris, Karthala, 1985

426. René Gardi, *Kirdi*, Paris, Albin Michel, 1957

427. *Repenser les droits africains pour le* XXIe siècle (sous la direction de Camille Kuyu Mwissa), Yaoundé, Editions Menaibuc

428. Reszler (André), « Le pluralisme comme phénomène social: Quelques remarques préliminaires», dans *Droit et pluralisme,* Actes du colloque de Caen organisé par le Centre de recherche sur les droits

fondamentaux et les évolutions du droit (C.R.D.F.E.D.) les 30 novembre et 1er décembre 2006, (sous la direction de Lauréline Fontaine), Collection Droit et Justice n°76, Bruxelles, Nemesis & Bruylant, 2007

429. Revue française de Théorie juridique », n° 10-11, « *définir le droit* », novembre 1989 et juin 1990

430. Revue Togo-Cameroun, Magazine mensuel présenté par l'Agence économique des Territoires africains sous mandat, Paris, 1930

431. Ripert (Georges), *La règle morale dans les obligations civiles*, Paris, LGDJ, 4e édition, 1949

432. Rodrigue (Yves), « Chez le sultan de Rey-Bouba », dans *La France d'outre-mer (1930-1960). Témoignages d'administrateurs et de magistrats* (sous la direction de Jean Clauzel), Paris, Karthala, 2003, pp. 293-298.

433. Rolin (Henri), *Le système des mandats coloniaux*, Revue de Droit international et de législation comparée, 1920

434. Rouland (Norbert), « Anthropologie juridique », dans *Dictionnaire de la culture juridique*, sous la direction de D. Alland et S. Rials, Lamy-Puf, coll. Quadrige-dicos poche, 2003

435. Rouland (Norbert), « *Aux confins du droit* », Paris, Editions Odile Jacob, 1991

436. Rouland (Norbert), « Les modes juridiques de solutions des conflits chez les Inuits », dans *Etudes Inuit*, numéro spécial, vol. 3 (1979)

437. Rouland (Norbert), *Introduction historique au droit*, Paris, PUF, 1998

438. Rouland (Norbert), *L'anthropologie juridique*, Paris, PUF, Collection que sais-je ?, 1990

439. Rouland (Norbert), L'Etat français et le pluralisme : histoire politique des institutions publiques de 476 à 1792, Paris, Odile Jacob, 1995

440. Rouland (Norbert), « La coutume et la pensée juridique sauvage : l'apport des sociétés Inuit », dans *La coutume*, Recueils de la Société Jean Bodin pour l'histoire comparative des institutions, De Boeck Université, 1990

441. Rouland (Norbert), *Soleils Barbares*, Paris, Actes sud, 1987

442. Rude-Antoine (Edwige) & Chrétien-Vernicos (Geneviève), *Anthropologies et Droits - Etat des savoirs et orientations contemporaines*, Paris, Dalloz, 2009

443. Rudin, *Germans in Cameroons*, New Haven, 1938, p.138

444. Russ (Jacqueline), *La pensée éthique contemporaine*, Paris, PUF, Que sais-je ?, 1994

445. Sacco (Rodolfo), Anthropologie juridique - Apport à une macro-histoire du droit, Paris, Dalloz, 2008

446. Sacco (Rodolfo), Le droit africain – anthropologie et droit positif, Paris, Dalloz, 2009
447. Sauneron (Serge), *L'Egyptologie*, Paris, PUF, Collection Que sais-je ?, 1968
448. Savigny, *Traité de droit romain*, Paris, Editions, Panthéon-Assas, 2002
449. Schauer (Frederick), *Penser en juriste, Nouvelle introduction au raisonnement juridique*, traduit de l'anglais par Stefan Goltzberg (Chercheur FNRS), Paris, Dalloz, 2018
450. Schiavone (Aldo), *IUS L'invention du droit en Occident*, Paris, Belin, 2005
451. Sériaux (Alain), *Le droit naturel*, Paris, PUF, Collection Que sais-je ?, 2e édition corrigée, 1999
452. Sériaux (Alain), *Le droit naturel*, Paris, PUF, Que sais-je ?, 1994
453. Shivji (Issa), « Où va l'Université ? », dans *Bulletin du CODESRIA* n° 1&2, 2005
454. Sietchoua Djuitchoco (Célestin), « Du nouveau pour la coutume en droit positif camerounais : la constitutionalisation des coutumes et ses conséquences », dans *Revue juridique Thémis*, Vol. 34, Numero 1, non daté.
455. Simon (Patrick), *Le droit naturel – ses amis et ses ennemis,* Paris, François-Xavier de Guibert, 2005
456. Sindjoun (Luc), « Le champ social camerounais: désordre inventif, mythes simplificateurs et stabilité hégémonique de l'Etat », dans *Politique africaine*, n°62, Juin 1996, Paris, Karthala, pp. 57-67
457. Sohier (A.), Traité élémentaire de droit coutumier du Congo belge, 2e édition.
458. Solus, « Le problème de la dot en Afrique Noire », dans *Revue juridique et politique de l'Afrique Noire*, octobre 1950
459. Stamm (Anne), *Les religions africaines*, Que sais-je ?, Paris, PUF, 1995
460. Stoyanovsky (J.), La théorie générale des mandats internationaux, Paris, 1925
461. Strauss (Leo), *Droit naturel et son histoire*, Paris, Plon, 1954
462. Supiot (Alain), Homos juridicus - Essai sur la fonction anthropologique du droit, Paris, éditions du seuil, 2005
463. Szramkiewicz (Romuald) & Bouineau (Jacques), *Histoire des institutions 1750-1914*, 4e édition, Paris, Ed. Litec, 1998
464. Tamsir Niane (Djibril), Le soudan occidental au temps des grands empires XIe - XVIe siècle, Paris, Présence Africaine, 1975
465. Tardits (Claude), « Le Royaume Bamoun : un Etat africain qui a traversé toute l'histoire », dans *Comptes rendus trimestriels des séances de l'Académie des Sciences d'outre-mer,* Séance du 20 juin 1975, Tome LII – 1 – 1992.

466. Tardits (Claude), Contribution de la recherche ethnologique à l'histoire des civilisations du Cameroun, 2 vol., Paris, Ed. du CNRS, 1981

467. Tardits (Claude), *Le royaume Bamoun*, Paris, Armand Colin, 1980

468. Tchakoua (Jean-Marie), *Introduction générale au Droit camerounais*, Paris, L'Harmattan, 2017

469. Tchouambia Tomtom (Louis Jean Bedel), « "Justice populaire" et droits de l'homme au Cameroun: Etude socio-juridique », dans *Le droit au pluriel – Mélanges en hommage au Doyen Stanislas Meloné*, sous la direction de Jeanne Claire Mebu Nchimi, Yaoundé, Presses Universitaires d'Afrique, 2018, pp. 415-435.

470. Tempels (Placide), *La philosophie Bantoue*, Paris, Présence Africaine, 1949

471. Tepi (Samuel), *L'ineffectivité de la représentation des coutumes devant les juridictions de droit traditionnel au Cameroun*, http ://www.afrilex.u-bordeaux4.fr/pdf/2doc9tepi.pdf.)

472. Terré (François), *Le Droit*, Paris, Flammarion, 1999

473. Thiam (Samba), « La mise en place de l'enseignement du droit au Sénégal », dans *Le juge et l'outre-mer Tome 7, Le Retour d'Orphée*, (sous la direction de Bernard Durand, Mamadou Badji, Samba Thiam, Sandra Gerard-Loiseau), Lille, Publication du Centre d'Histoire judiciaire éditeur, 2014, pp. 245-276.

474. Thiam (Samba), Introduction historique au droit en Afrique, Paris, L'Harmattan, 2011

475. Tonye-Mboua, *Systèmes matrimoniaux africains : exemple des Bassa au Cameroun*, Paris, Laboratoire d'anthropologie juridique, 1970

476. Tonye-Mbua, *Le Serment chez les Basa du Cameroun (un exemple du serment dans la pensée juridique africaine)*, Thèse pour le Doctorat en droit (3e cycle), Spécialité: droit et économie des pays d'Afrique, Université de Paris 1, 1973

477. Troper (Michel), *La philosophie du droit,* Paris, PUF, Que sais-je?, 2003

478. Tsala (Théodore), *Mœurs et coutumes des Ewondo*, dans Etudes Camerounaises, Revue trimestrielle, Tome III, Année 1958, n° 56, IFAN, Centre Cameroun

479. Tshiyembe (M.), « L'Etat en Afrique, crise du modèle importé et retour aux réalités. Essai sur la théorie de l'Etat multinational », dans *Mélanges en l'honneur de François Borella*, Nancy, Presses Universitaires de Nancy, 1999

480. Um Nyobé (Ruben), *Le problème national kamerunais* (présenté par J.A. Mbembé), Paris, L'Harmattan, 1984

481. Valbelle (Dominique), « Rê », dans *Dictionnaire de l'Antiquité* (sous la direction de Jean Leclant), Paris, PUF, 2005

482. Van Rees, Les mandats internationaux : les principes généraux du régime des mandats, Paris, 1928
483. Van Rees, Les mandats internationaux : le contrôle international de l'administration mandataire, Paris, 1927
484. Vanderlinden (Jacques), « Développer la connaissance des droits africains pour développer les droits africains», dans *Symposium "La connaissance du droit en Afrique"*, (Bruxelles, 2-3 décembre 1983), Académie Royale des Sciences d'Outre-Mer, pp. 347-379 (1985).
485. Vanderlinden (Jacques), « Les droits africains entre positivisme et pluralisme », dans *Bulletin des séances de l'Académie royale des sciences d'outre-mer*, 2000, pp. 279-292.
486. Vanderlinden (Jacques), « Production pluraliste du droit et reconstruction de l'Etat africain », dans *Afrique contemporaine*, 2001, (211), pp. 78-84. Texte repris et publié par le même auteur, dans « Les pluralismes juridiques », Bruxelles, Editions Bruylant, 2013, pp. 191-199.
487. Vanderlinden (Jacques), « Rendre la production du droit aux "peuples" », dans *Politique africaine*, n°62, Juin 1996, Paris, Karthala
488. Vanderlinden (Jacques), « Trente ans de longue marche sur la voie du pluralisme juridique », dans *Les pluralismes juridiques,* Cahiers d'anthropologie du droit 2003, Laboratoire d'anthropologie juridique de Paris, Paris, Khartala, 2003
489. Vanderlinden (Jacques), *Anthropologie juridique*, Paris, Dalloz, 1996
490. Vanderlinden (Jacques), *Les pluralismes juridiques*, Bruxelles, Brylant, 2013
491. Vanderlinden (Jacques), *Les systèmes juridiques africains*, Paris, PUF, 1983
492. Vedel (Georges), *Indéfinissable mais présent*, « Droits », n°11, 1990
493. Vercoutter (Jean), *L'Egypte ancienne*, Paris, PUF, Collection Que sais-je ?, 1982
494. Verdier (R.), *Féodalités et collectivisme africain*, PAF., 4e trimestre, 1961
495. Verdier (Raymond), Kalnoky (Nathalie) & Kerneis (Soazick), *Les justices de l'invisible*, Paris, L'Harmattan, 2013
496. Verkijika (G. Fanso), « Commerce et hégémonie sur la côte du Cameroun (1879-1887) », dans *Histoire du Cameroun (XIXe - début XXe siècle)*, Paris, L'Harmattan, 1989
497. Virally (Michel), *La pensée juridique*, Paris, Editions Panthéon Assas, LGDJ, 2010
498. Virally (Michel), *La pensée juridique*, Paris, LGDJ, 1960
499. Voltaire, « Essai sur les mœurs », 1756

500. Warnier (Jean-Pierre), « Chefs de l'ouest et formation de l'Etat au Cameroun », dans *Le Retour des rois : Les Autorités traditionnelles et l'État en Afrique contemporaine,* sous la direction de Claude-Hélène Perrot & François-Xavier Fauvelle-Aymar, Paris, Khartala, 2003

501. Weekes-Vagliani (Winifred), Vie et structures familiales dans le Sud-Cameroun, Paris, OCDE, 1976

502. Wilbois (Joseph), Le Cameroun : les indigènes, les colons, les missions, l'administration française, Paris, Payot, 1934

503. Wilson (W.), *La guerre. La paix*, Paris, 1918.

504. Wirz (Albert), « La rivière de Cameroun : commerce précolonial et contrôle du pouvoir en société lignagère », dans *Revue française d'Histoire d'outre-mer*, LX, n° 219, paris, 1973

505. Yebetit (Hadembes), « L'Afrique Berceau de l'humanité », dans *Pour une histoire de l'Afrique* (sous la Direction de Maria R. Turano et Paul Vandepitte), Lecce/Italia, ARGO, 2003

506. Youego (C.), Etude critique de la loi du 11 juin 1968 relative à l'organisation de l'état civil au Cameroun, thèse de Master's Degree, Yaoundé, 1979

507. Youego (Christine) *Sources et évolution du droit des successions au Cameroun*, Doctorat en droit, Université Panthéon-Assas - Paris II, 1994

508. Youego (Christine), « observations sous jugement n° 1011 du 9 mai 1985 », dans *Revue de législation et de jurisprudence Camerounaise*, n° 4, octobre, novembre, décembre 1990

509. Younes (Carole), « Le pluralisme juridique : penser l'homme pour penser le droit », dans *Les pluralismes juridiques,* Cahiers d'anthropologie du droit 2003, Laboratoire d'anthropologie juridique de Paris, Paris, Khartala, 2003, pp. 35-50.

510. Zahan, Religion, spiritualité et pensées africaines, Paris, Payot, 1970

511. Zambo Zambo (Dominique Junior), « Compte à rebours pour la coutume (Eléments pour une théorie de la "scripturalisation" du droit camerounais) », dans *Le droit au pluriel – Mélanges en hommage au Doyen Stanislas Meloné*, sous la direction de Jeanne Claire Mebu Nchimi, Yaoundé, Presses Universitaires d'Afrique, 2018, pp. 173-190.

TABLE DES MATIERES

DEUXIÈME PARTIE

LE CAMEROUN DANS LE SILLAGE DE L'ETAT ET DU DROIT OCCIDENTAL

Structures éditoriales du groupe L'Harmattan

L'Harmattan Italie
Via degli Artisti, 15
10124 Torino
harmattan.italia@gmail.com

L'Harmattan Hongrie
Kossuth l. u. 14-16.
1053 Budapest
harmattan@harmattan.hu

L'Harmattan Sénégal
10 VDN en face Mermoz
BP 45034 Dakar-Fann
senharmattan@gmail.com

L'Harmattan Cameroun
TSINGA/FECAFOOT
BP 11486 Yaoundé
inkoukam@gmail.com

L'Harmattan Burkina Faso
Achille Somé – tengnule@hotmail.fr

L'Harmattan Guinée
Almamya, rue KA 028 OKB Agency
BP 3470 Conakry
harmattanguinee@yahoo.fr

L'Harmattan RDC
185, avenue Nyangwe
Commune de Lingwala – Kinshasa
matangilamusadila@yahoo.fr

L'Harmattan Congo
67, boulevard Denis-Sassou-N'Guesso
BP 2874 Brazzaville
harmattan.congo@yahoo.fr

L'Harmattan Mali
Sirakoro-Meguetana V31
Bamako
syllaka@yahoo.fr

L'Harmattan Togo
Djidjole – Lomé
Maison Amela
face EPP BATOME
ddamela@aol.com

L'Harmattan Côte d'Ivoire
Résidence Karl – Cité des Arts
Abidjan-Cocody
03 BP 1588 Abidjan
espace_harmattan.ci@hotmail.fr

L'Harmattan Algérie
22, rue Moulay-Mohamed
31000 Oran
info2@harmattan-algerie.com

L'Harmattan Maroc
5, rue Ferrane-Kouicha, Talaâ-Elkbira
Chrableyine, Fès-Médine
30000 Fès
harmattan.maroc@gmail.com

Nos librairies en France

Librairie internationale
16, rue des Écoles – 75005 Paris
librairie.internationale@harmattan.fr
01 40 46 79 11
www.librairieharmattan.com

Lib. sciences humaines & histoire
21, rue des Écoles – 75005 paris
librairie.sh@harmattan.fr
01 46 34 13 71
www.librairieharmattansh.com

Librairie l'Espace Harmattan
21 bis, rue des Écoles – 75005 paris
librairie.espace@harmattan.fr
01 43 29 49 42

Lib. Méditerranée & Moyen-Orient
7, rue des Carmes – 75005 Paris
librairie.mediterranee@harmattan.fr
01 43 29 71 15

Librairie Le Lucernaire
53, rue Notre-Dame-des-Champs – 75006 Paris
librairie@lucernaire.fr
01 42 22 67 13

www.ingramcontent.com/pod-product-compliance
Lightning Source LLC
LaVergne TN
LVHW011157061026
849535LV00003B/769
* 9 7 8 2 3 4 3 1 9 5 6 3 6 *